東京大学史料編纂所影印叢書 6

久芳文書・佐藤文書

東京大学史料編纂所 編

八木書店

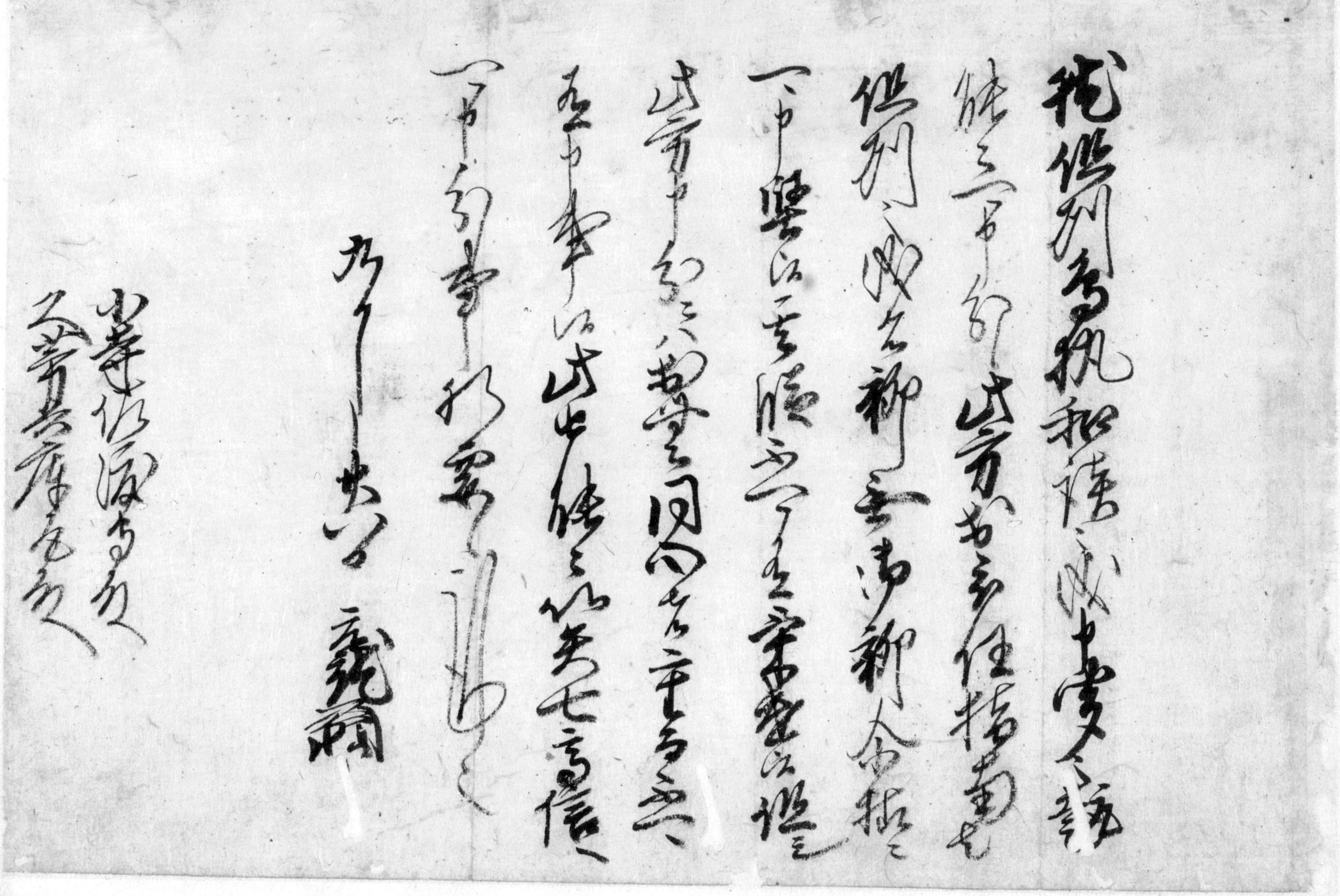
九月廿八日　元就（花押）
小寺佐渡守殿
久芳兵庫允殿

久芳文書　巻八　5毛利元就書状（永禄七年）九月二十八日（七七頁）

佐藤文書　巻六　6吉川元春・小早川隆景連署書状（永禄十二年）九月五日（二五九頁）

例言

一、東京大学史料編纂所影印叢書は、東京大学史料編纂所が所蔵する原本史料等を精選し、影印によって刊行するものである。

一、本冊には、『久芳文書』『佐藤文書』、および附録として『大内義隆書状』（二通）『毛利元就・輝元連署書状』『小早川隆景吉川元長上坂記』を収めた。

一、文書図版の配列は、原則として原本の状態に従った。なお『久芳文書』の現状については、巻末の解説を参照されたい。

一、文書図版は、原則として一通毎に最適の大きさで表示したが、『佐藤文書』『小早川隆景吉川元長上坂記』については、巻子装であることをふまえ、各巻毎に縮率を統一した。

一、文書の法量は、解説に一覧表等で示した。

一、文書紙背の端裏書・端裏墨引は、『久芳文書』については、裏打の上から撮影し、その図版を表面の図版と同一頁に収めた。『佐藤文書』については、裏打が厚手であったため撮影を断念し、紙背の図版は収めていない。

一、継紙の紙数は、文書図版の下欄、各紙右端に⑴、⑵などと標示した。ここでいう継紙には、後世の加工によって継紙状とされたものも含む。

一、解説は簡潔を旨とし、原則として常用漢字を用い、必要に応じて参考図版を挿入した。

一、『久芳文書』『佐藤文書』および『小早川隆景吉川元長上坂記』については、すでに翻刻が存在することから、本冊に重ねて掲載することは避けた。その他の文書については、解説に翻刻を掲げた。

一、目次、柱に掲げた年月日付のうち、執筆者の推定にかかるものは（　）で括った。

一、本冊の解説は、東京大学史料編纂所員鴨川達夫が執筆した。

一、本冊の図版撮影等は、東京大学史料編纂所史料保存技術室が担当した。

一、本冊の刊行にあたり、協力を惜しまれなかった各位に対し、厚く感謝の意を表する。

二〇〇九年十一月

東京大学史料編纂所

目次

久芳文書

巻 一

1 伊香賀房明・江良賢信連署書状 （天文二十三年）二月二十九日 …… 一
2 江良房栄書状 （天文二十二年）十二月二十三日 …… 三
3 江良房栄書状 （天文二十二年）九月二十五日 …… 四
4 江良房栄書状 （年未詳）十月十一日 …… 六
5 市川経好知行打渡状 弘治四年四月五日 …… 八
6 児玉就忠・粟屋元種連署書状 （永禄三年）十二月十三日 …… 九
7 児玉就忠書状 （永禄三年）十二月十三日 …… 一〇
8 赤川元保・児玉就忠・市川経好連署屋敷打渡状 弘治三年十二月十七日 …… 一一
9 久芳賢重証文写 永禄七年七月二十日 …… 一二

巻 二

1 吉川広正書状 （年未詳）十月三十日 …… 一三
2 吉川広正書状 （年未詳）九月十六日 …… 一四
3 吉川広正書状 （年未詳）十一月二十四日 …… 一五
4 毛利宗瑞元輝書状 （年未詳）十一月二十九日 …… 一六
5 毛利輝元書状写 （天正十五年）二月四日 …… 一七
6 穂田元清書状 （年未詳）三月二十日 …… 一八
7 前原休閑書状 （年未詳）九月八日 …… 一九
8 小早川隆景書状 （年未詳）卯月十四日 …… 二〇
9 小早川隆景書状 （年未詳）七月二十八日 …… 二一
10 小早川隆景書状 （年未詳）八月四日 …… 二二
11 大内義興袖判相続安堵状 明応九年八月二十四日 …… 二三
12 弘仲重勝加冠状 文明三年十二月十三日 …… 二四
13 大内政弘袖判下文 文明十年五月十六日 …… 二五
14 大内政弘袖判下文 文明十年七月二日 …… 二六
15 大内政弘袖判下文 文明十一年八月十五日 …… 二七

巻 三 ………………………………………………………
　1 毛利輝元官途状　元亀四年正月二十七日 …… 二八
　2 毛利輝元加冠状　天正十二年二月九日 ……… 二八
　3 毛利輝元官途状　天正十七年十一月十四日 … 二九
　4 毛利秀就官途状　寛永五年十二月朔日 ……… 三〇
　5 毛利宗瑞加冠状　慶長十四年十月十七日 …… 三一
　6 毛利宗瑞元輝官途状　慶長十五年十二月十三日 … 三二
　7 毛利秀就官途状　寛永五年十二月朔日 ……… 三三
　8 毛利秀就加冠状　寛永十三年十二月二十八日 … 三四

巻 四 ………………………………………………………　三五
　1 内藤元忠・祖式元信連署書状　(年未詳)六月六日 … 三六
　2 祖式元信書状　(年未詳)三月五日 ……………… 三七
　3 児玉就忠・粟屋元種連署知行打渡状　永禄三年十二月十三日 … 三八
　4 内藤元忠書状　(年未詳)卯月二十日 …………… 三九
　5 内藤元忠書状　(年未詳)八月十日 ……………… 四〇
　6 内藤元忠書状　(年未詳)十二月十日 …………… 四一
　7 内藤元忠他二名連署書状　(年未詳)正月八日 … 四二
　8 内藤元忠書状　(年未詳)七月三日 ……………… 四三
　9 内藤元忠書状　(年未詳)八月十四日 …………… 四四

巻 五 ………………………………………………………　四五
　1 久芳五郎右衛門書状控　(年月日未詳) ………… 四五
　2 久芳宣時書状　(天文二十年)九月二日 ………… 四六
　3 久芳家略譜 ………………………………………… 四八
　4 毛利元就書状写　(天文十二年ヵ)六月二十日 … 四九
　5 世木市兵衛物語覚 ………………………………… 五〇
　6 児玉元良書状写　(天正元年)八月二十八日 …… 五一
　7 足利尊氏袖判御教書写　建武三年八月七日 …… 五二
　8 久芳五郎右衛門　大内義隆感状写　天文十八年八月二十日 … 五三
　9 久芳五郎右衛門申状　小兵衛連署口上覚 ……… 五五

巻 六 ………………………………………………………　五七
　1 児玉就忠・赤川元保連署書状　(永禄二年ヵ)二月十六日 … 五七

2　祖式元信書状（年未詳）三月二十二日 ………………………… 五八
　3　毛利元就・吉川元春・小早川隆景連署書状（永禄七年）九月二十八日 … 五九
　4　祖式元信書状（年未詳）七月二十三日 ………………………… 六〇
　5　ふく内匠書状（年月日未詳）………………………………………… 六一

巻　七 ……………………………………………………………………… 六二
　1　大内政弘書状（年未詳）六月一日 ……………………………… 六三
　2　大内政弘感状　文明二年五月日 ………………………………… 六四
　3　大内政弘与判久芳永清軍忠状（年月日未詳）………………… 六五
　4　大内政弘感状　文明二年六月八日 ……………………………… 六六
　5　大内政弘感状　文明五年十二月十三日 ………………………… 六七
　6　大内政弘感状　文明六年八月十九日 …………………………… 六八
　7　大内政弘判物　文明十八年二月三十日 ………………………… 六九
　8　大内政弘判物（年未詳）十月四日 ……………………………… 七〇

巻　八 ……………………………………………………………………… 七一
　1　毛利元就書状（年未詳）五月十一日 …………………………… 七二
　2　毛利元就・隆元連署書状（天文二十二年）九月二十日 ……… 七三
　3　毛利元就書状（永禄七年）九月二十二日 ……………………… 七四
　4　毛利元就書状（天文二十年ヵ）九月二十七日 ………………… 七六
　5　毛利元就書状（永禄七年）九月二十八日 ……………………… 七七
　6　毛利元就書状（弘治三年ヵ）十一月十八日 …………………… 七八
　7　毛利元就書状（年未詳）二月十三日 …………………………… 七九
　8　毛利元就書状（年未詳）二月十四日 …………………………… 八〇
　9　毛利元就書状（年未詳）九月二十四日 ………………………… 八一
　10　毛利元就書状（年未詳）十一月九日 …………………………… 八二
　11　毛利元就書状（年未詳）十一月二日 …………………………… 八三
　12　毛利元就書状（永禄七年）十一月二日 ………………………… 八四
　13　毛利元就書状（年未詳）五月十日 ……………………………… 八五
　14　毛利元就書状（永禄七年）九月二日 …………………………… 八六

巻　九 ……………………………………………………………………… 八七
　1　毛利輝元書状（元亀二年）十二月二十七日 …………………… 八八
　2　毛利輝元書状（元亀三年）正月十三日 ………………………… 八九

巻 十

1 毛利隆元書状　(弘治三年)十二月二十二日 ……… 一〇〇
2 毛利隆元書状　(年未詳)十一月八日 ……… 一〇一
3 毛利元就・隆元連署知行充行状　天文二十四年二月十九日 ……… 一〇二
4 毛利隆元連署書状　(年未詳)十一月二十九日 ……… 一〇三
5 毛利元就・隆元連署判物　天文二十年八月二十九日 ……… 一〇四
6 児玉就忠書状　(天文二十年)九月二日 ……… 一〇五
7 毛利隆元書状　(年未詳)九月十四日 ……… 一〇六
8 毛利元就書状写　(年未詳)七月二十三日 ……… 一〇七
9 毛利元就・吉川元春・小早川隆景連署書状写　(永禄七年)十月十九日 ……… 一〇八
10 毛利隆元・元就連署書状写　(年未詳)六月十五日 ……… 一〇九
11 毛利輝元書状写　(年未詳)正月二十二日 ……… 一一〇
12 毛利輝元書状写　(年未詳)六月二十六日 ……… 一一一
13 小早川隆景書状写　(元亀三年)八月二日 ……… 一一二
14 毛利輝元書状写　(元亀三年)閏正月二十日 ……… 一一三
15 久芳小兵衛奥書　貞享二年三月十四日 ……… 一一四

巻 十一

1 吉川元春書状　(元亀三年)十月十一日 ……… 一一五
2 吉川元春書状　(年未詳)十二月二十五日 ……… 一一六
3 小早川隆景書状　(年未詳)十月十三日 ……… 一一七
4 小早川隆景書状　(年未詳)六月十四日 ……… 一一八
5 小早川隆景書状　(天正元年)五月三日 ……… 一一九

（※上段 続き）
3 毛利輝元書状　(元亀三年)閏正月十八日 ……… 九一
2 毛利輝元書状　(年未詳)六月一日 ……… 九二
4 毛利輝元書状　(元亀三年)十一月十二日 ……… 九三
5 毛利輝元書状　(元亀三年)十一月一日 ……… 九四
6 毛利輝元書状　(元亀三年)八月八日 ……… 九五
7 毛利輝元書状　(天正元年)三月十八日 ……… 九六
8 毛利輝元書状　(天正二年ヵ)五月二十七日 ……… 九七
9 毛利輝元書状　(年未詳)八月九日 ……… 九八
10 毛利輝元書状　(天正二年ヵ)十一月二十七日 ……… 九九
11 毛利輝元書状　(慶長三年)正月二十七日 ……… 九九

vi

佐藤文書

巻　一

1　毛利興元感状　（永正四年）正月二十五日 …………………… 一四五
2　毛利元就感状　天文九年九月十三日 …………………………… 一四七
3　毛利元就感状　天文十年正月十四日 …………………………… 一四八
4　毛利元就・隆元連署感状　天文二十三年六月十一日 ………… 一四九
5　毛利元就書状　永禄二年十二月六日 …………………………… 一五〇
6　毛利隆元書状　年月日未詳 ……………………………………… 一五一
7　毛利隆元書状　永禄五年正月七日 ……………………………… 一五二
8　毛利元就書状　天文二十年九月八日 …………………………… 一五四

巻十二

1　山名豊弘書状　（元亀元年）九月晦日 ………………………… 一三三
2　山名豊弘書状　（元亀元年）十月二十日 ……………………… 一三四
3　武田高信書状　（元亀元年）十二月二日 ……………………… 一三五
4　武田高信書状　（元亀元年）正月十九日 ……………………… 一三六
5　武田高信書状　（元亀二年ヵ）七月七日 ……………………… 一三七
6　小早川隆景書状　（元亀三年）閏正月十一日 ………………… 一三八
7　武田高信知行充行状　（元亀二年）九月五日 ………………… 一三九
8　宇喜多直家書状　（天正二年）卯月二十九日 ………………… 一四〇
9　宇喜多直家書状　（天正二年）六月二十三日 ………………… 一四一

6　小早川隆景書状　（年未詳）十月十三日 ……………………… 一二三
7　小早川隆景書状　（元亀三年）九月十三日 …………………… 一二四
8　小早川隆景書状　（元亀三年）七月二十八日 ………………… 一二五
9　小早川隆景書状　（年未詳）九月十二日 ……………………… 一二六
10　吉川元春書状　（天正元年）九月二十七日 …………………… 一二七
11　小早川隆景書状　（永禄元年ヵ）十二月二十三日 …………… 一二八
12　小早川隆景書状　（年未詳）十月十三日 ……………………… 一二九
13　小早川隆景書状　（元亀三年）閏正月二十一日 ……………… 一三〇
14　小早川隆景書状　（年未詳）二月十一日 ……………………… 一三二

巻 二

- 1 毛利元就書状（年未詳）八月三日 … 一七八
- 2 毛利元就書状（年未詳）十月二十八日 … 一八二
- 3 毛利元就書状（永禄十二年）七月二日 … 一八四
- 4 毛利元就書状（年未詳）九月十日 … 一八五
- 5 毛利元就書状（年未詳）八月七日 … 一八六
- 6 毛利元就書状（年未詳）十月十一日 … 一八七
- 7 毛利元就書状（年未詳）八月三日 … 一八八
- 8 毛利元就書状（年未詳）八月十四日 … 一八九
- 9 毛利元就書状（年未詳）二月十八日 … 一九〇
- 10 毛利元就書状（年未詳）卯月十八日 … 一九一
- 11 毛利元就加冠状　大永五年三月十一日 … 一九二

巻 三

- 1 毛利元就・隆元連署書状（年未詳）六月十日 … 一九三
- 2 毛利隆元書状（年未詳）十二月五日 … 一九五
- 3 毛利隆元書状（年未詳）十二月一日 … 一九七

（上段）
- 9 毛利元就書状（年未詳）卯月十五日 … 一五八
- 10 毛利元就書状（元亀二年）四月十三日 … 一五九
- 11 毛利輝元書状（元亀二年）卯月十七日 … 一六〇
- 12 毛利輝元書状（元亀二年）卯月十三日 … 一六一
- 13 毛利輝元書状（年未詳）三月十七日 … 一六二
- 14 毛利輝元書状（永禄十一年）九月二十日 … 一六三
- 15 毛利輝元書状（永禄十一年）九月二十二日 … 一六五
- 16 毛利元就・輝元連署書状（永禄十一年）九月二十四日 … 一六六
- 17 毛利輝元書状（年未詳）三月二日 … 一六七
- 18 毛利輝元書状（年未詳）七月二十三日 … 一六八
- 19 毛利輝元書状（年未詳）九月三日 … 一七〇
- 20 毛利元就書状（年月日未詳） … 一七二
- 21 毛利元就書状（年月日未詳） … 一七三
- 22 毛利元就書状（年月日未詳） … 一七四
- 23 毛利元就書状（年未詳）九月二十日 … 一七五

巻　四

4 毛利隆元書状（年未詳）二月二十日		二〇〇
5 毛利隆元書状（年月日未詳）		二〇二
6 毛利隆元書状（年未詳）六月二十八日		二〇三
7 毛利隆元書状（年未詳）十月二日		二〇五
8 毛利隆元書状（年未詳）十一月十六日		二〇六
9 毛利隆元書状（年月日未詳）		二〇七
10 毛利隆元書状（年月日未詳）		二〇八
11 毛利隆元書状（年未詳）六月二十二日		二〇九
12 毛利隆元書状（年未詳）六月十六日		二一〇
13 毛利隆元書状（天文二十二年）四月五日		二一一
14 毛利隆元書状（年未詳）五月十二日		二一二
15 毛利隆元書状（年未詳）六月十六日		二一三
16 毛利隆元書状（年未詳）六月二十二日		二一四
17 毛利隆元書状（年未詳）十一月六日		二一五
18 毛利隆元知行充行状　天文十九年十二月三十日		二一六
19 毛利隆元知行充行状　天文二十年七月十三日		二一七
1 毛利輝元書状（年未詳）十二月二十日		二一八
2 毛利輝元書状（永禄十一年）十二月二十日		二二〇
3 毛利輝元書状（年未詳）卯月十五日		二二二
4 毛利輝元書状（年未詳）二月一日		二二三
5 毛利輝元連署書状（永禄十二年）七月二十九日		二二四
6 毛利輝元書状（永禄十二年）九月三日		二二五
7 毛利輝元書状（永禄十二年）十月十二日		二二六
8 毛利輝元書状（永禄十二年）閏五月九日		二二七
9 毛利輝元書状（永禄十二年）五月晦日		二二八
10 毛利輝元書状（永禄十二年）八月十七日		二二九
11 毛利輝元書状（年未詳）九月五日		二三〇
12 毛利輝元書状（永禄十二年）九月七日		二三一
13 毛利元就・輝元連署書状（永禄十二年）八月二十九日		二三二
14 毛利元就・輝元連署知行充行状　永禄十年十二月十三日		二三三

15 毛利元就・輝元連署知行充行状　永禄十年十二月十三日 …………… 二三五
16 幸鶴毛利元就書状　（年未詳）十二月二十三日 ……………………… 二三六
17 毛利輝元書状　（年未詳）正月十日 …………………………………… 二三七

巻　五

1 毛利隆元官途状　天文二十一年霜月二十四日 ………………………… 二三八
2 毛利輝元加冠状　元亀元年十二月晦日 ………………………………… 二四〇
3 毛利輝元官途状　天正十二年十二月二十九日 ………………………… 二四一
4 毛利輝元加冠状　文禄三年極月十五日 ………………………………… 二四二
5 毛利秀元加冠状　慶長八年十二月十二日 ……………………………… 二四三
6 毛利秀元官途状　慶長二十年二月十八日 ……………………………… 二四四
7 毛利秀元官途状　元和五年三月三日 …………………………………… 二四五
8 毛利秀元官途状　元和六年正月十一日 ………………………………… 二四六
9 毛利秀元加冠状　元和七年正月五日 …………………………………… 二四七
10 毛利秀元官途状　寛永六年五月五日 …………………………………… 二四八
11 毛利秀就官途状　寛永十六年二月朔日 ………………………………… 二四九
12 毛利秀就加冠状　正保元年十二月朔日 ………………………………… 二五〇

巻　六

1 吉川元春・小早川隆景連署書状　（年未詳）五月晦日 ……………… 二五二
2 吉川元春・小早川隆景連署書状　（年未詳）十月十五日 …………… 二五四
3 吉川元春・小早川隆景連署書状　（年未詳）正月二十五日 ………… 二五五
4 小早川隆景・吉川元春連署書状　（年未詳）九月五日 ……………… 二五六
5 小早川隆景・吉川元春連署書状　（永禄十二年）九月五日 ………… 二五七
6 小早川隆景・吉川元春連署書状　（永禄十二年）九月十九日 ……… 二五八
7 吉川元春・小早川隆景連署書状　（永禄十二年）三月二十八日 …… 二五九
8 小早川隆景・吉川元春連署書状　（年未詳）九月十六日 …………… 二六〇
9 吉川元春・小早川隆景連署書状　（永禄十二年）二月十七日 ……… 二六一
10 小早川隆景・吉川元春連署書状　（永禄十二年）正月十八日 ……… 二六二
11 吉川元春・小早川隆景連署書状　（永禄十二年）正月十日 ………… 二六三
12 吉川元春・小早川隆景連署書状　（永禄十二年）十一月十日 ……… 二六四
13 吉川元春・小早川隆景連署書状　（永禄十二年）十一月六日 ……… 二六五
14 小早川隆景・吉川元春連署書状　（永禄十二年）正月二十日 ……… 二六六

15 小早川隆景・吉川元春連署書状 （年未詳）卯月二十二日	二六八
16 小早川隆景・吉川元春連署書状 （年未詳）三月晦日	二六九
17 吉川元春書状 （年未詳）四月十五日	二七〇
18 吉川元春書状 （永禄十二年）五月九日	二七一
19 吉川元春書状 （永禄十二年）閏五月四日	二七二
20 穂田元清書状 （年未詳）十月十二日	二七三

巻　七 ……………………………………………… 二七五

1 小早川隆景書状 （年未詳）正月二十五日	二七七
2 小早川隆景書状 （年未詳）三月八日	二七八
3 小早川隆景書状 （年未詳）正月二十九日	二七九
4 小早川隆景書状 （年未詳）二月十一日	二八〇
5 小早川隆景書状 （年未詳）二月二十日	二八一
6 小早川隆景書状 （年未詳）正月十九日	二八二
7 小早川隆景書状 （年未詳）三月十日	二八三
8 小早川隆景書状 （年未詳）卯月十五日	二八四
9 小早川隆景書状 （年未詳）正月二十九日	二八五

附　録 ……………………………………………… 二八七

大内義隆書状 （年未詳）八月四日	二八九
大内義隆書状 （年未詳）二月二十八日	二九〇
毛利元就・輝元連署書状 （年未詳）卯月三日	二九一
小早川隆景吉川元長上坂記	二九二

解　説 ……………………………………………… 1

久芳文書

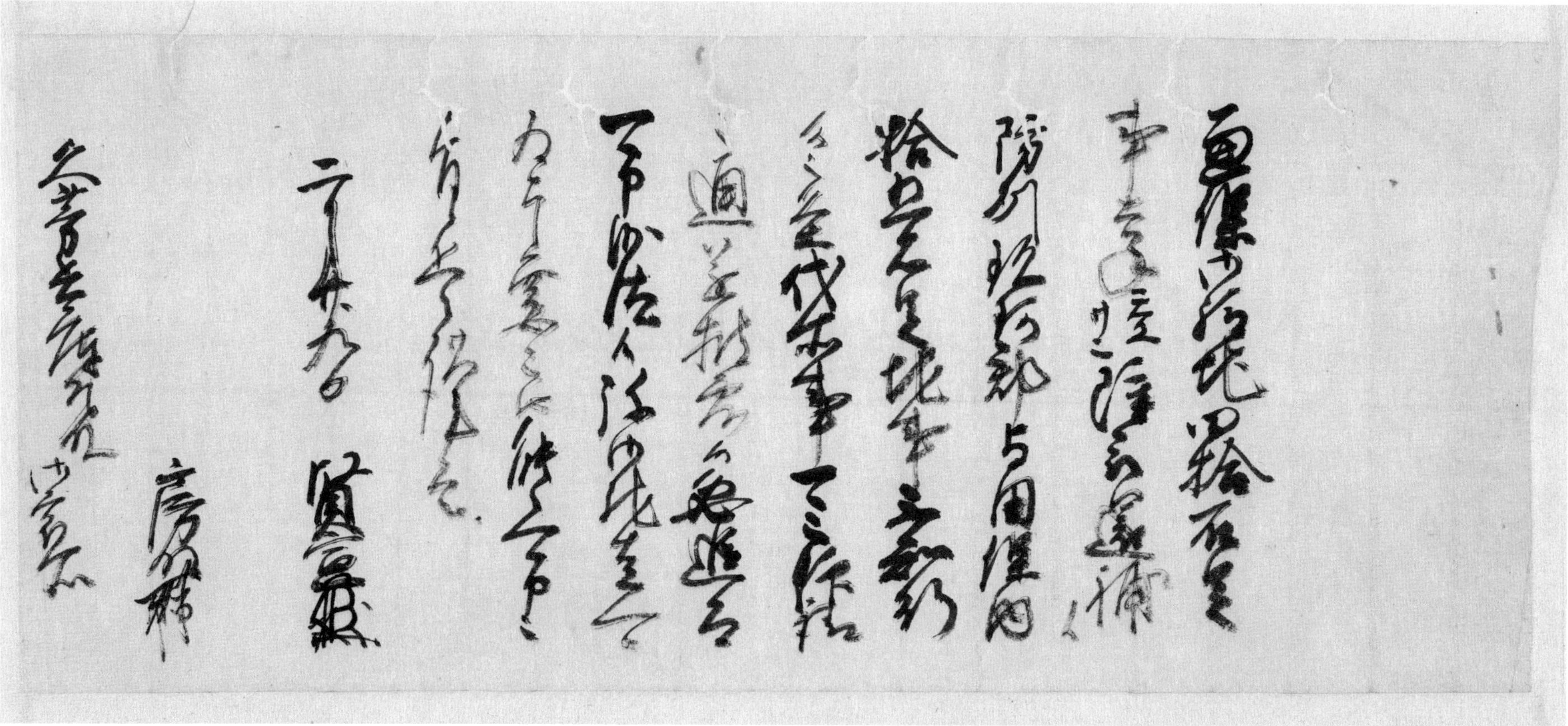

端裏墨引

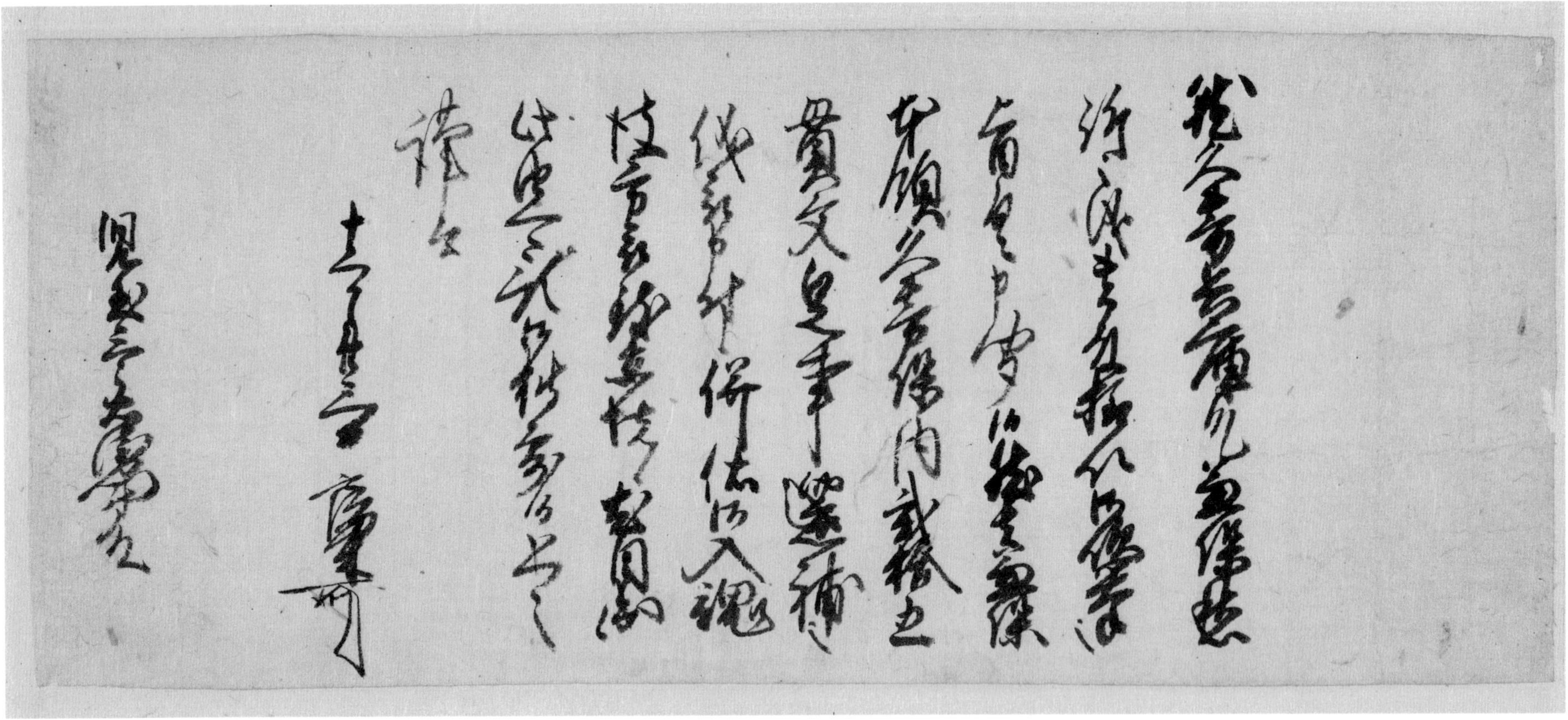

端裏墨引

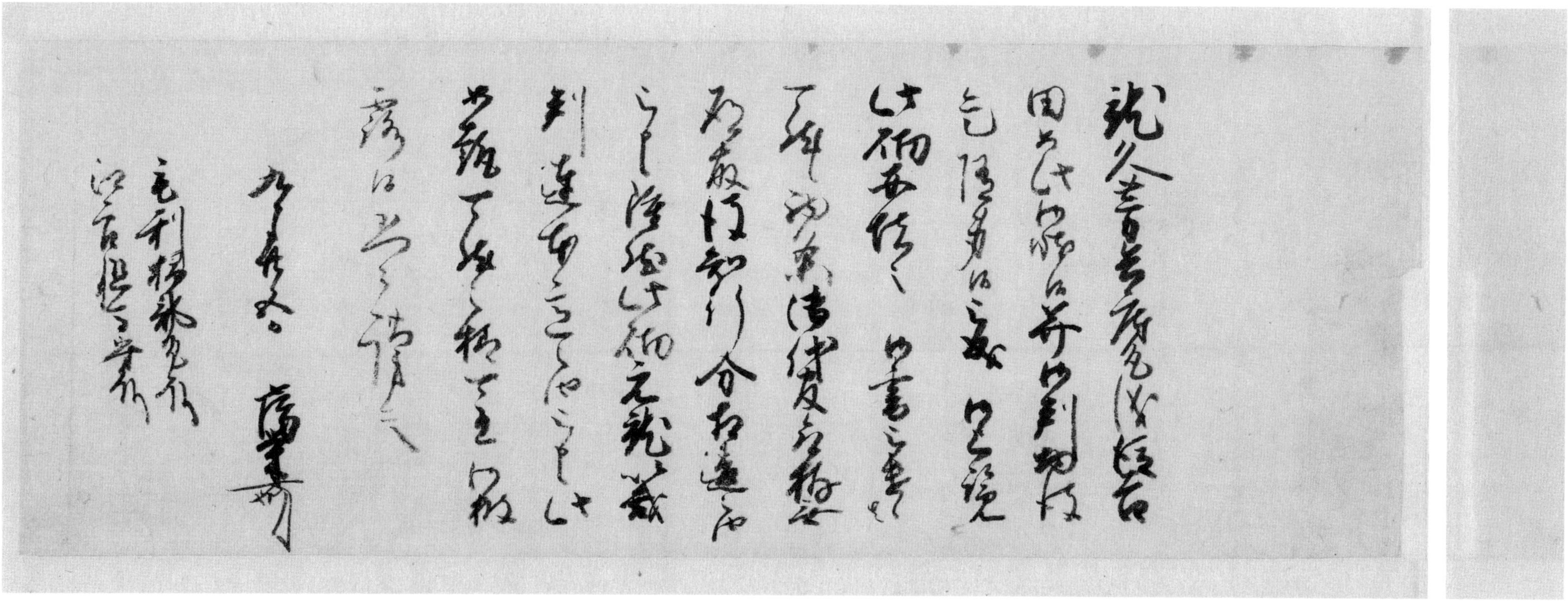

端裏墨引

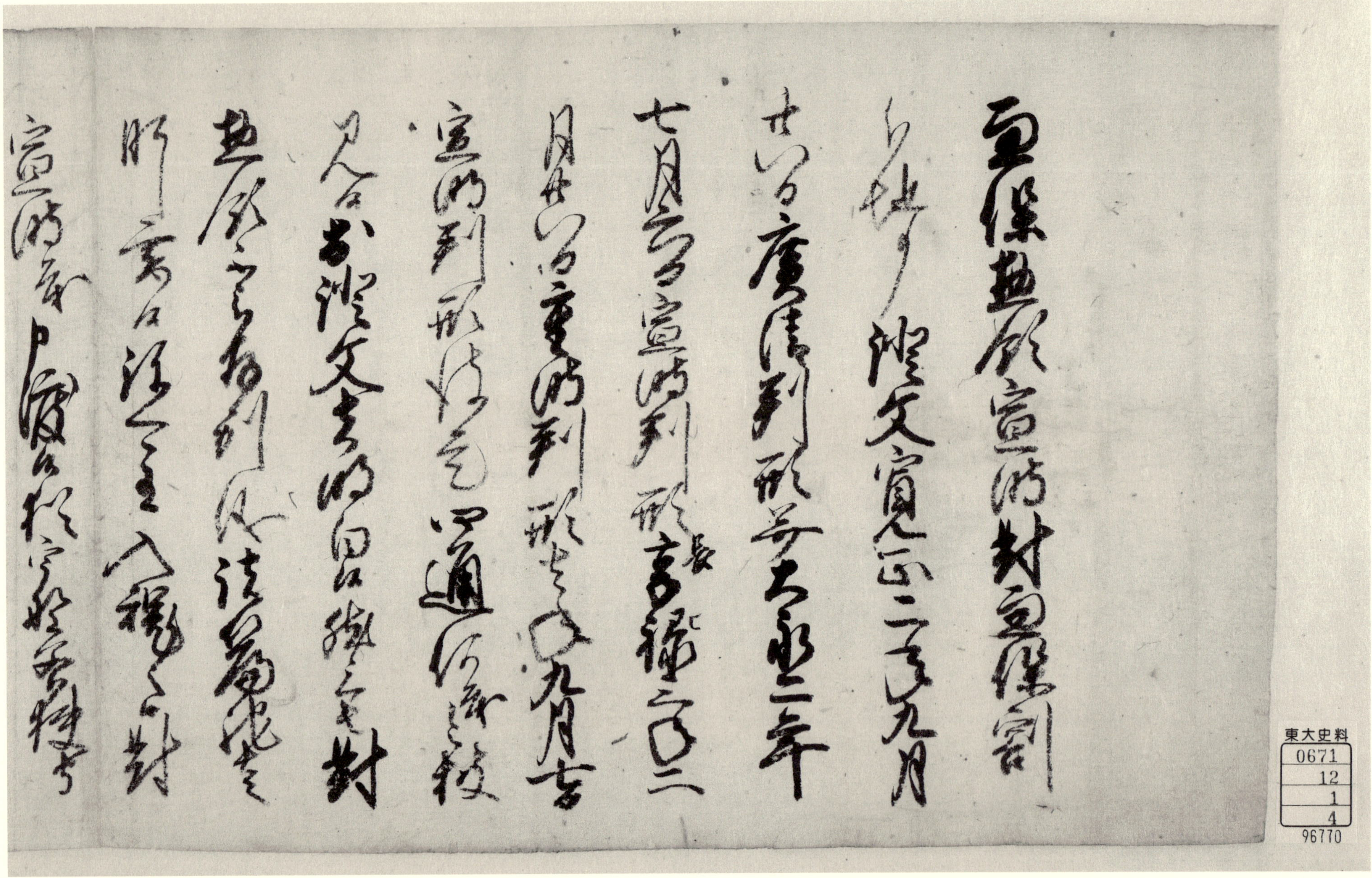

（1）

（2）

5市川経好知行打渡状　弘治四年四月五日

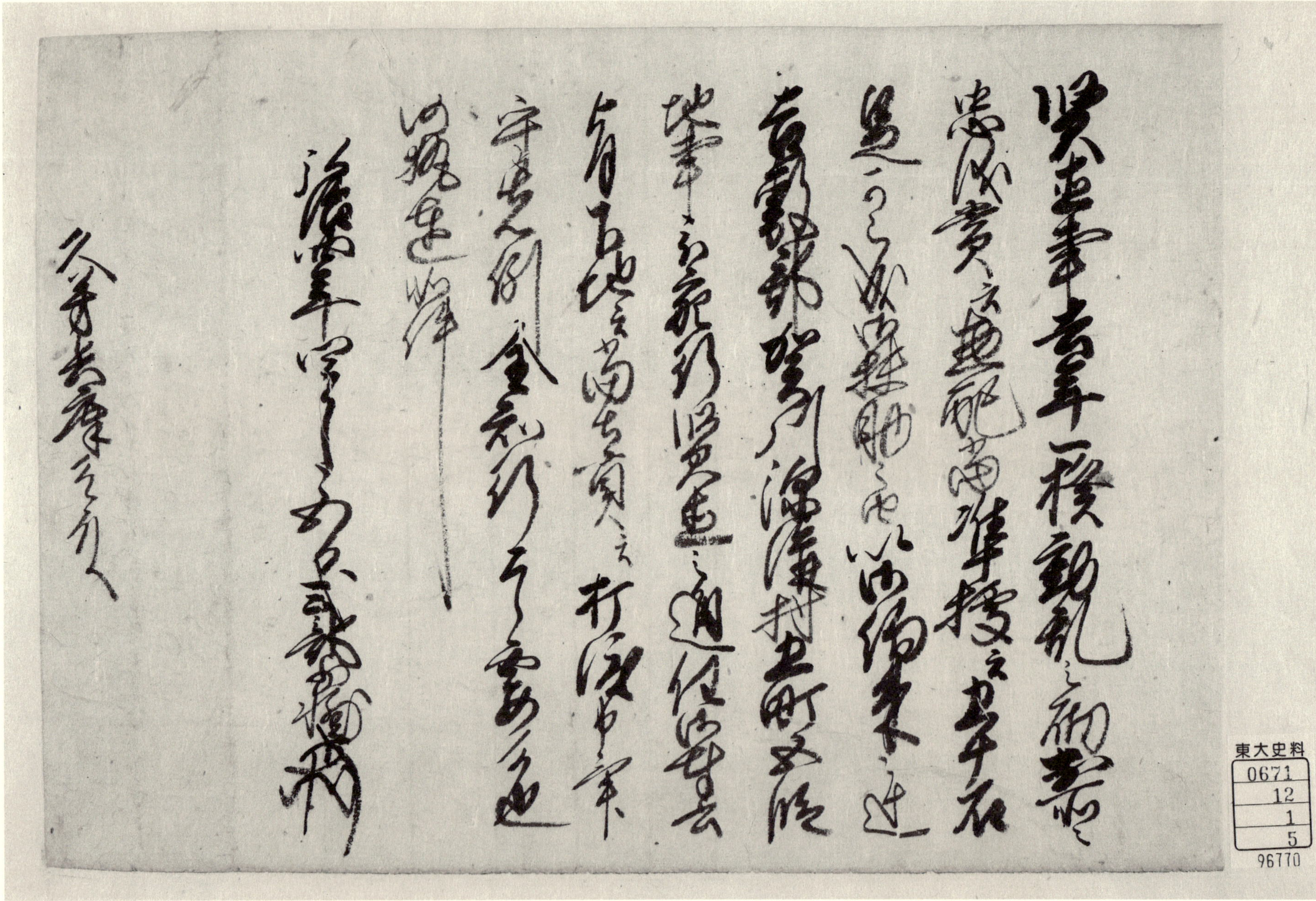

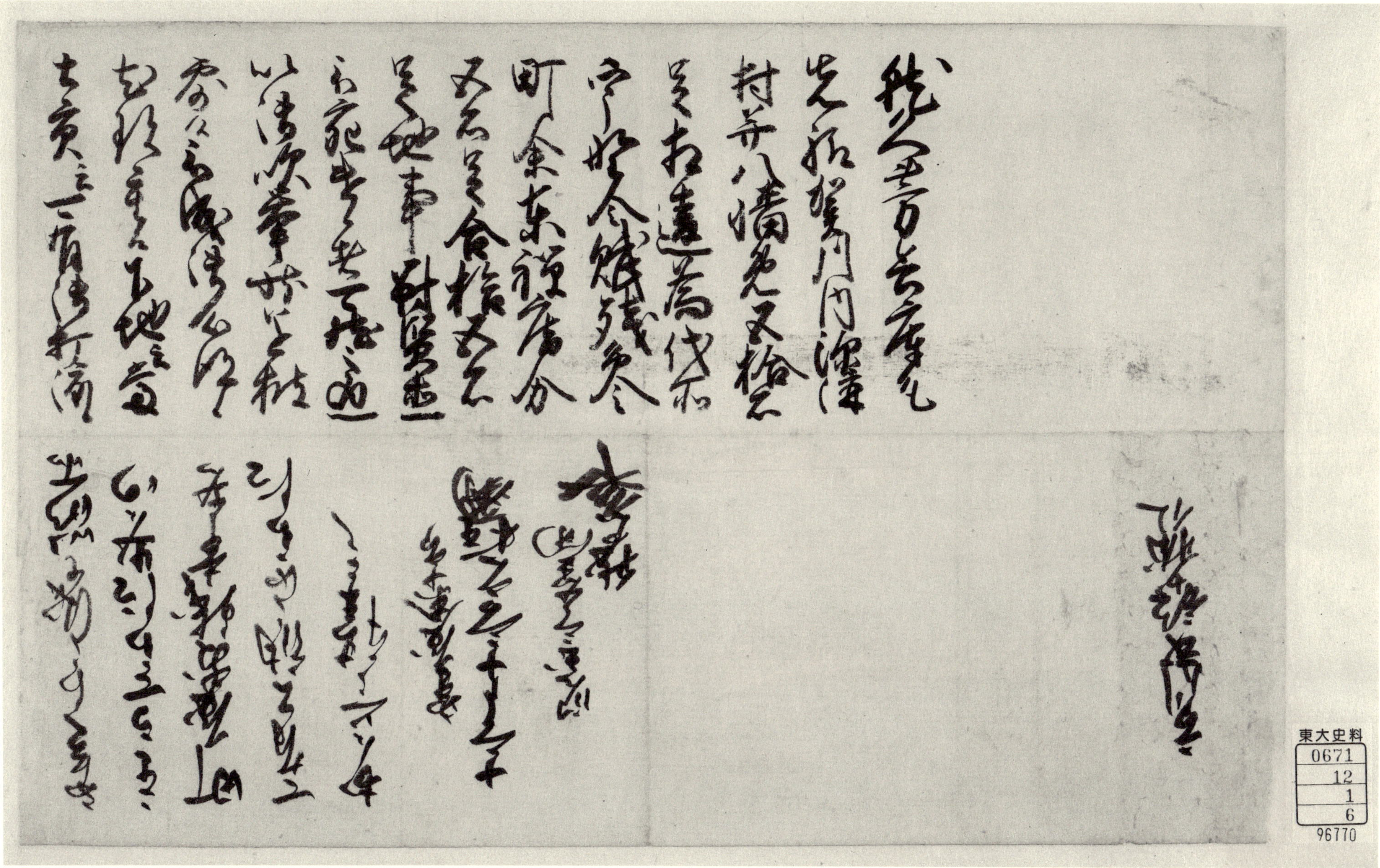
東大史料
0671
12
1
6
96770

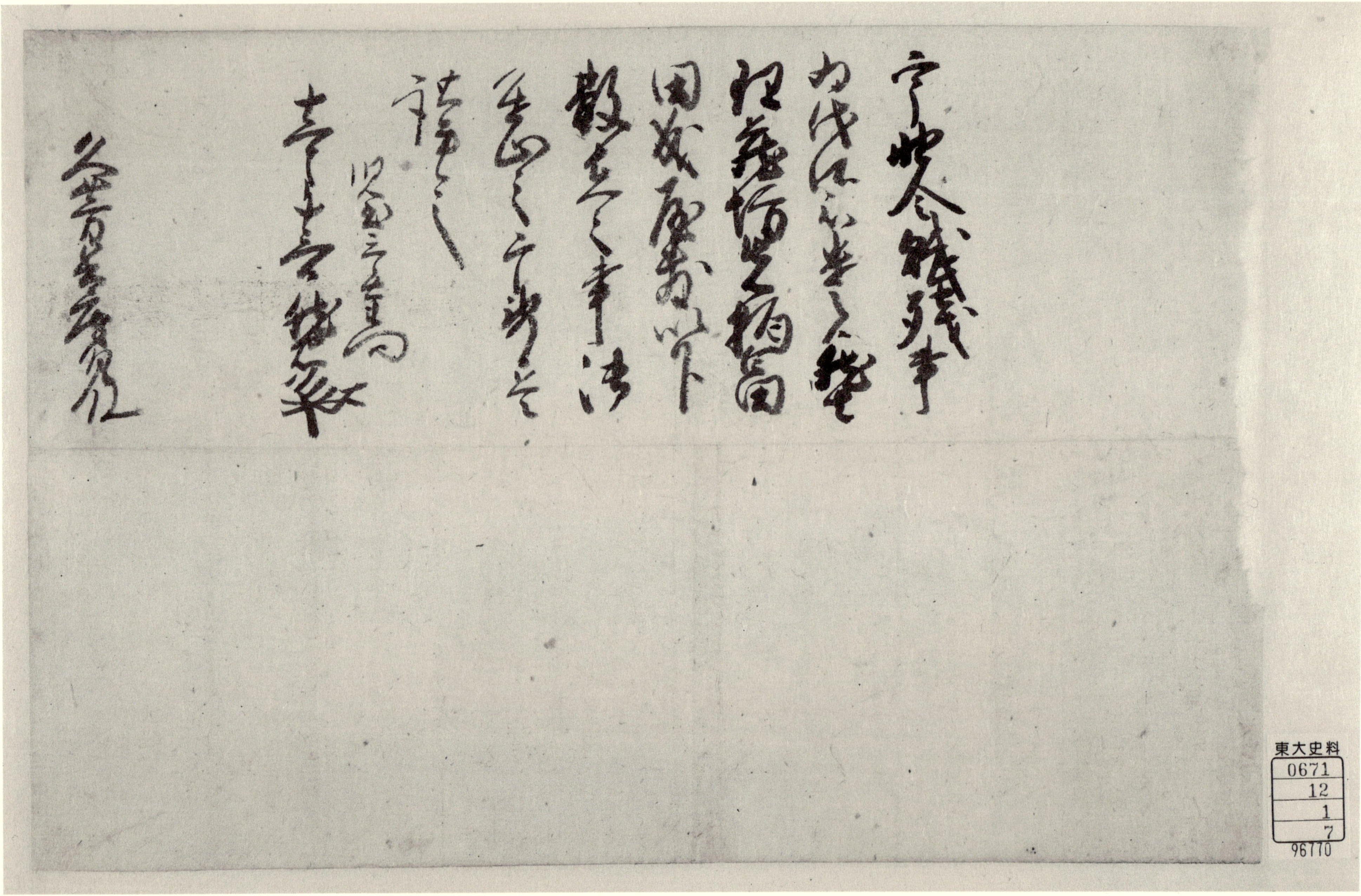

久芳文書　巻一　7児玉就忠書状　（永禄三年）十二月十三日

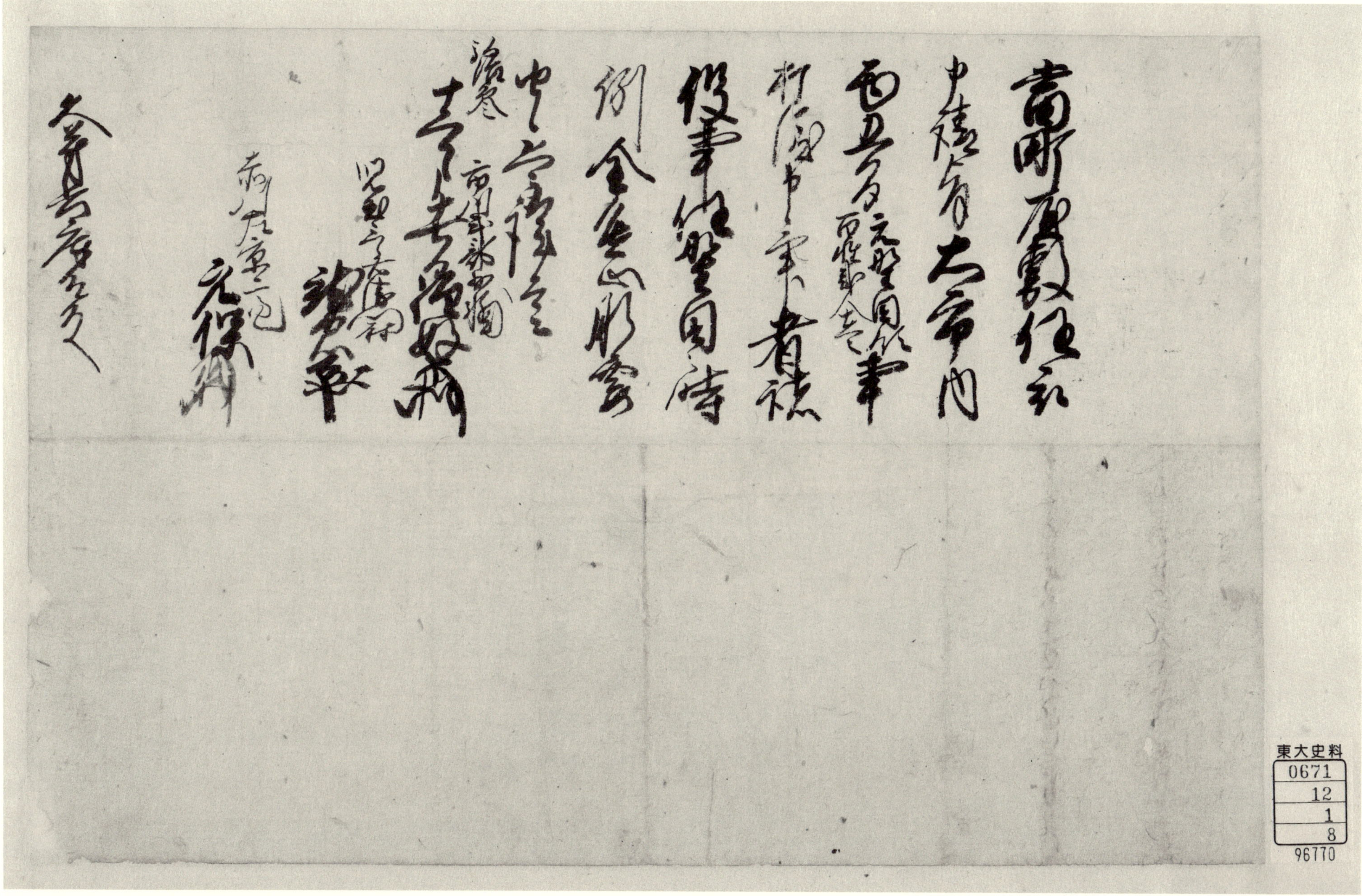
東大史料
0671
12
1
8
96770

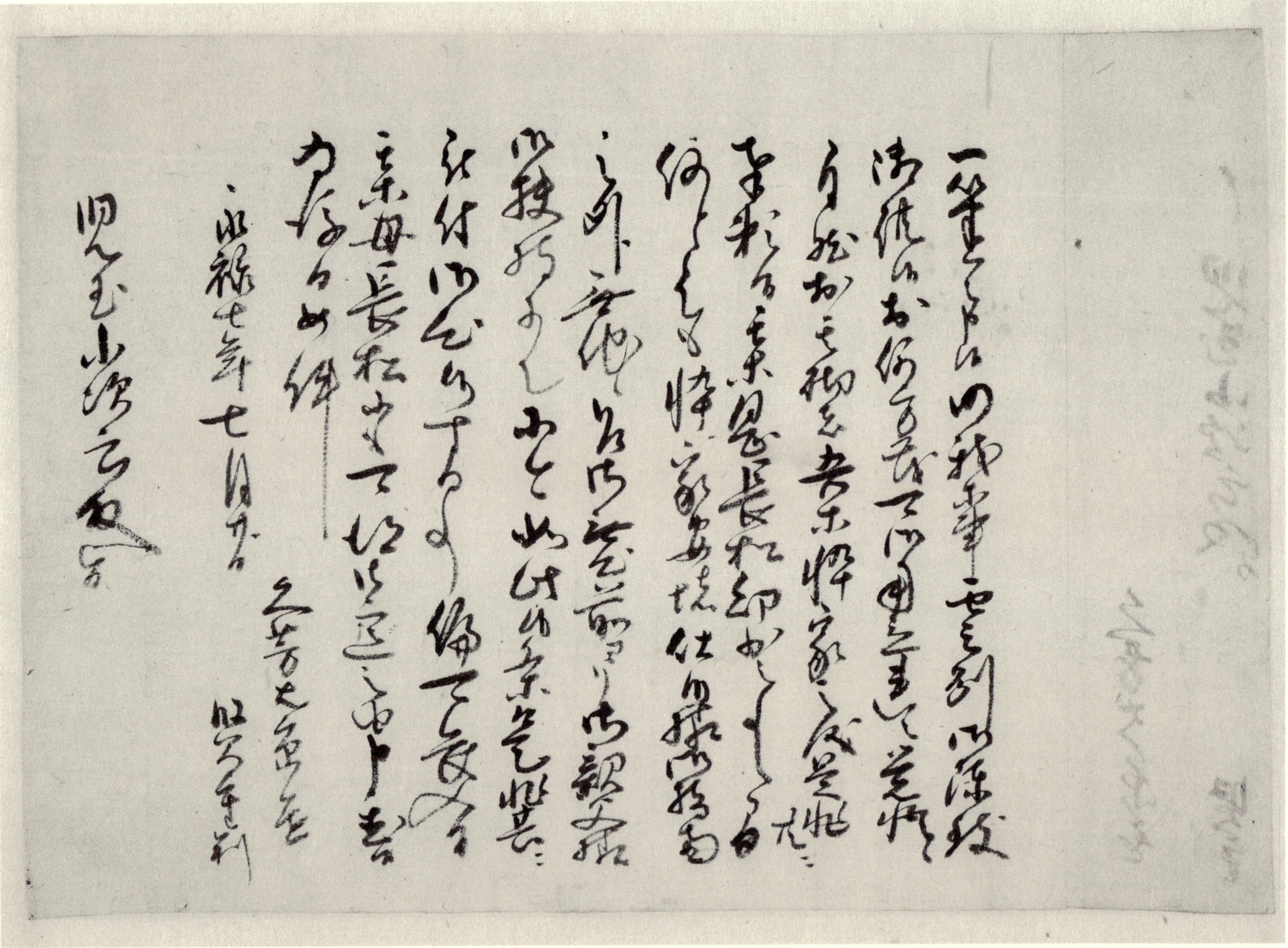

端裏書

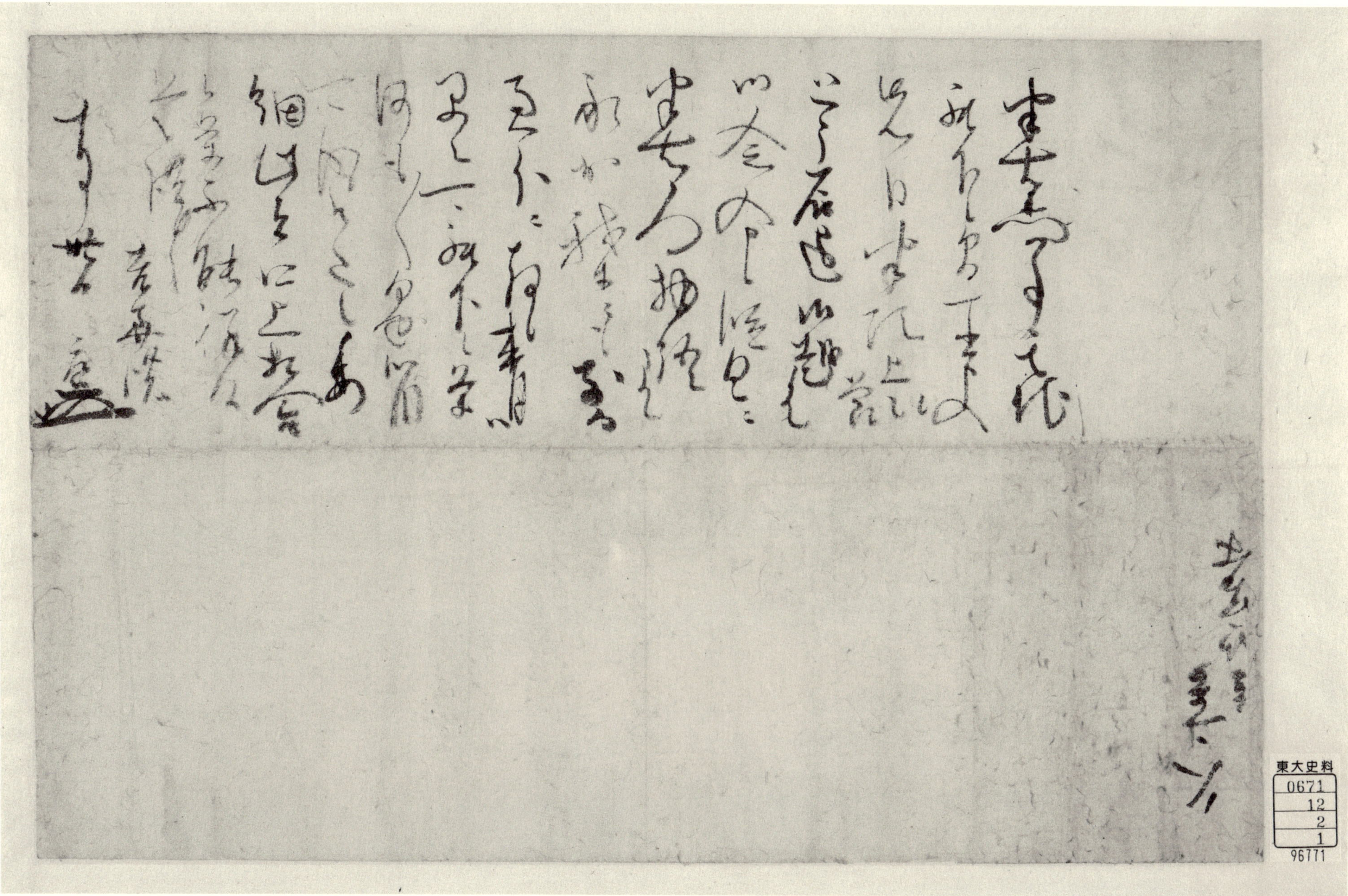
東大史料
0671
12
2
1
96771

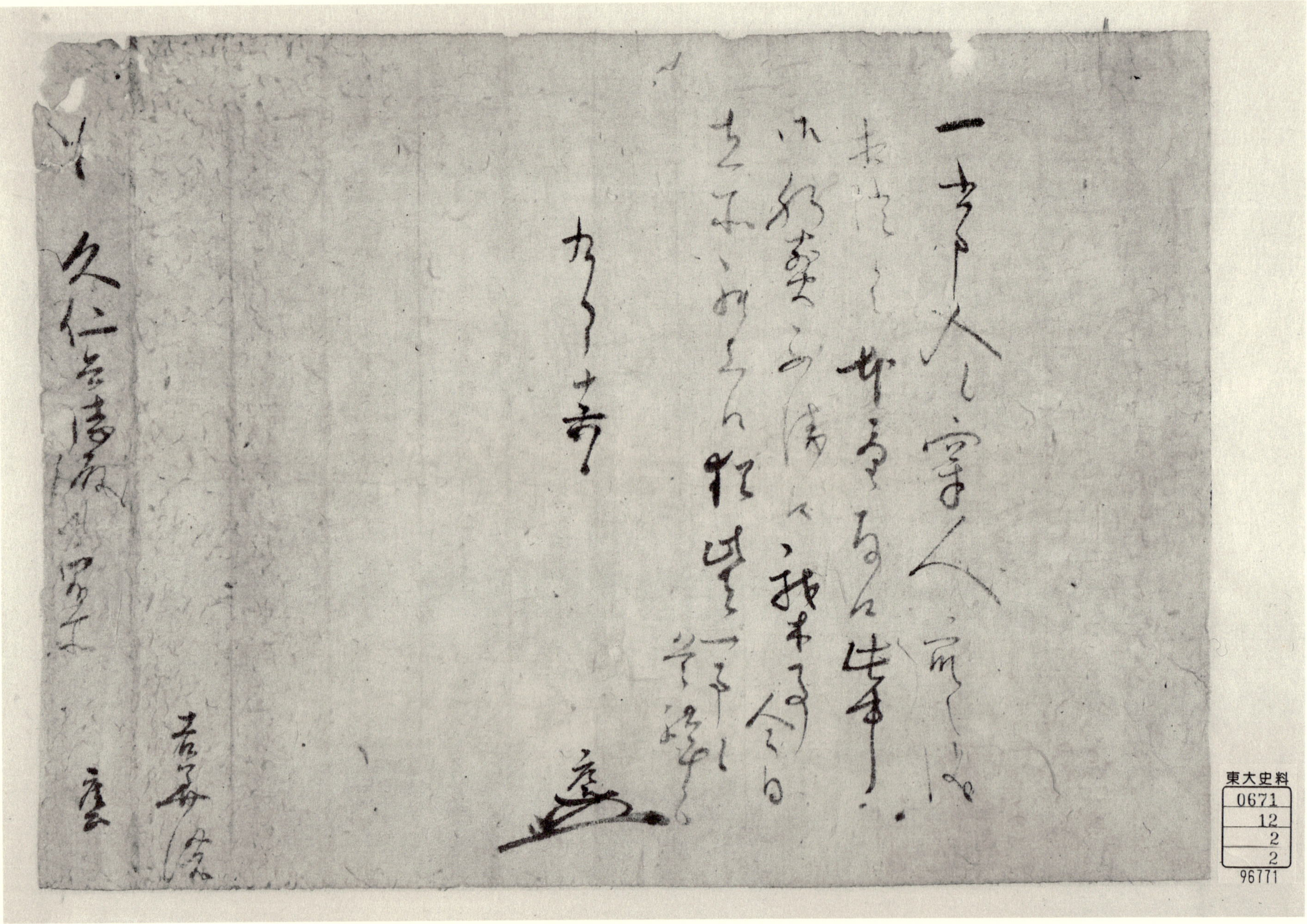

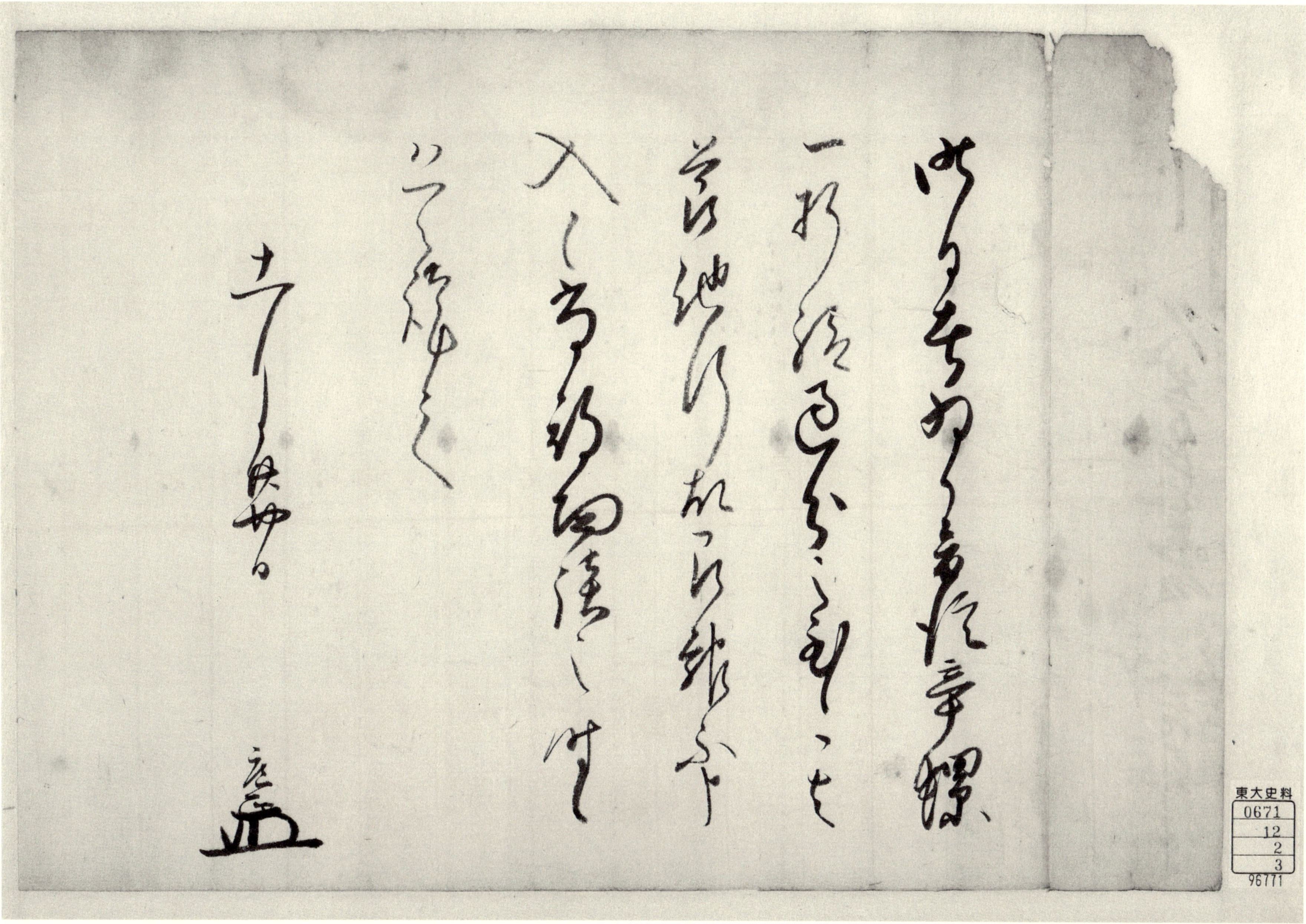

端裏書

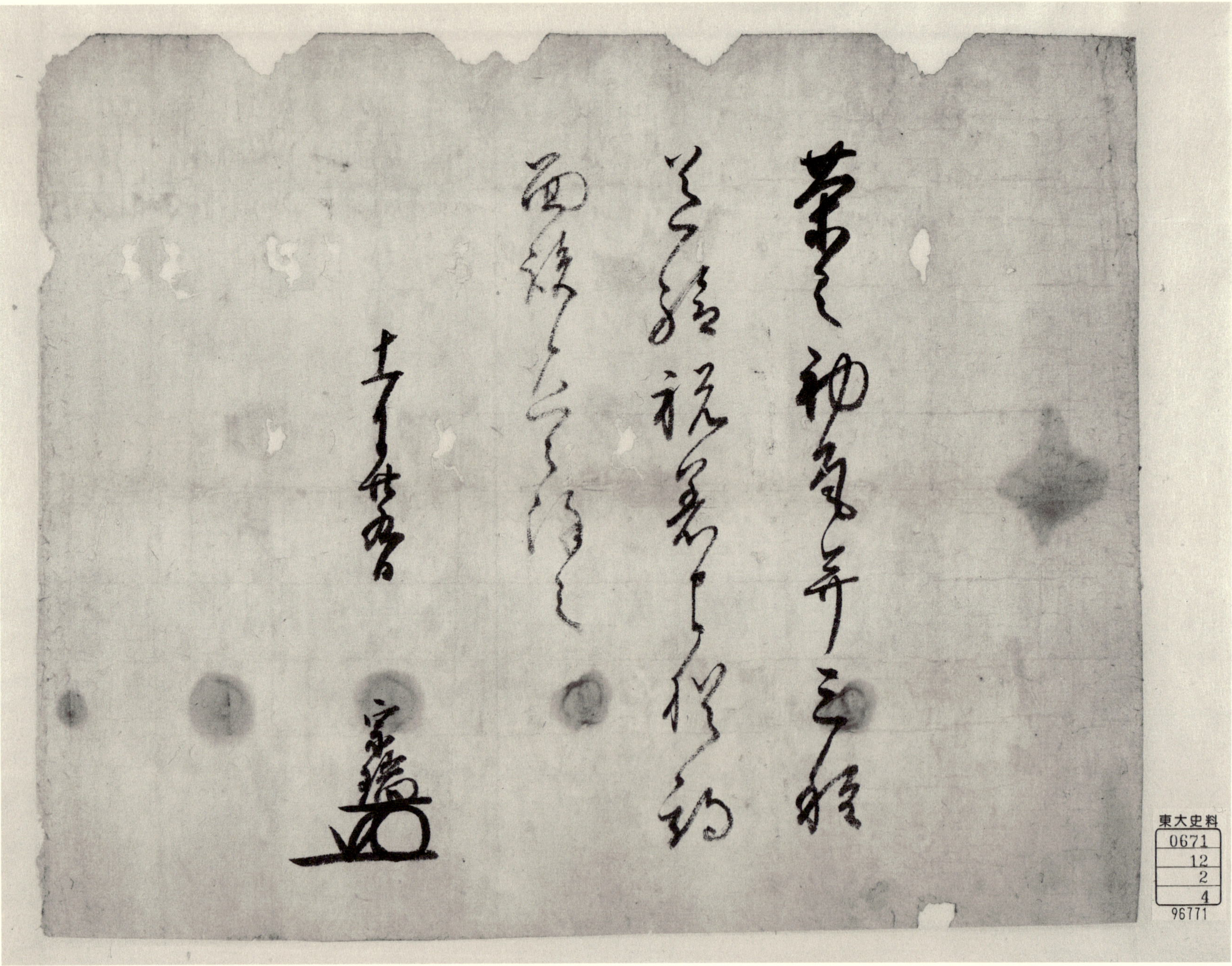

4毛利宗瑞〈輝元〉書状　（年未詳）十一月二十九日

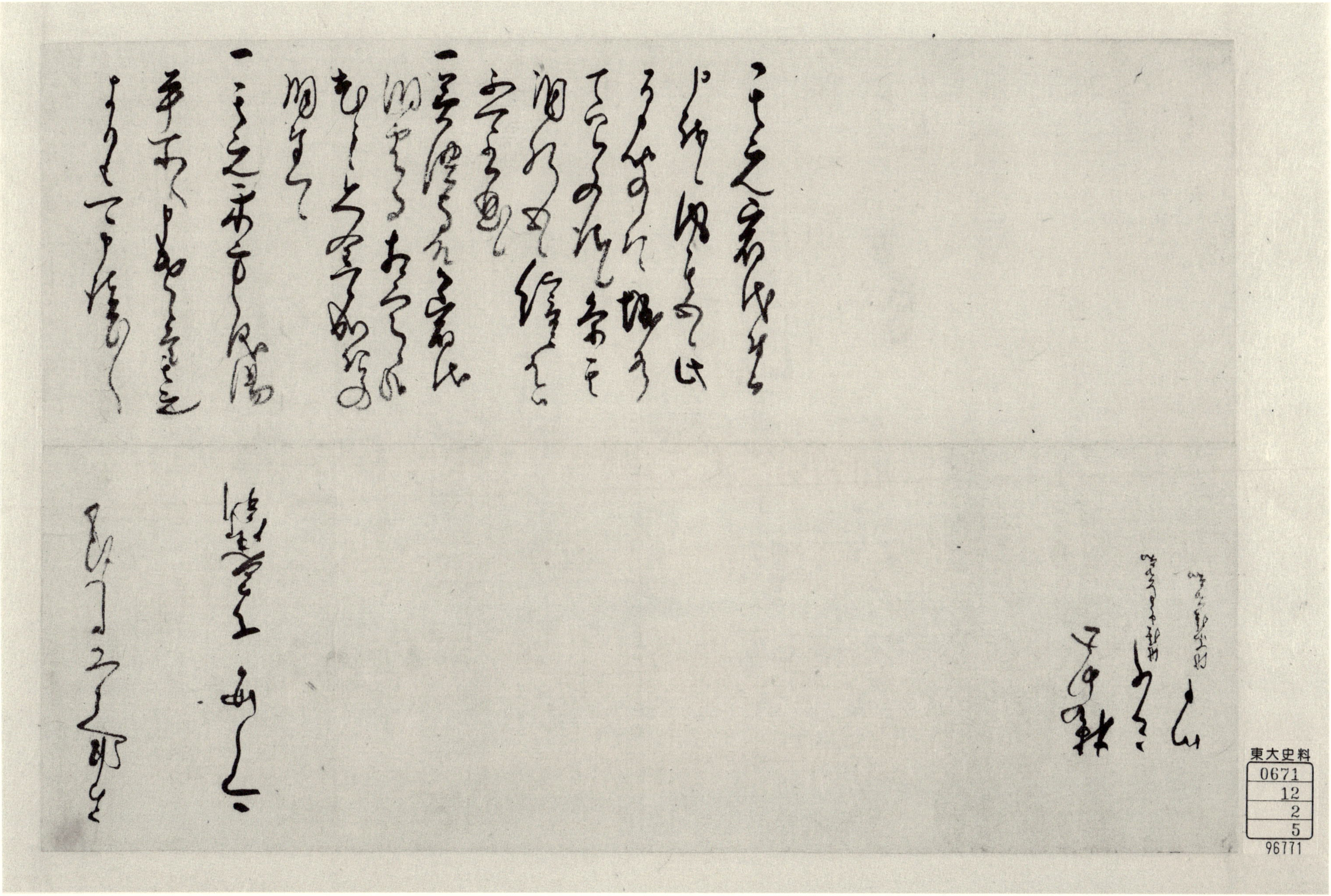
東大史料
0671
12
2
5
96771

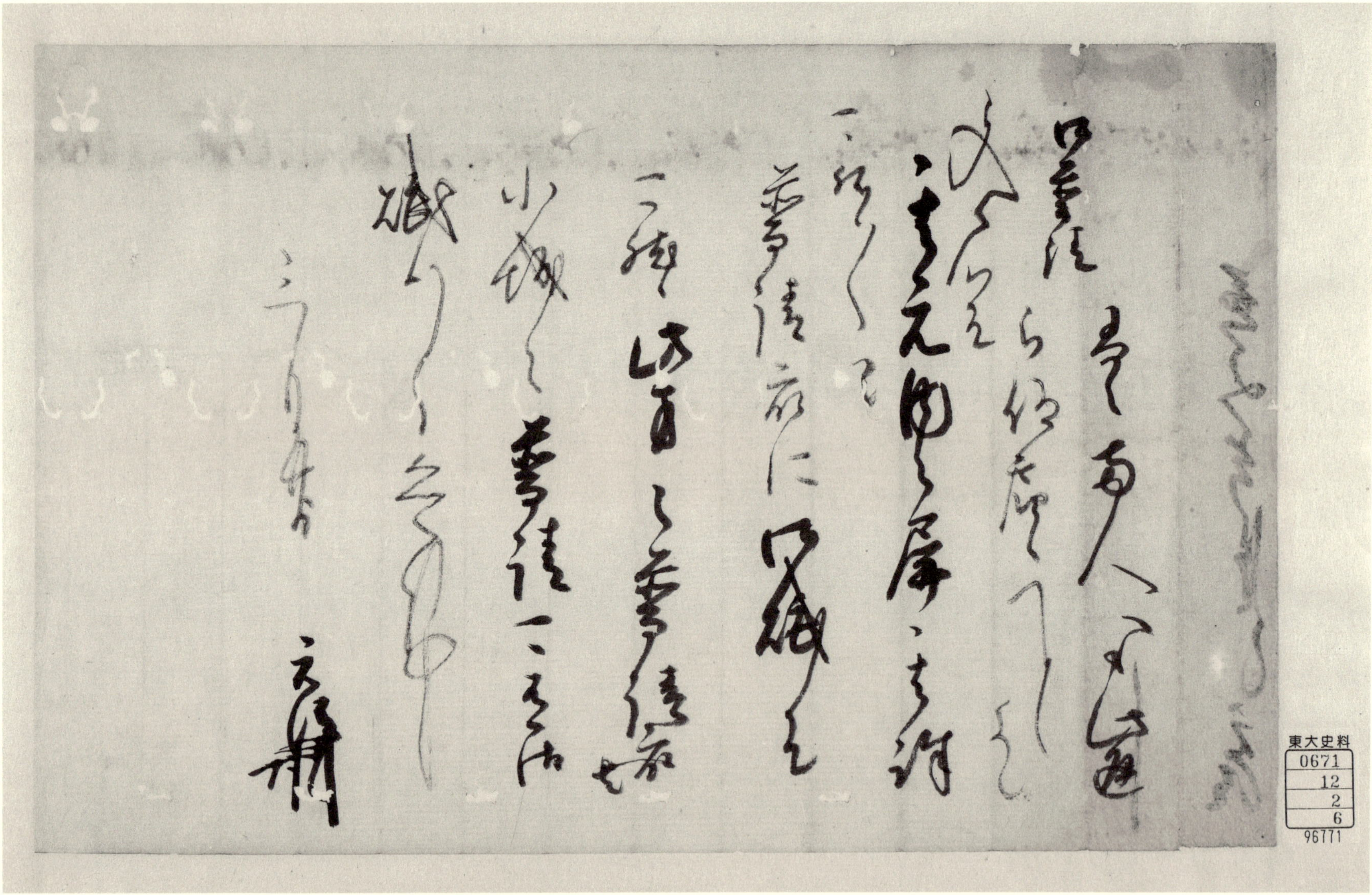

端裏書

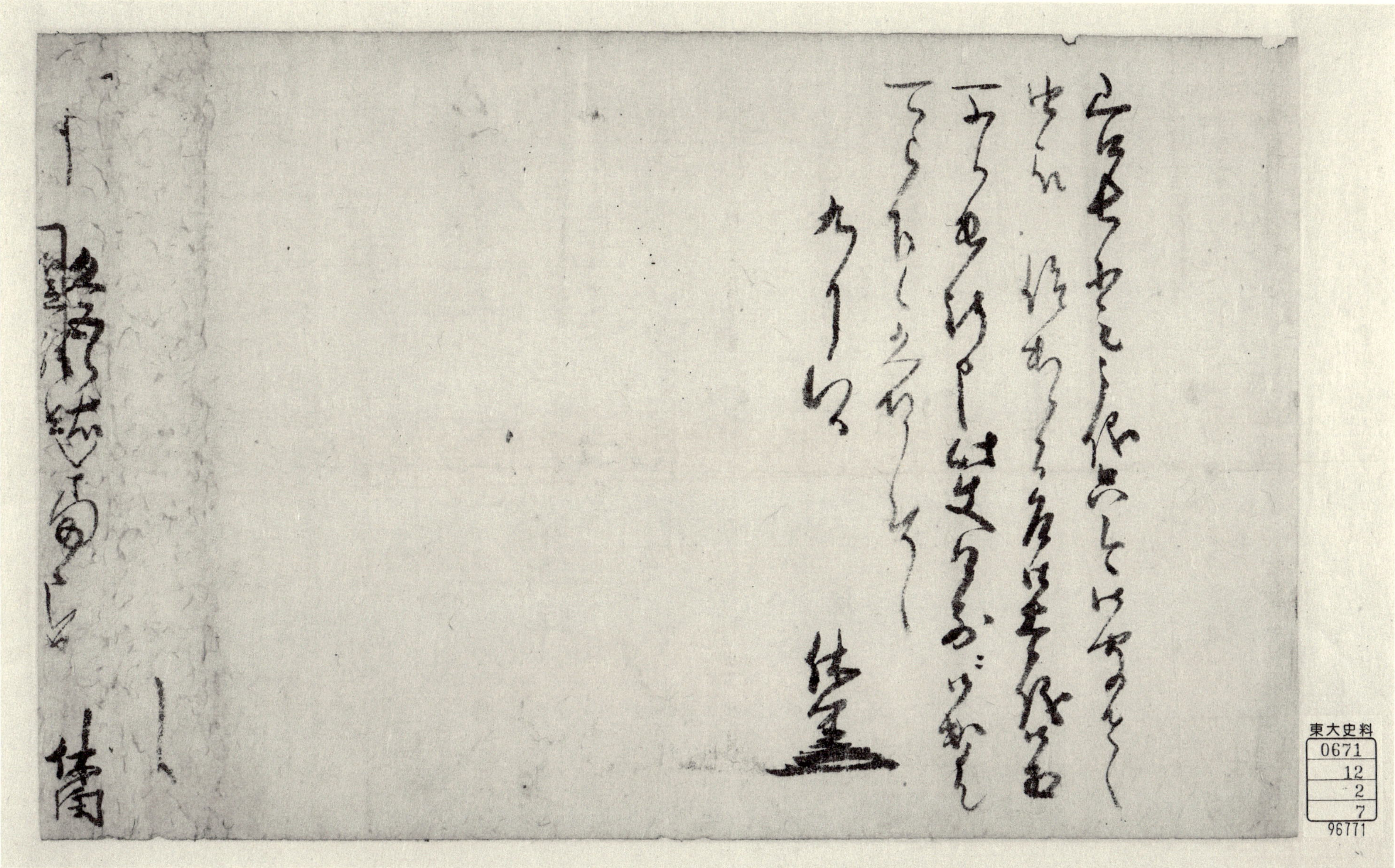
東大史料
0671
12
2
7
96771

8小早川隆景書状　（年未詳）卯月十四日

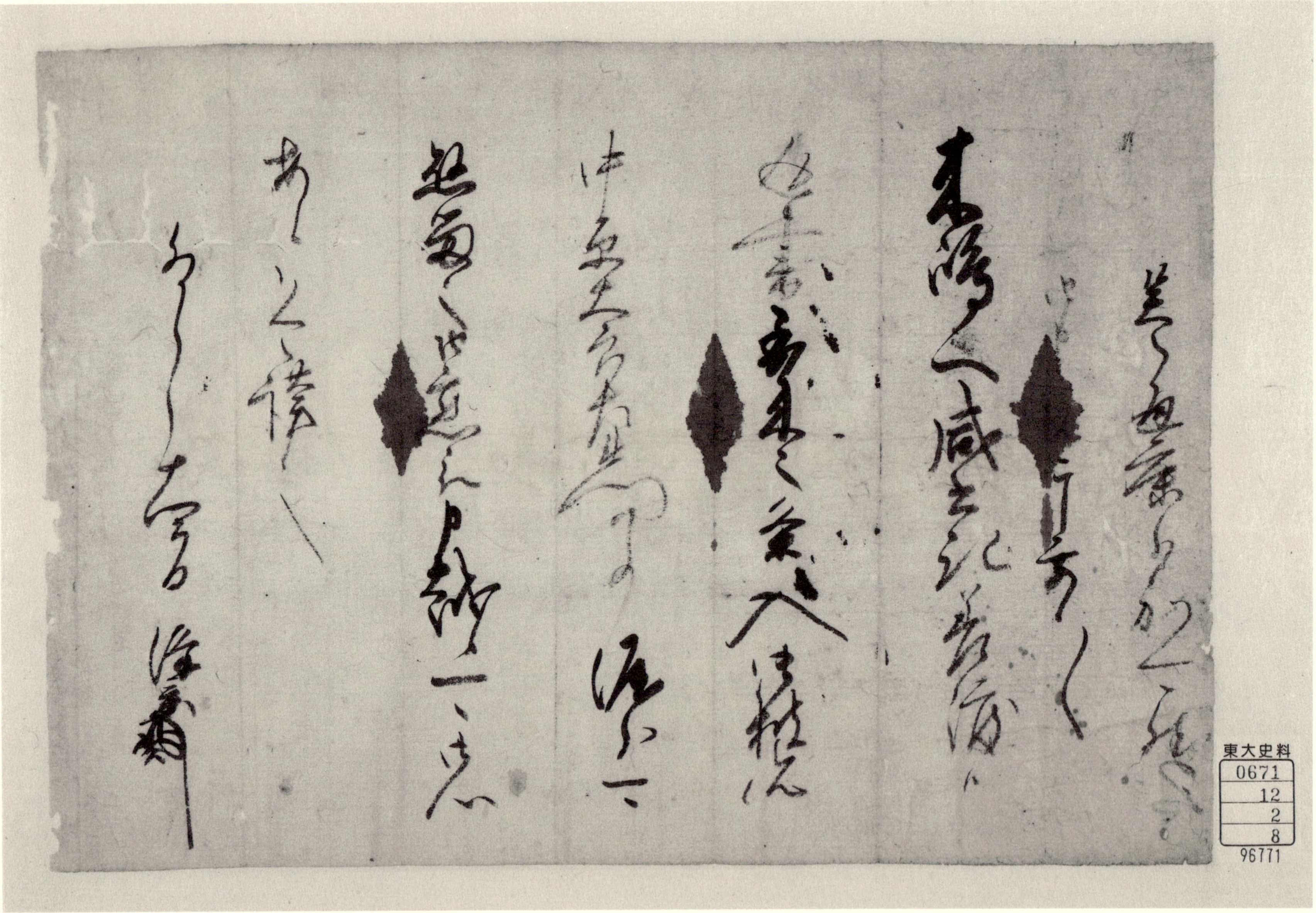

端裏書

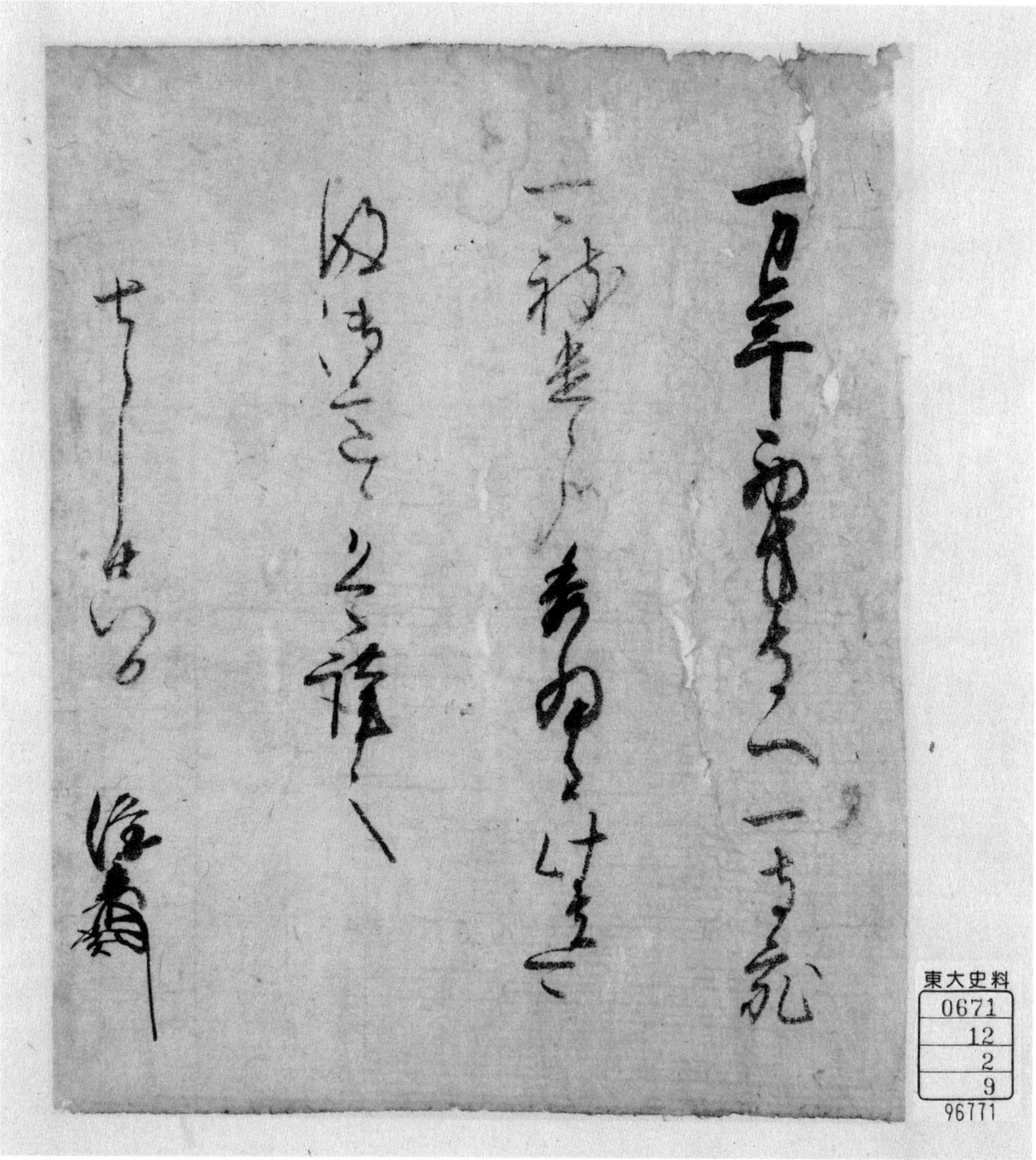
東大史料
0671
12
2
9
96771

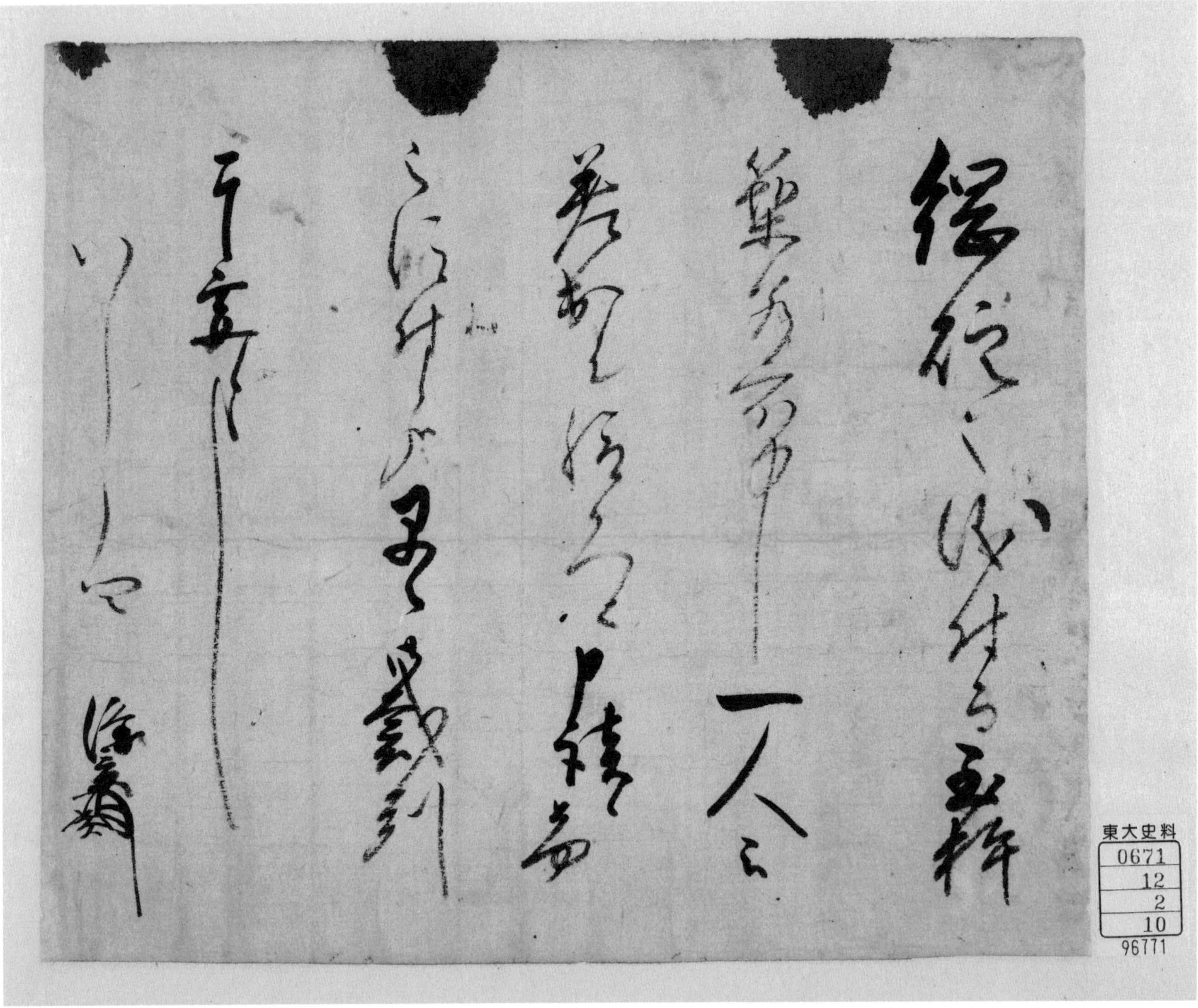
東大史料
0671
12
2
10
96771

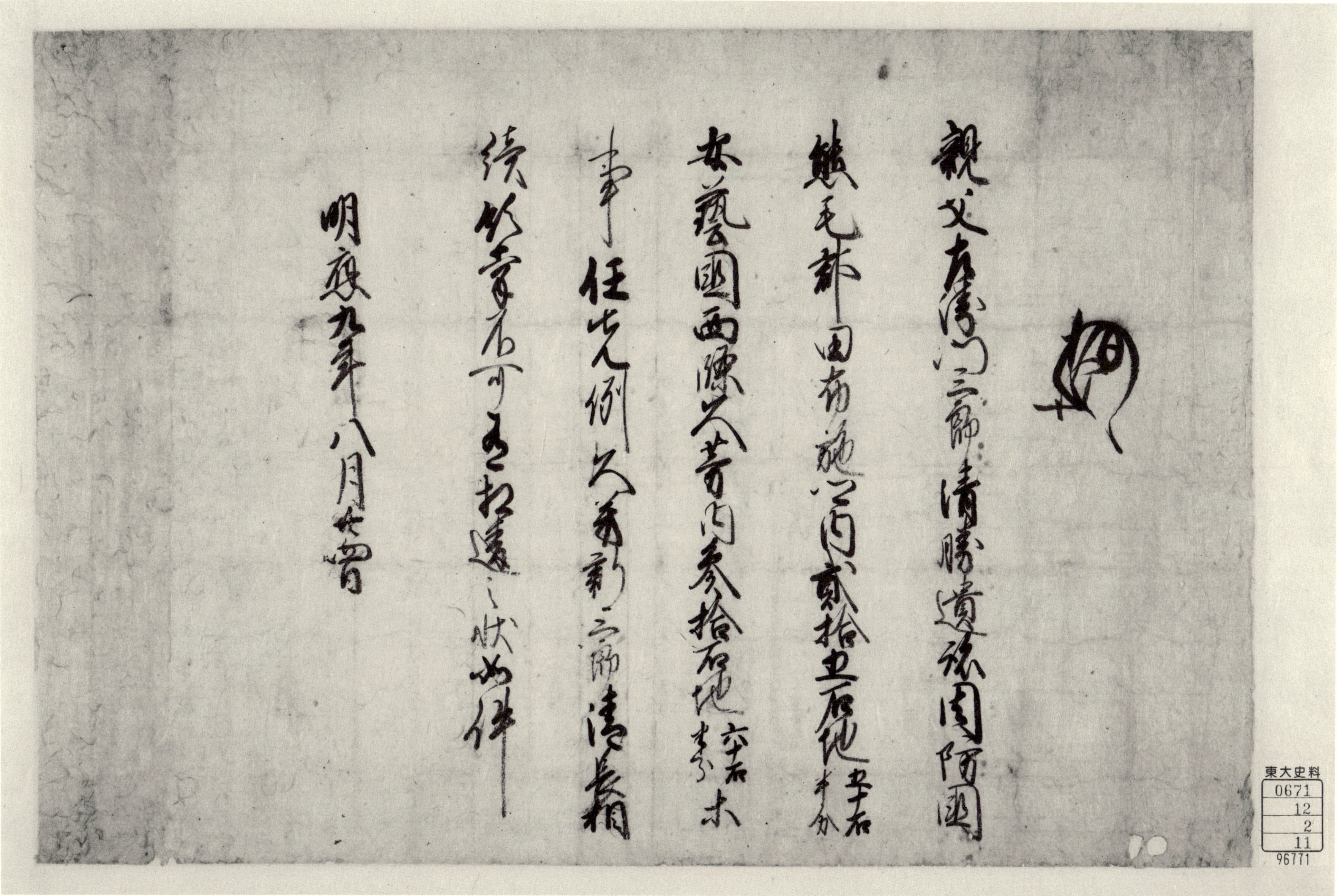

（花押）

親父右馬允清勝遺跡周防国
熊毛郡田布施内弐拾五石地 五十石半分
安芸国西条内参拾石地 六十石 未考 未
事任先例之旨新三郎清長相
続領掌不可有相違之状如件
明応九年八月廿四日

12弘仲重勝加冠状　文明三年十二月十三日

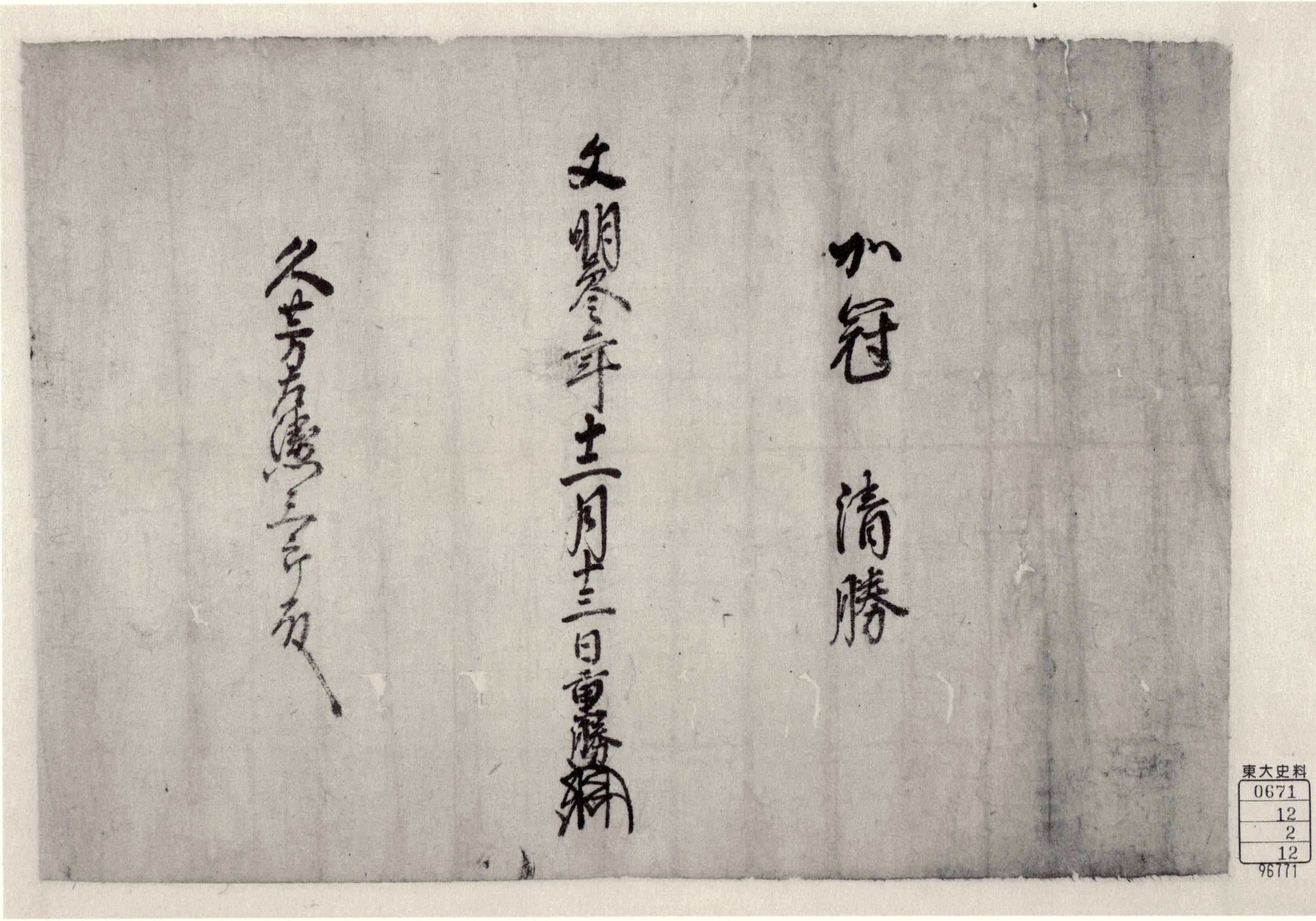
加冠　清勝

文明参年十二月十三日重勝（花押）

久芳右馬三郎殿

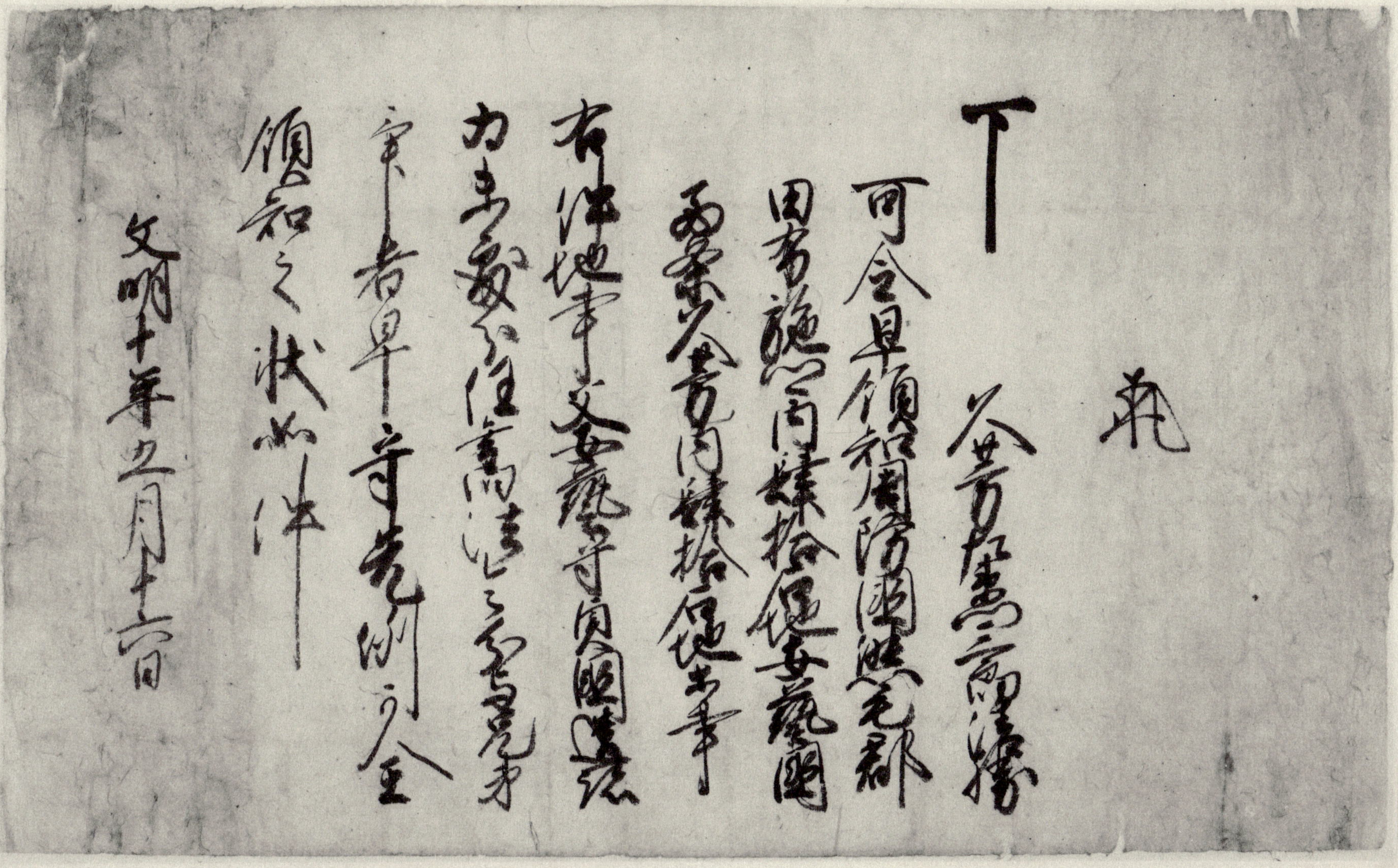

（花押）

下　久芳右馬亮賢重

可令早領知周防国熊毛郡

田布施内肆拾石地安芸国

西条内肆拾石地等事

右件地事、故安芸守貞国跡

為手数任当知行之旨宛行畢

実者早守先例、可全

領知之状如件

文明十年五月十六日

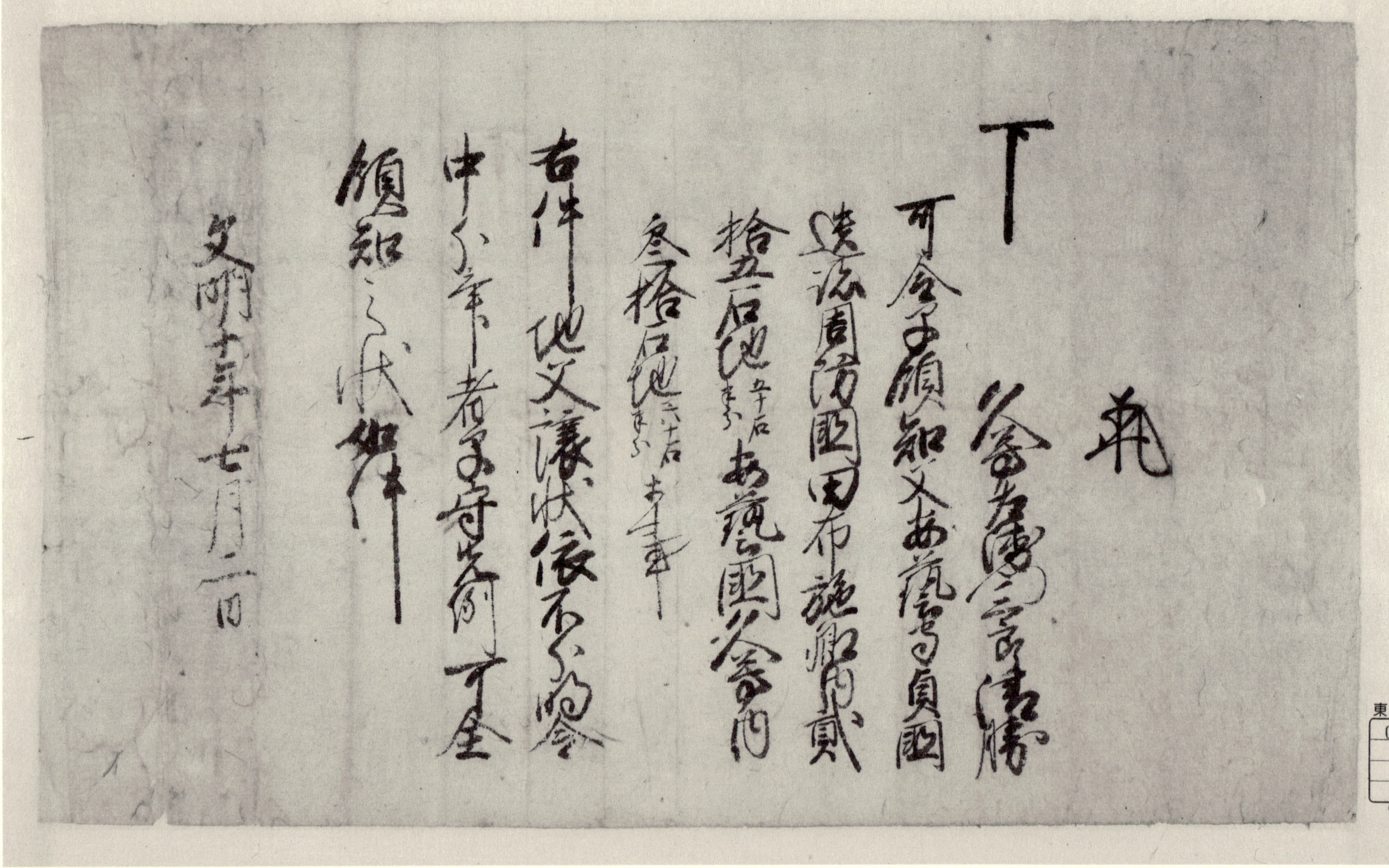
（花押）
下　久芳孫三郎清勝
可令早領知父安芸守貞国
跡周防国田布施郷内貳
拾五石地五十石まで安芸国久芳郷内
參拾石地六十石まで等事
右件地、父譲状依不ゝ給令
中ゝ年ゝ者、守先例可全
領知之状如件
文明十年七月二日

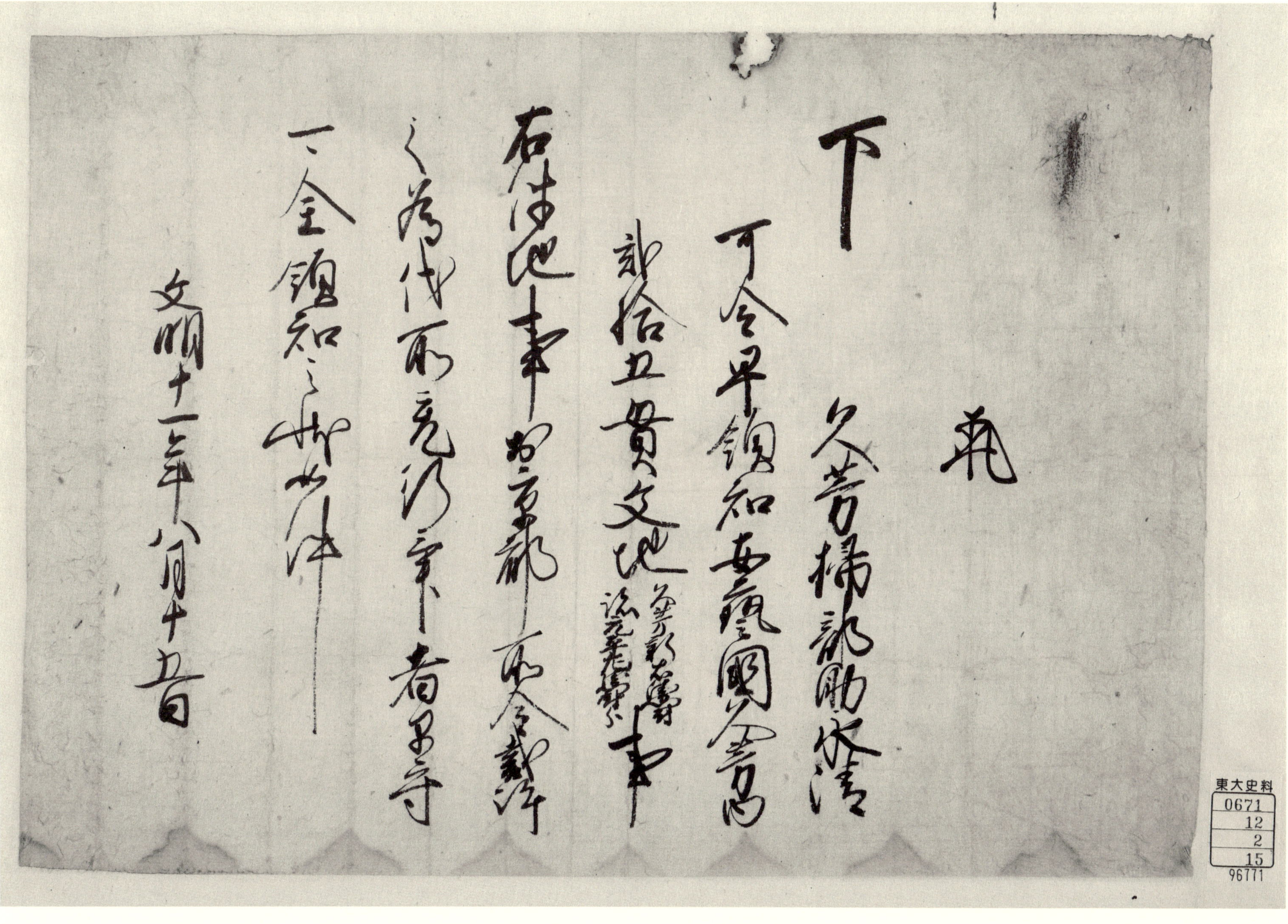
下
久芳掃部助次清
文明十一年八月十五日

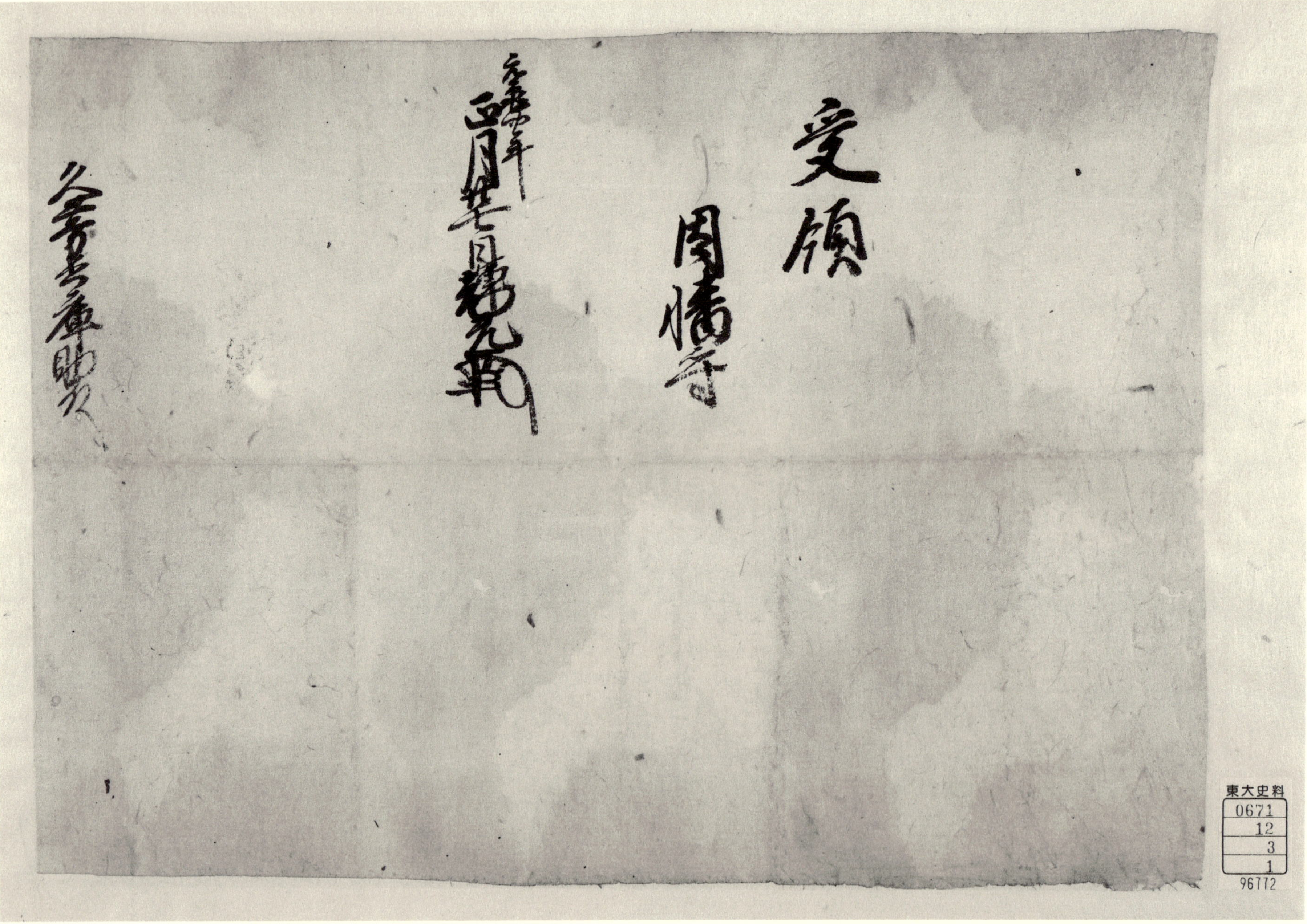
受領
周防守
元亀四年
正月廿七日　輝元（花押）
久芳兵庫助殿

久芳文書　巻三　1毛利輝元官途状　元亀四年正月二十七日

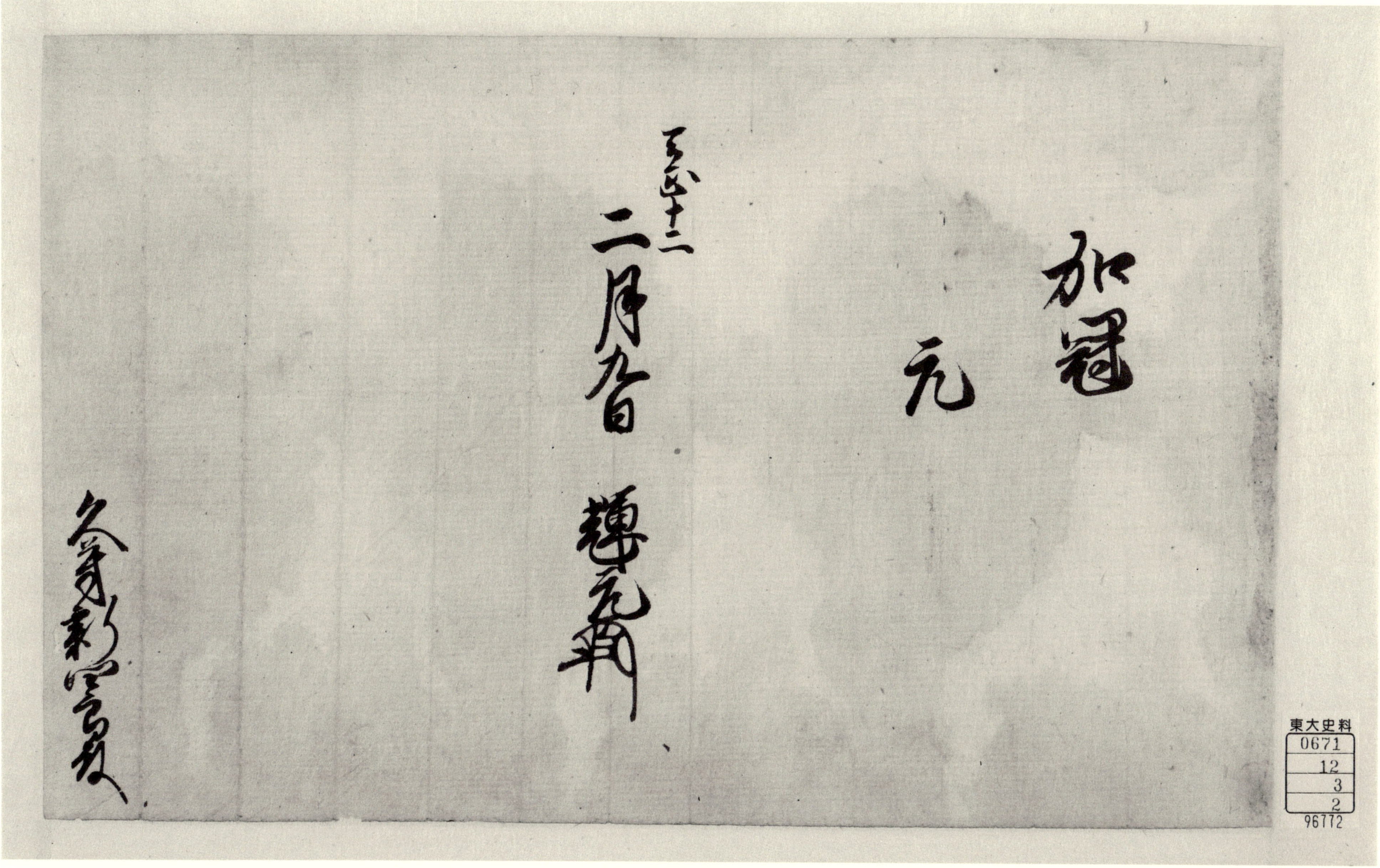
加冠
元
天正十二
二月九日　輝元（花押）
久芳新四郎殿

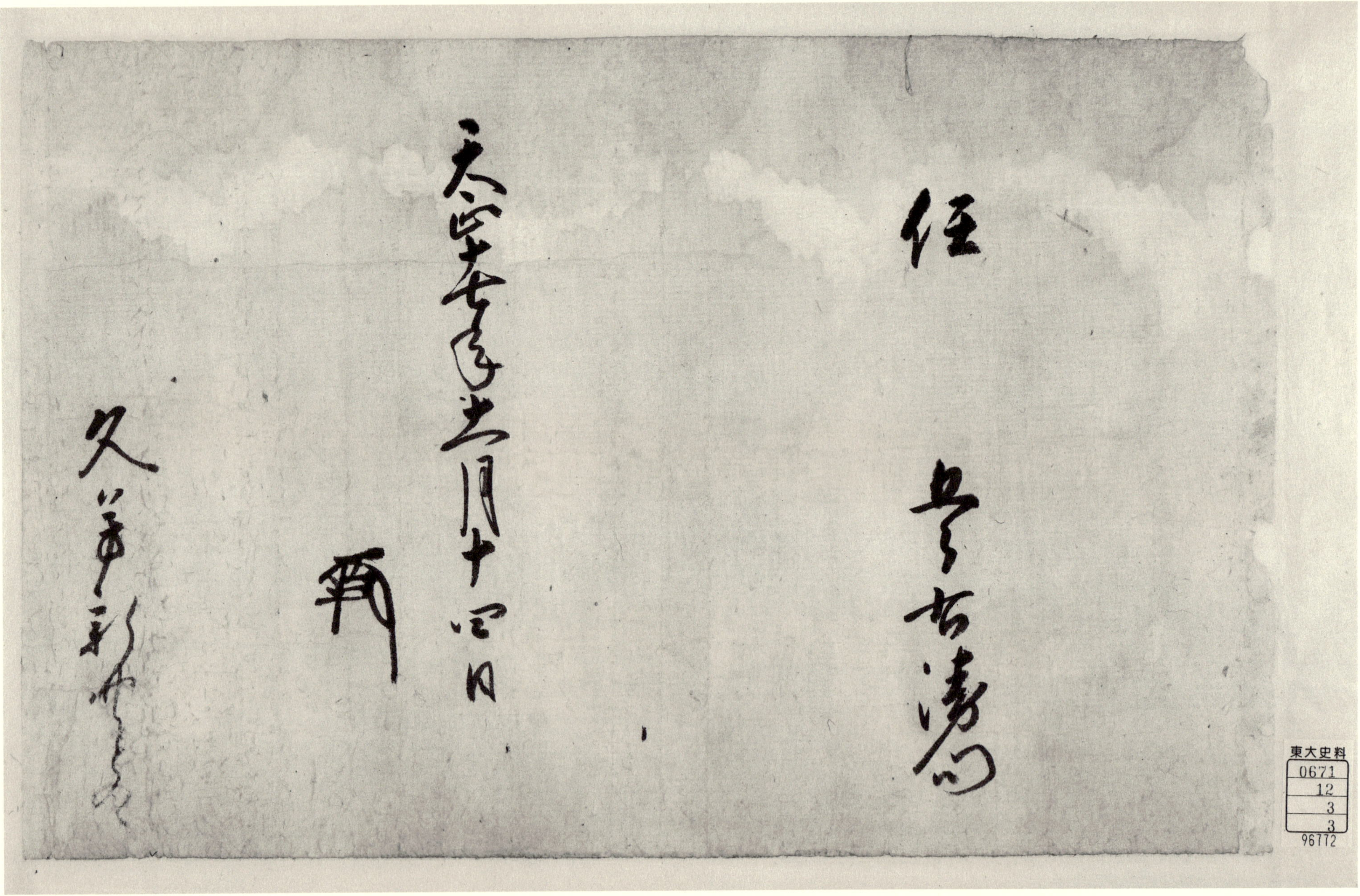

久芳文書　巻三　3毛利輝元官途状　天正十七年十一月十四日

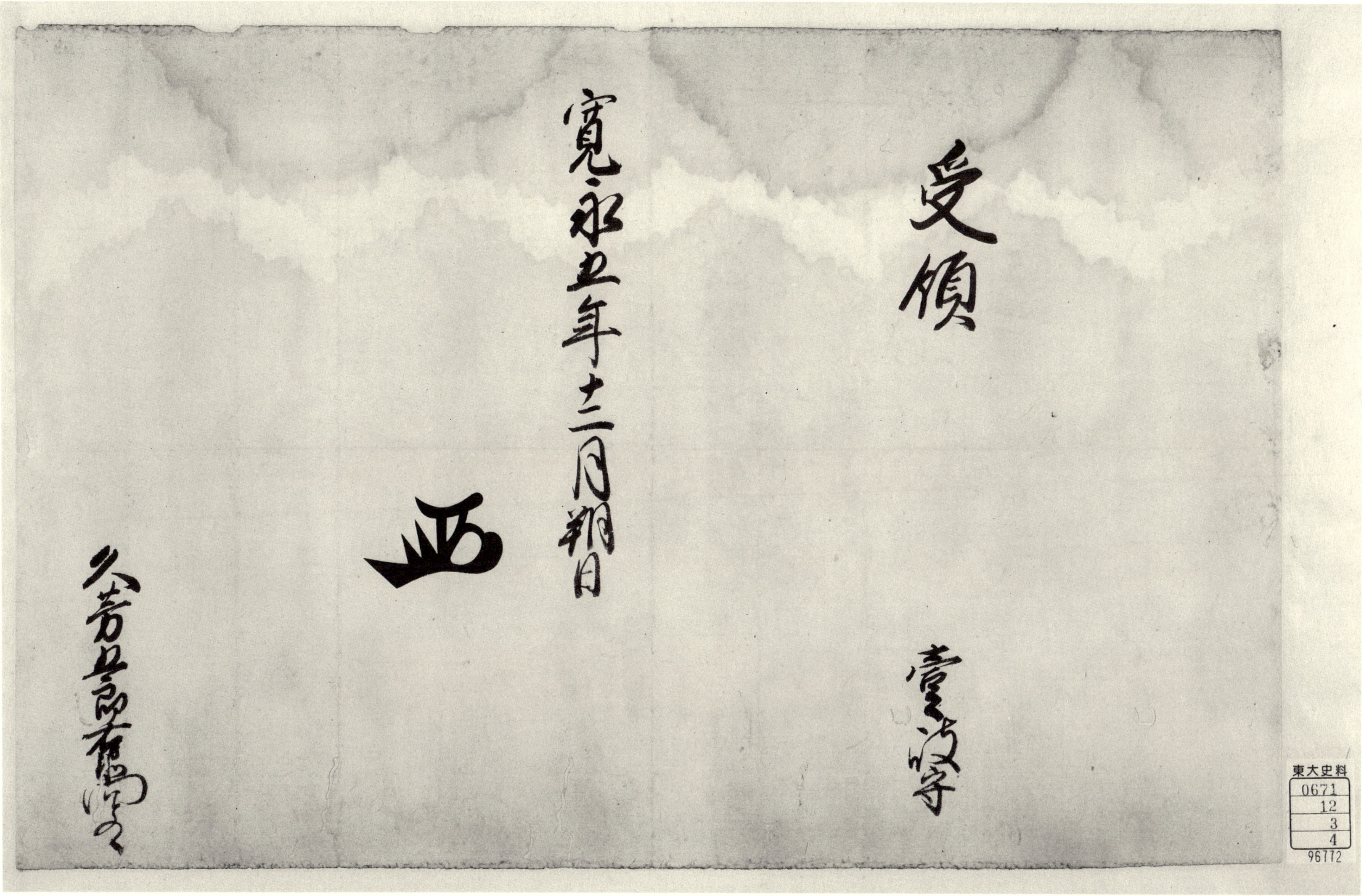

受領

壹岐守

寛永五年十二月朔日

久芳五郎右衛門とのへ

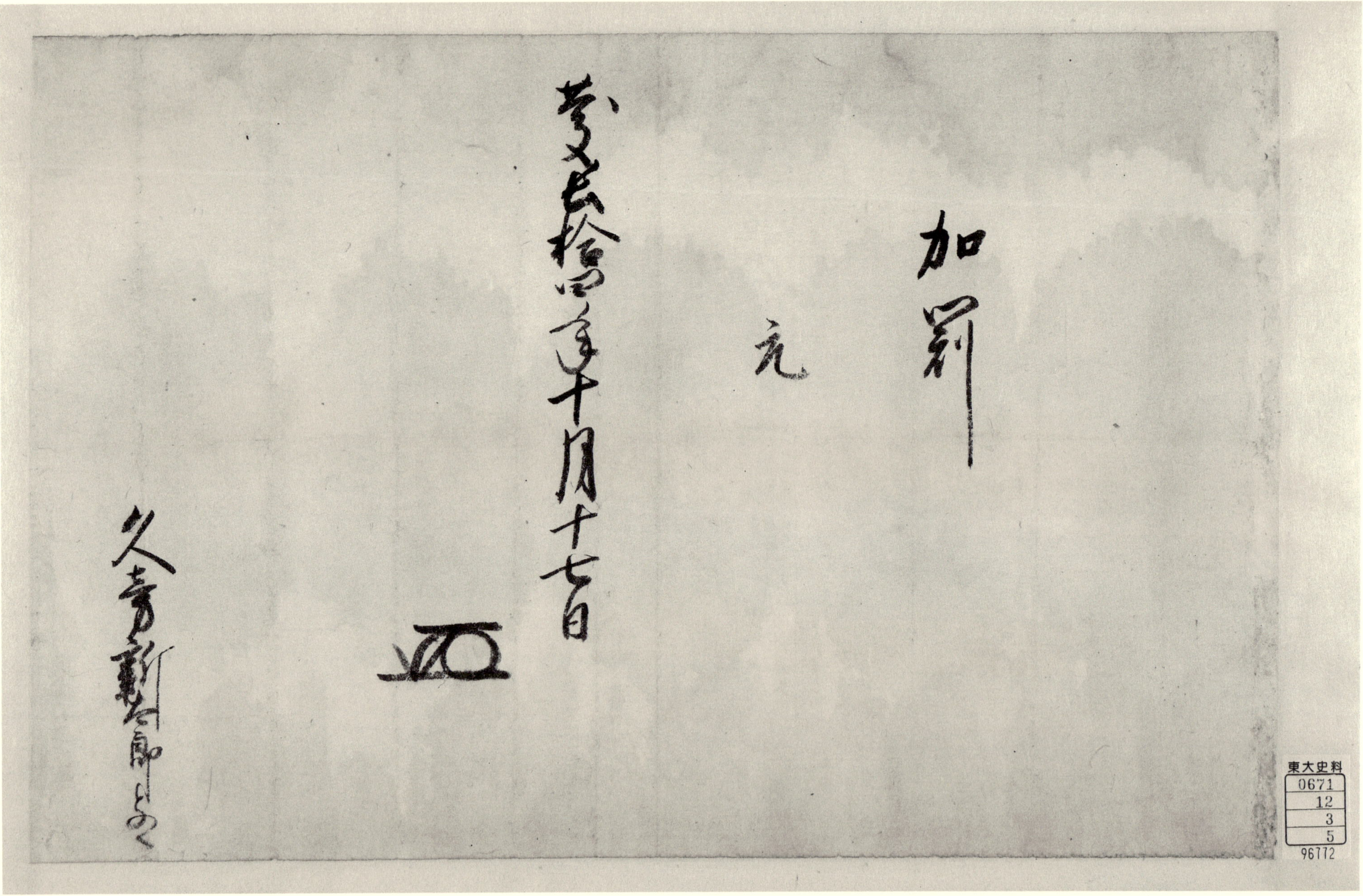

加冠

元

慶長拾四年十月十七日（花押）

久芳新五郎とのへ

久芳文書　巻三　5毛利宗瑞〈輝元〉加冠状　慶長十四年十月十七日

久芳文書　巻三　6毛利宗瑞〈輝元〉官途状　慶長十五年十二月十三日

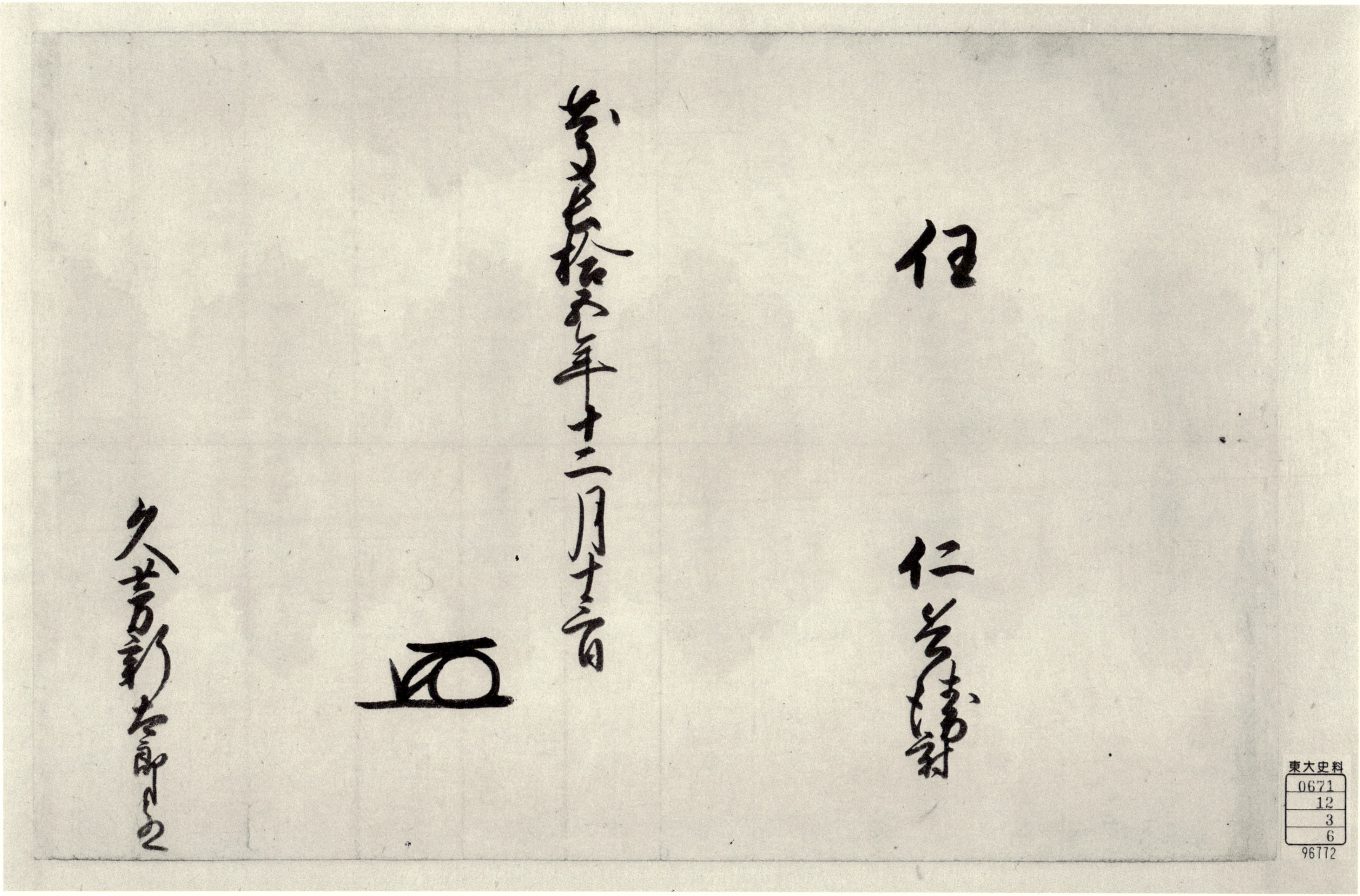
任
仁左衛門尉
慶長拾五年十二月十三日
久芳新太郎とのへ

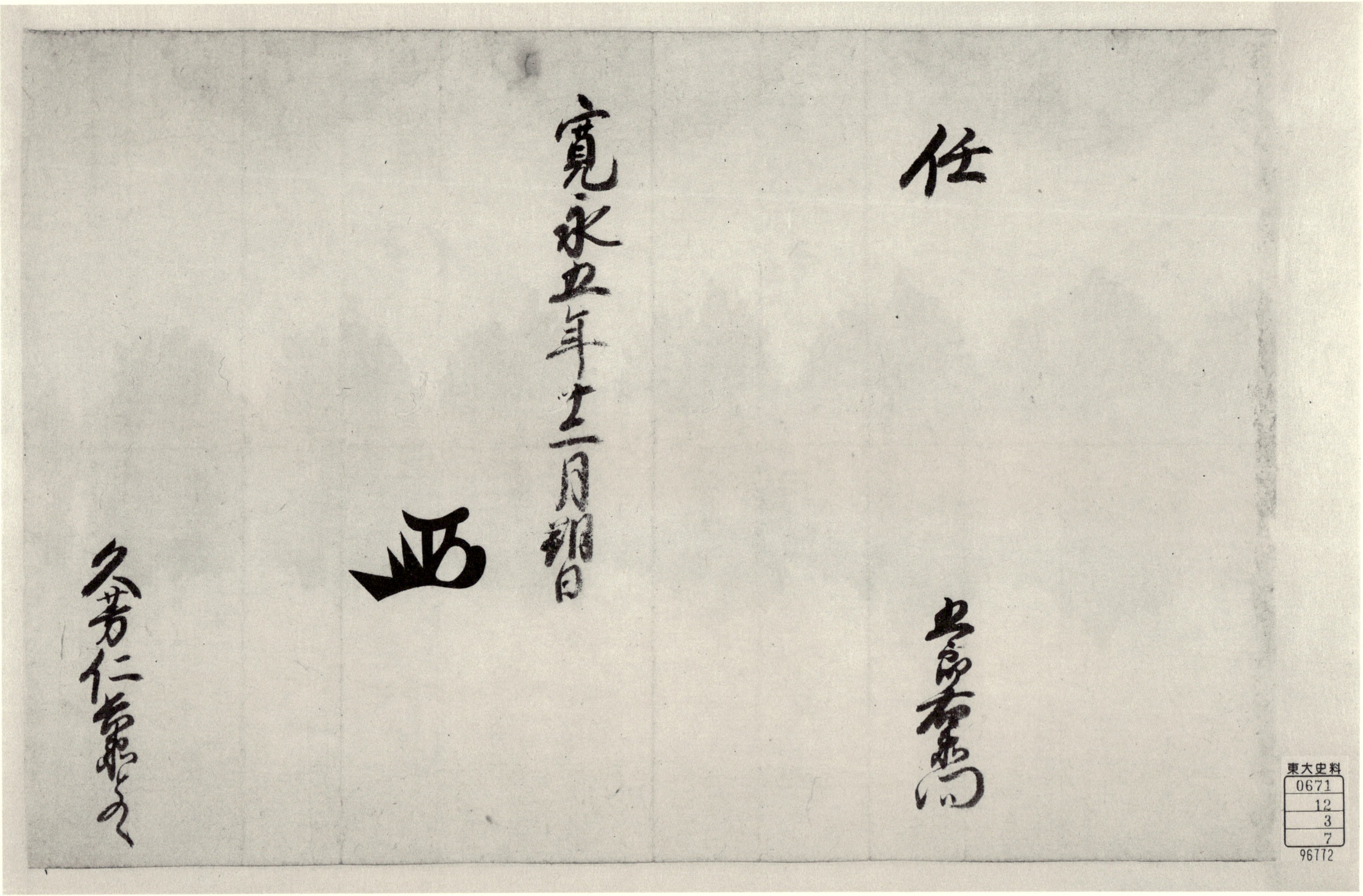
任
寛永五年十二月朔日
久芳仁兵衛とのへ

加冠
東大史料
0671
12
3
8
96772

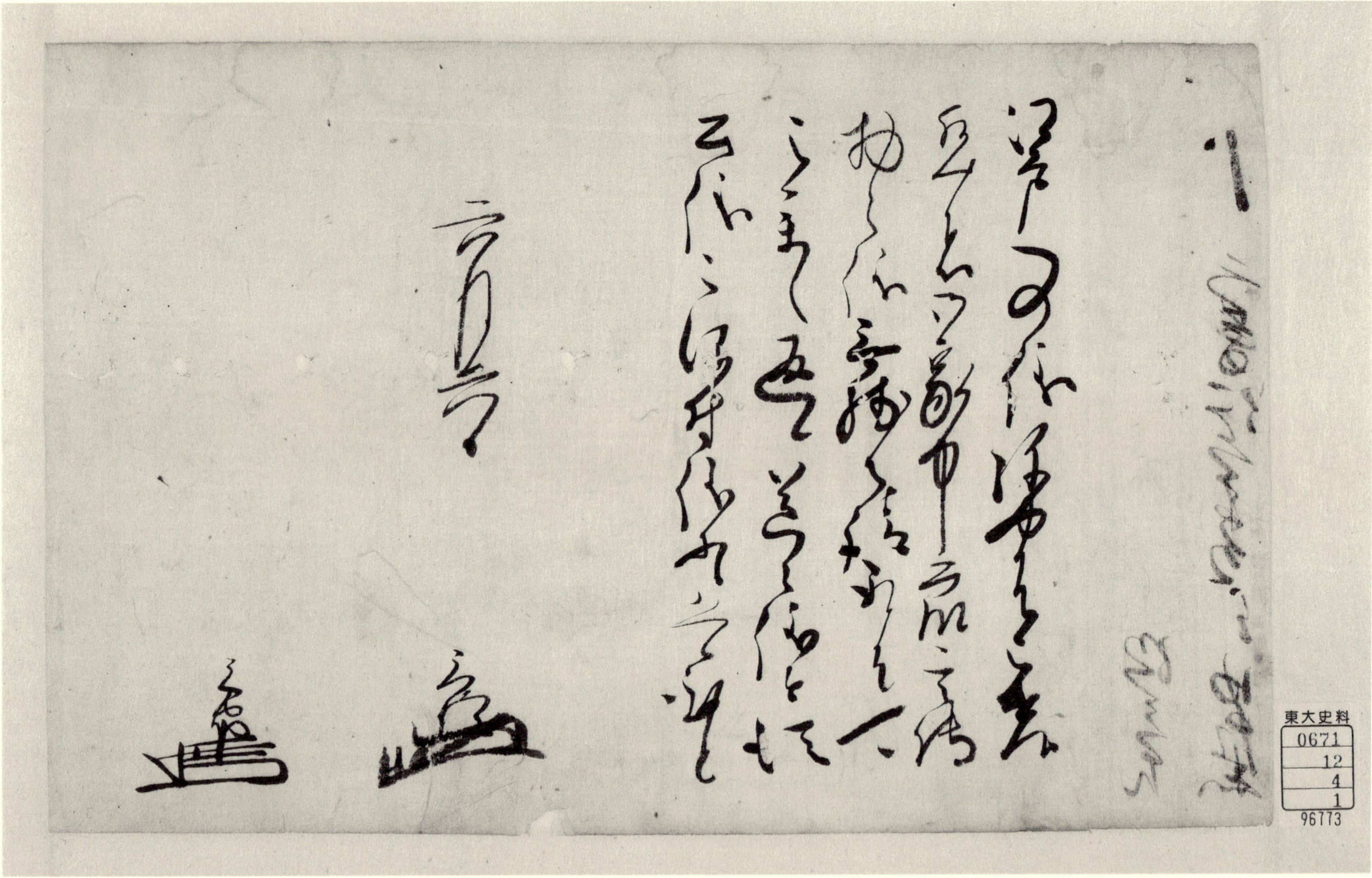

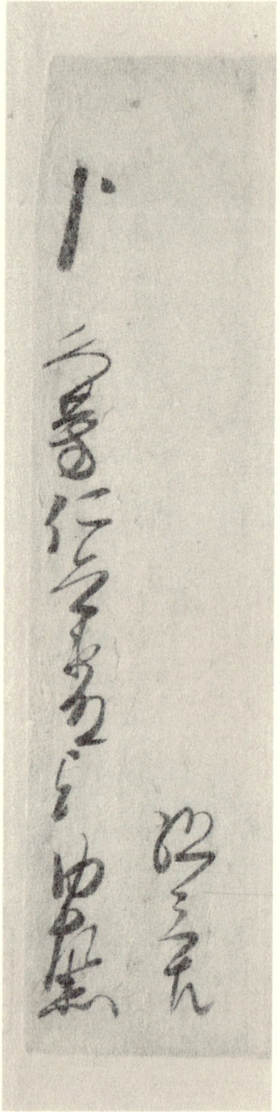

端裏書

２祖式元信書状　（年未詳）三月五日

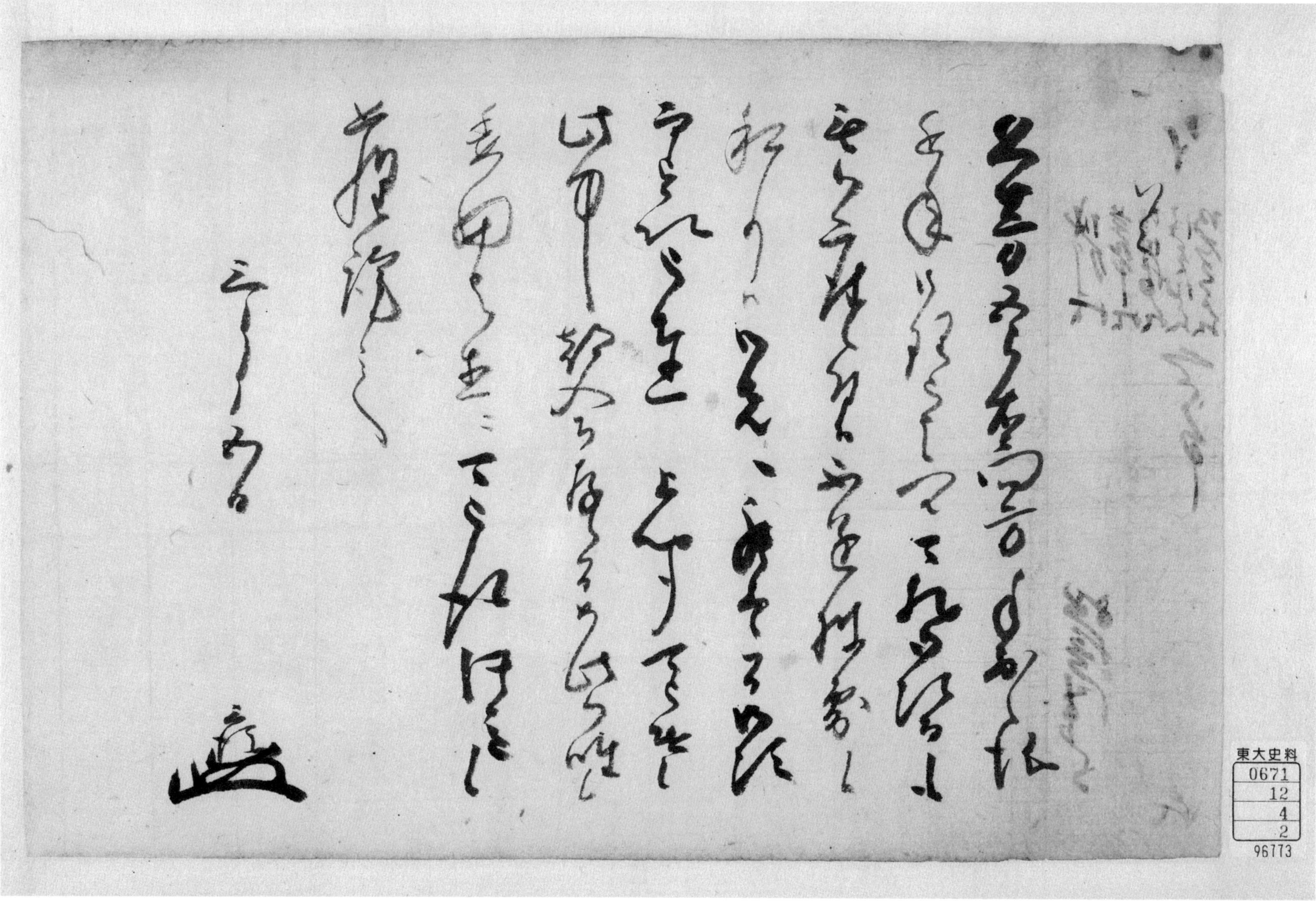

端裏書

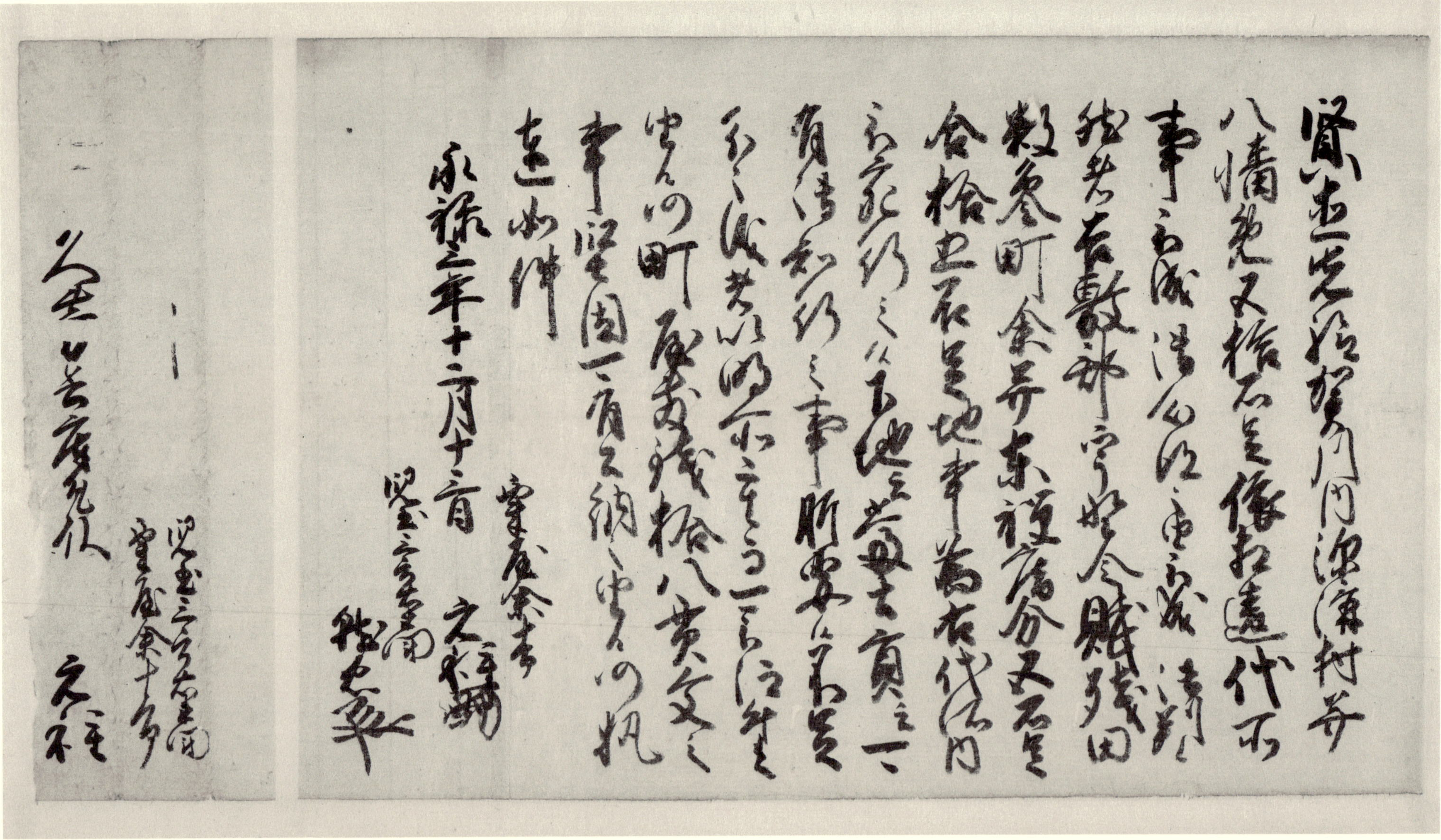
永禄三年十二月十三日
粟屋余十郎
元種
児玉三郎右衛門尉
就忠

（2）　　（1）

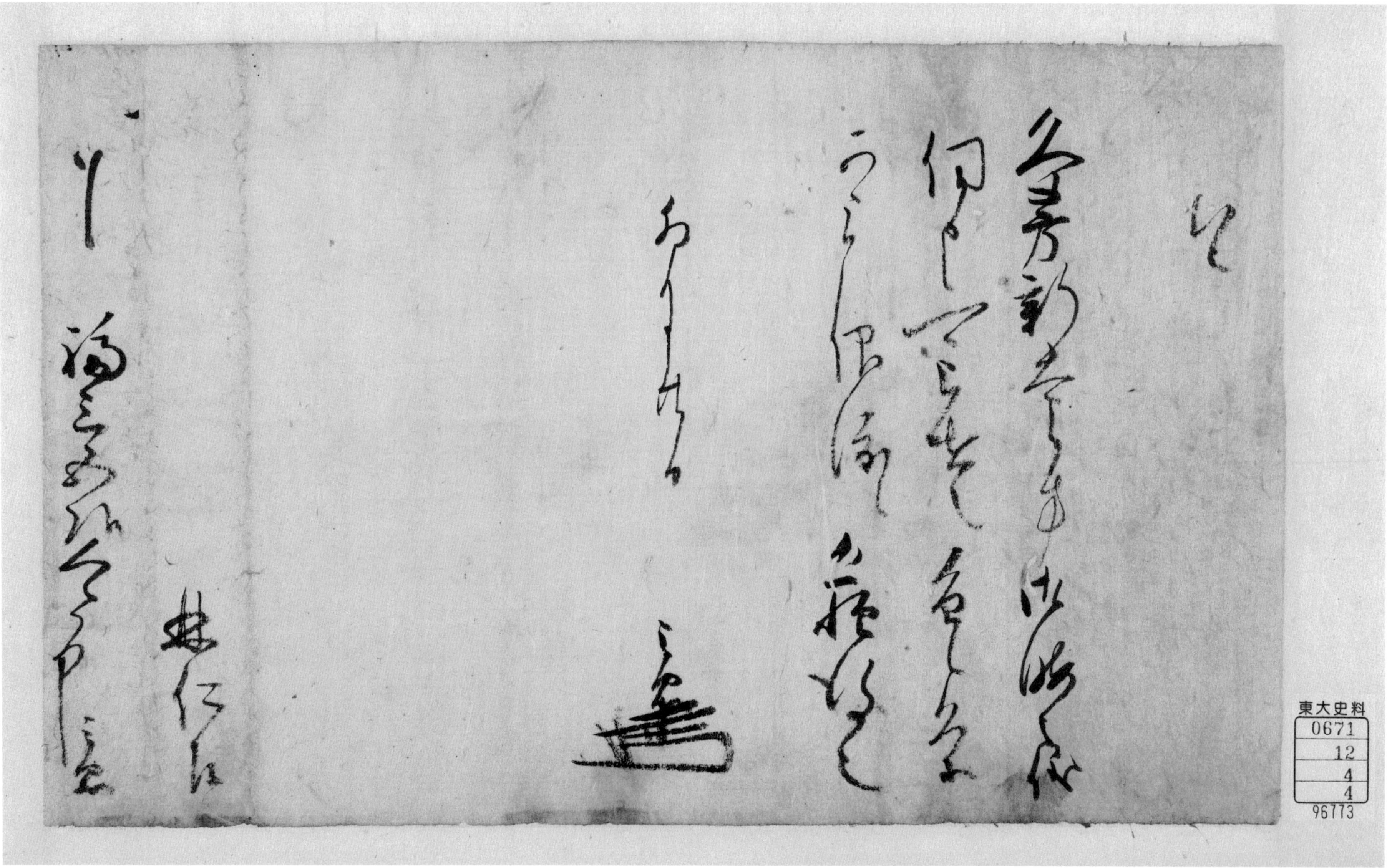
東大史料
0671
12
4
4
96773

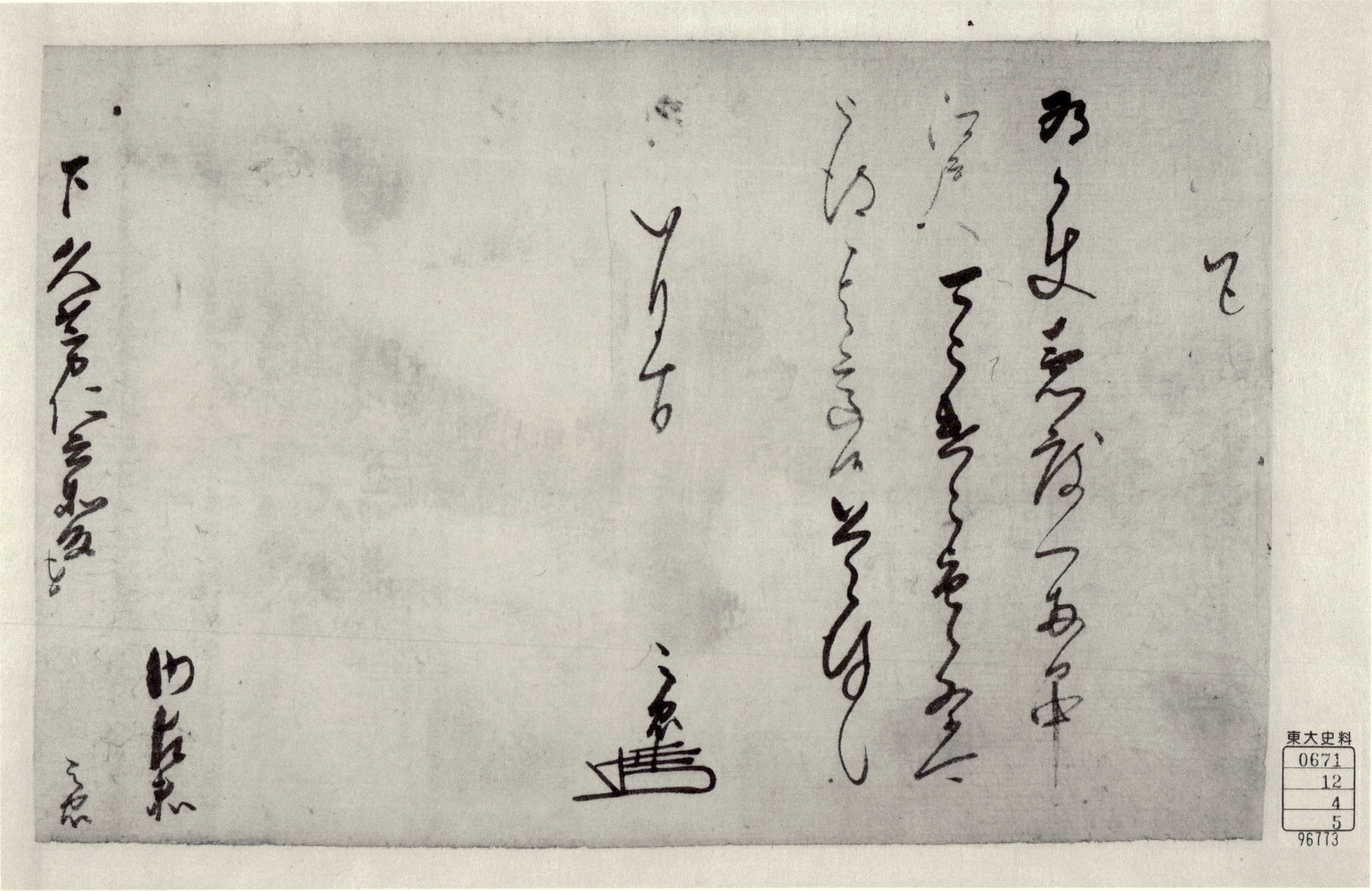

久芳文書　巻四　5内藤元忠書状　（年未詳）八月十日

6内藤元忠書状　（年未詳）十二月十日

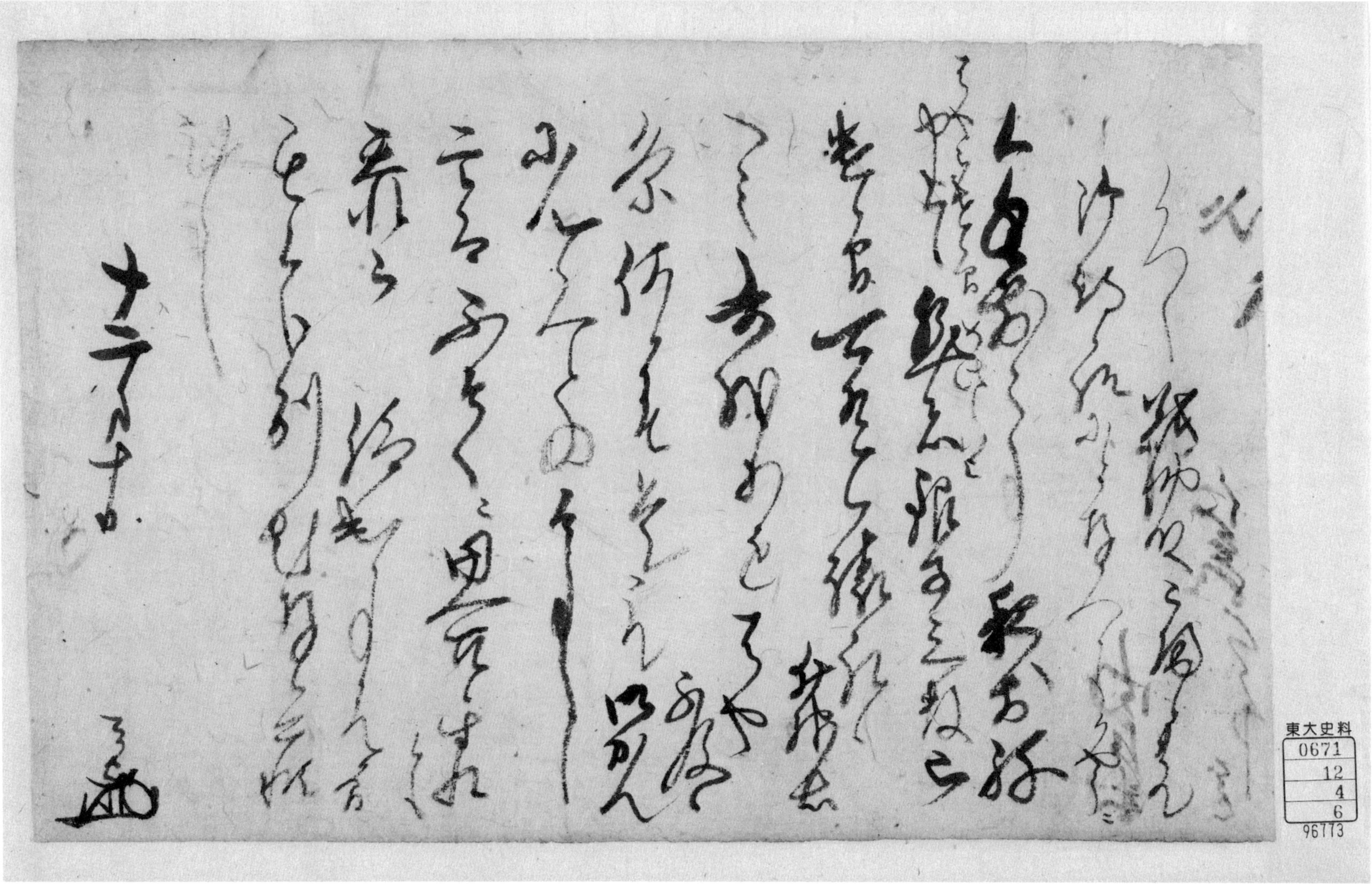

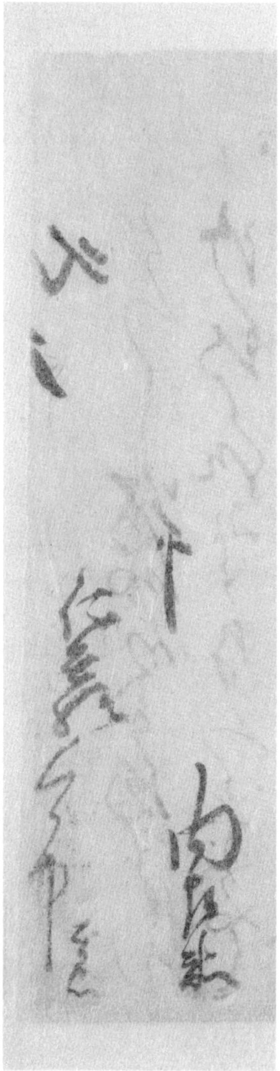

端裏書

7内藤元忠他二名連署書状（年未詳）正月八日

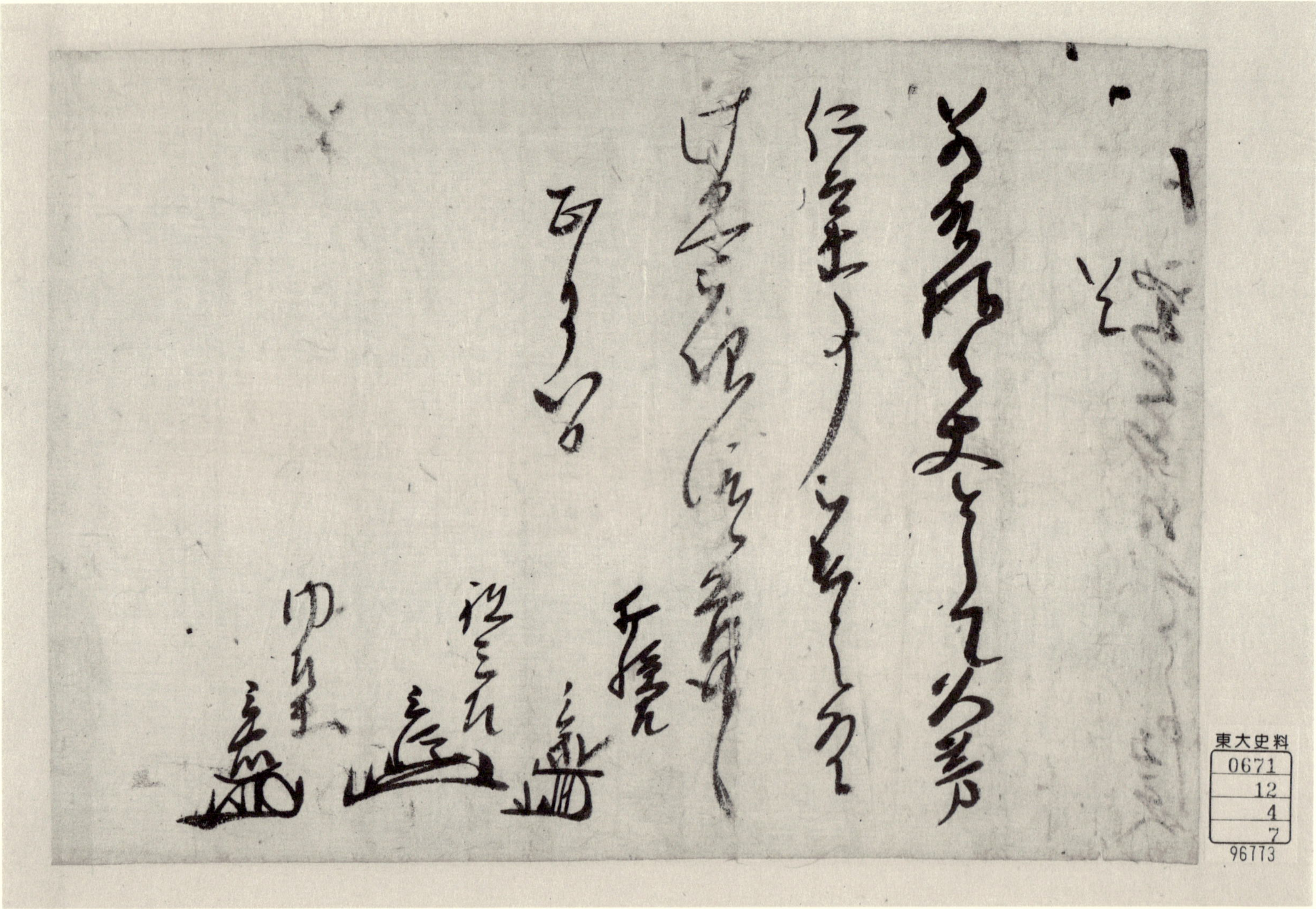

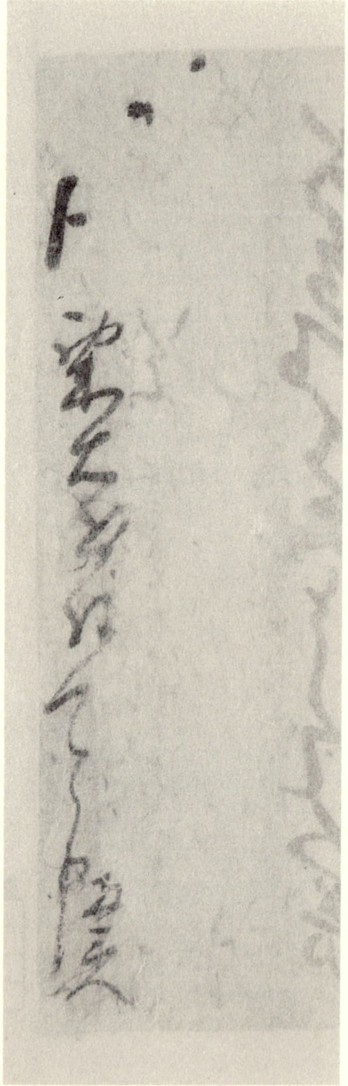
端裏書

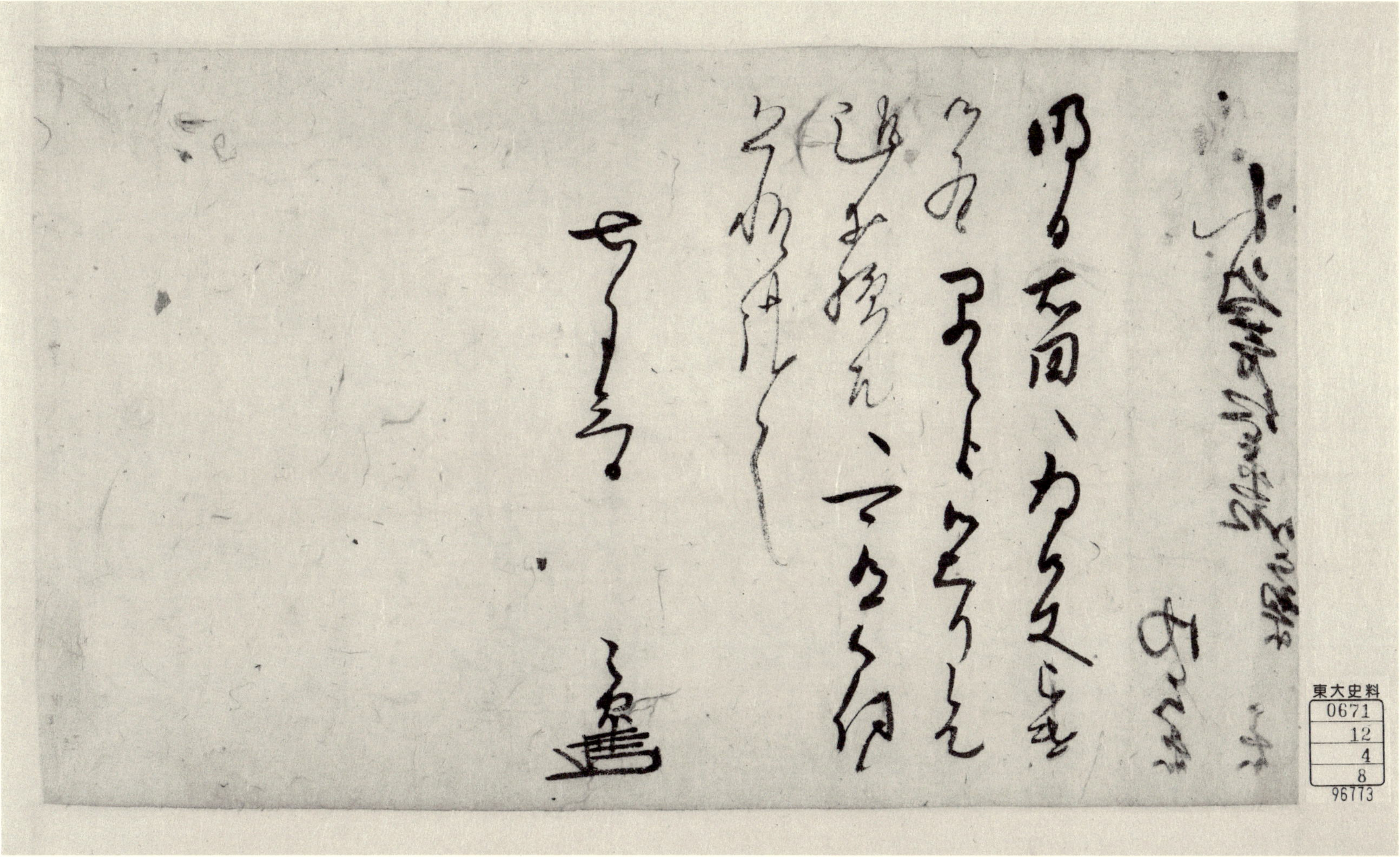

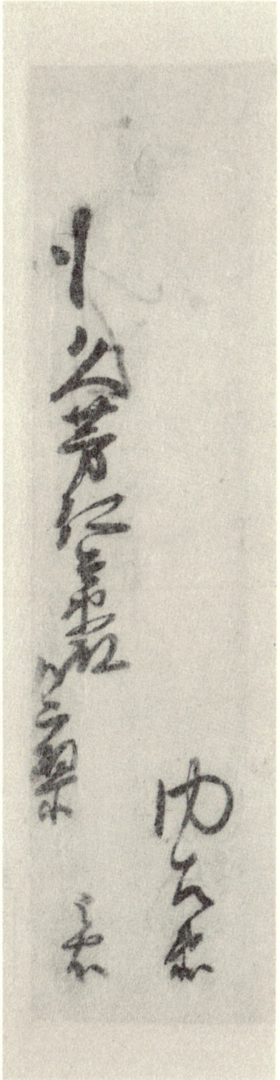
端裏書

9内藤元忠書状　（年未詳）八月十四日

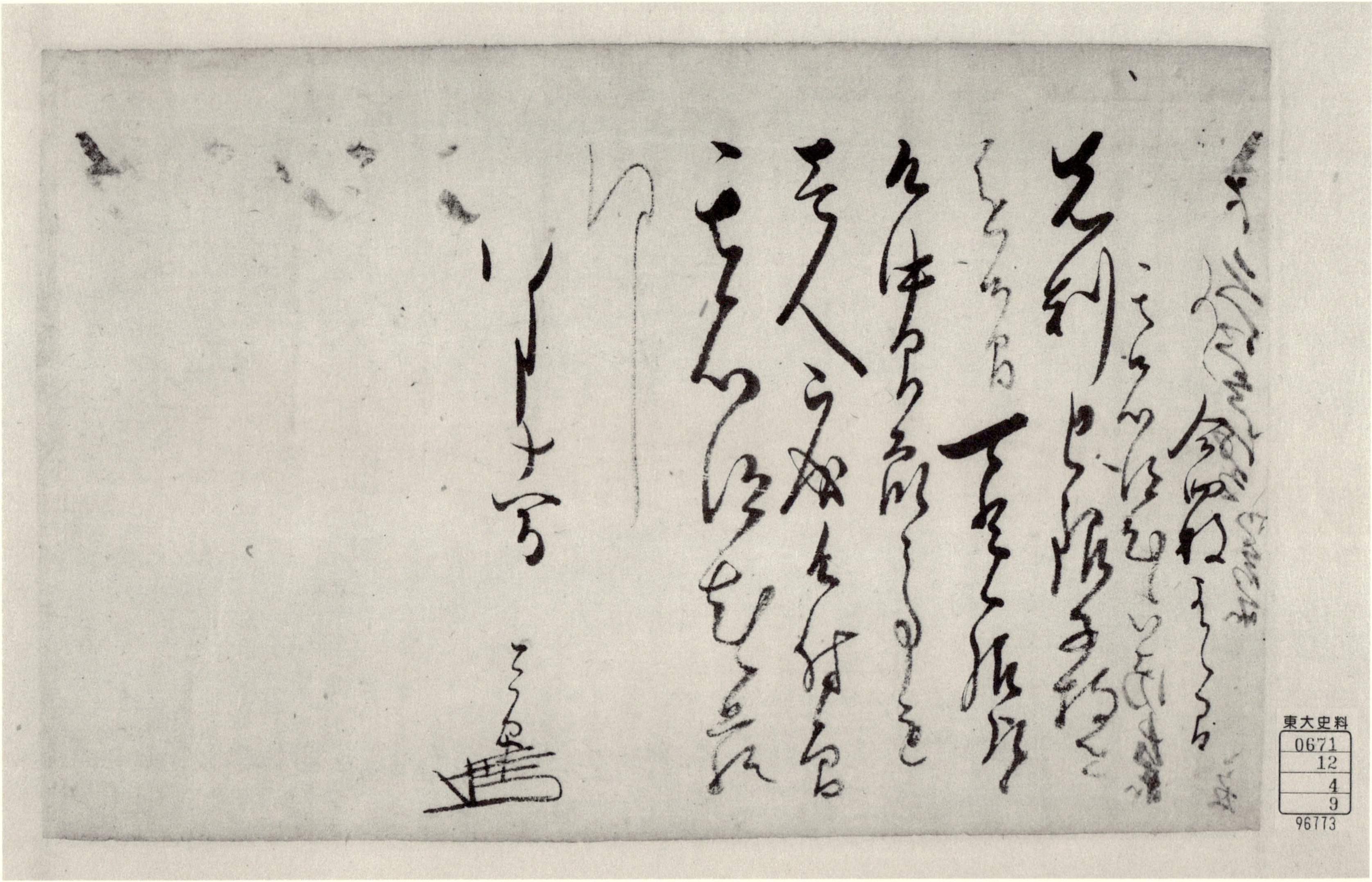

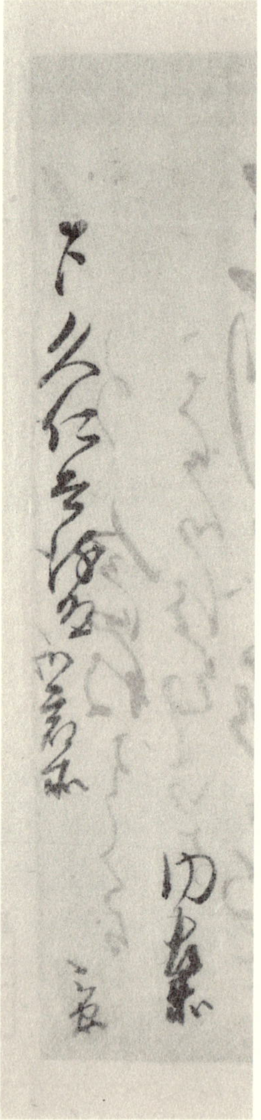

端裏書

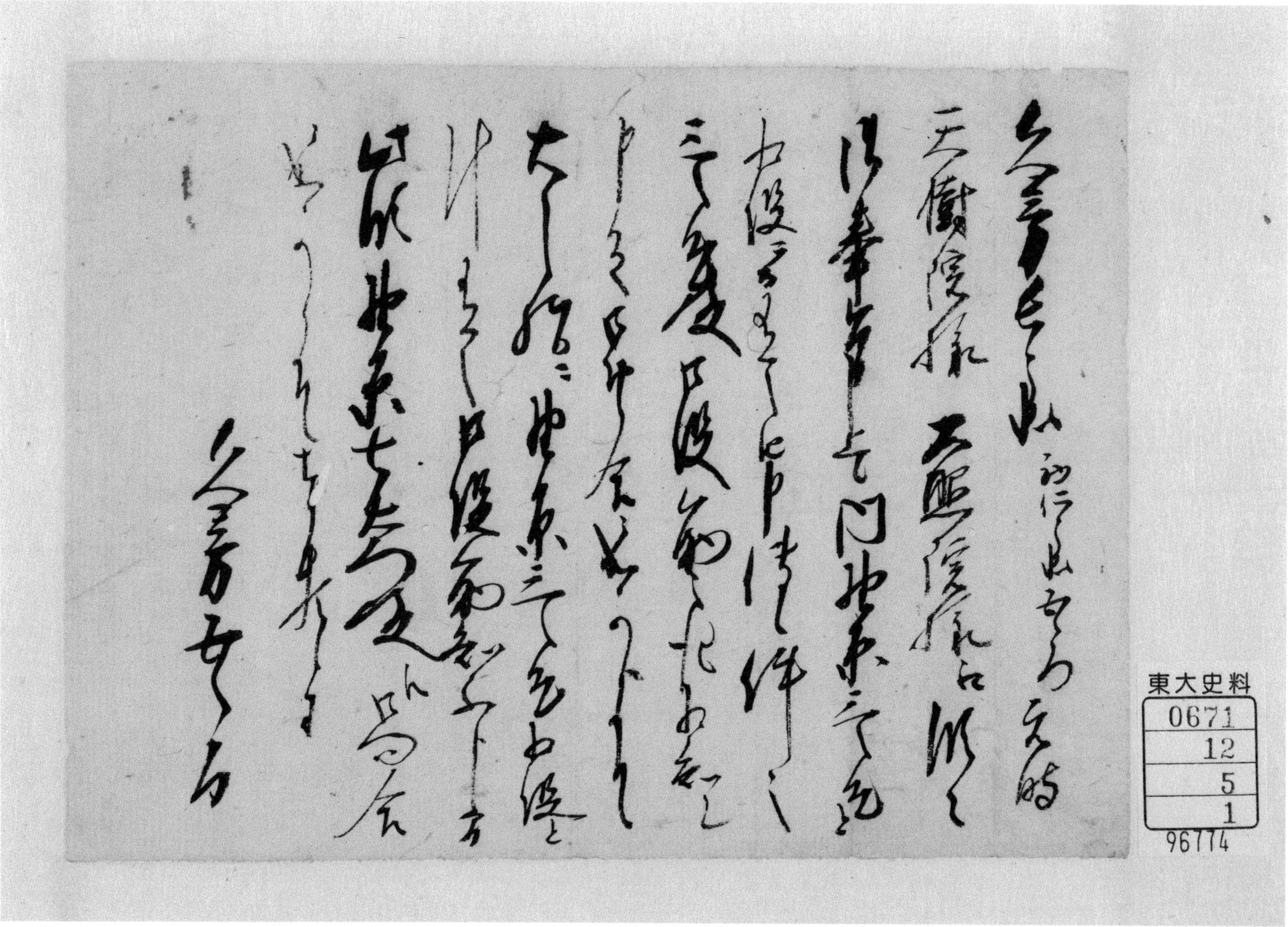

端裏墨引

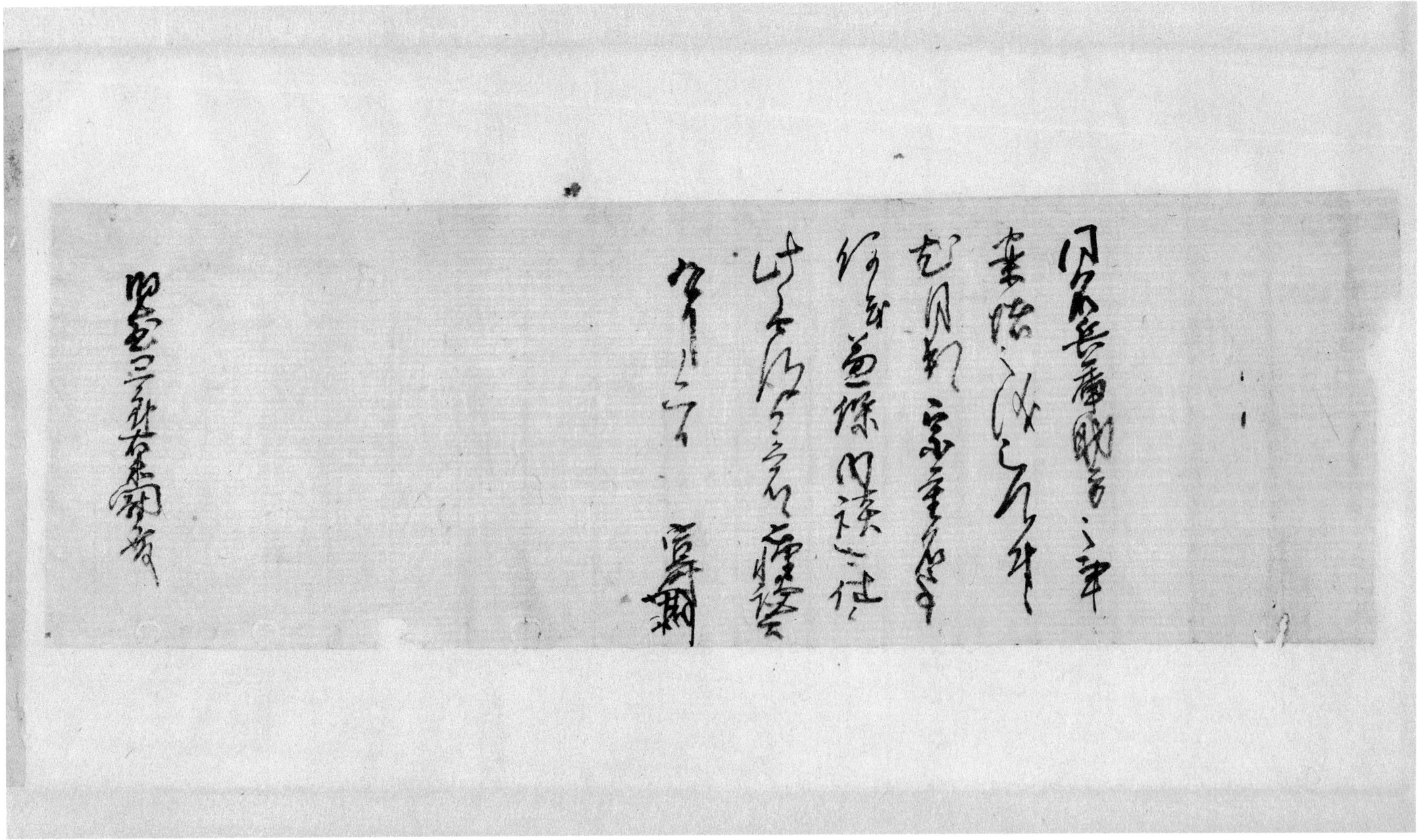

（1）

（2）

長州久芳家略譜　姓平

北條時政長子義時其子五郎
實泰號龜谷其孫上總介實政
下向於防州後子孫倚於大内
家食邑於藝州久芳村因爲稱
號應仁文明之比京軍之時久
芳掃部介清永附屬大内政弘
而甚有勲功其子久芳因幡守
賢直從大内家被附毛利家尓
來代々仕於毛利家

4　毛利元就書状写　（天文十二年ヵ）六月二十日
大内義隆感状写　天文十八年八月二十日

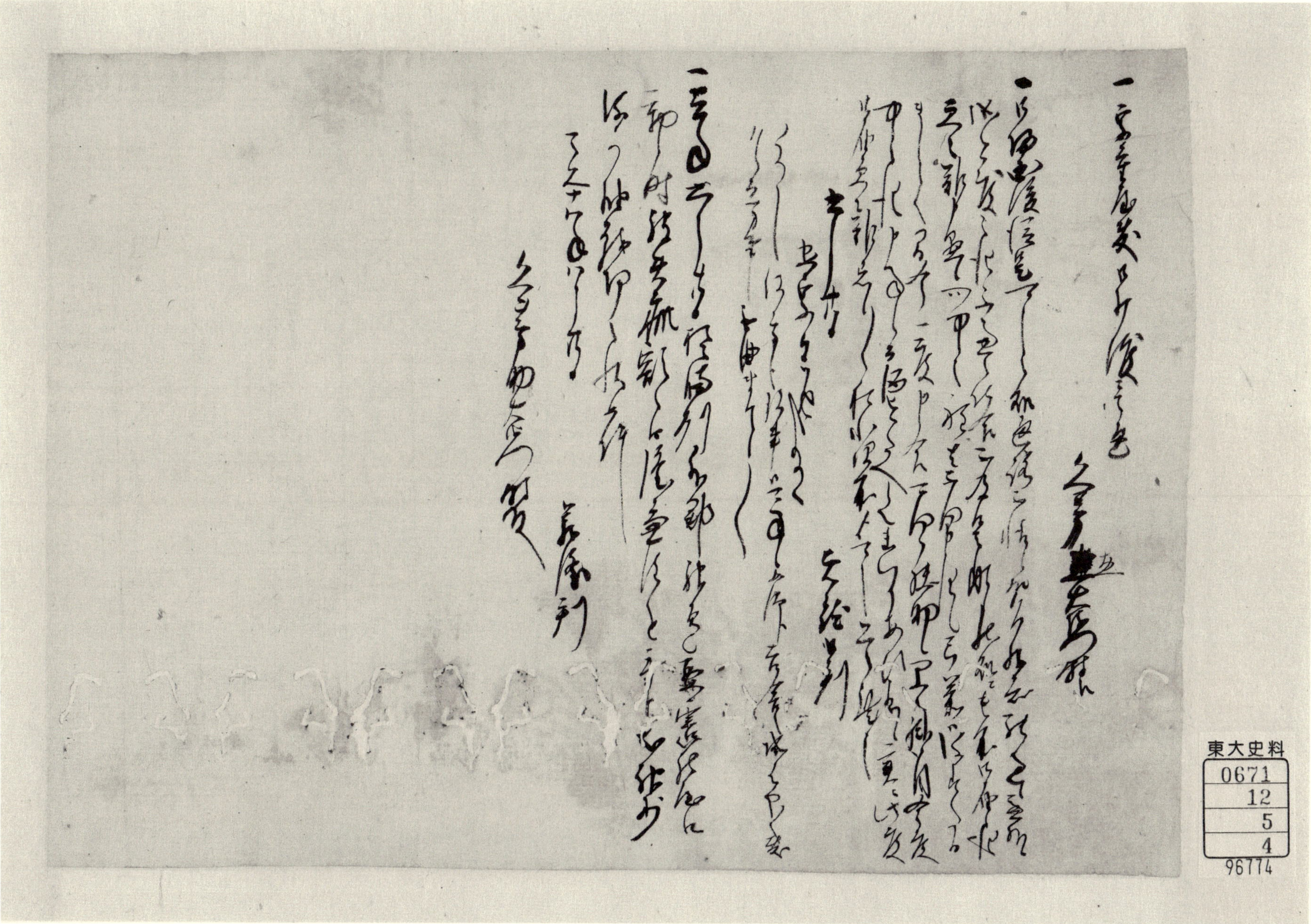

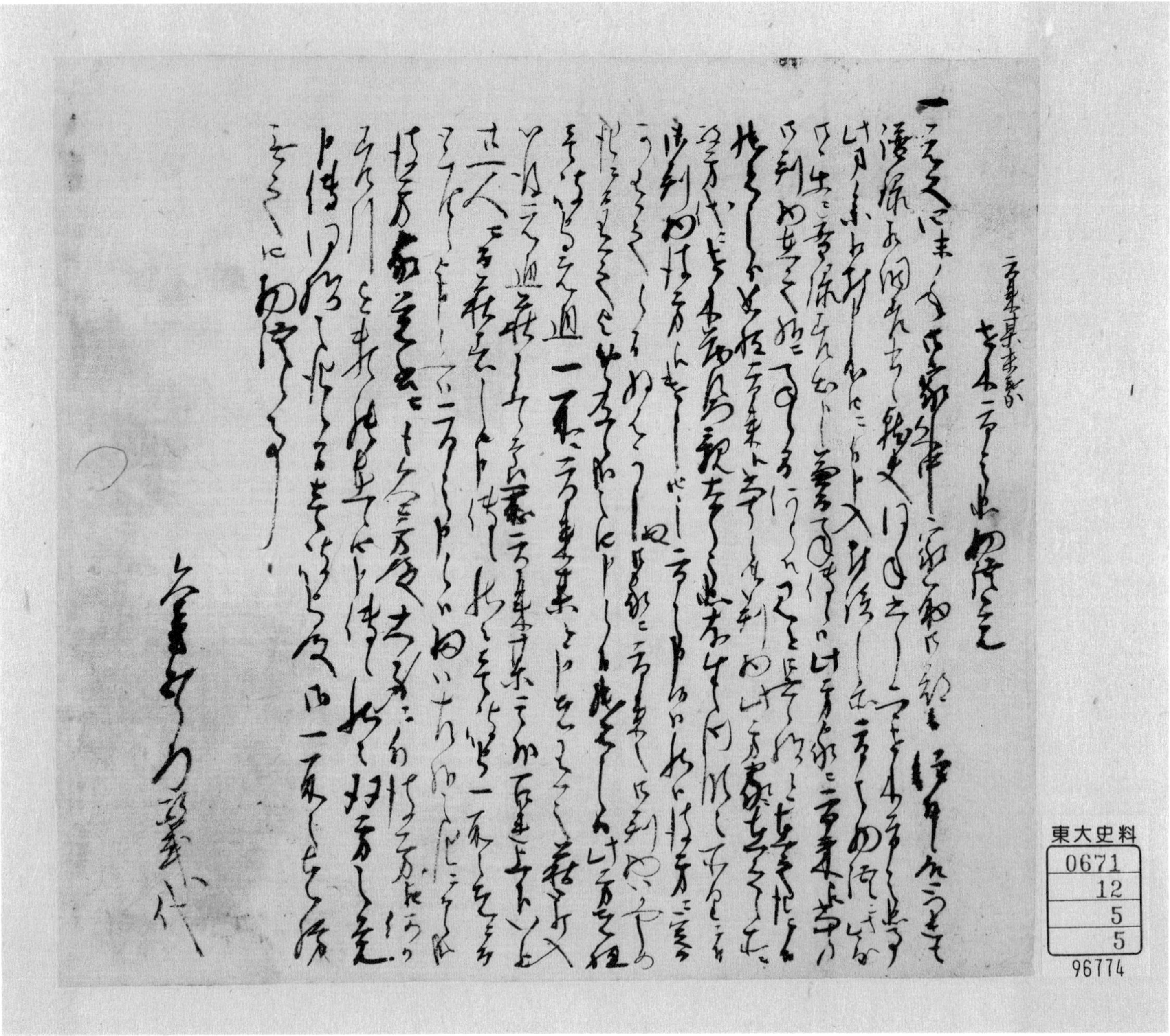

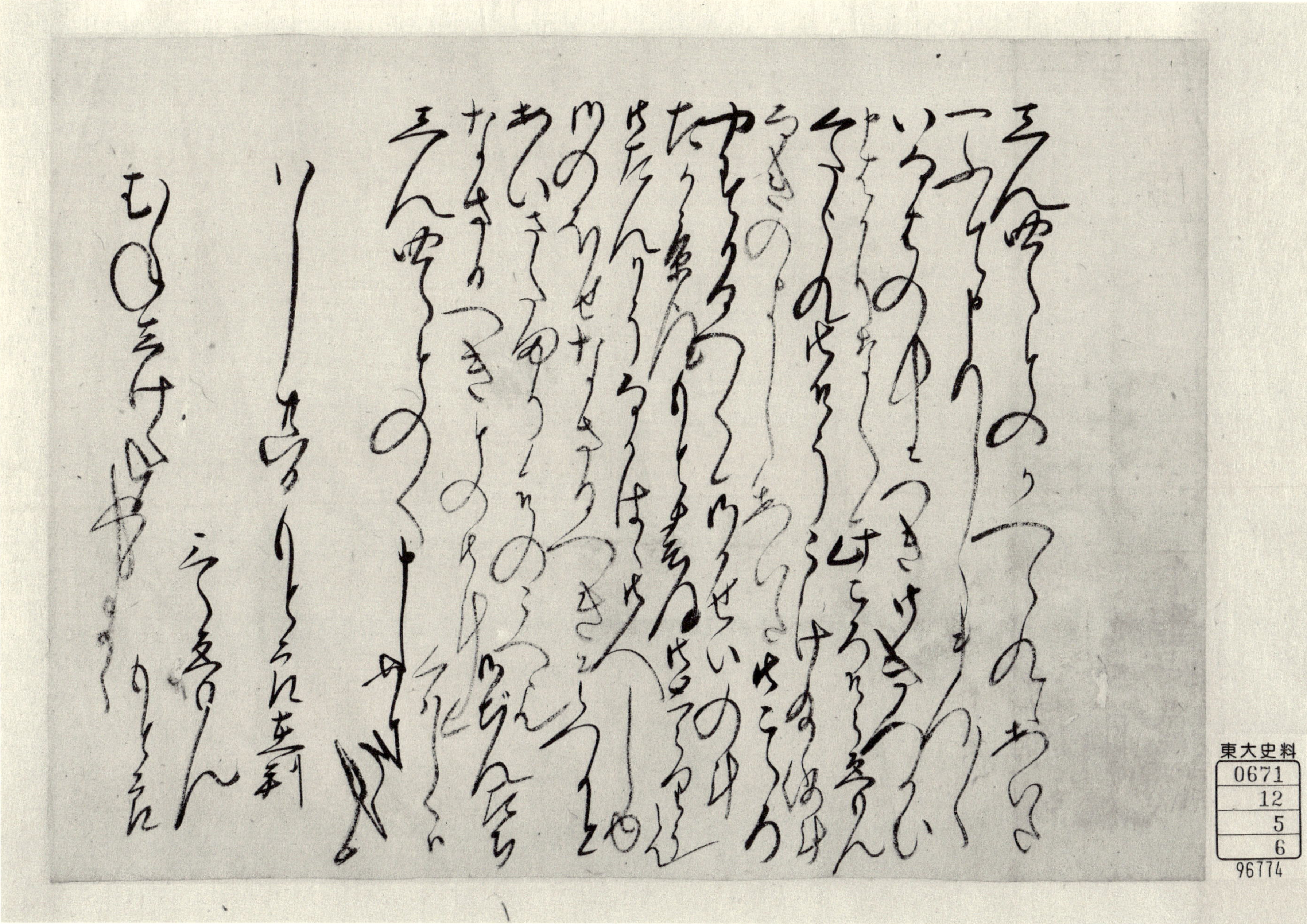
東大史料
0671
12
5
6
96774

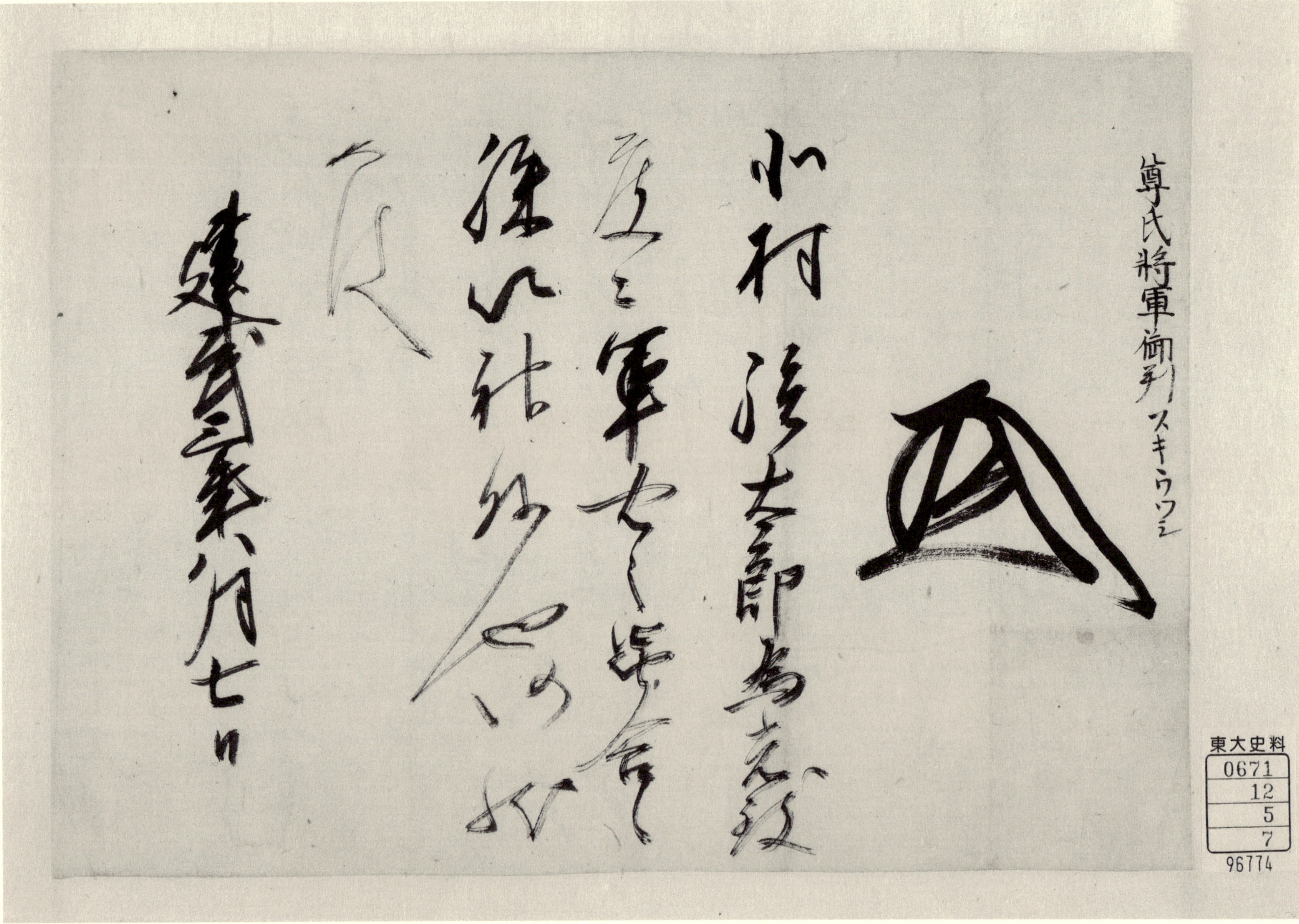
尊氏将軍御判スキウワミ
東大史料
0671
12
5
7
96774

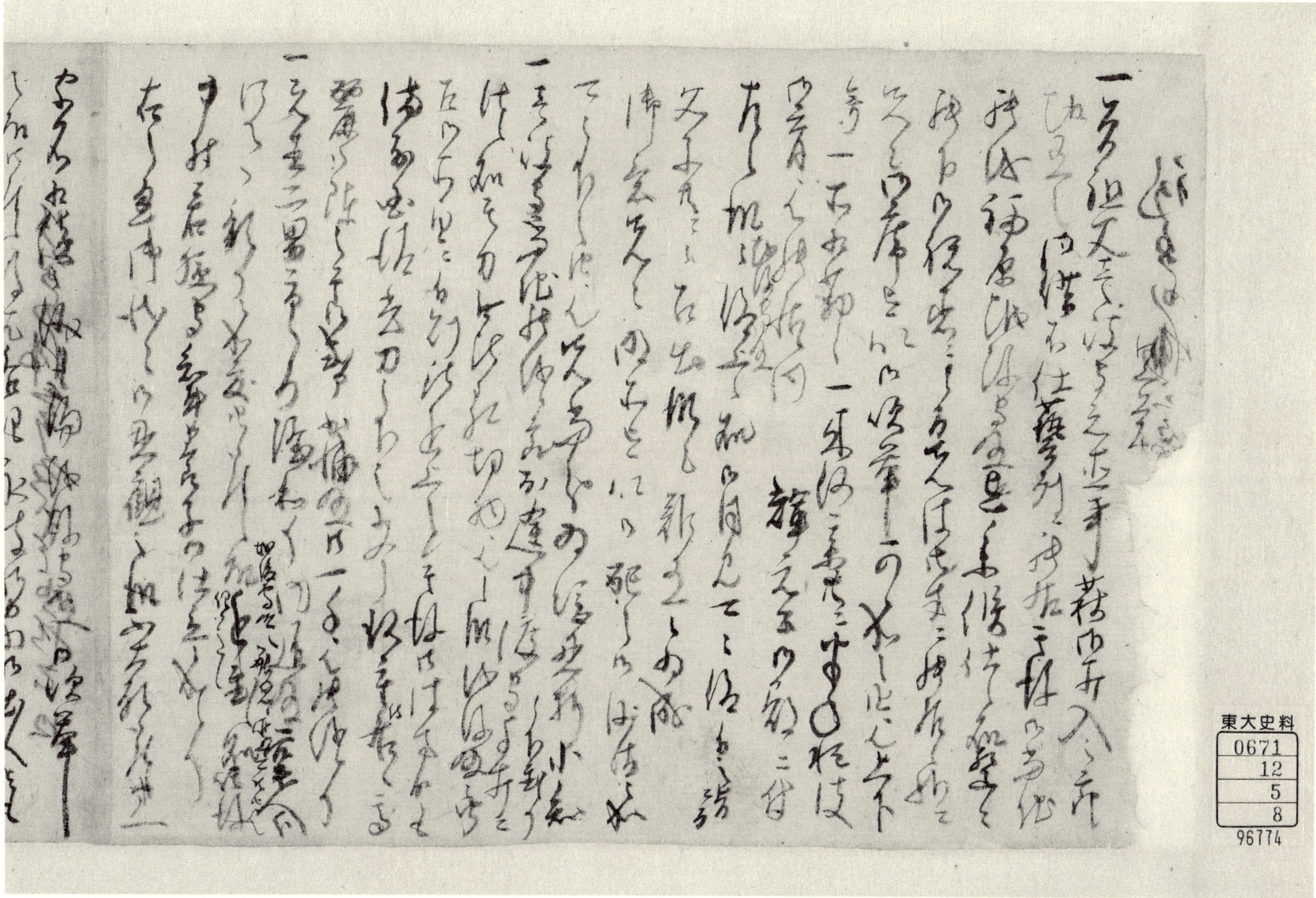

（1）

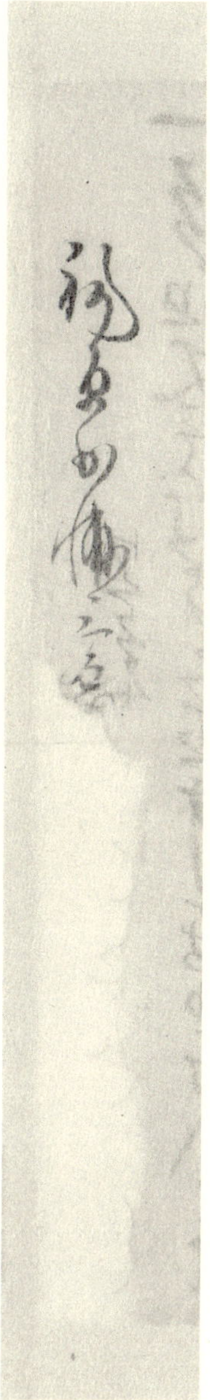

端裏書

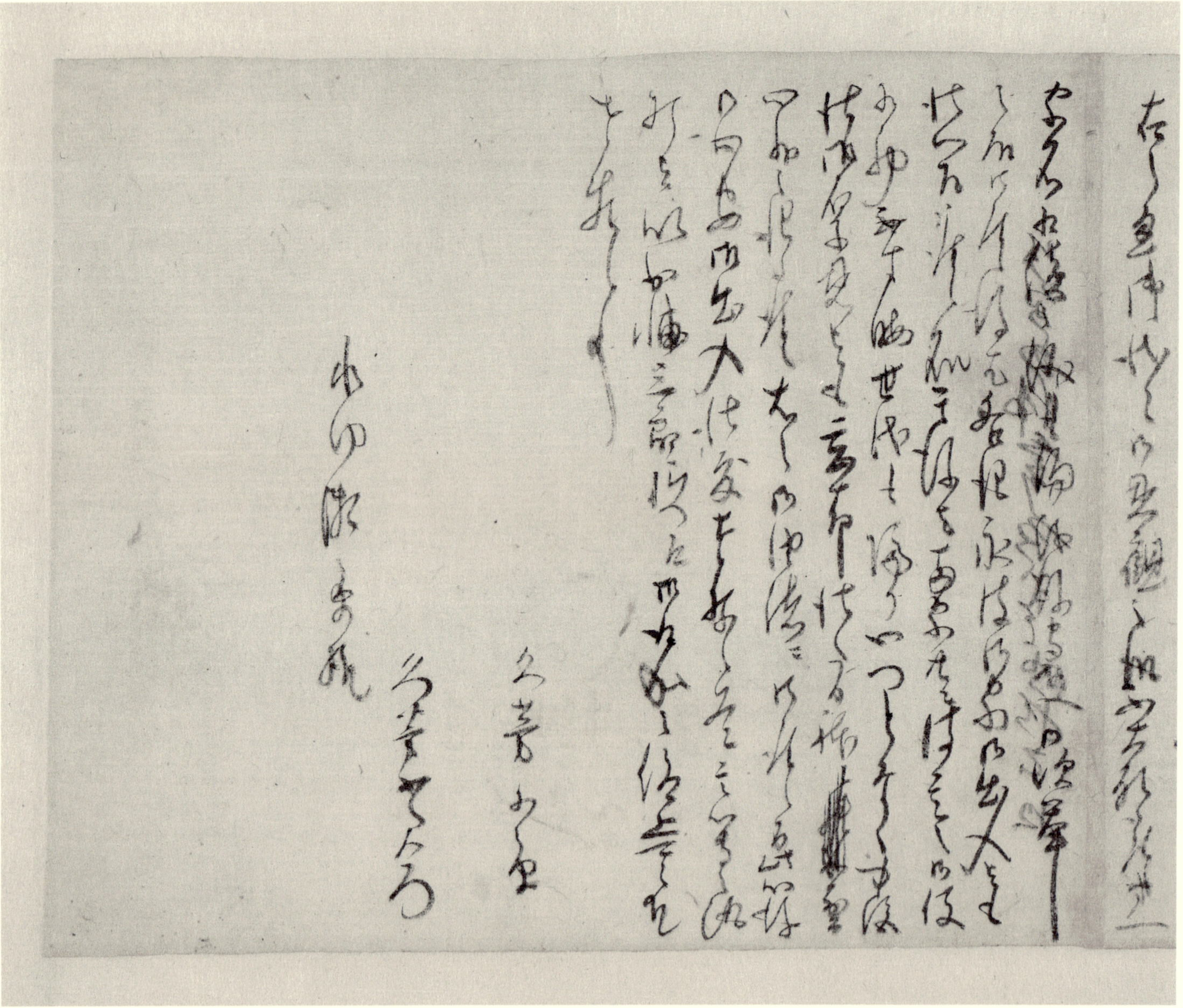

（2）

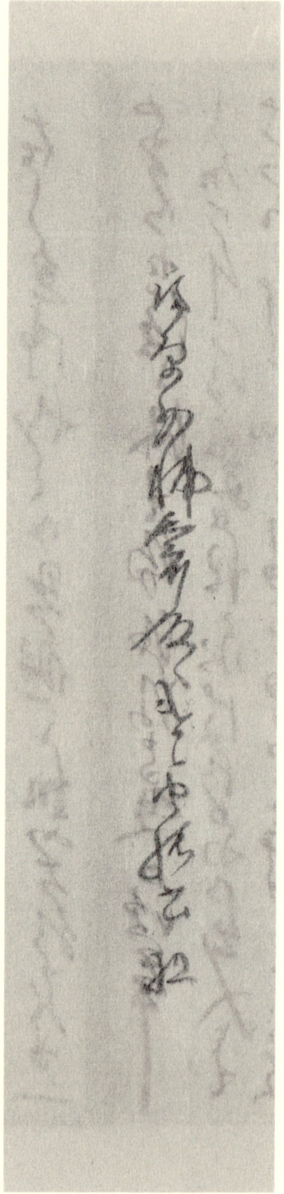

継目裏

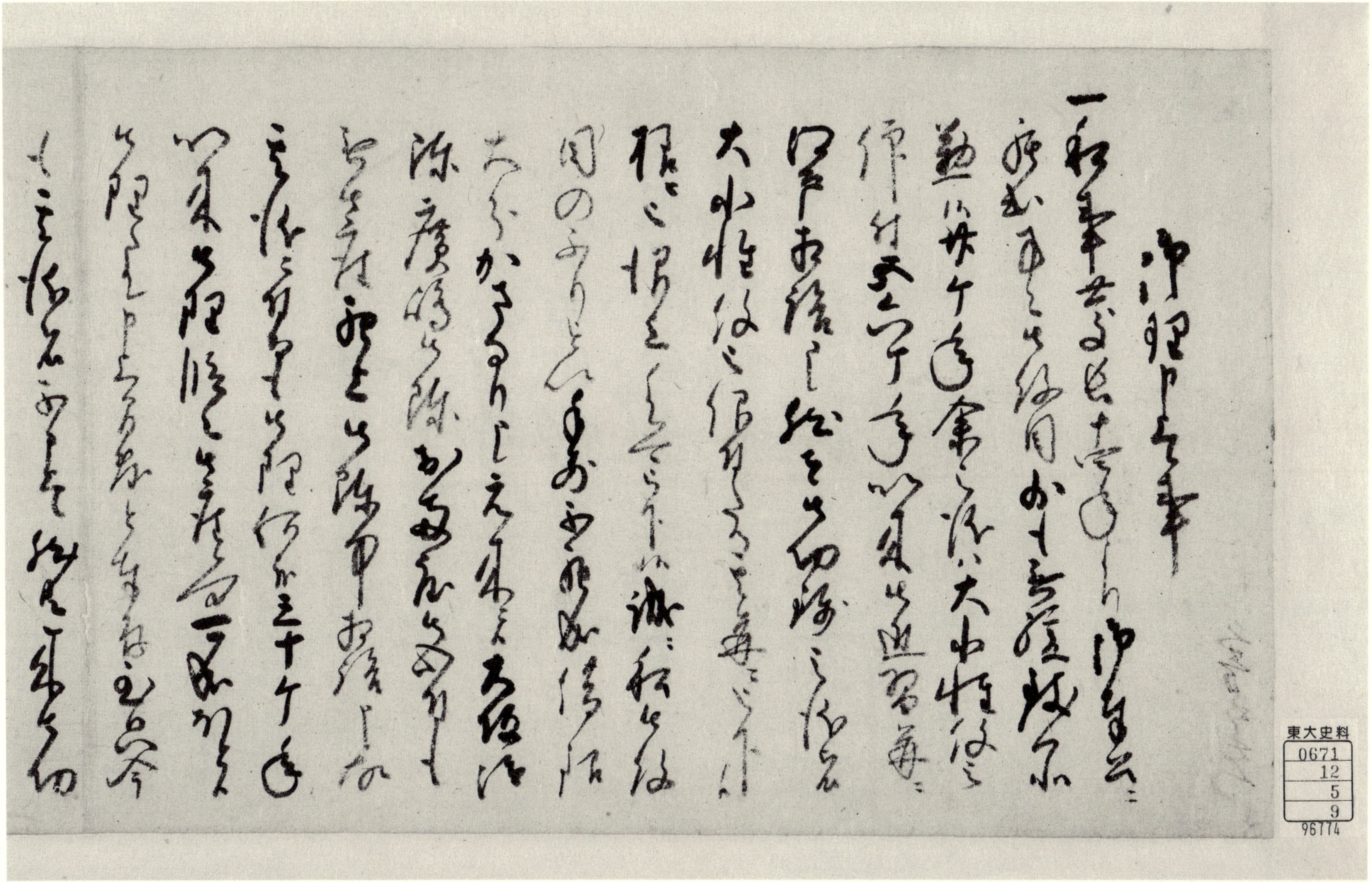

（1）

端裏書

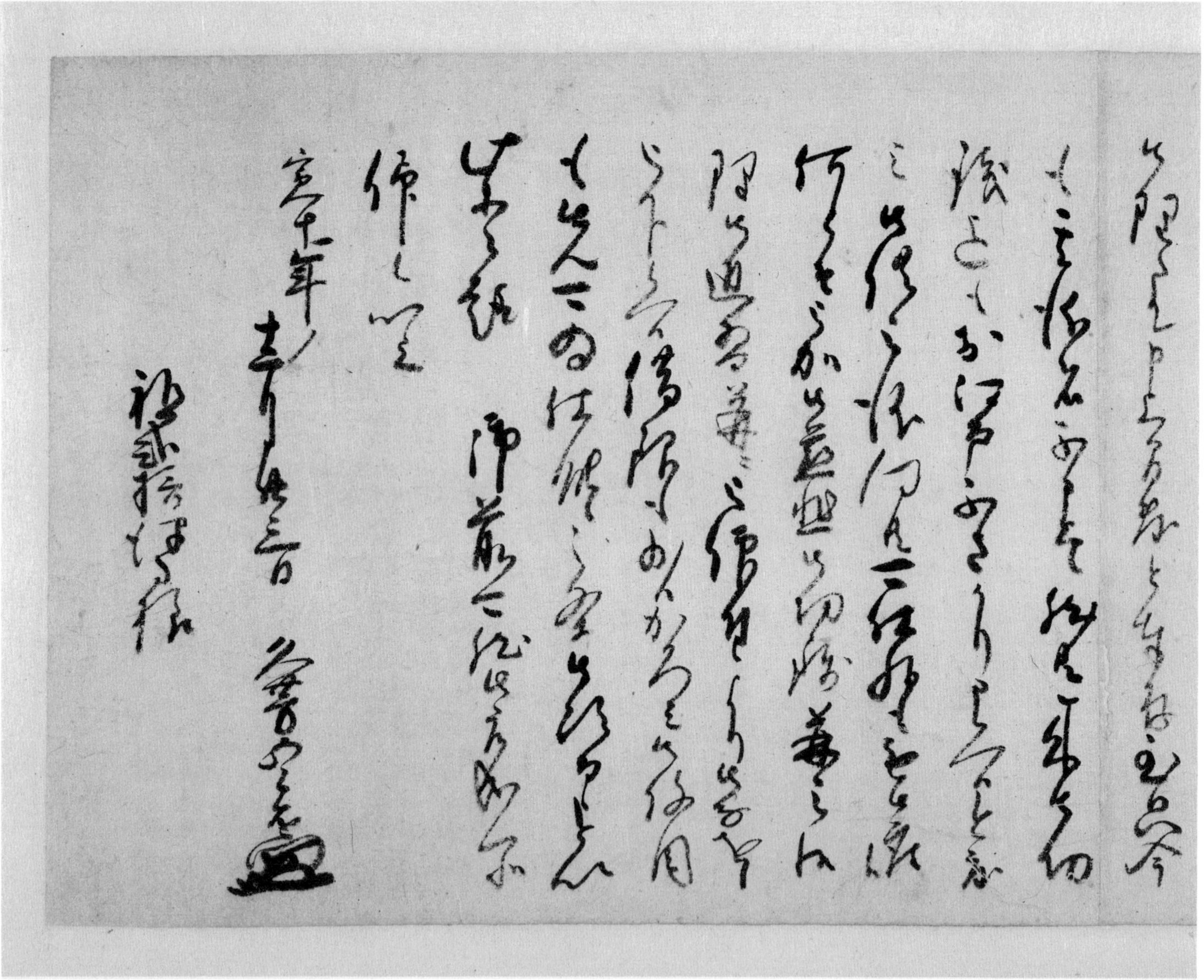

（2）

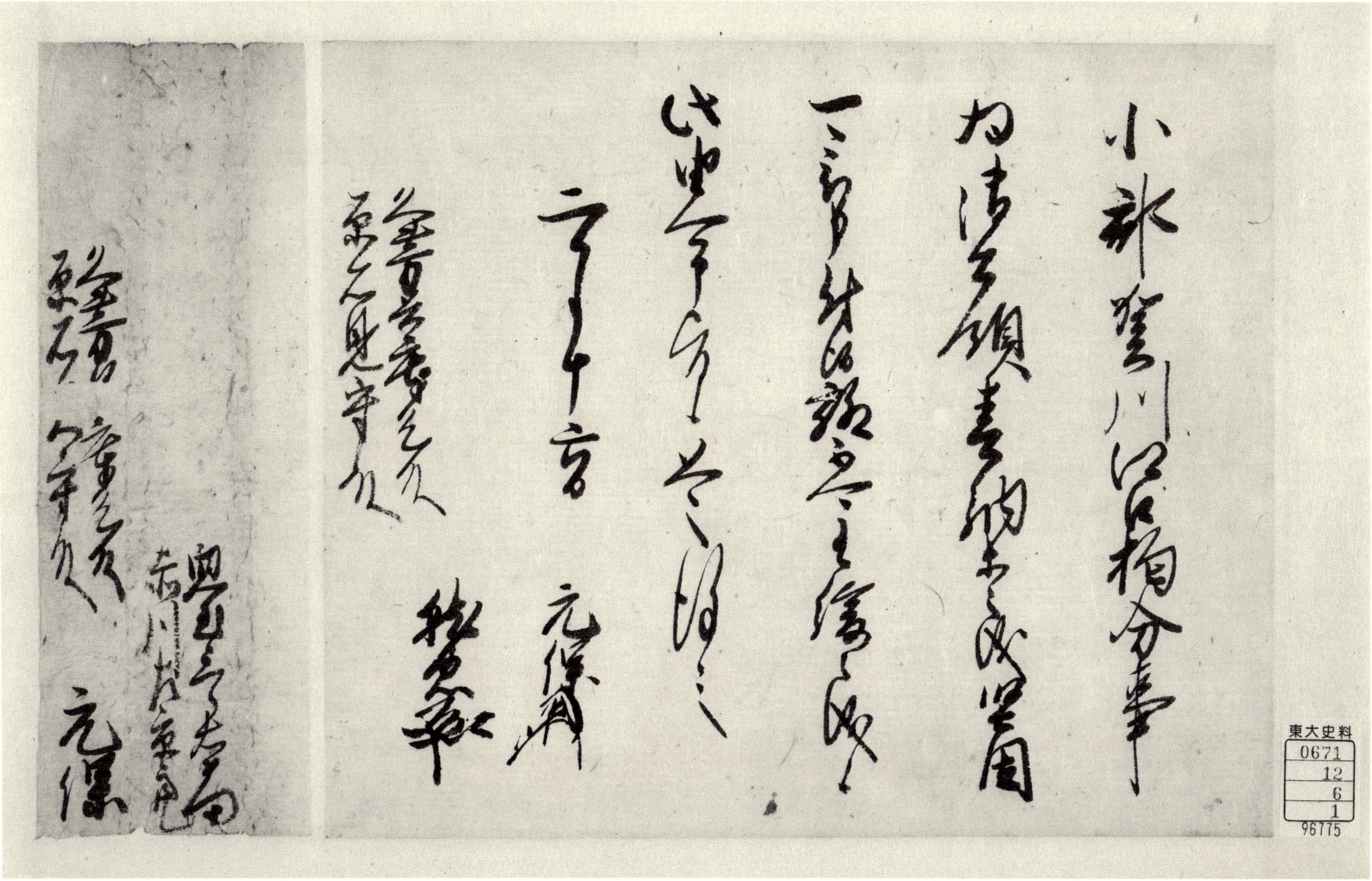

（2）　（1）

2祖式元信書状　（年未詳）三月二十二日

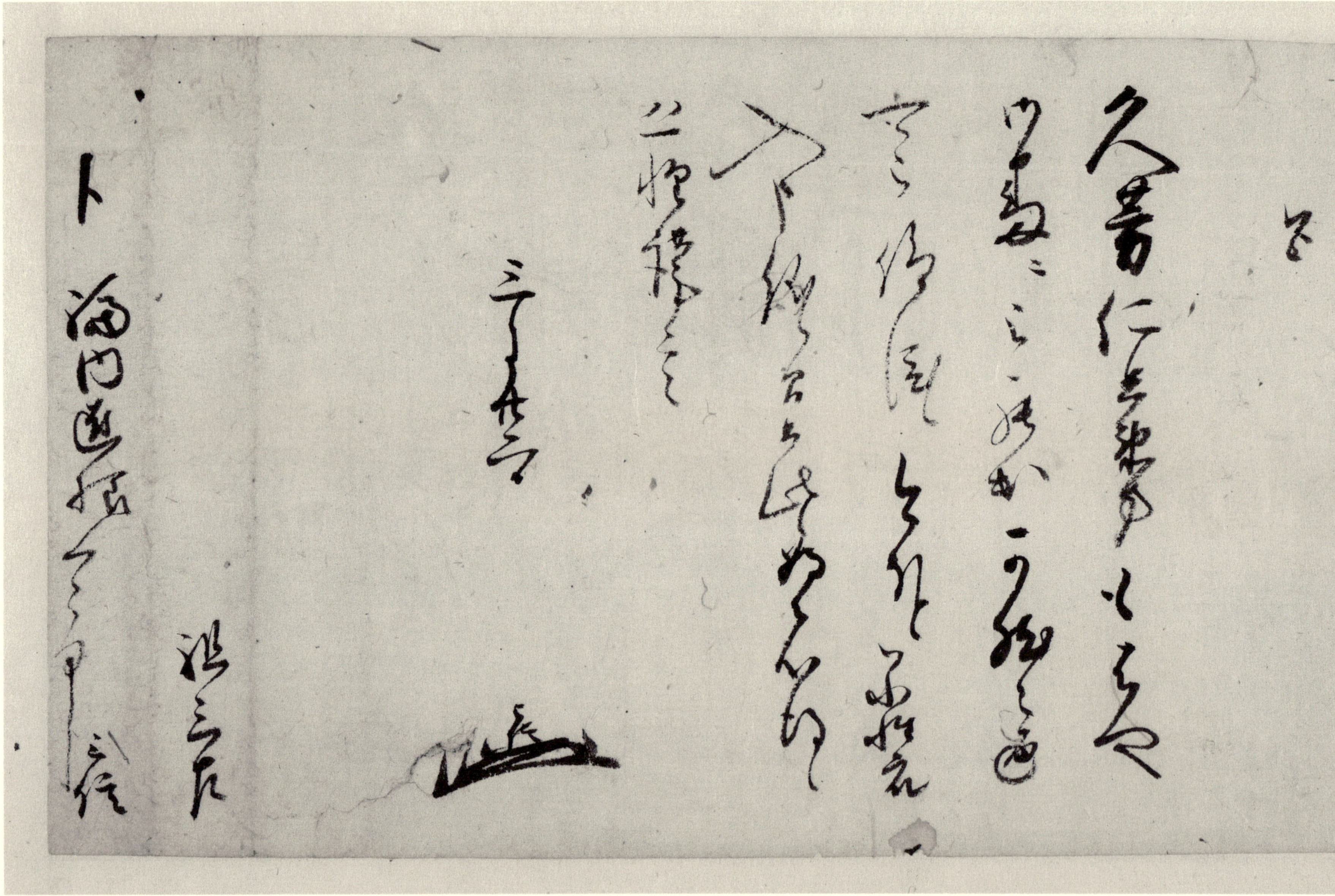

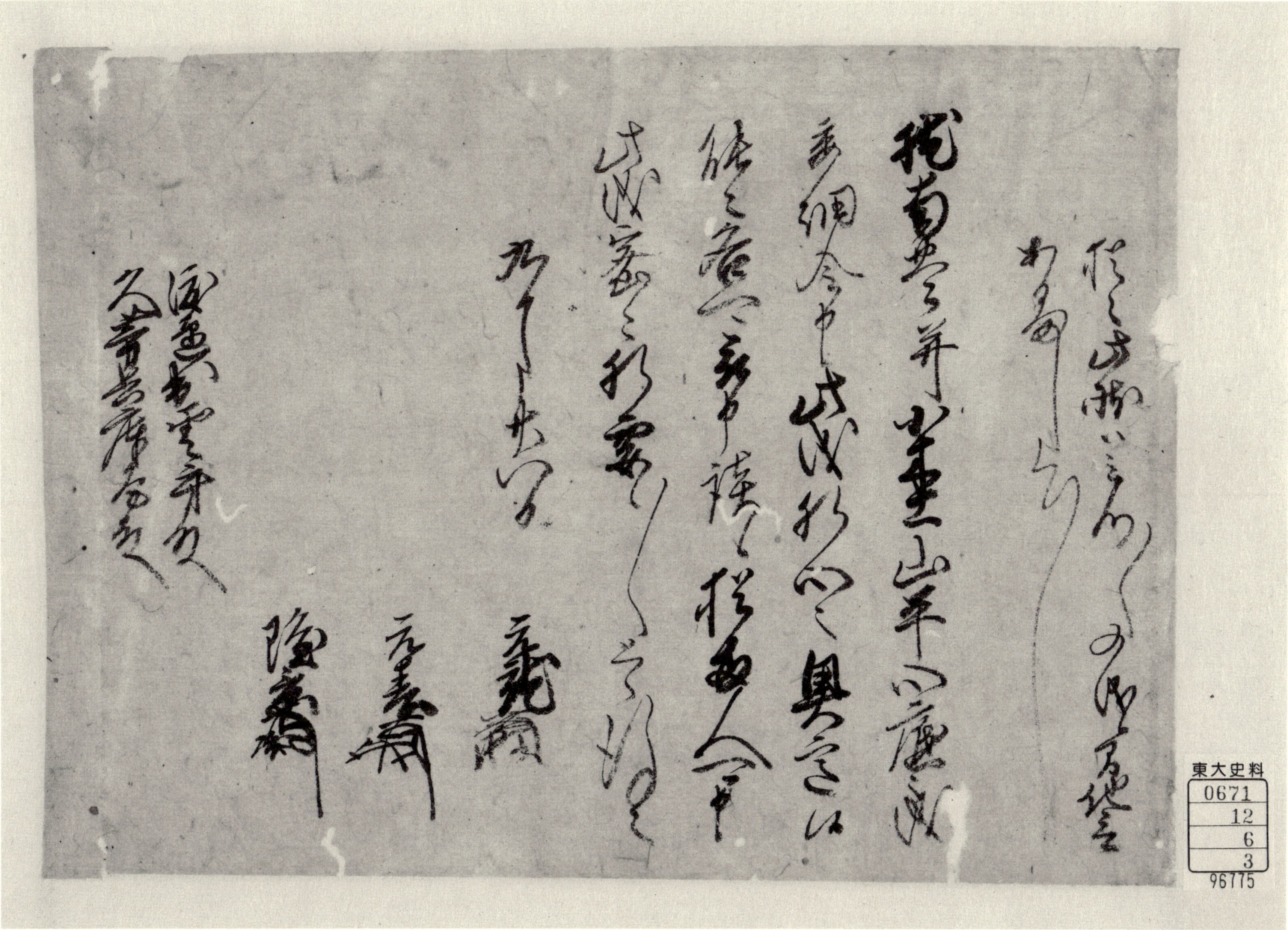
東大史料
0671
12
6
3
96775

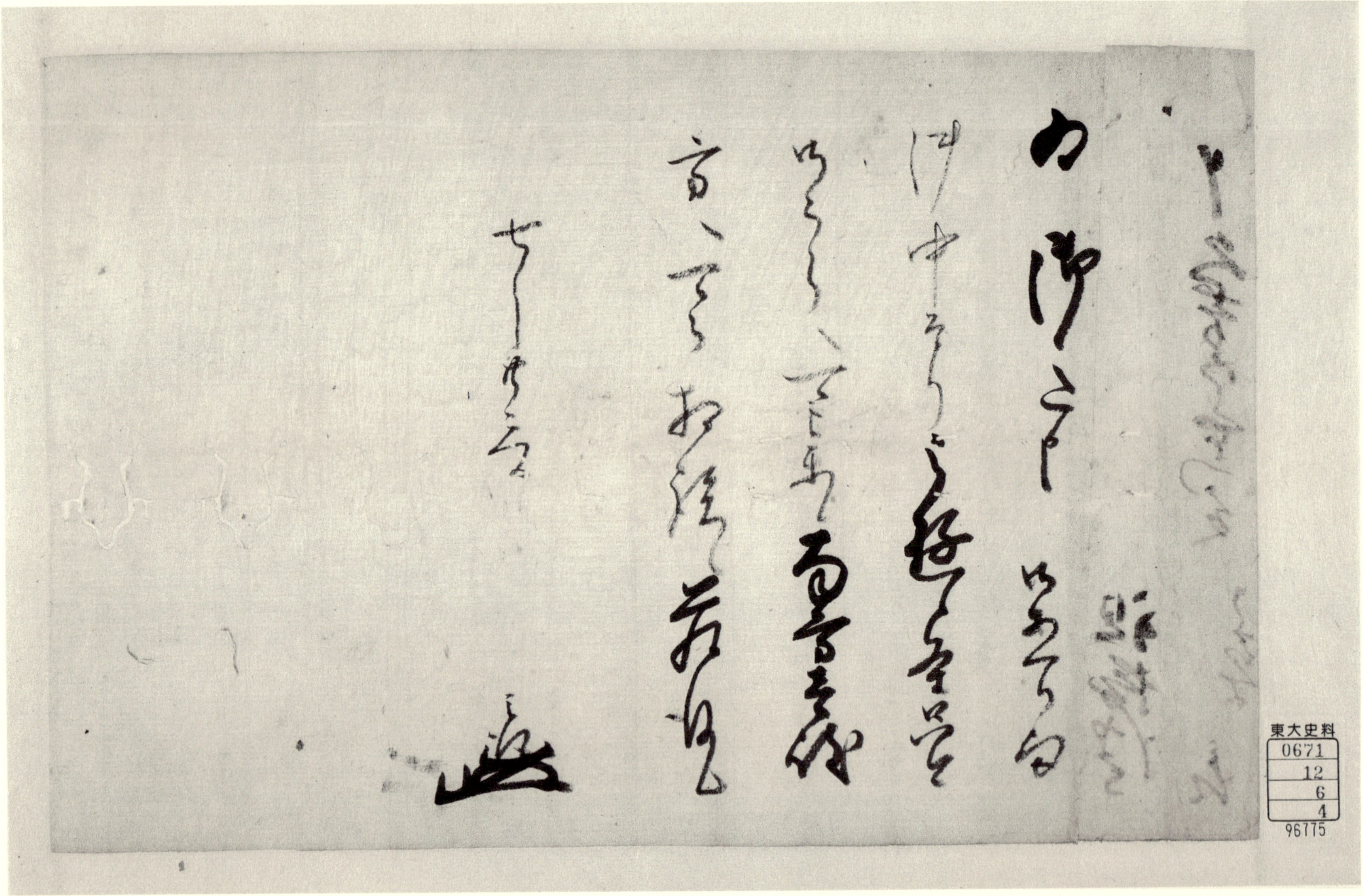

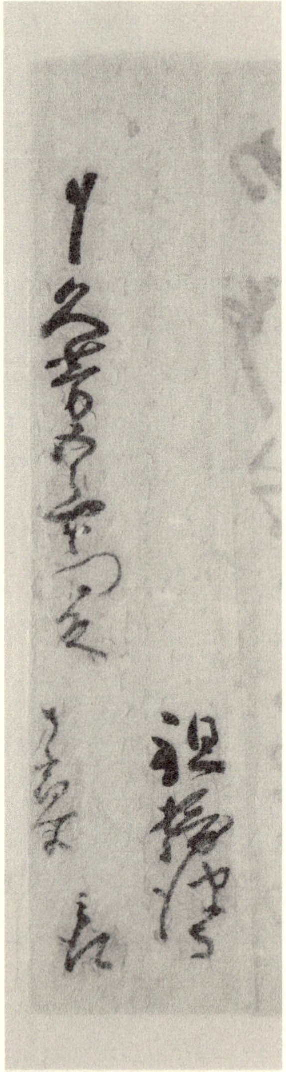

端裏書

5ふく内匠書状（年月日未詳）

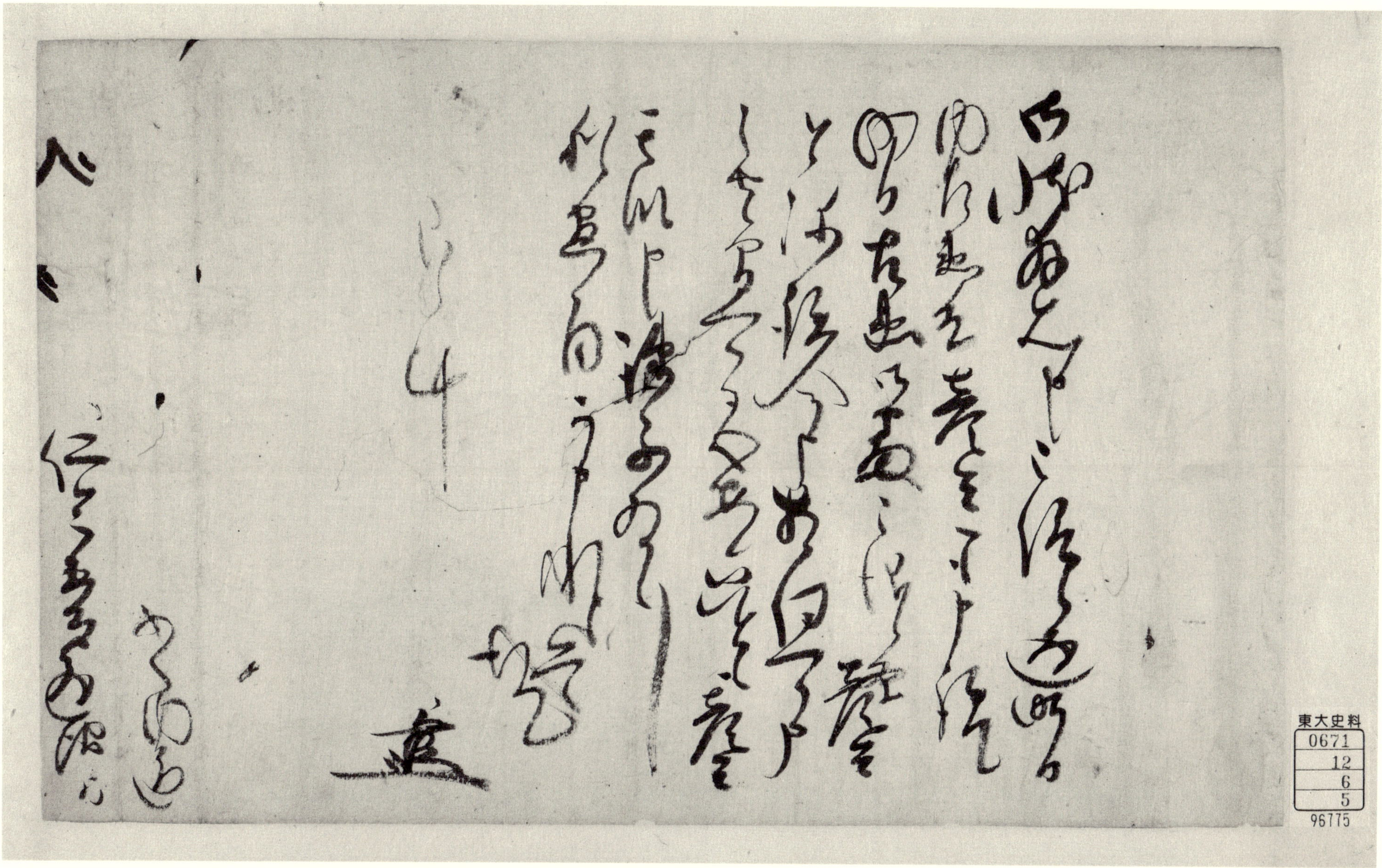

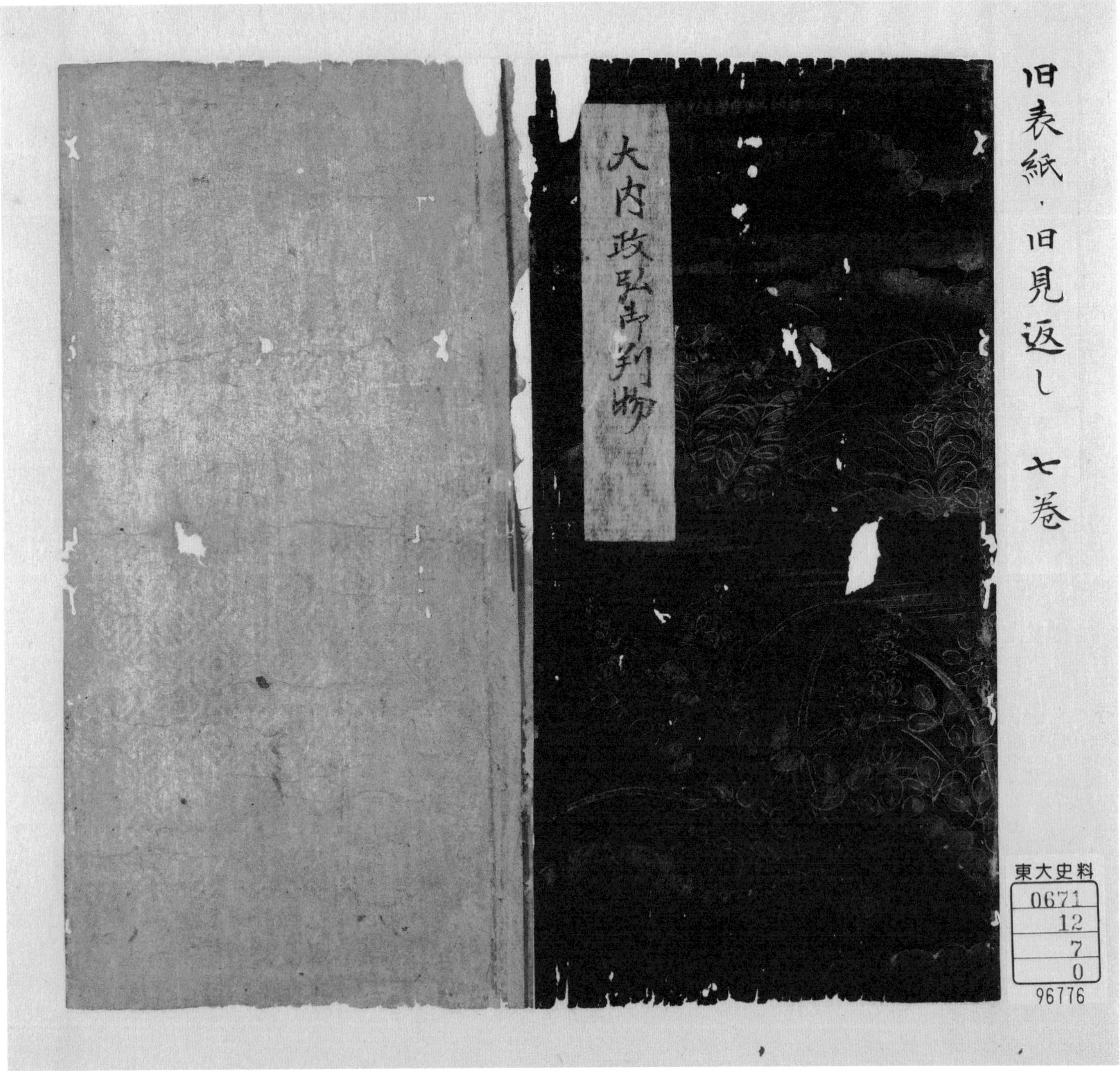
旧表紙・旧見返し　七巻
大内政弘御判物
東大史料
0671
12
7
0
96776

1大内政弘書状（年未詳）六月一日

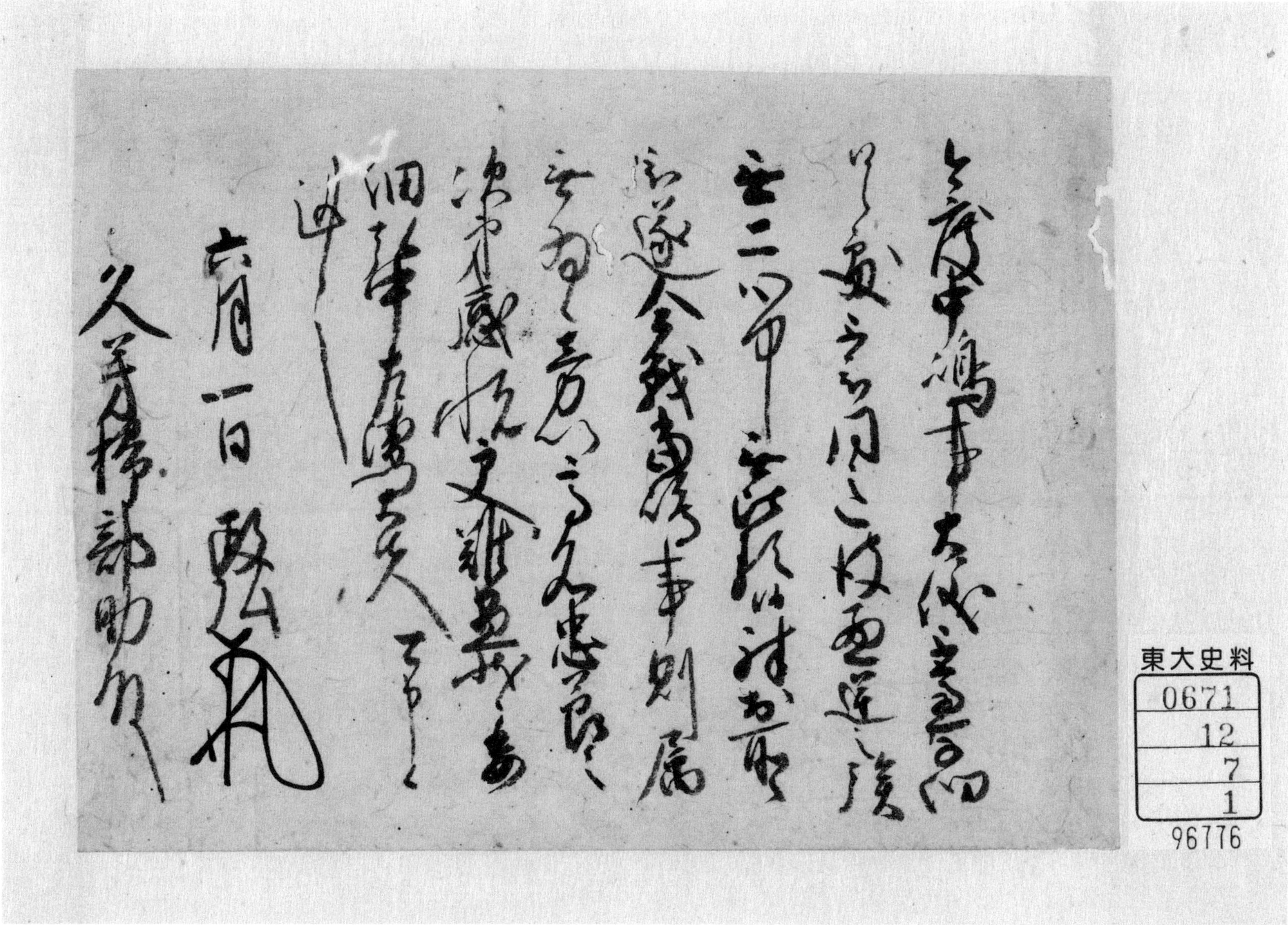

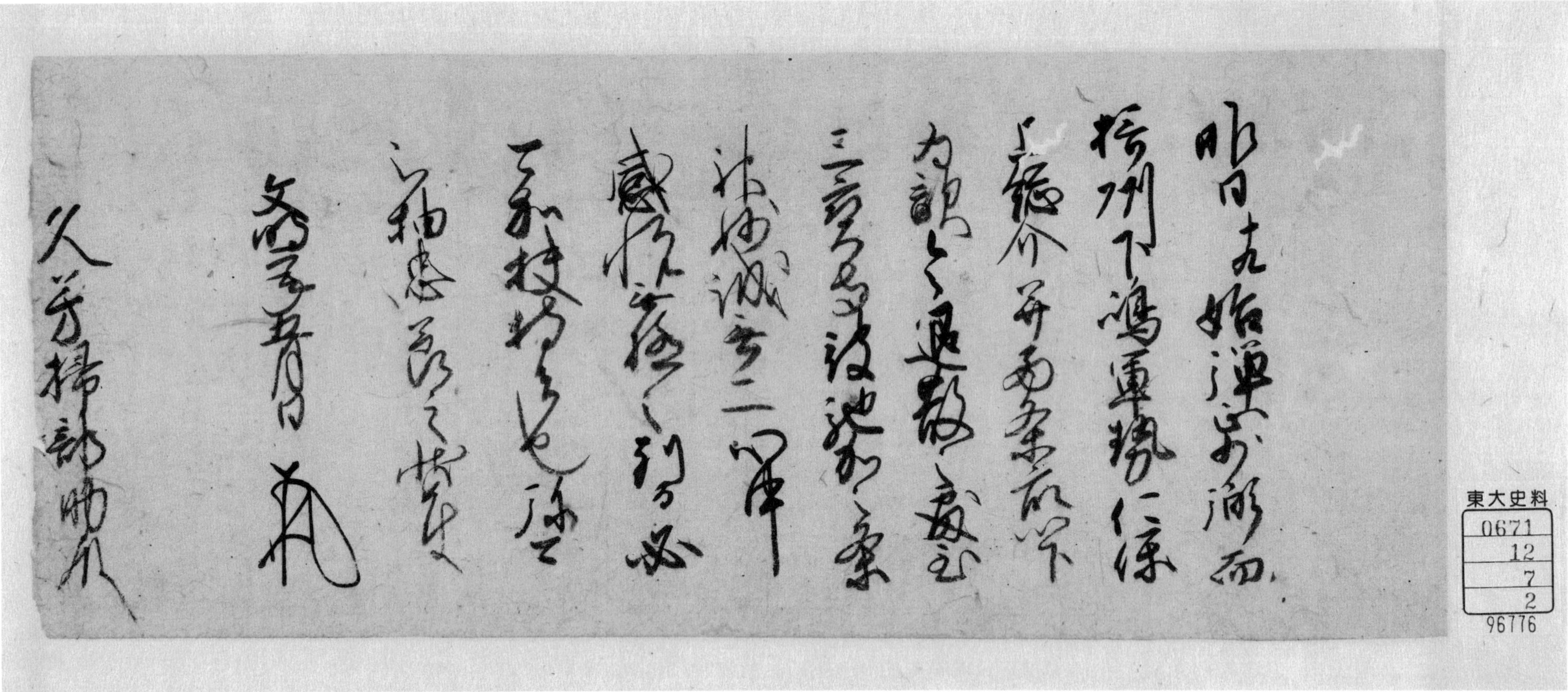
文明二年五月日
久芳掃部助殿
東大史料
0671
12
7
2
96776

防州於下久金芳楊部前
軍忠事
一応仁二年十二月廿日
　おちやう人々計死
一同三年閏月十六日
　宅多久人々捕
一同九月十六日当手
　於
一同十月十八日高名人
　至死
（花押）

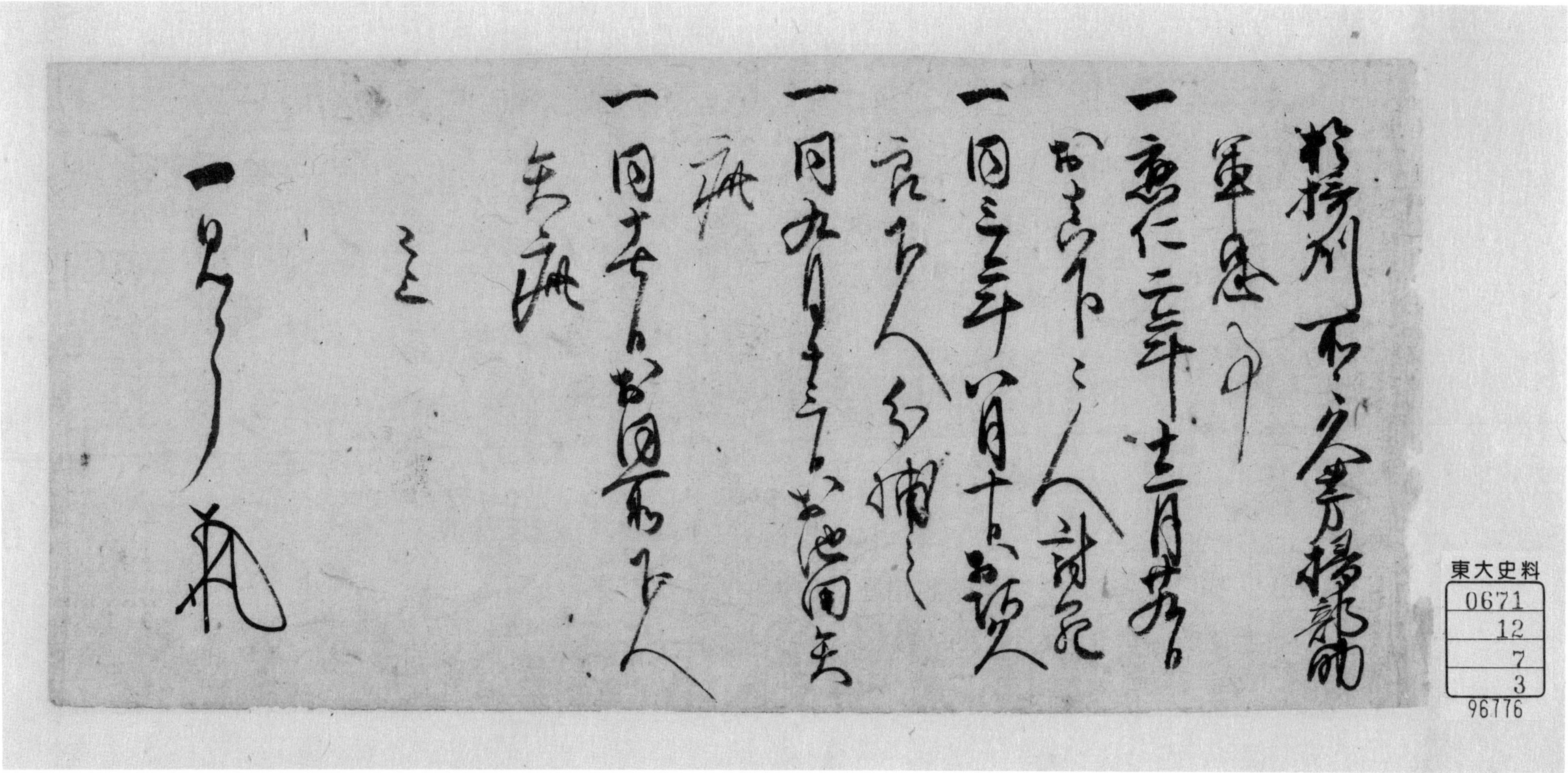

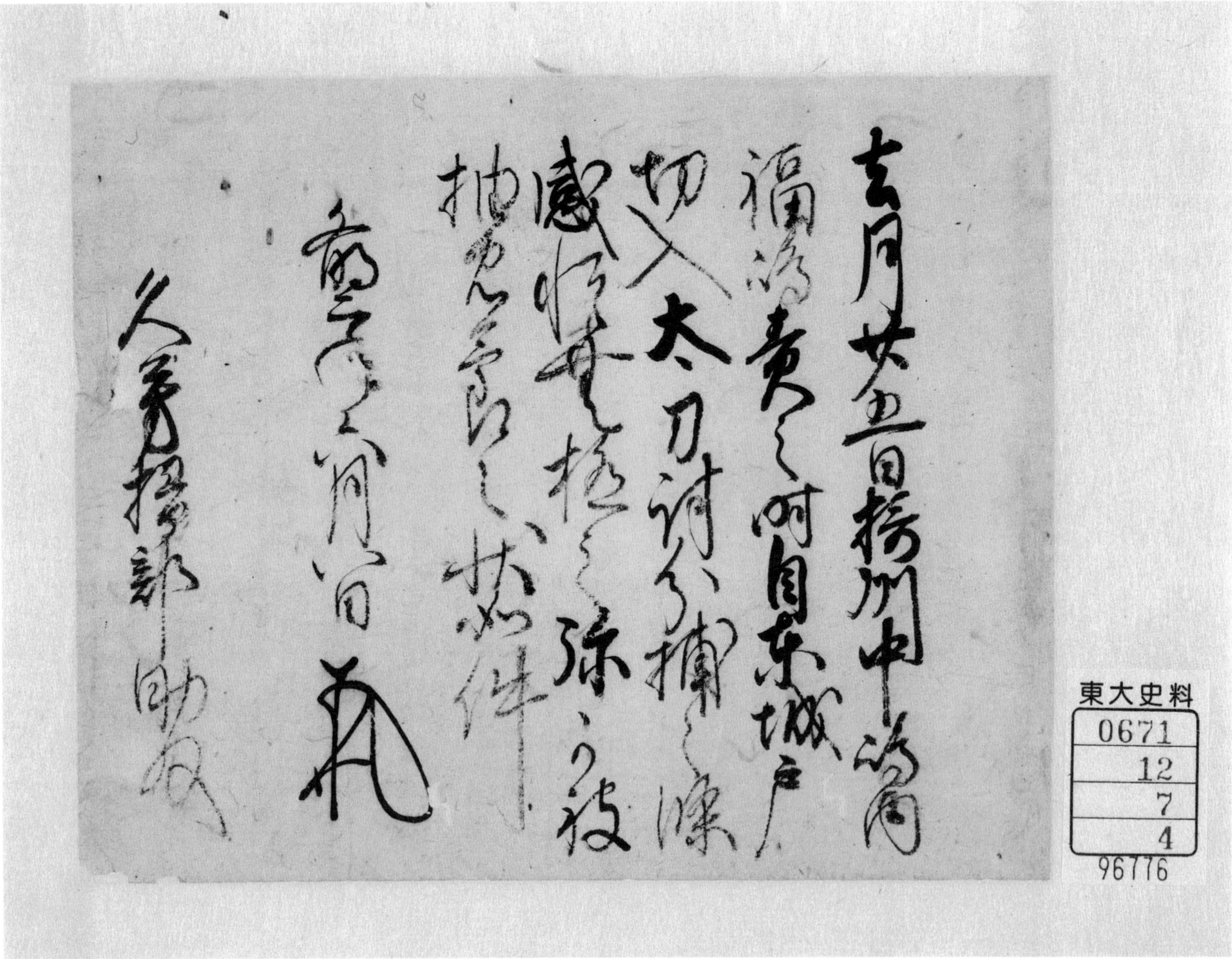
去月廿五日摂州中嶋
福島責之時自東城戸
切入太刀討分捕之條
感悦無極候、殊之段
抽忠節之状如件
六月八日　（花押）
久芳掃部助殿

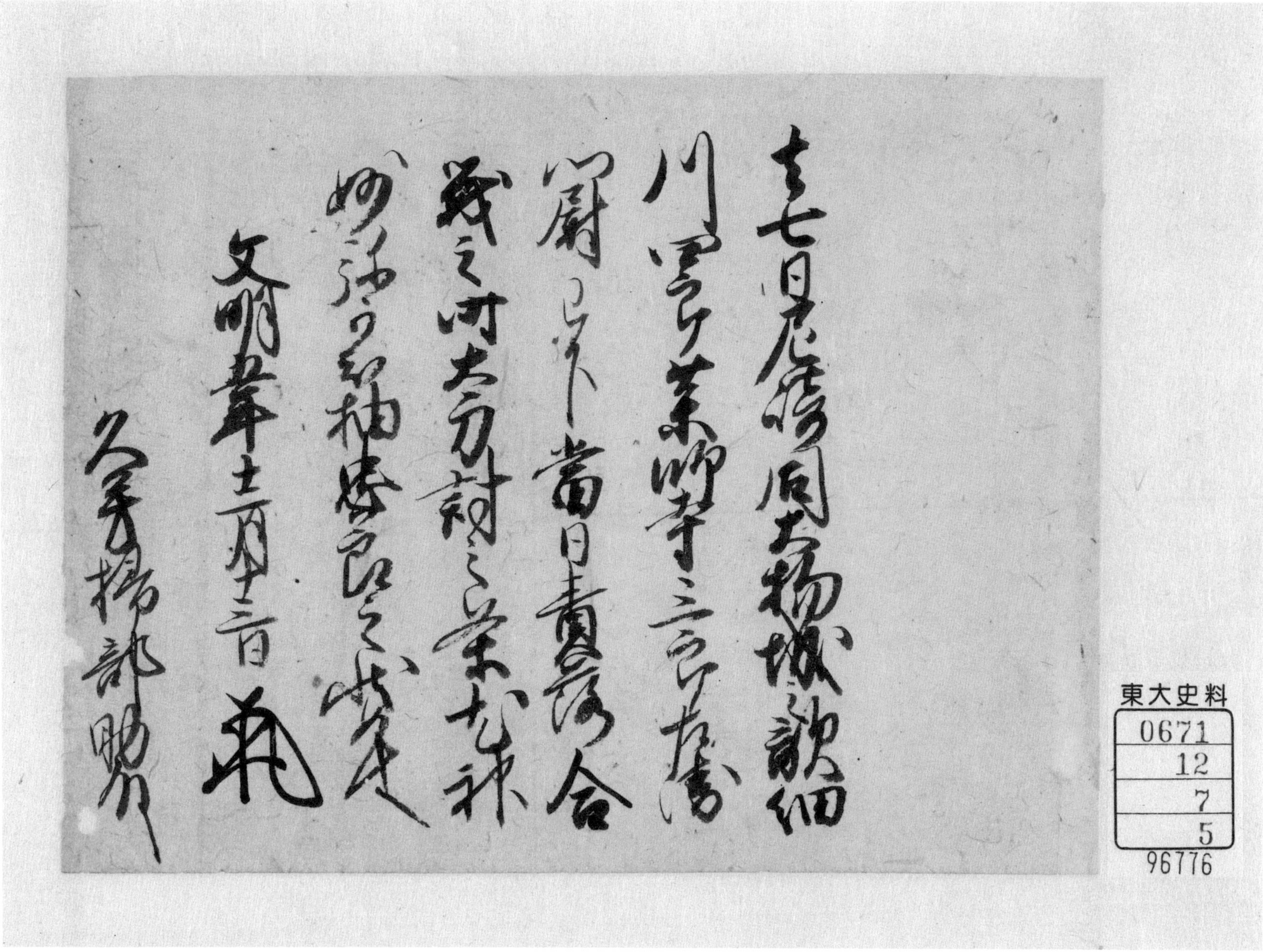
文明五年十二月十三日
久芳掃部助殿
東大史料
0671
12
7
5
96776

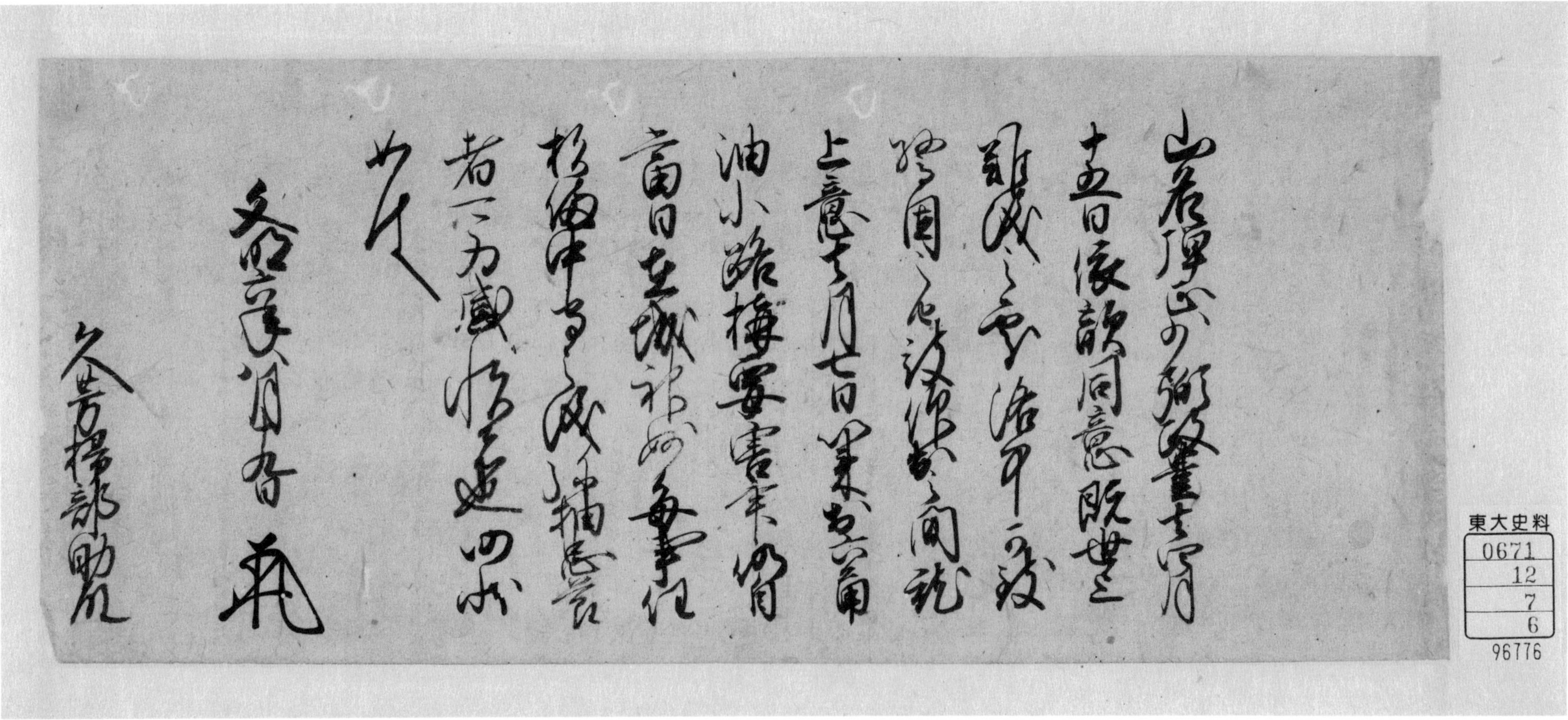
文明六年八月十九日
久芳掃部助殿

久芳文書　巻七　7大内政弘判物　文明十八年二月三十日

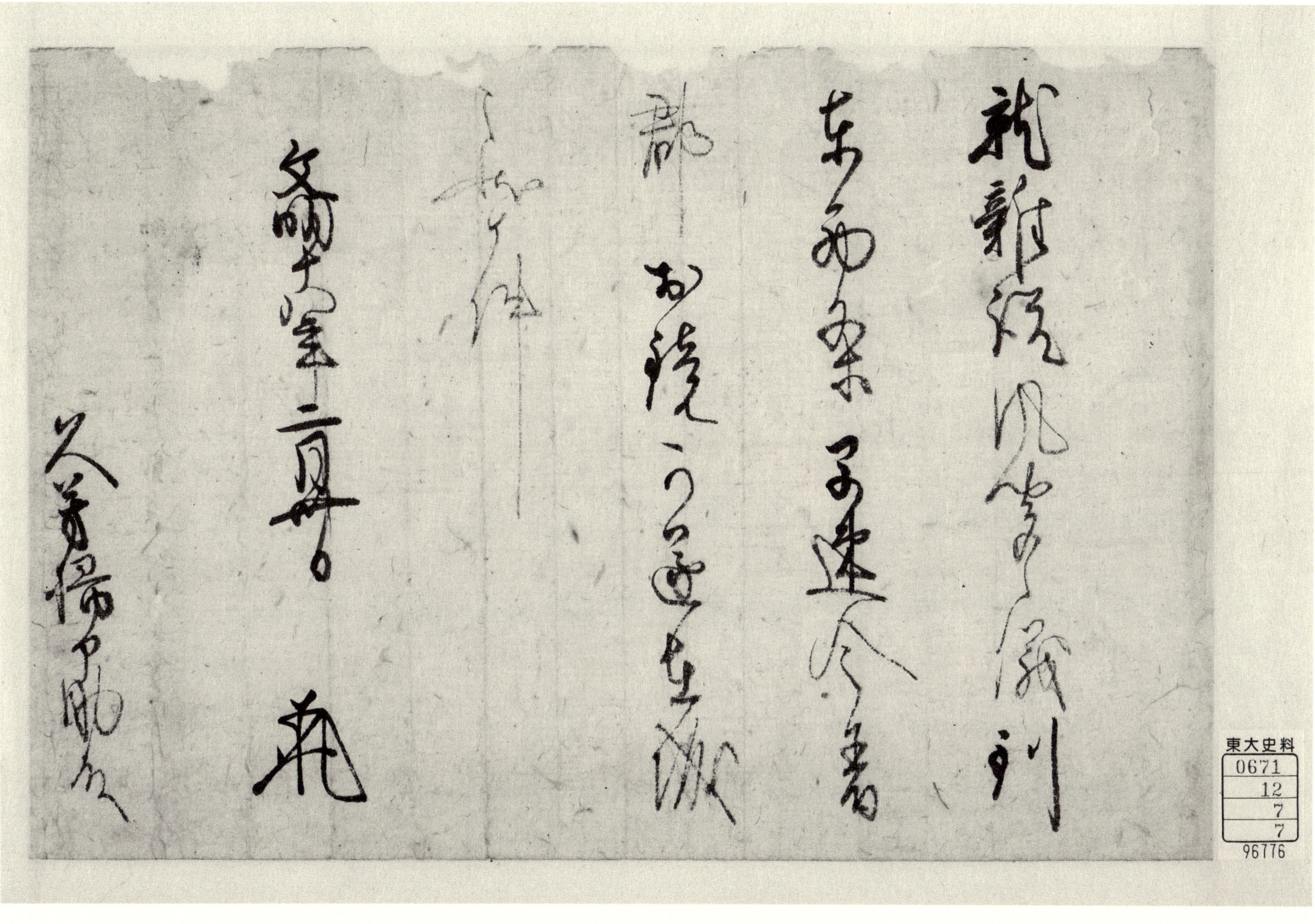

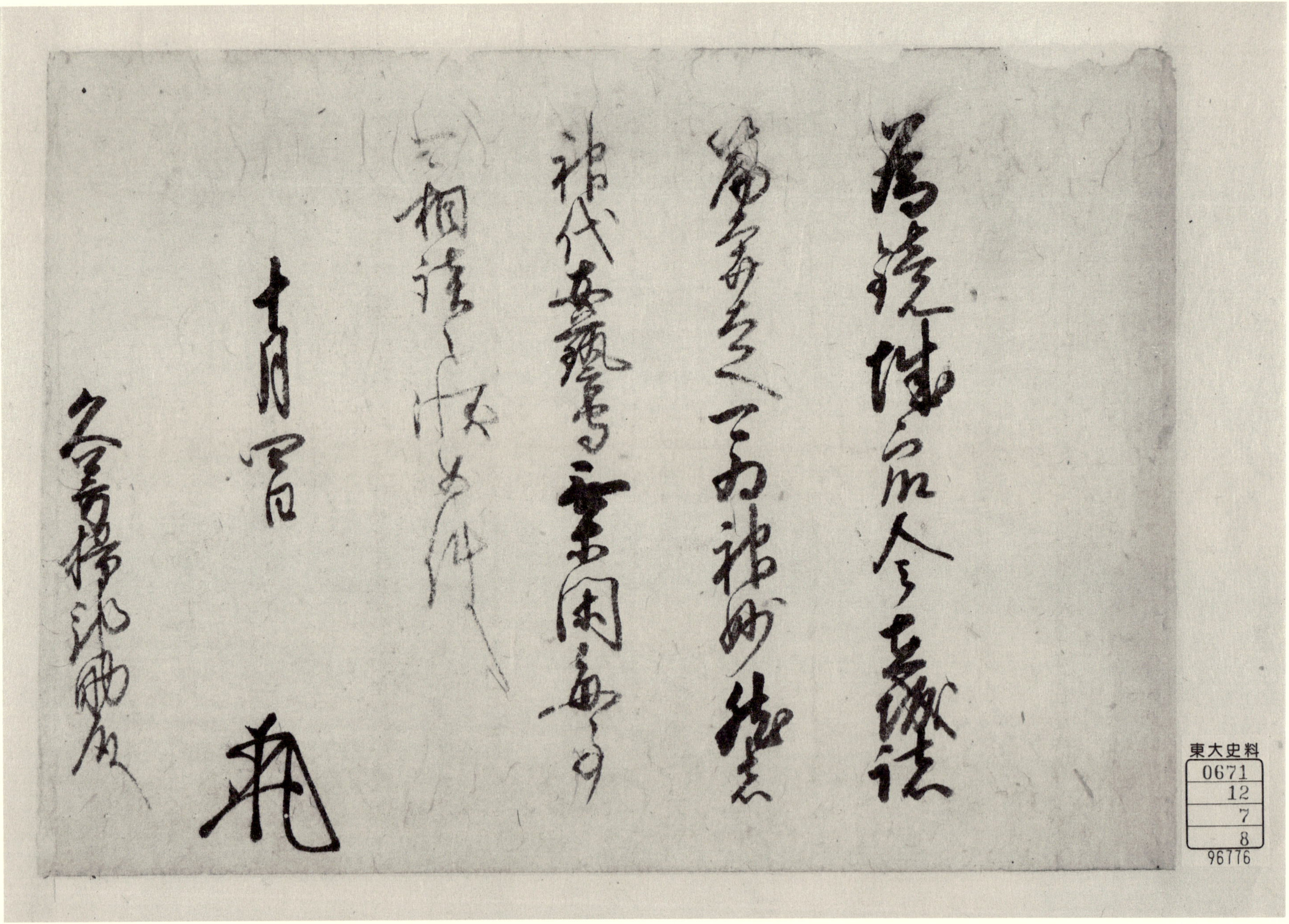

8大内政弘判物（年未詳）十月四日

旧表紙・旧見返し　八巻
元就様御書
東大史料
0671
12
8
0
96777

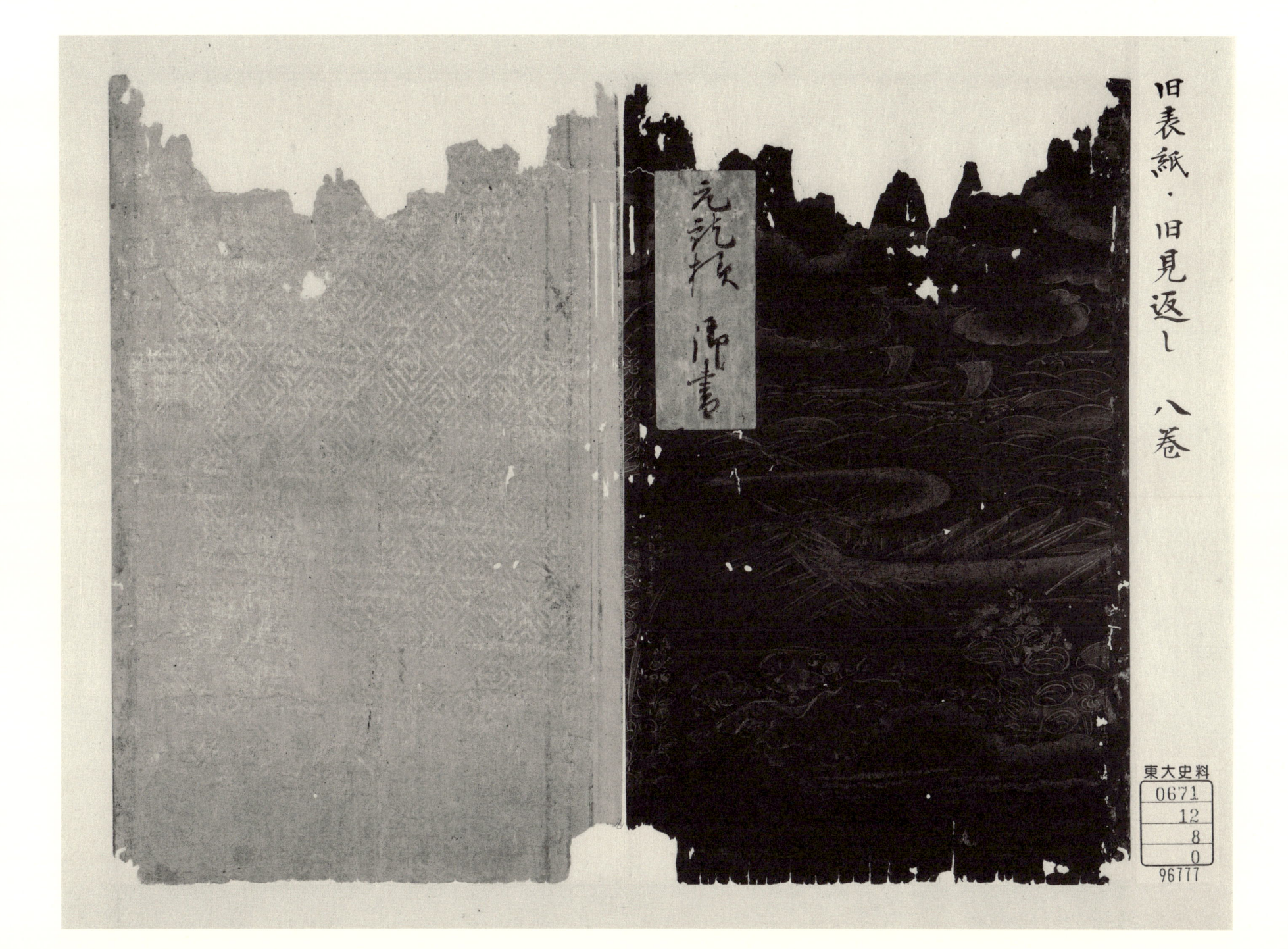

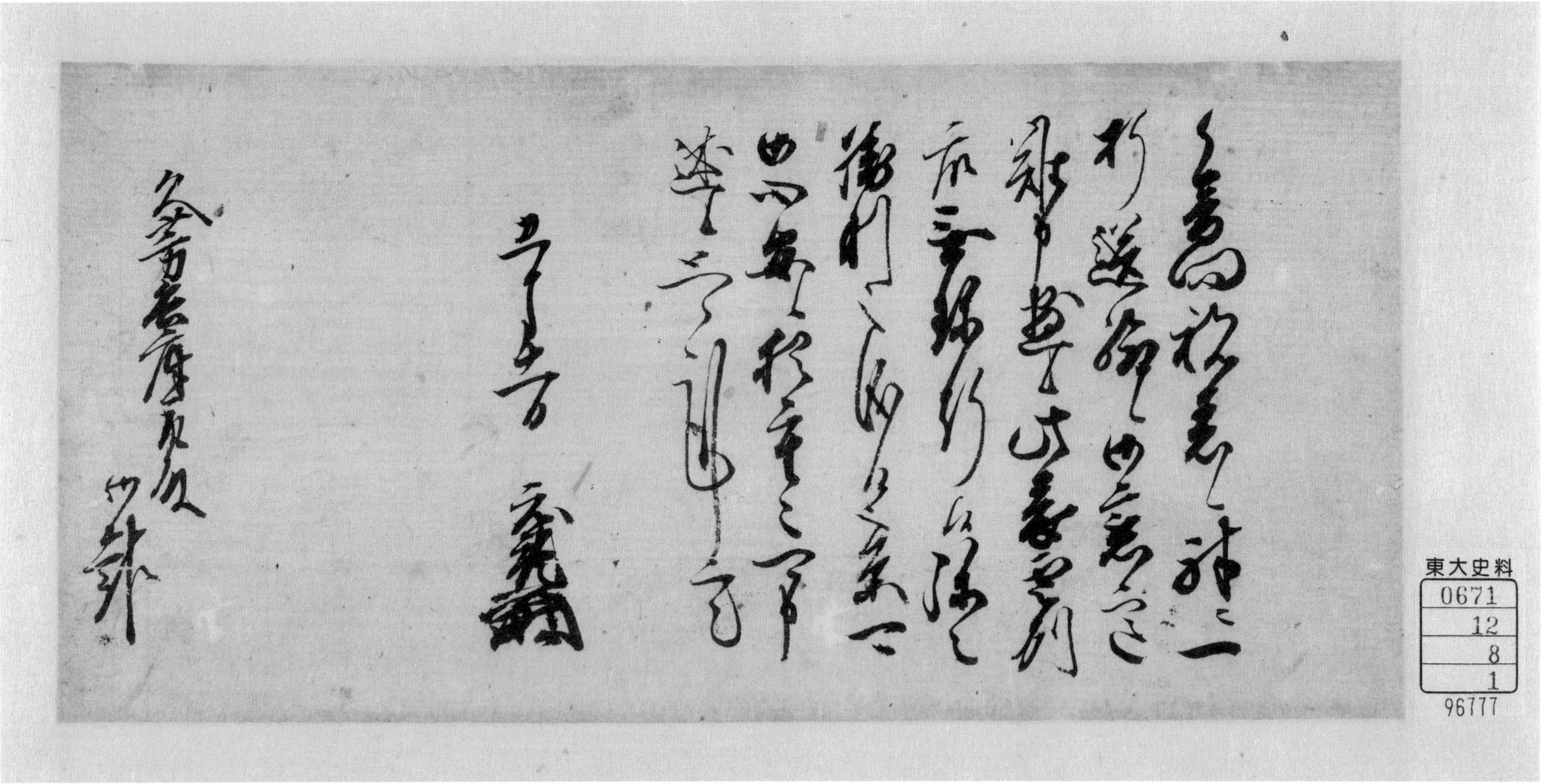

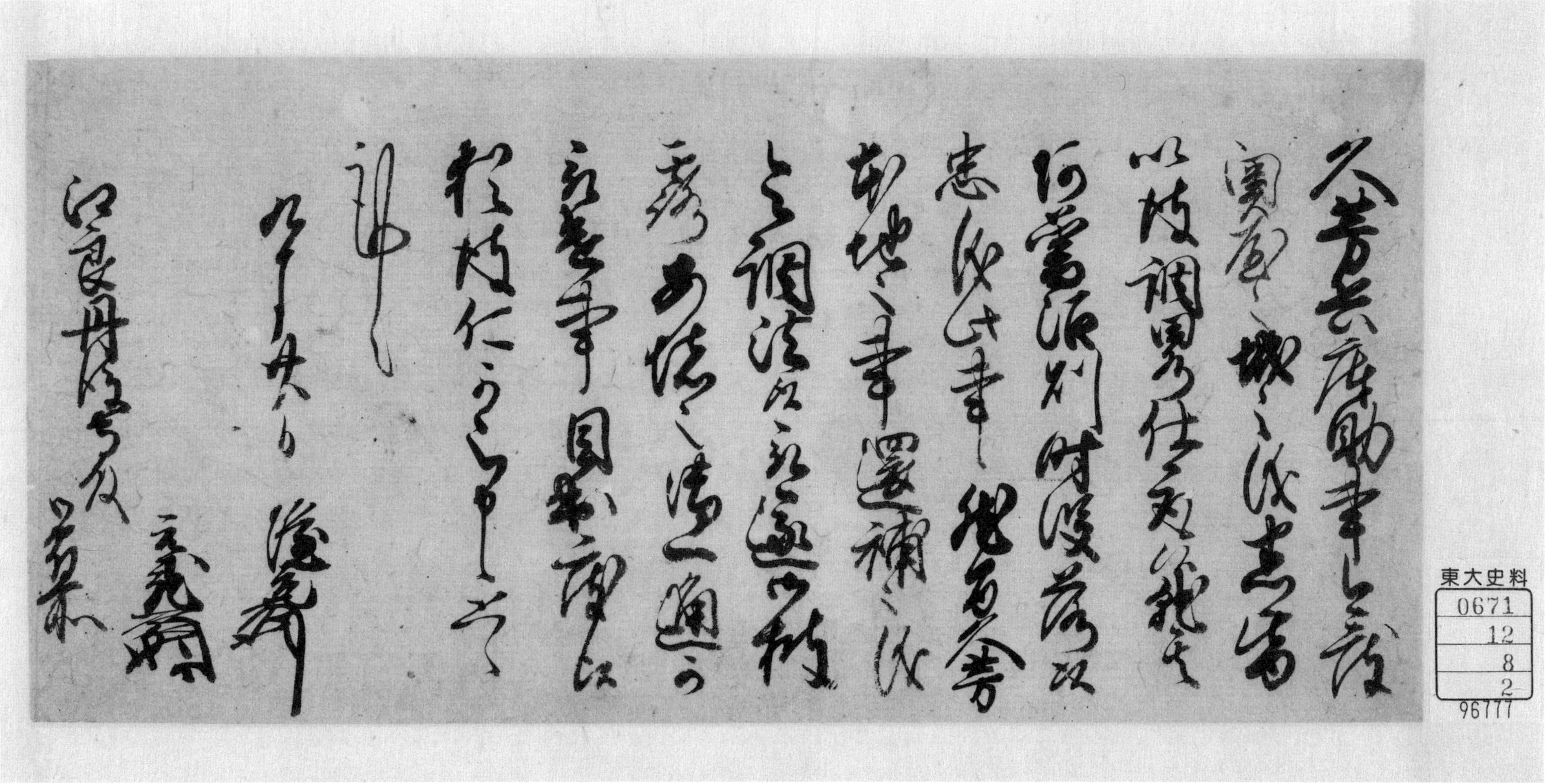

久芳文書　巻八　2毛利元就・隆元連署書状（天文二十二年）九月二十日

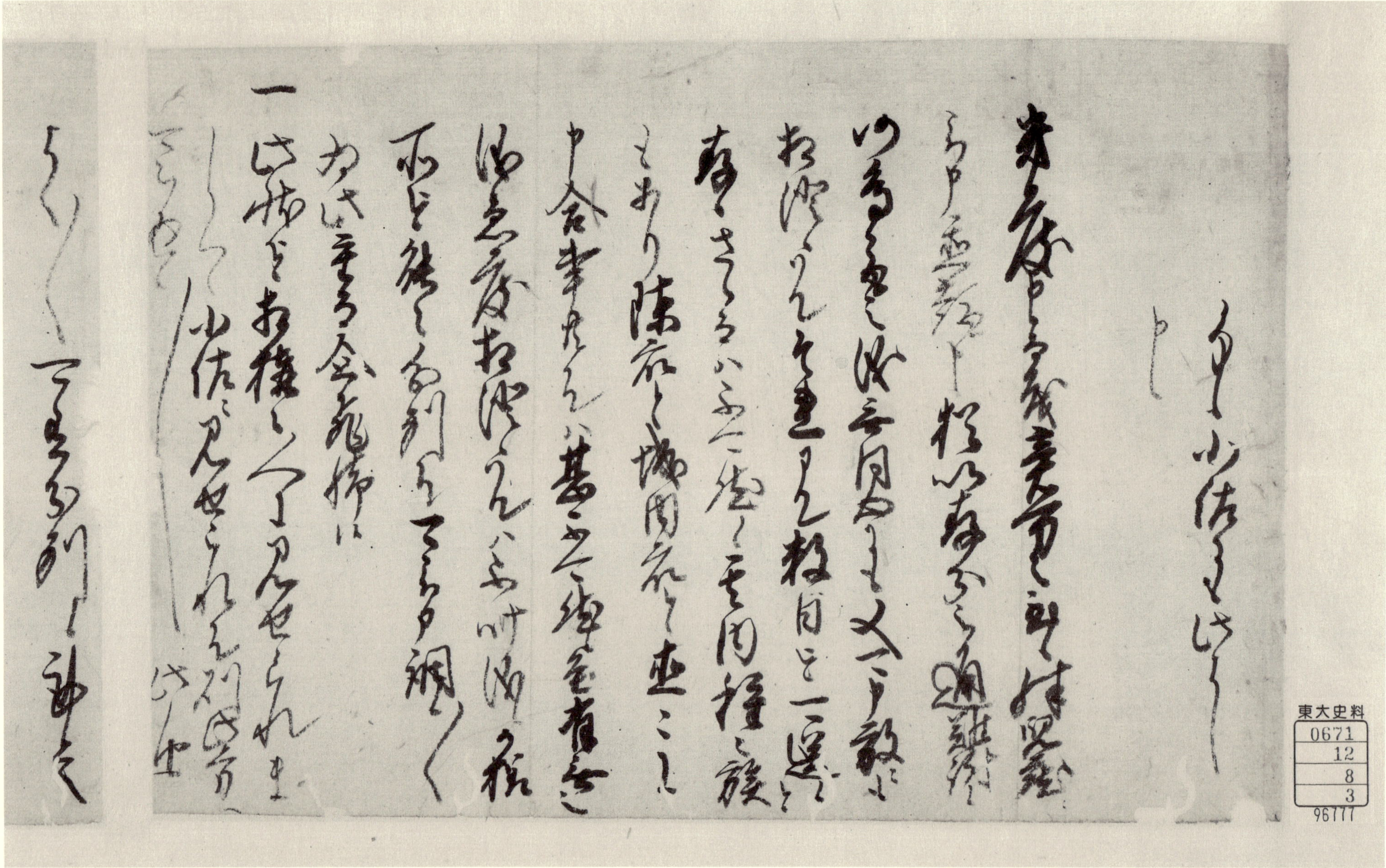

（1）

（2）

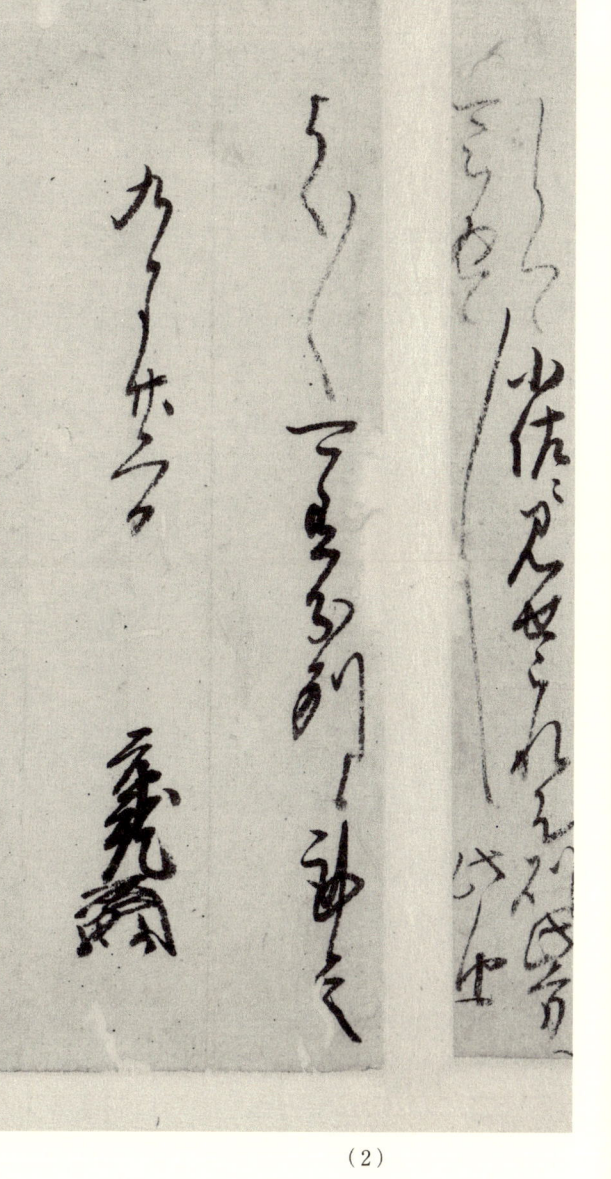

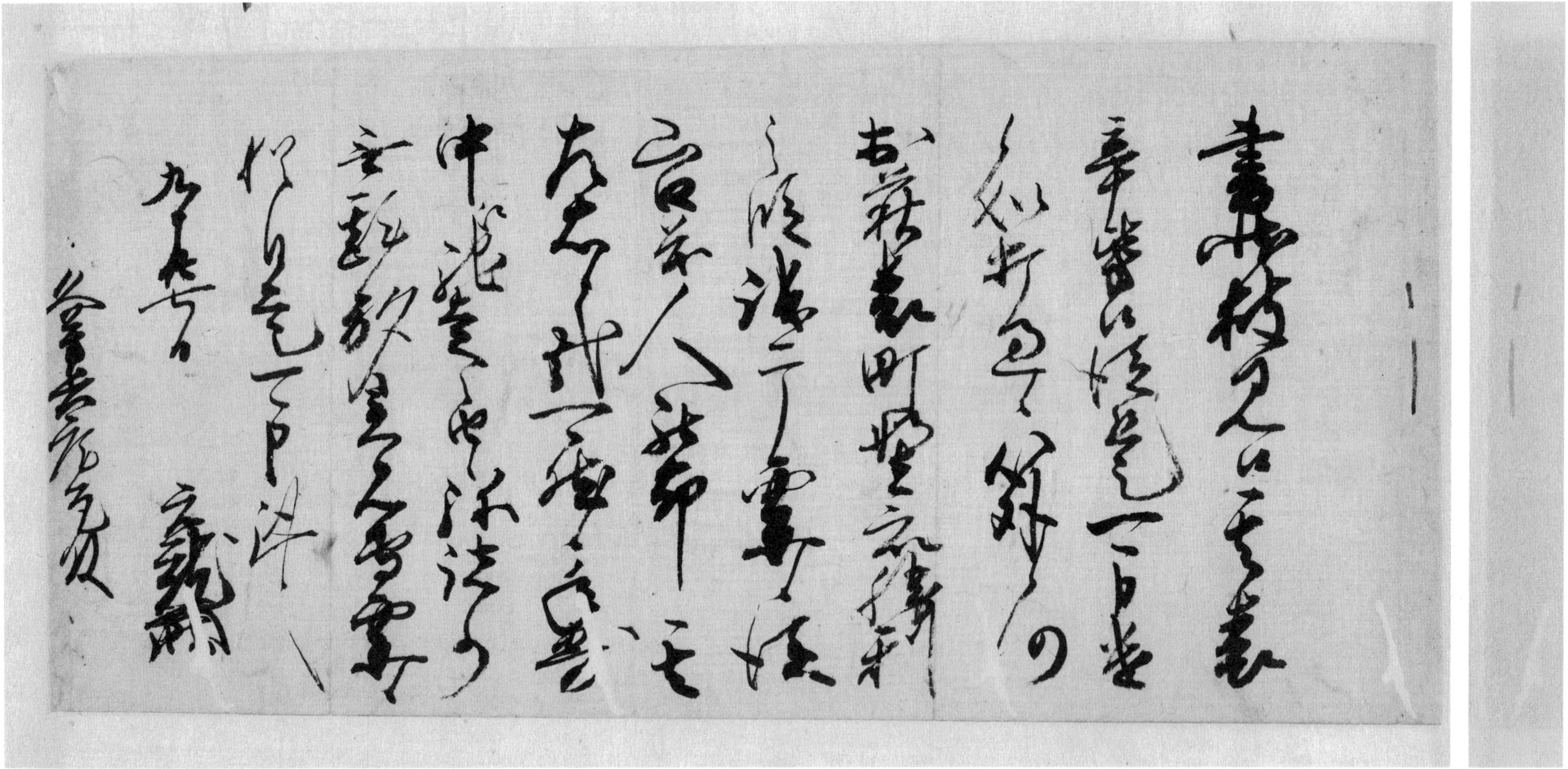

端裏墨引

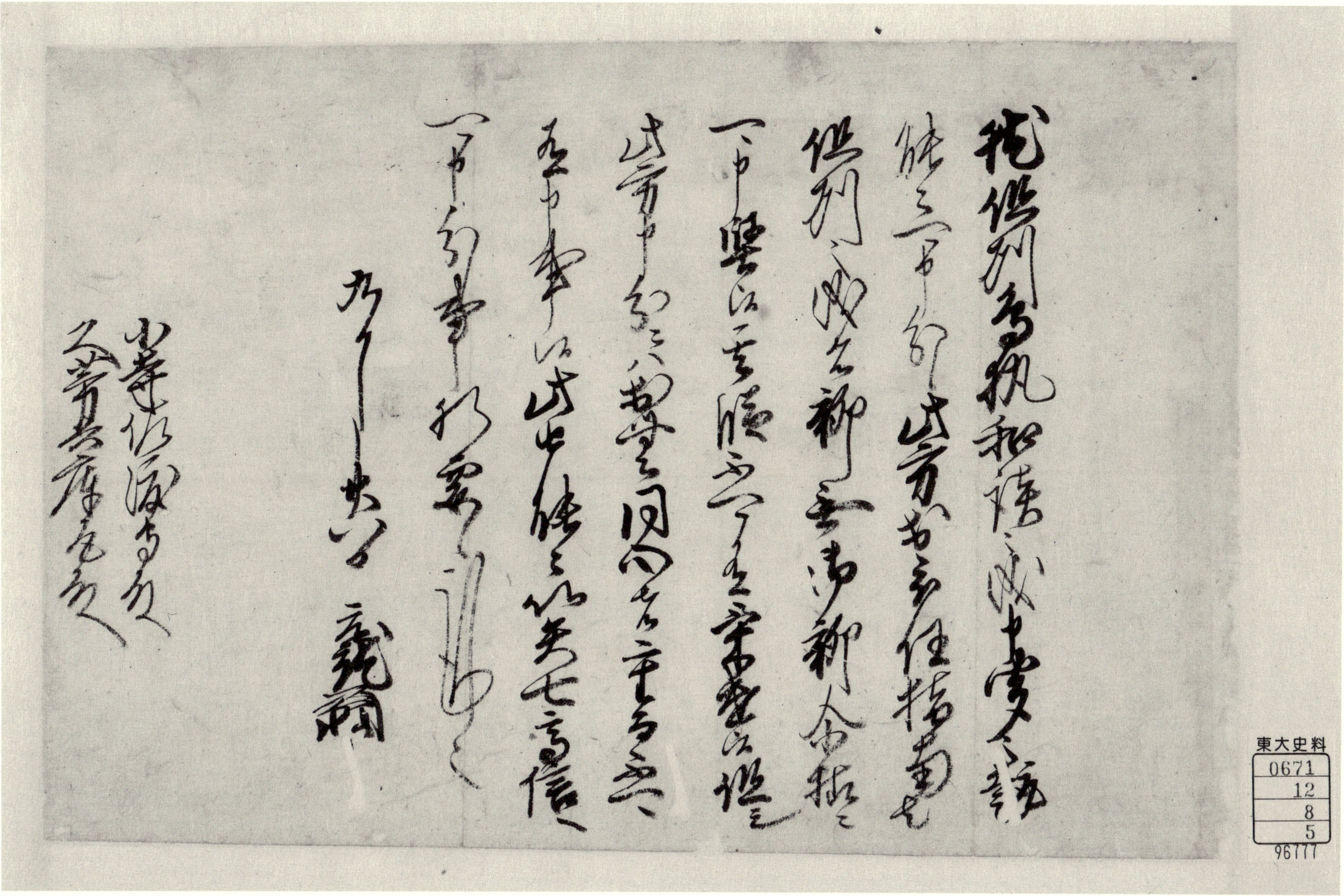
東大史料
0671
12
8
5
96777

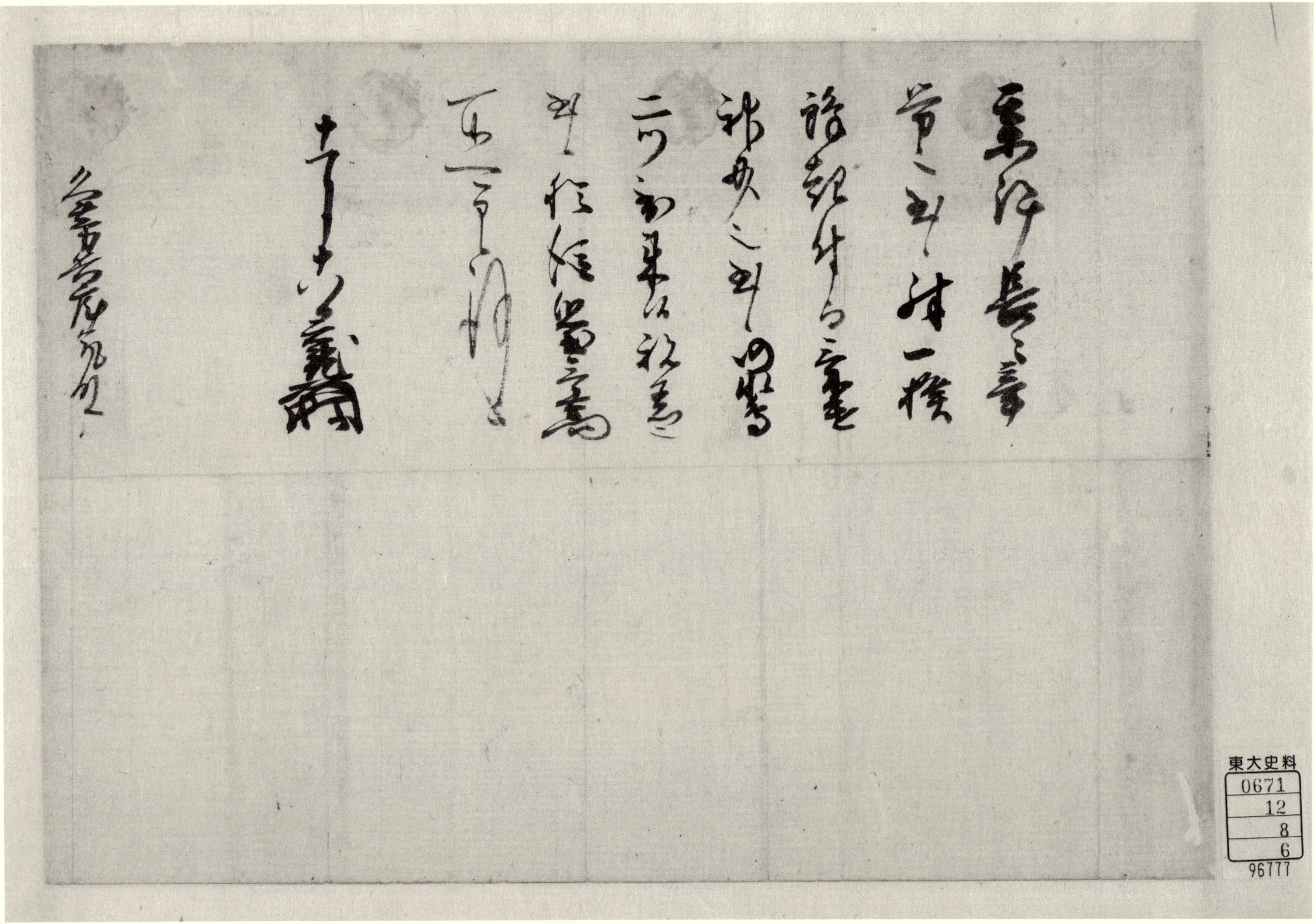

久芳文書　巻八　6毛利元就書状　（弘治三年ヵ）十一月十八日

久芳文書　巻八　7毛利元就書状　(年未詳)二月十三日

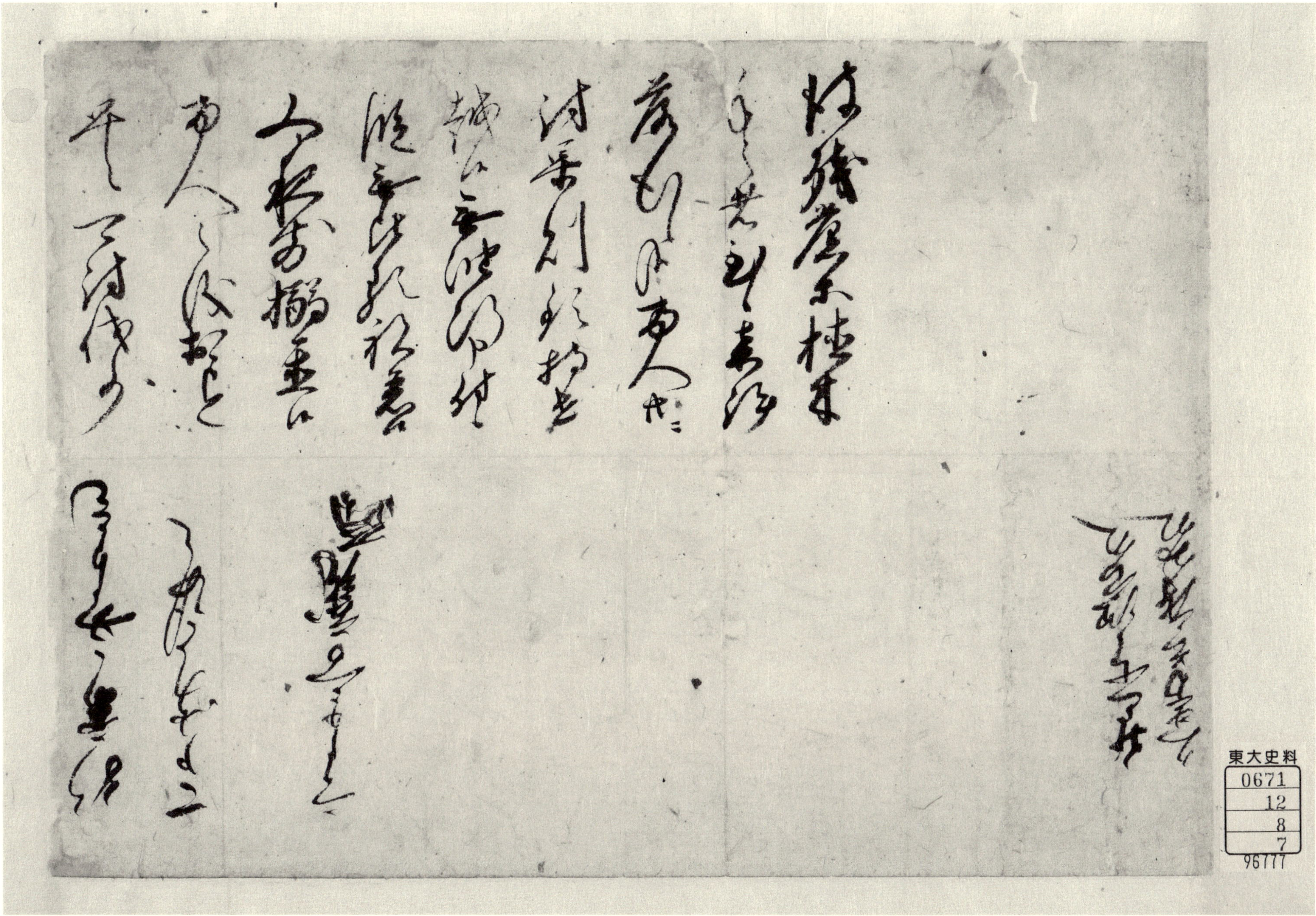

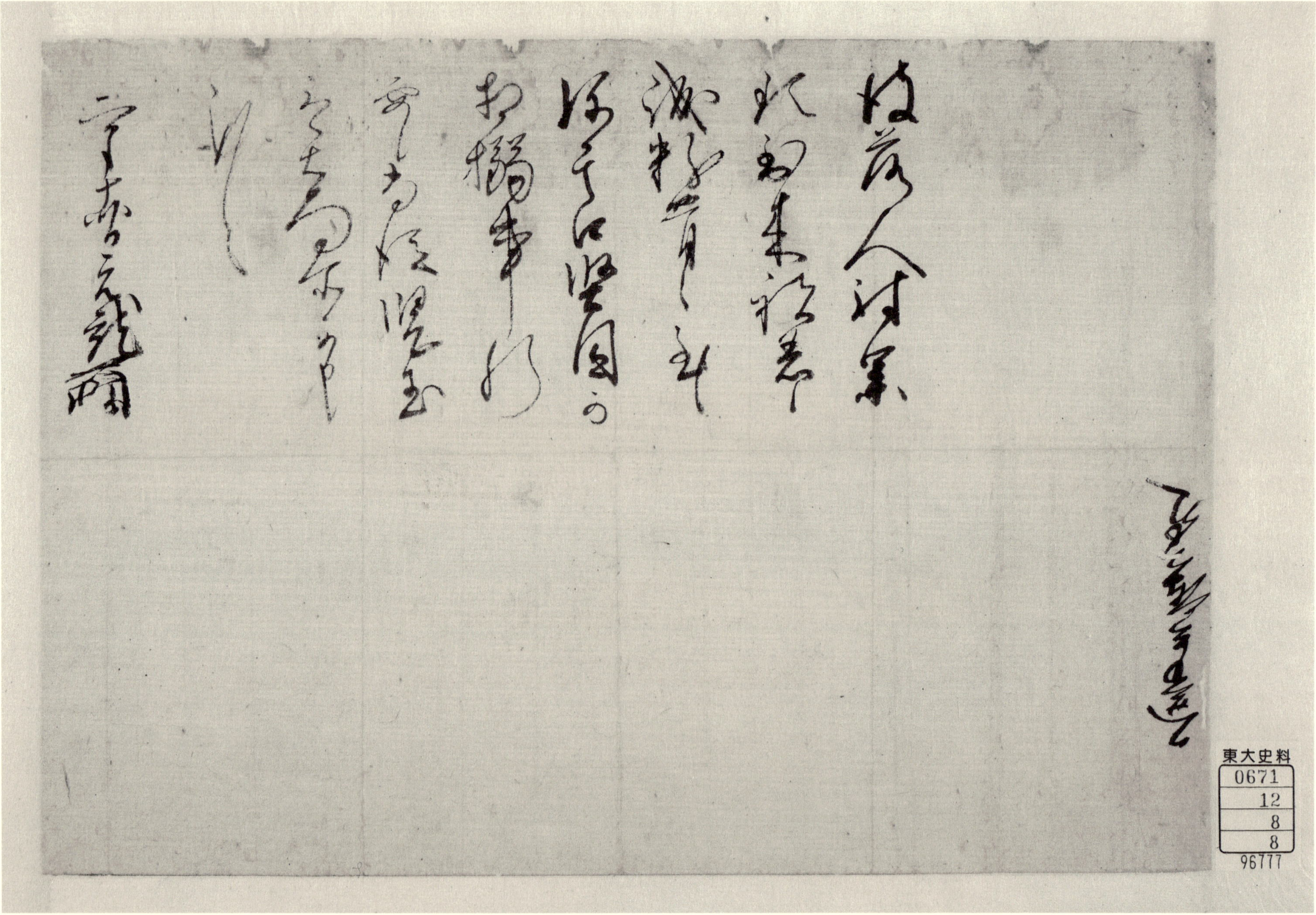
東大史料
0671
12
8
8
96777

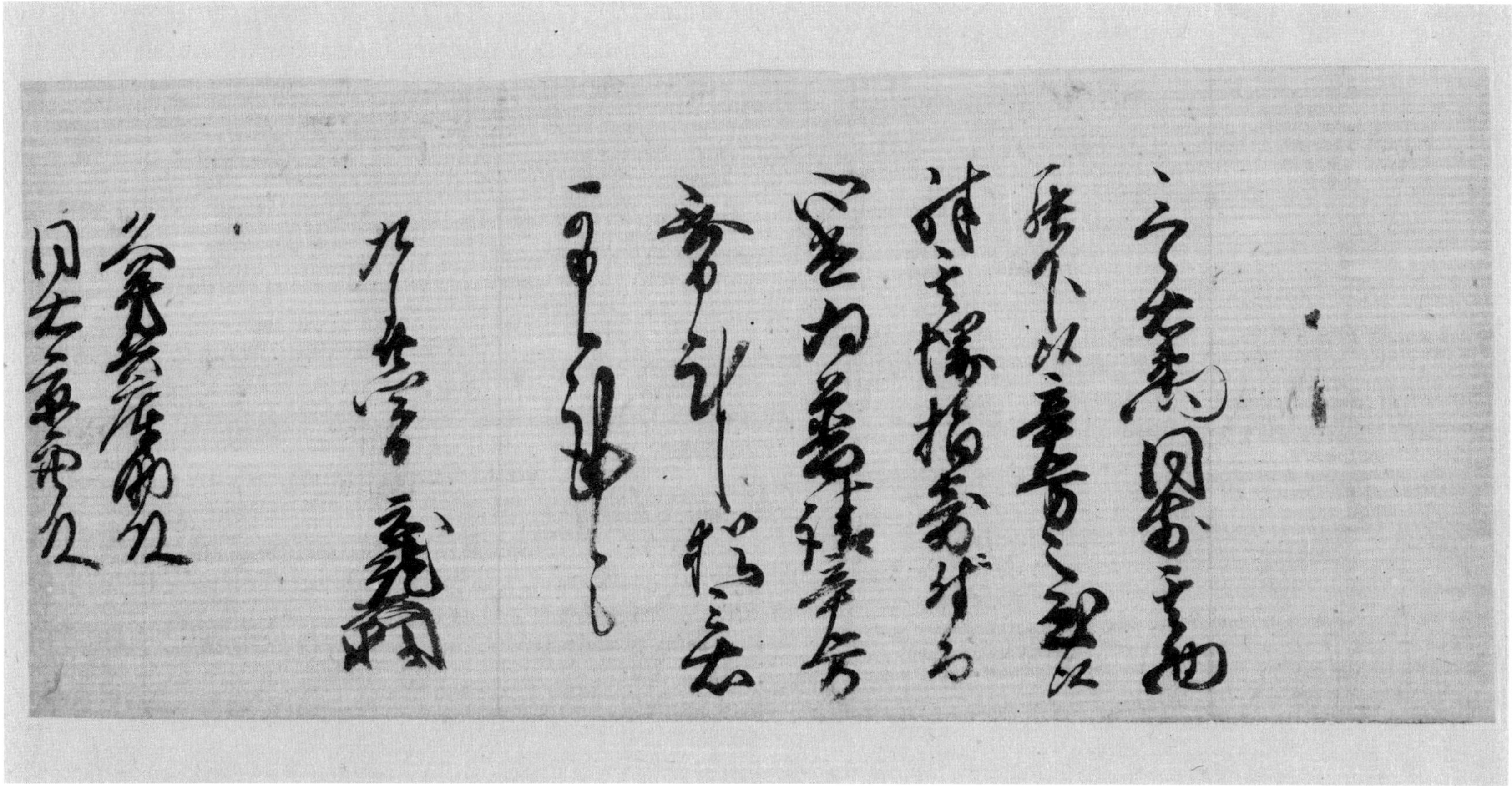

端裏墨引

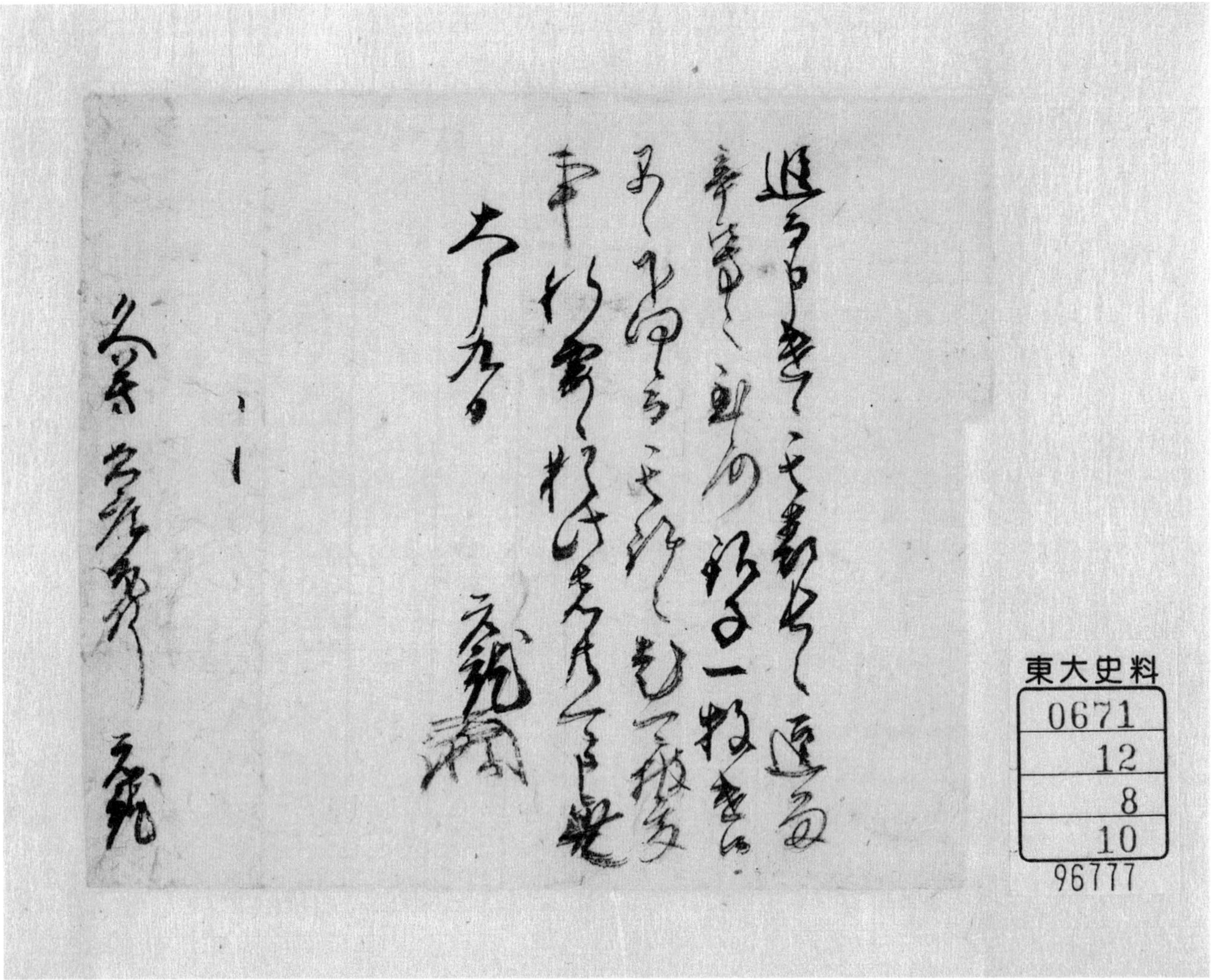
東大史料
0671
12
8
10
96777

久芳文書　巻八　11毛利元就書状（年未詳）十一月九日

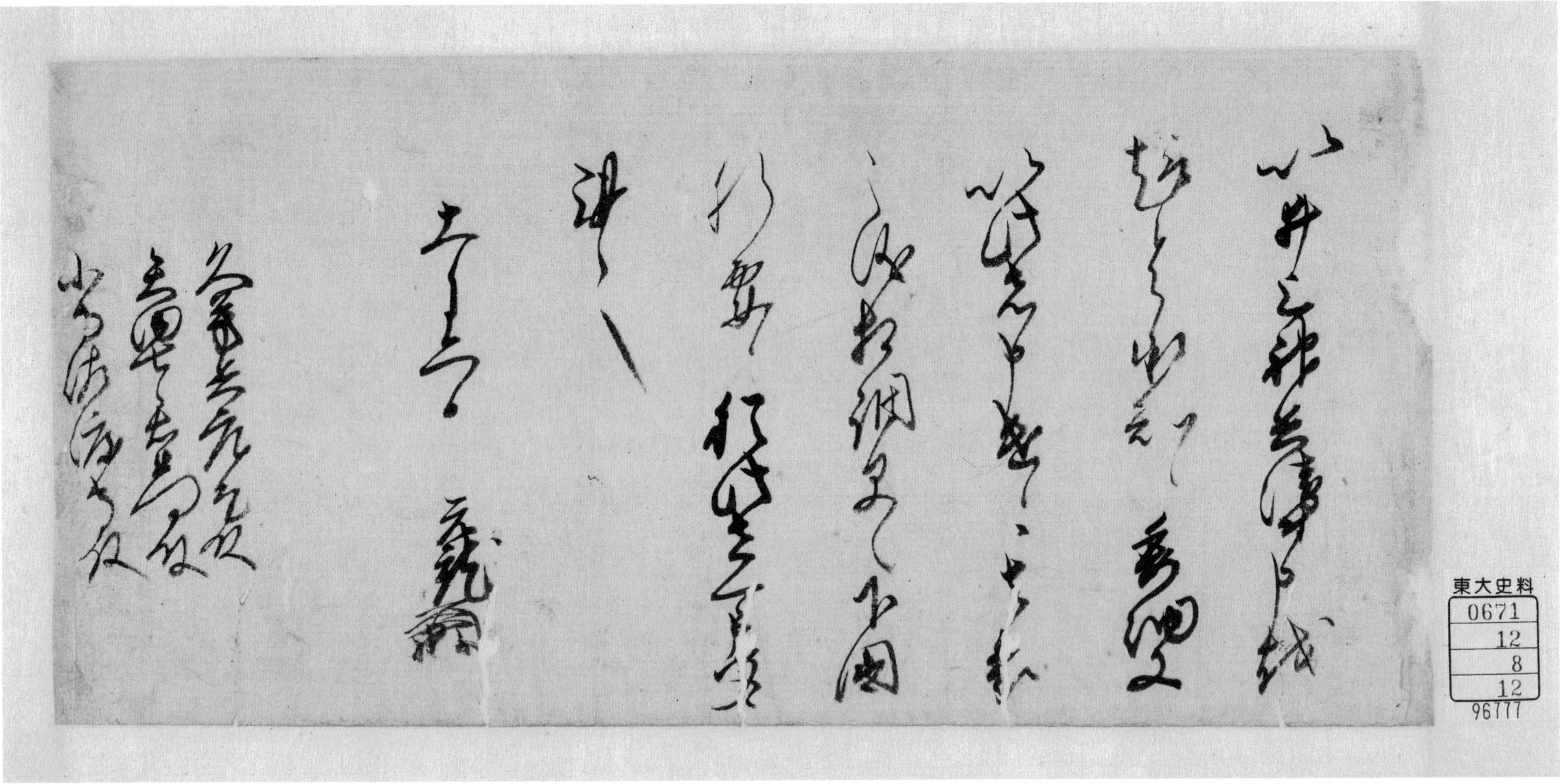
東大史料
0671
12
8
12
96777

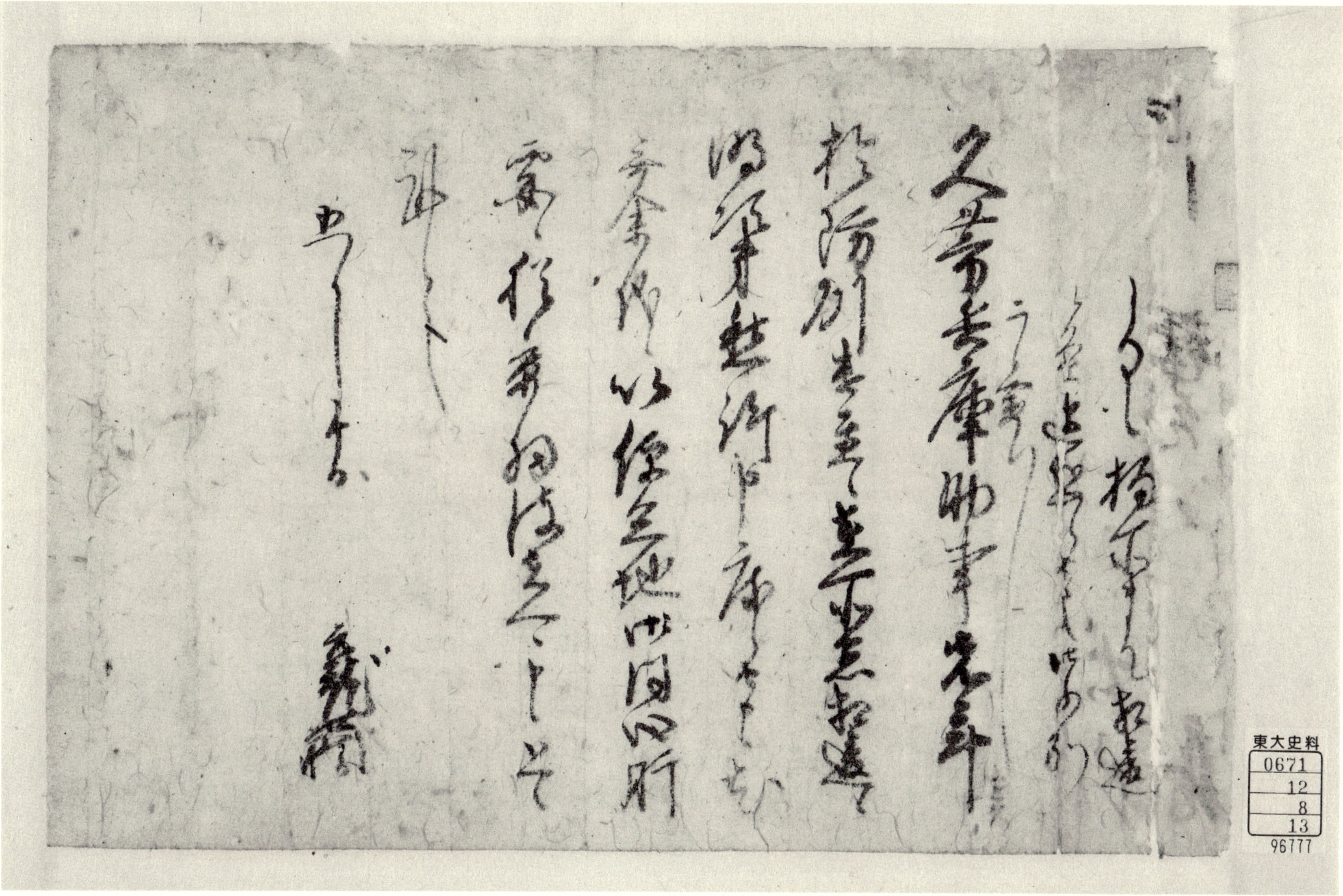

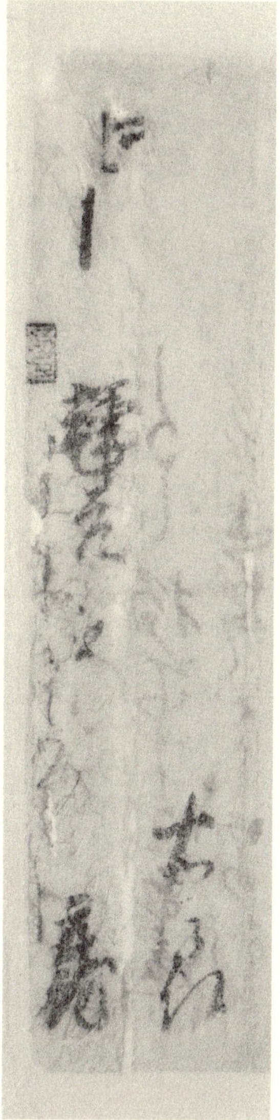

端裏書

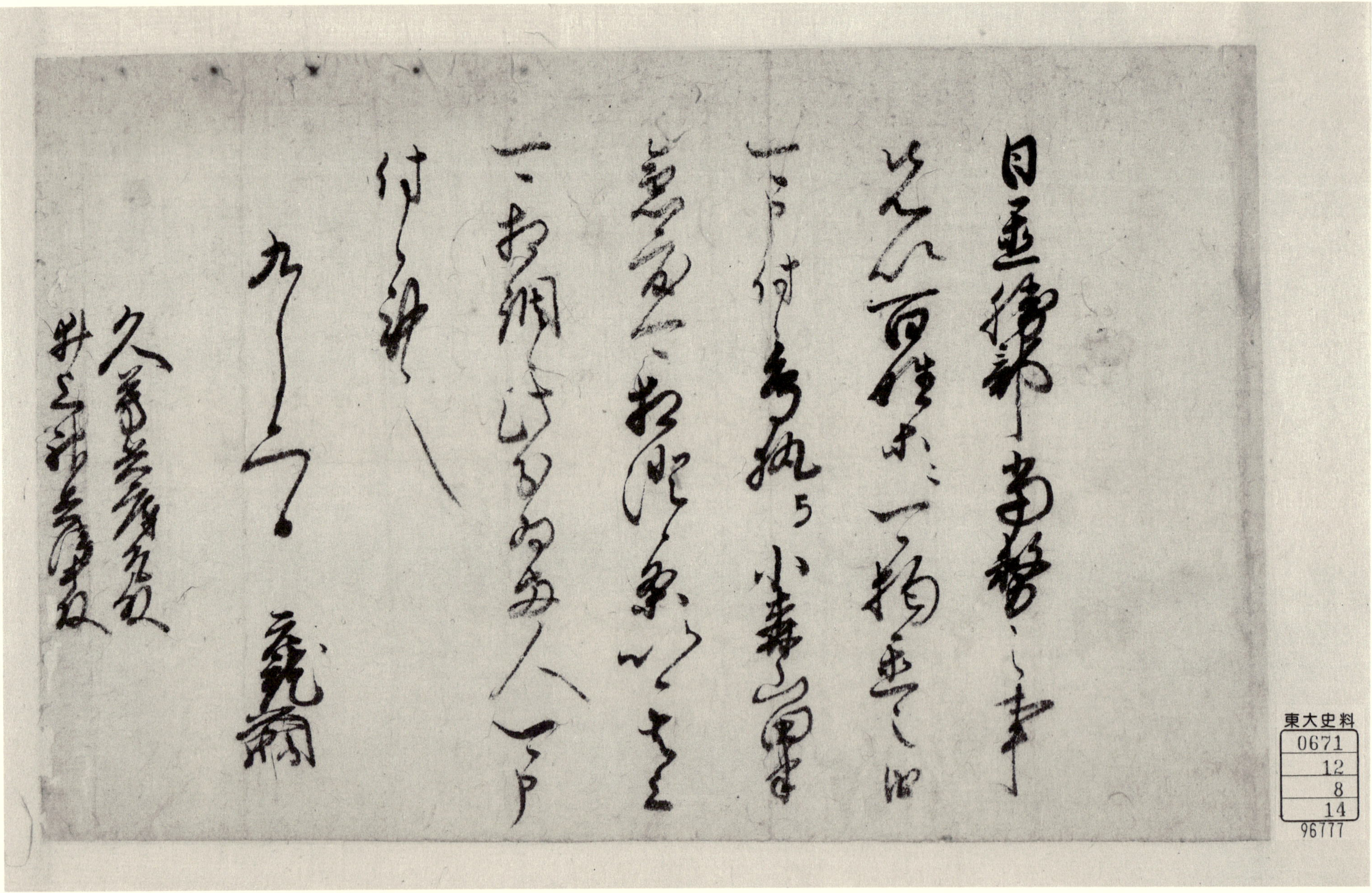

旧表紙・旧見返し　九巻
輝元様御書
東大史料
0671
12
9
0
96778

久芳文書　巻九　1毛利輝元書状　（元亀二年）十二月二十七日

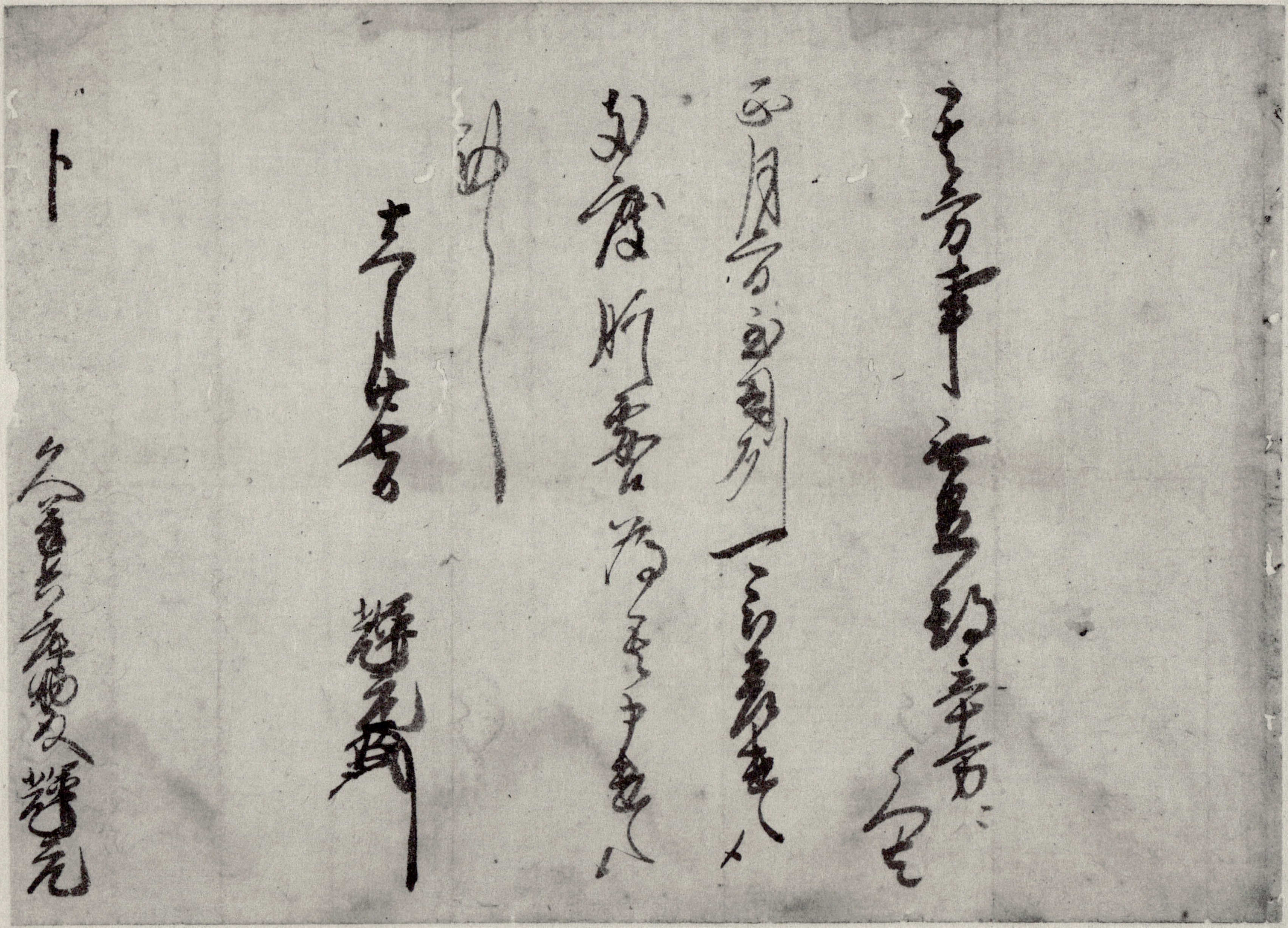

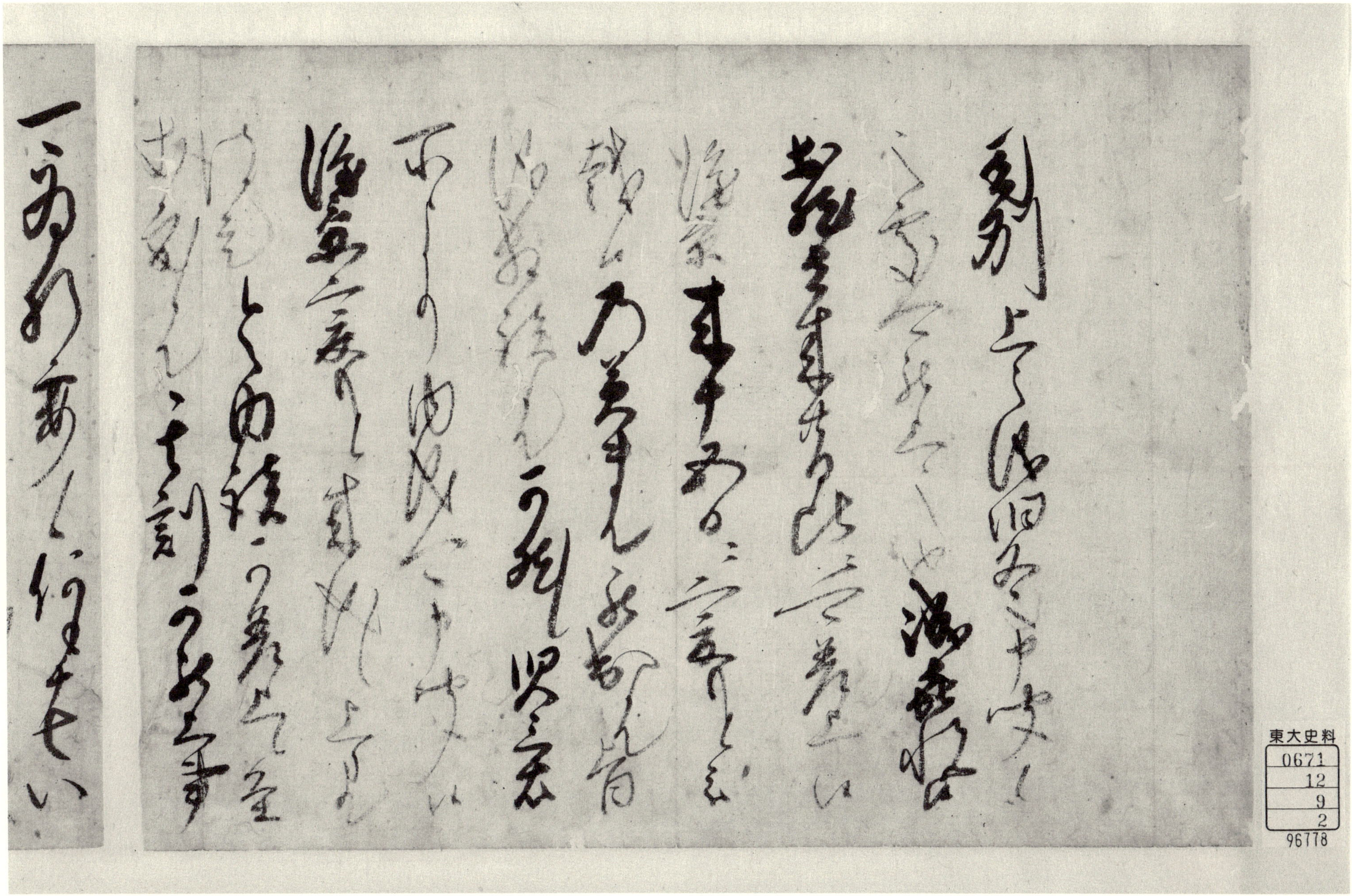

(1)

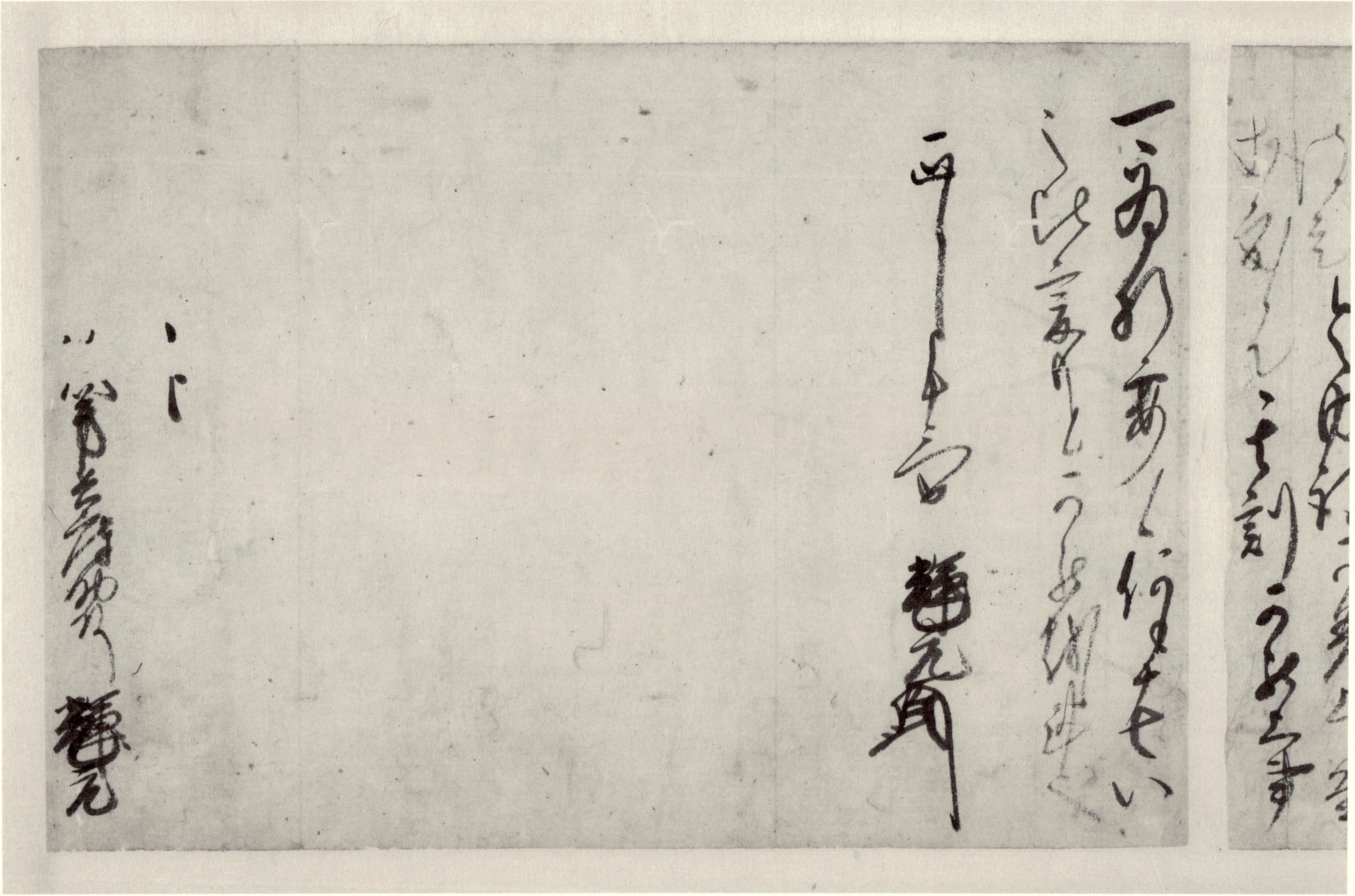

（2）

久芳文書　巻九　3毛利輝元書状　（元亀三年）閏正月十八日

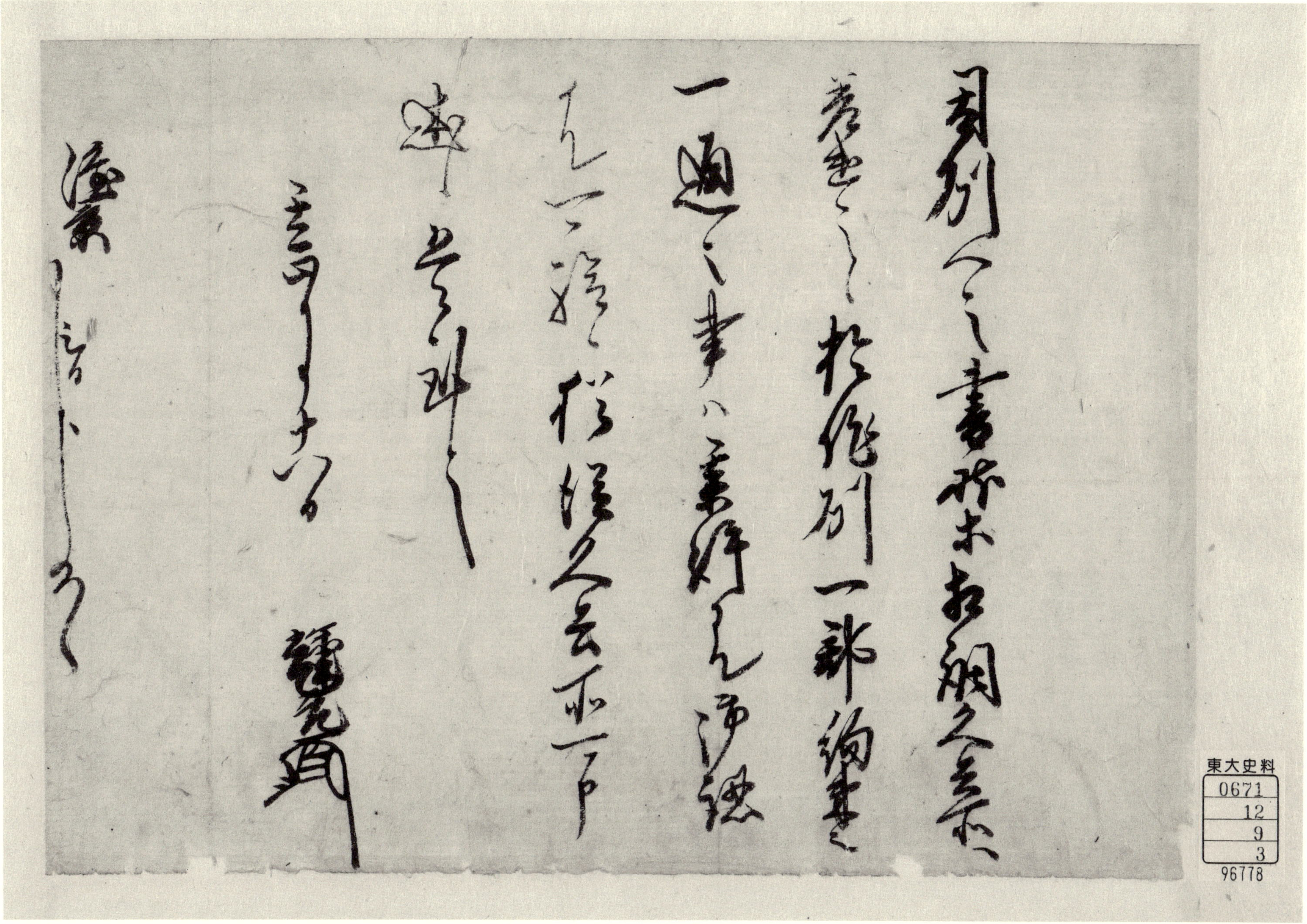

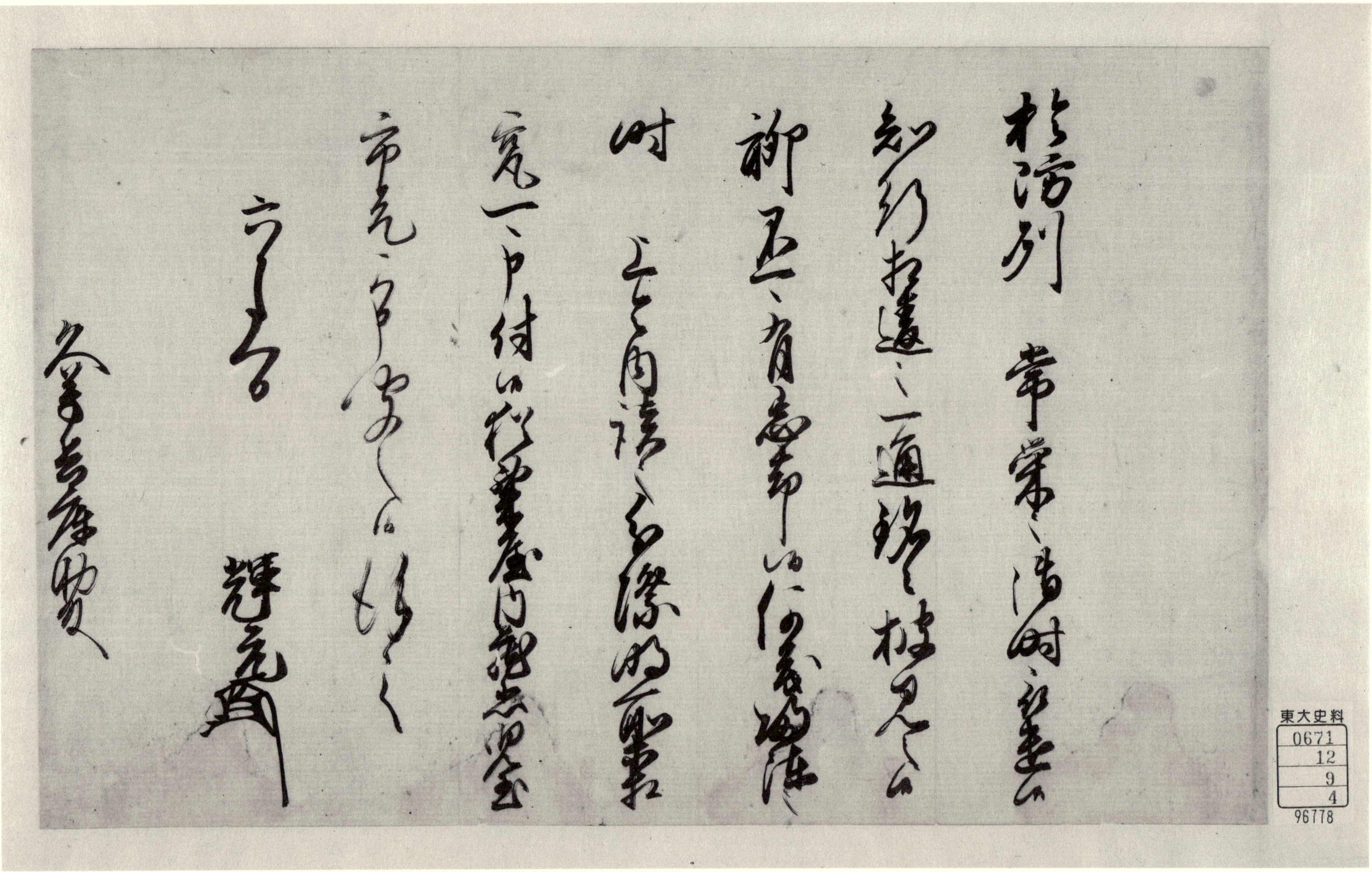

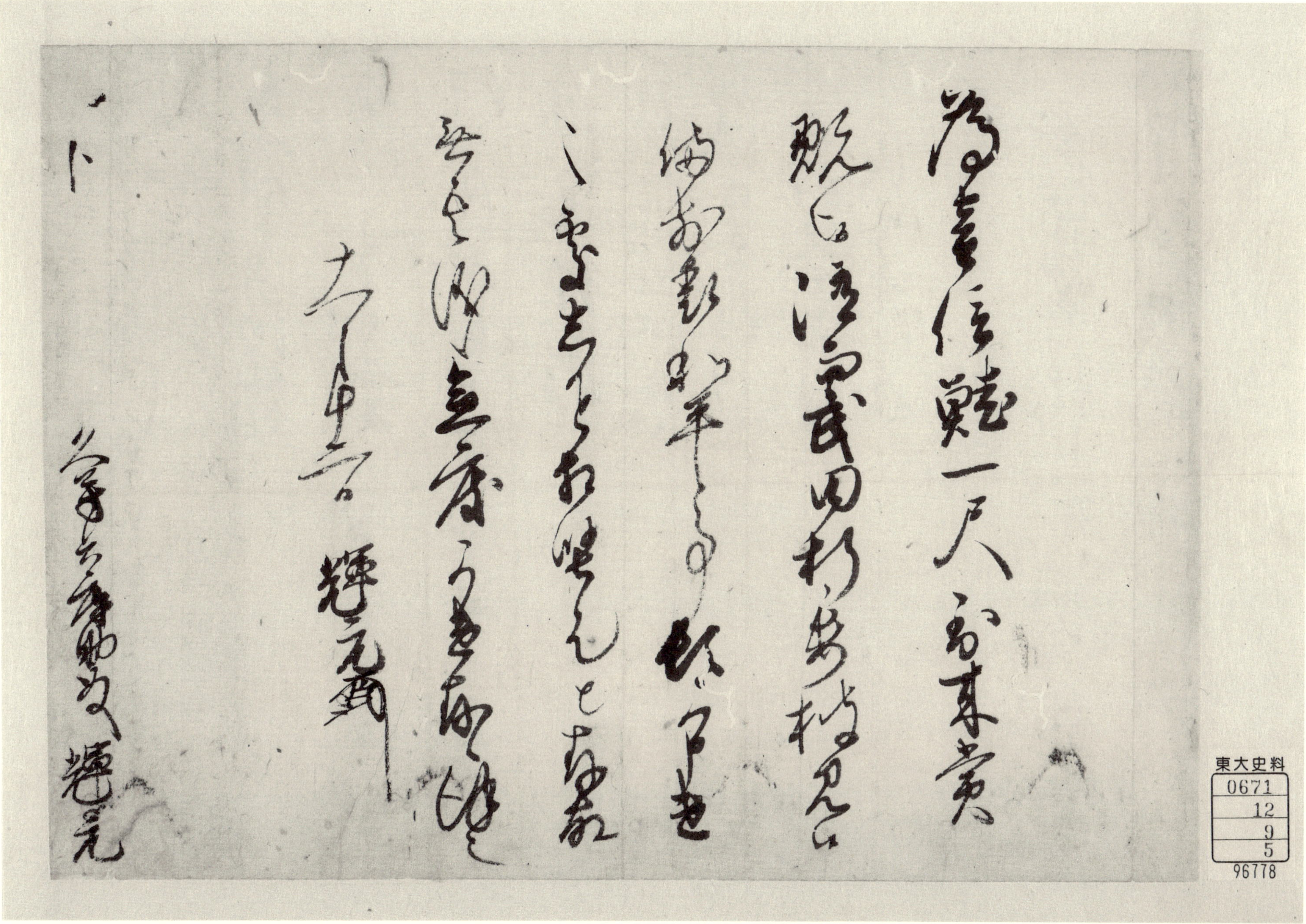

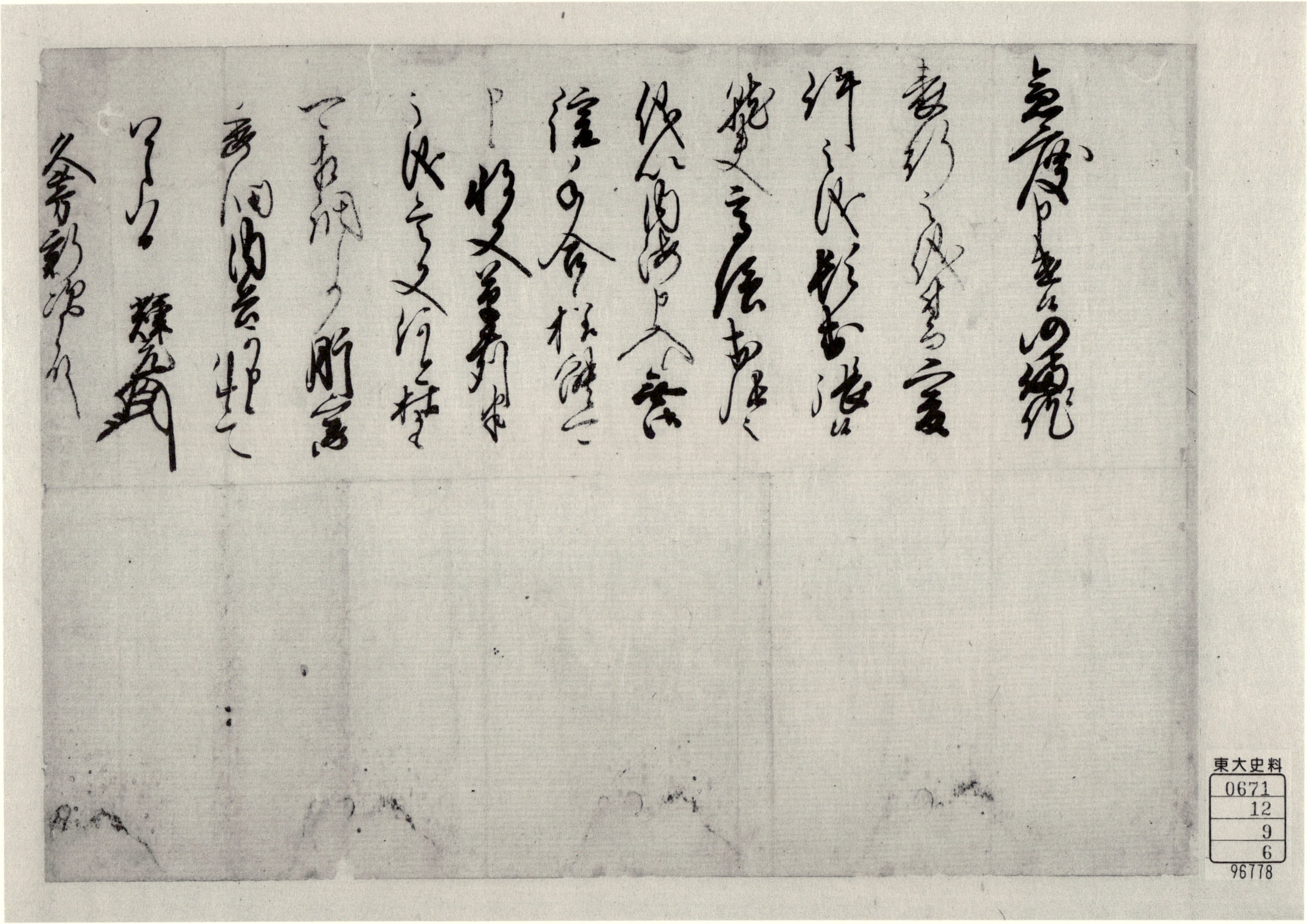

7毛利輝元書状　（天正元年）三月十八日

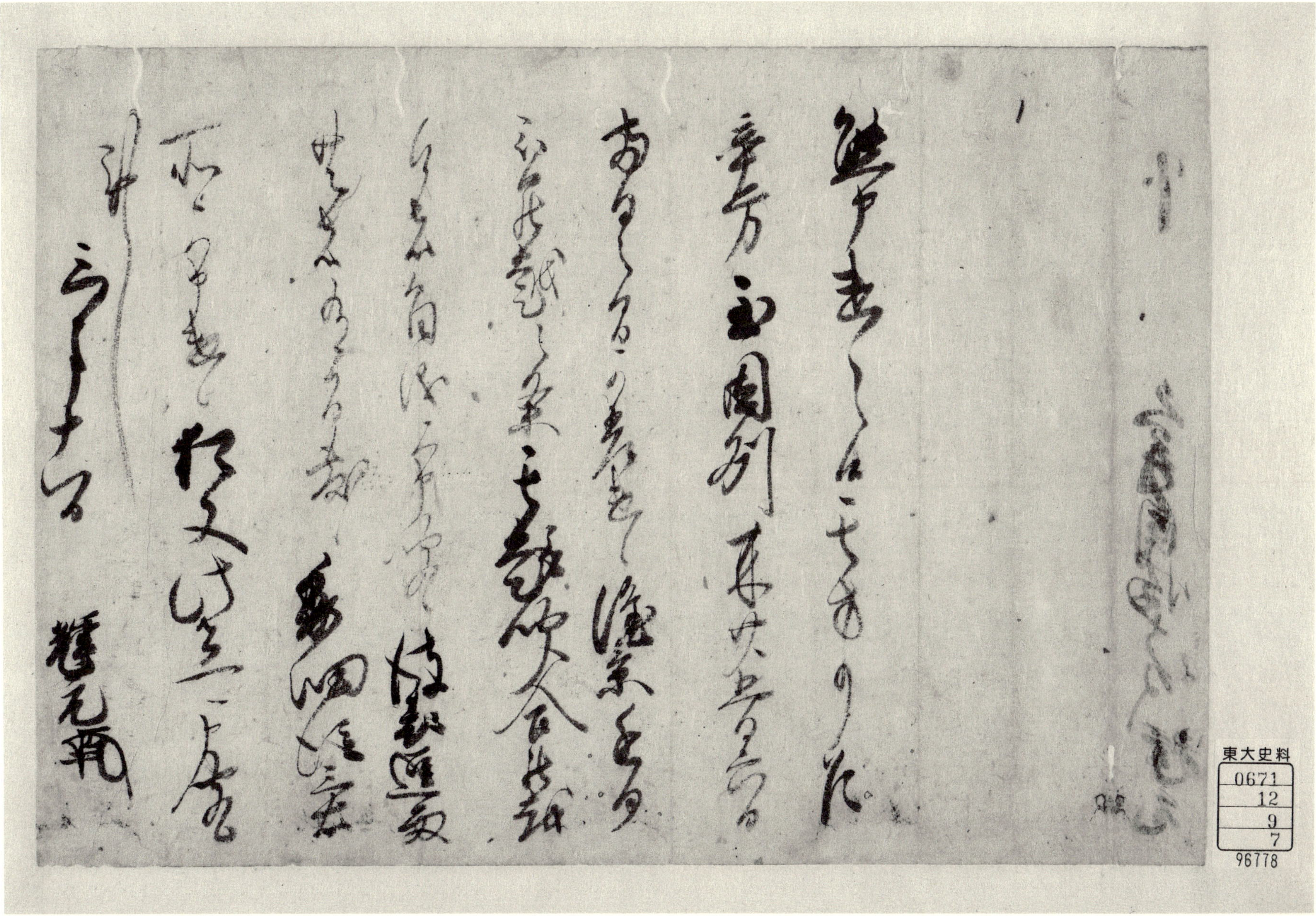

端裏書

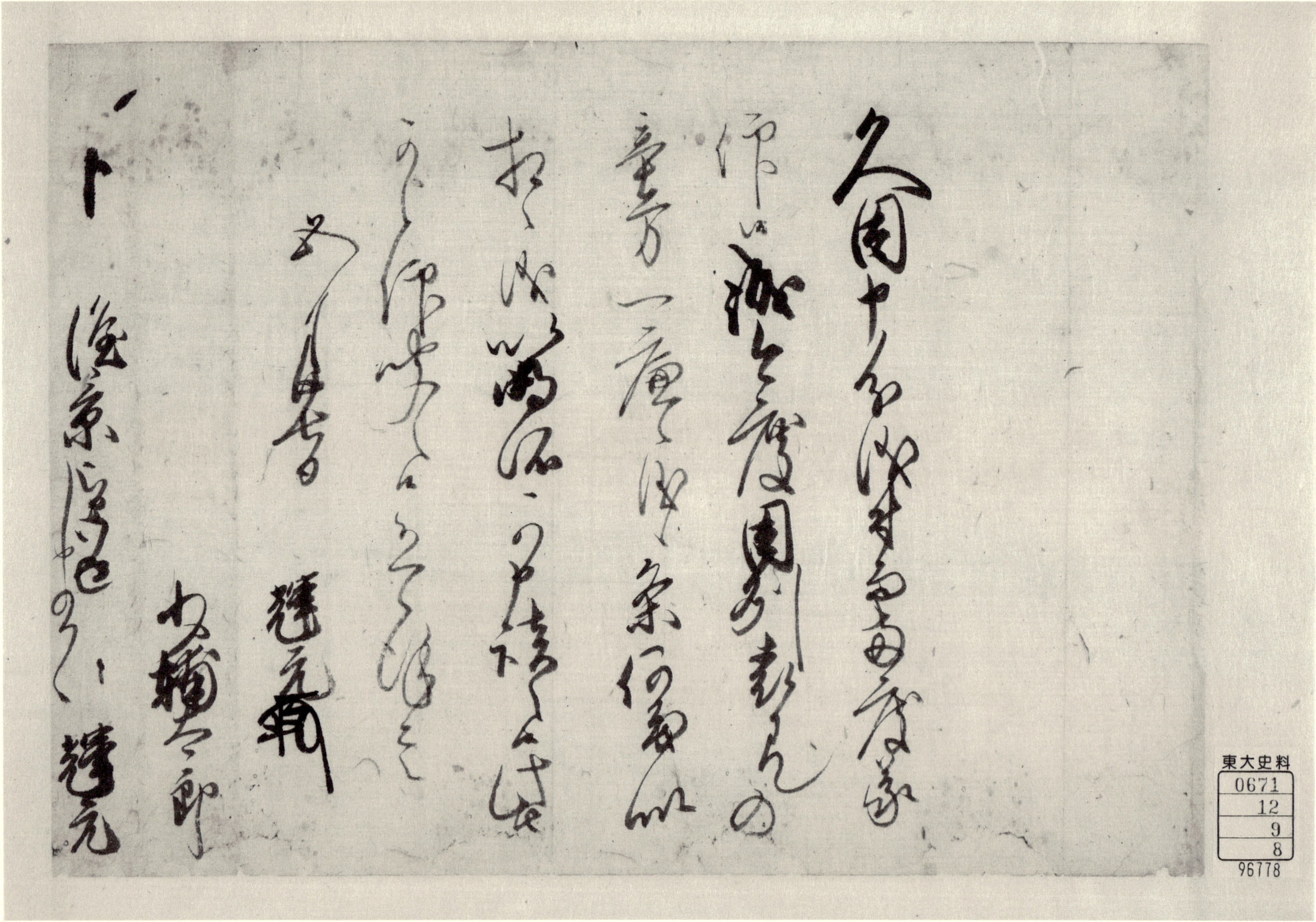

9毛利輝元書状（年未詳）八月九日

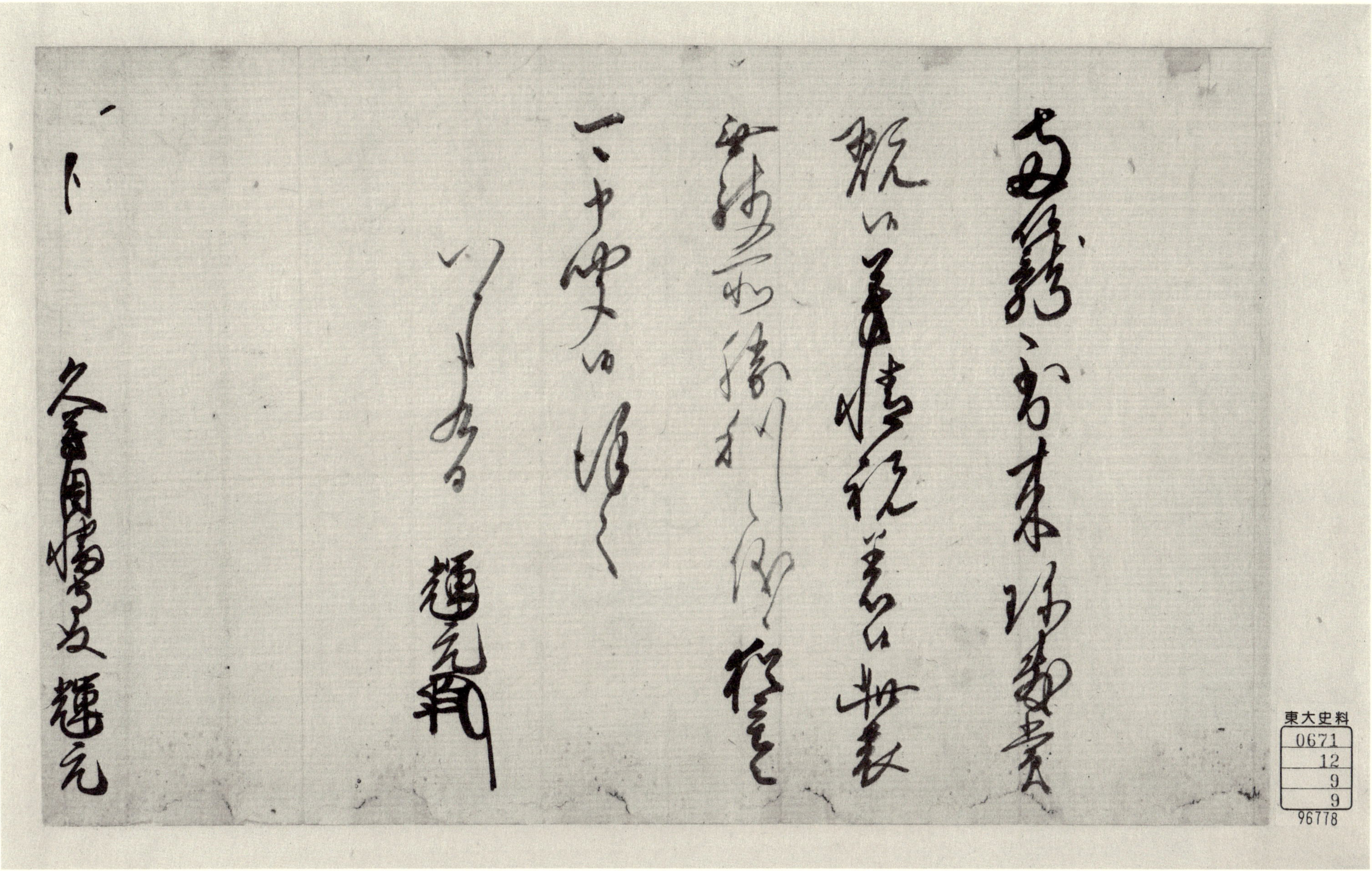

10毛利輝元書状　（天正元年）十一月二十七日

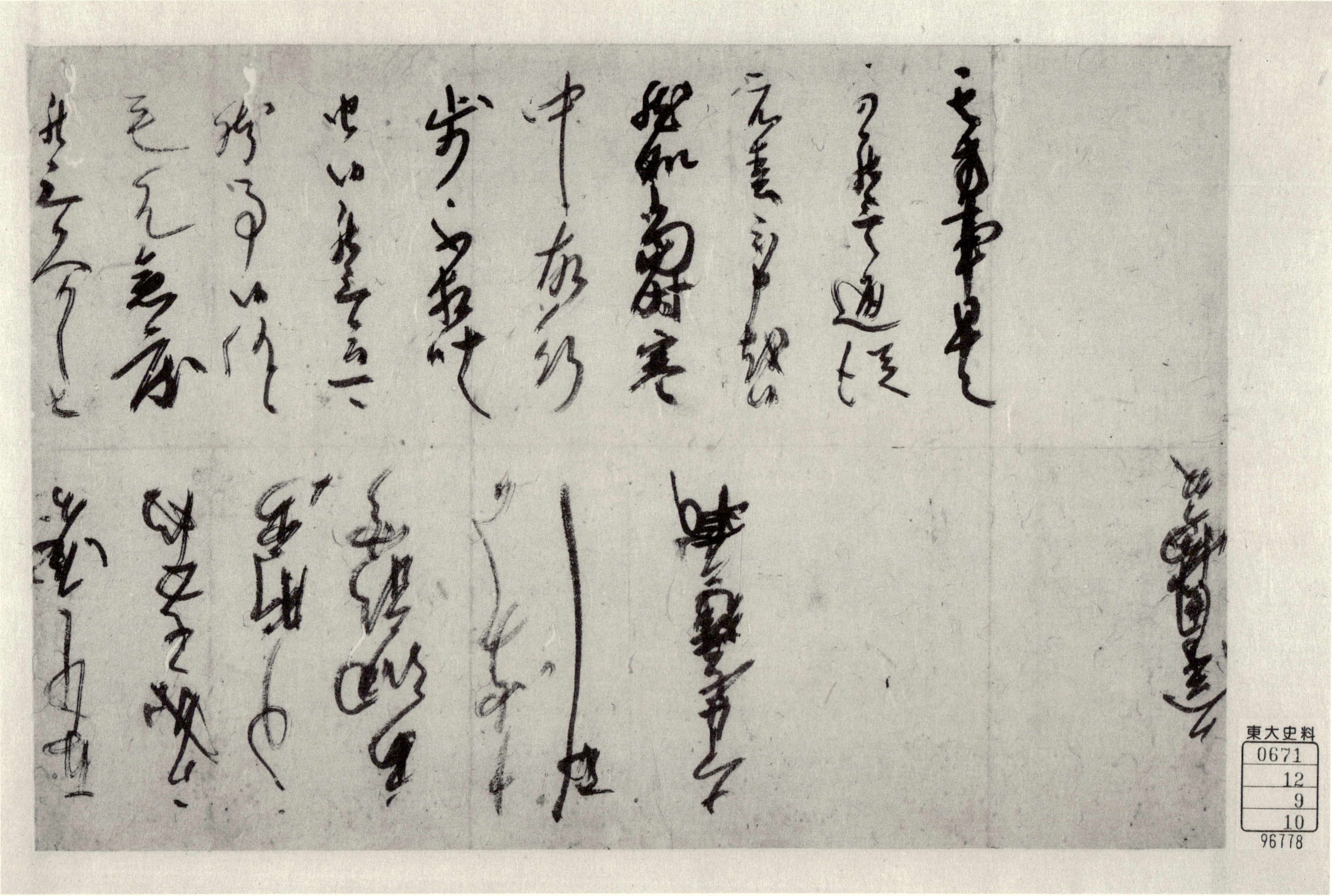

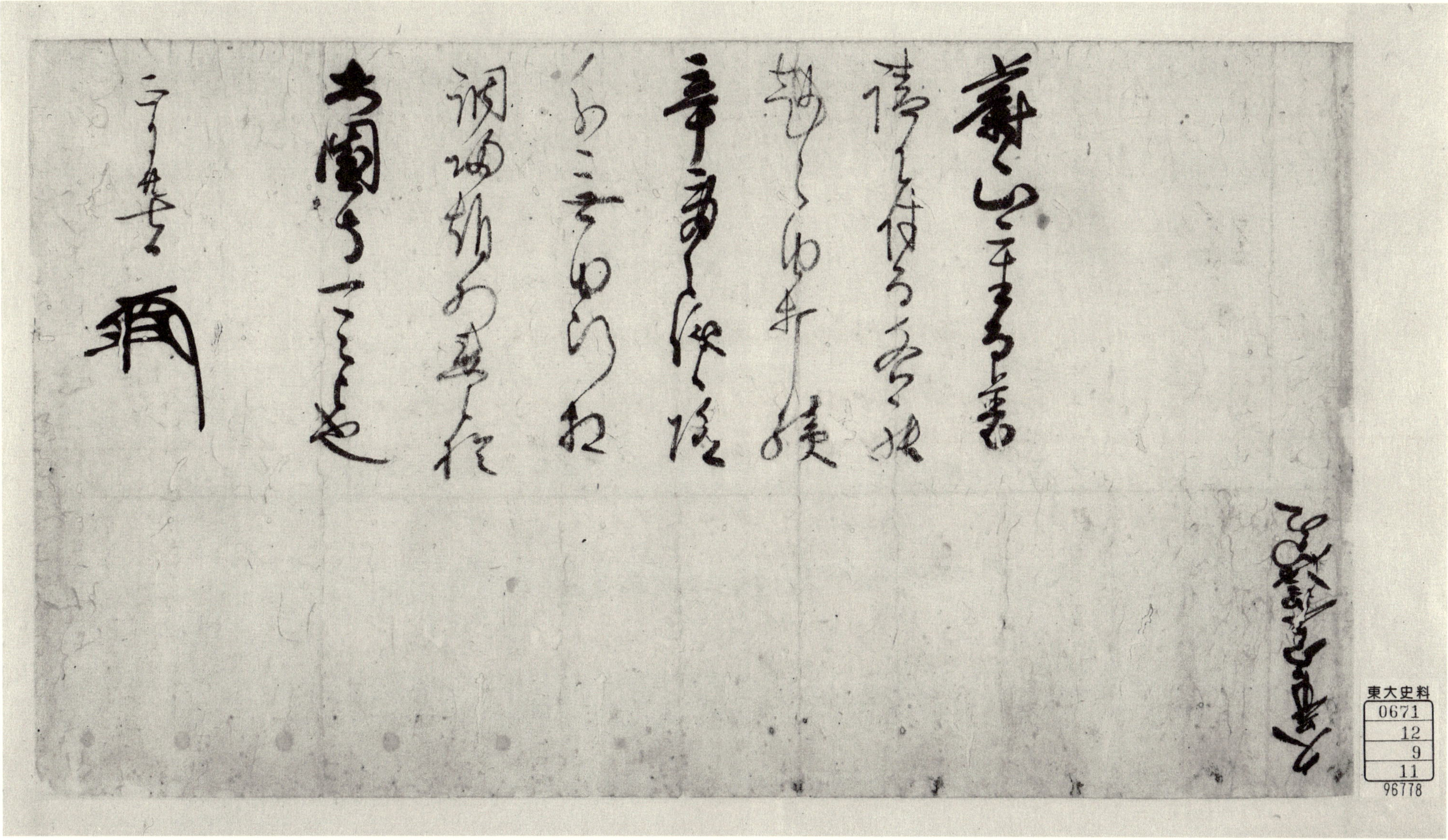
東大史料
0671
12
9
11
96778

旧表紙・旧見返し　十巻

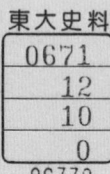

1毛利隆元書状（弘治三年カ）十二月二十二日

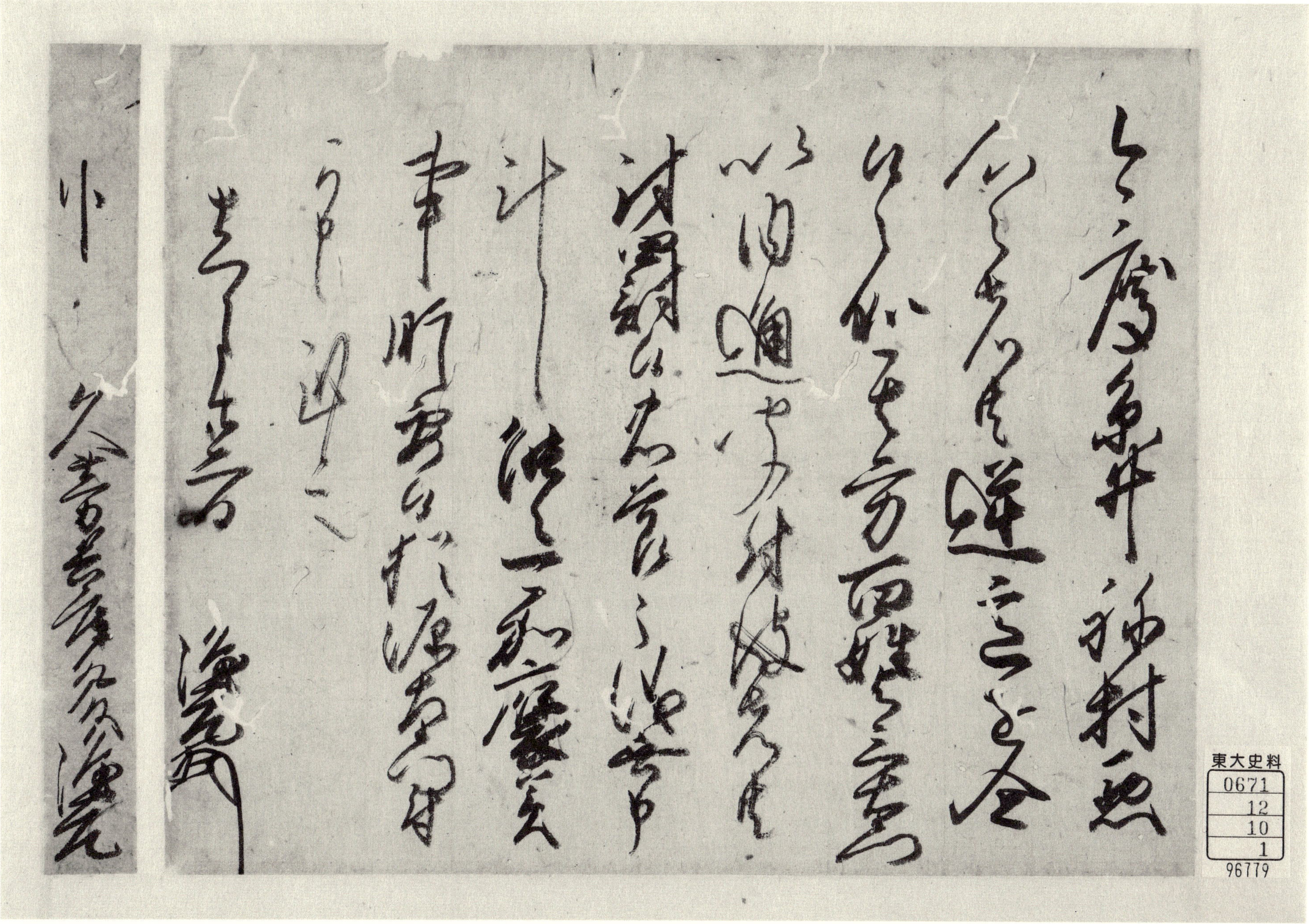

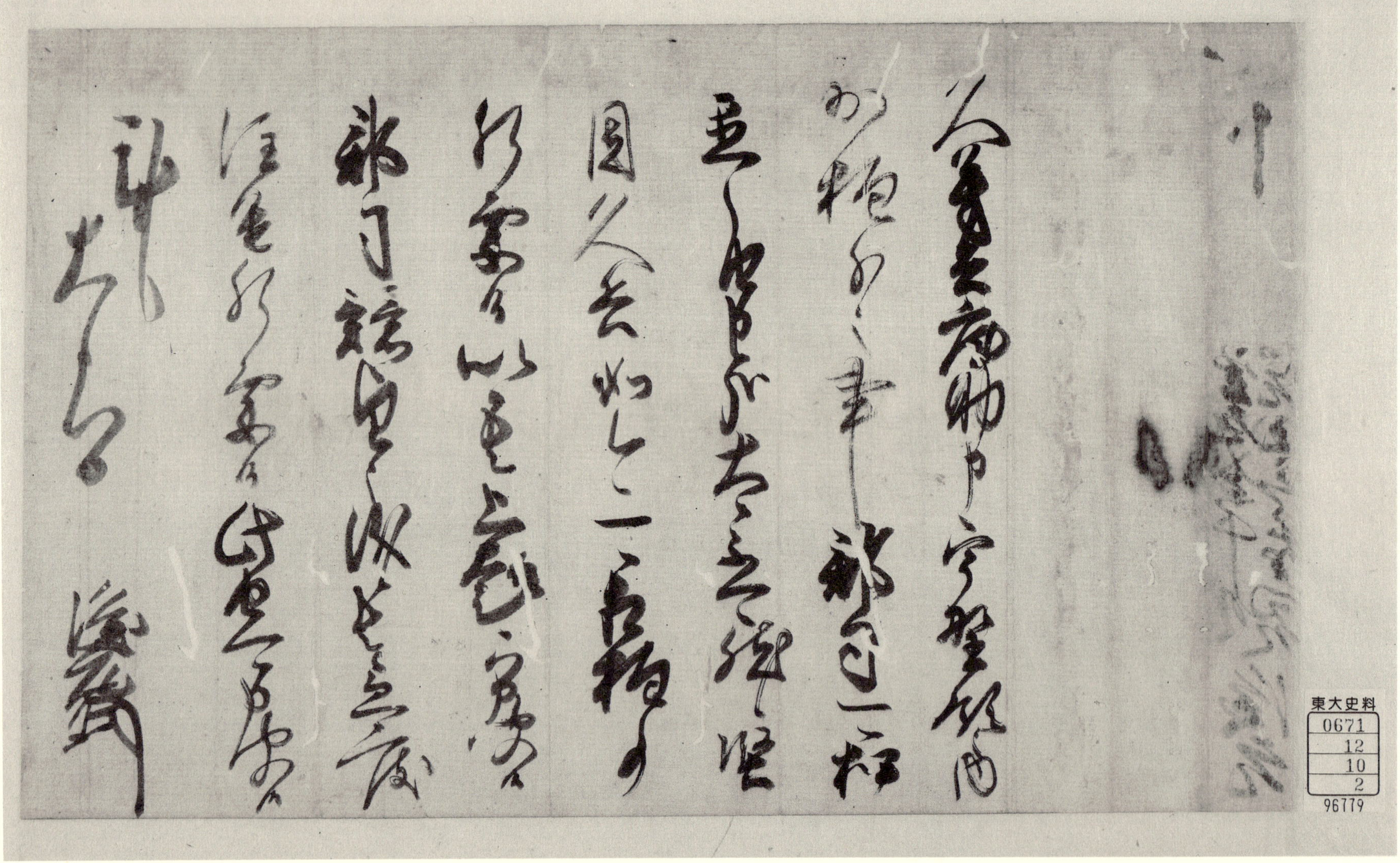

端裏書

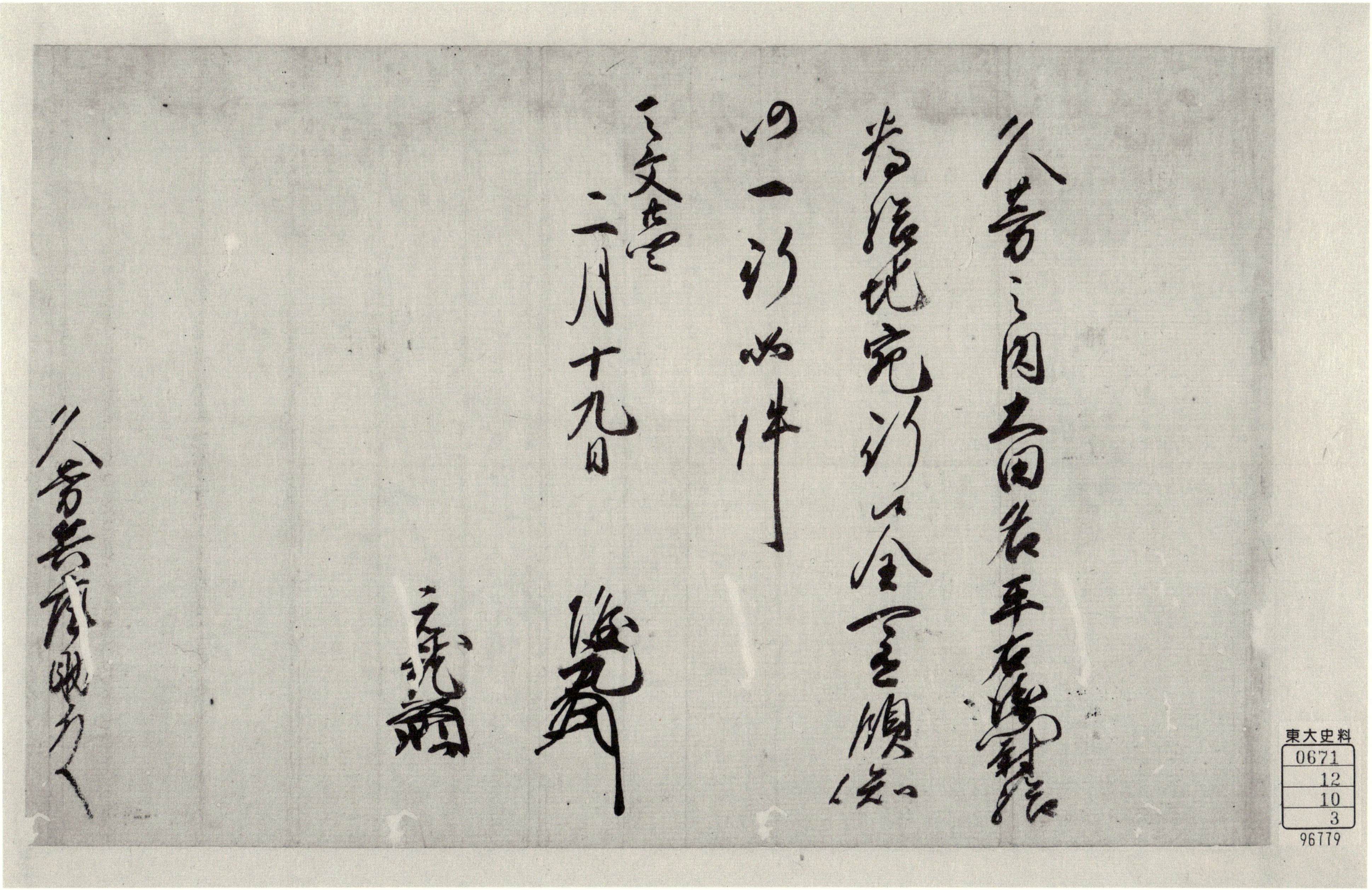

久芳之内吉田名平右衛門尉跡
為給地充行之、全可領知
仍一行如件
天文廿四
二月十九日　隆元（花押）
元就（花押）
久芳若狭守殿

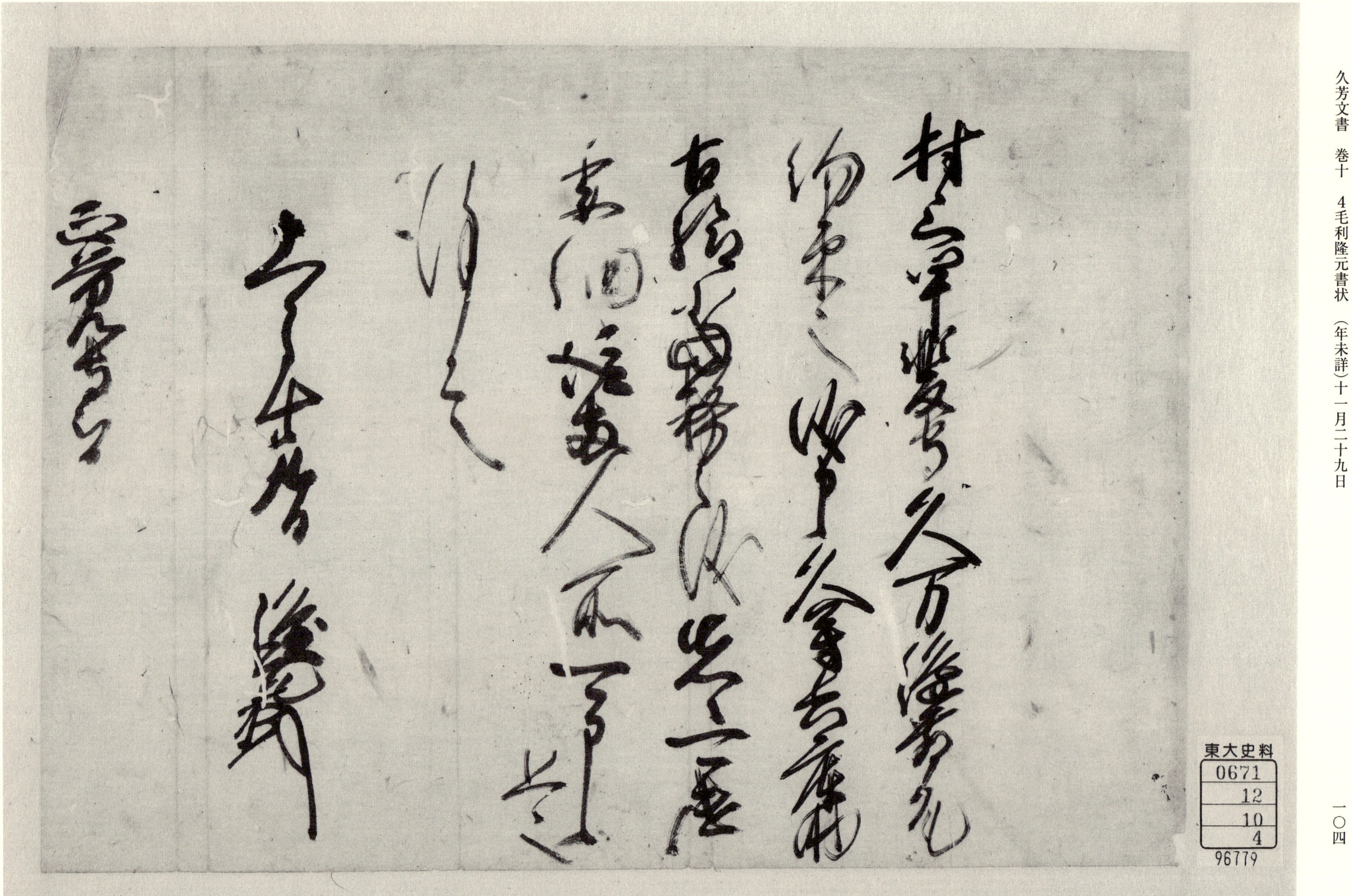

久芳文書　巻十　5毛利元就・隆元連署判物　天文二十年八月二十九日

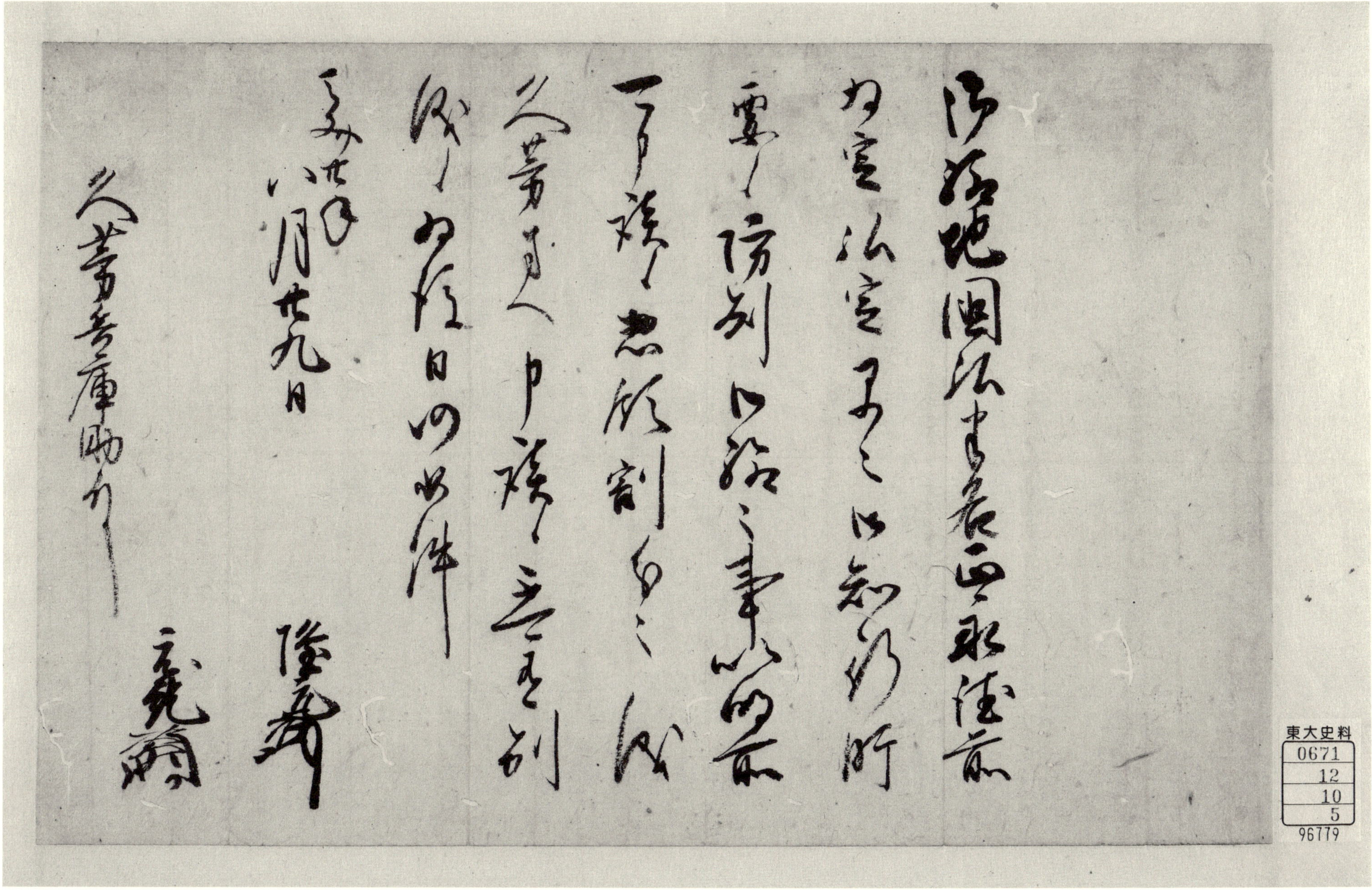

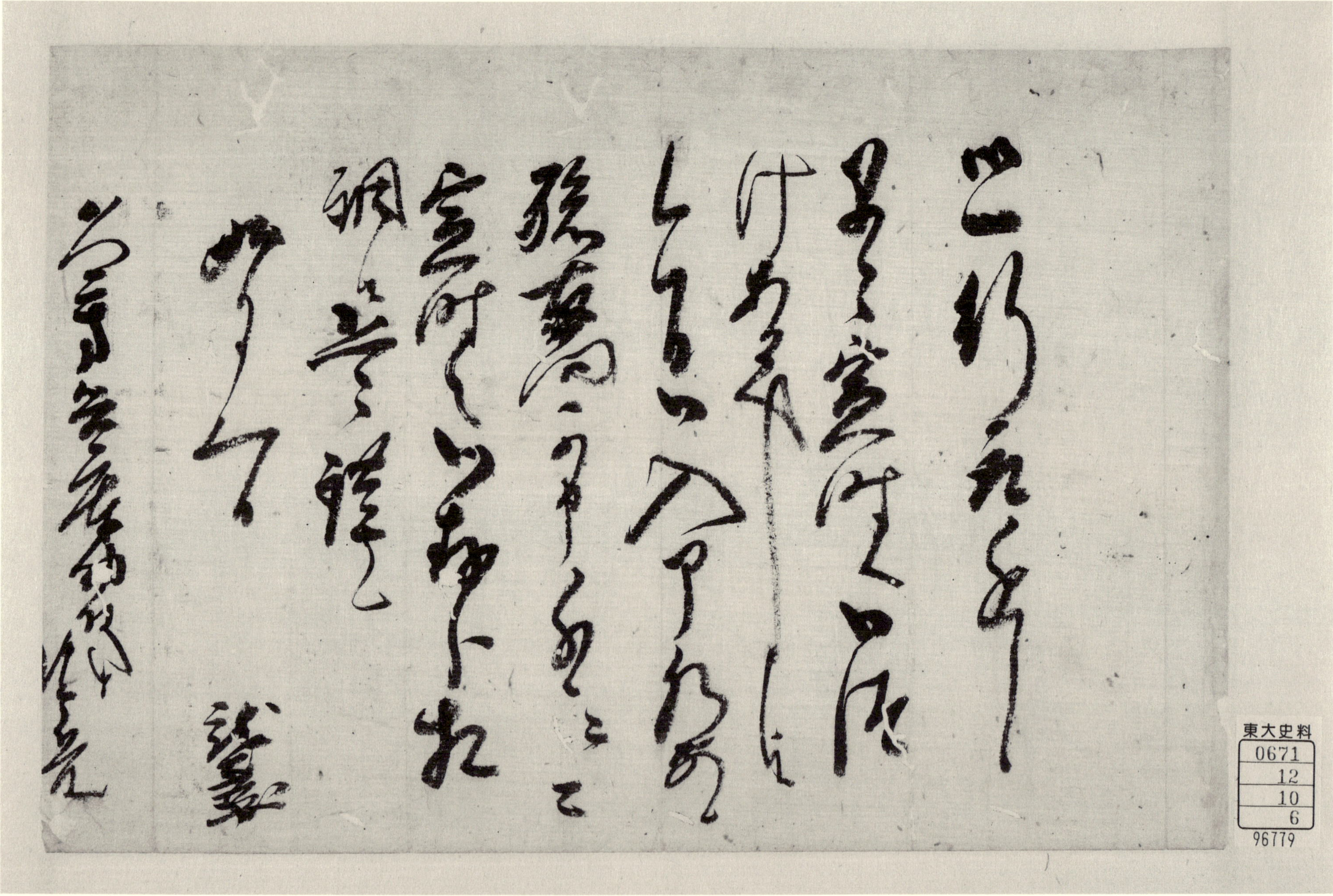

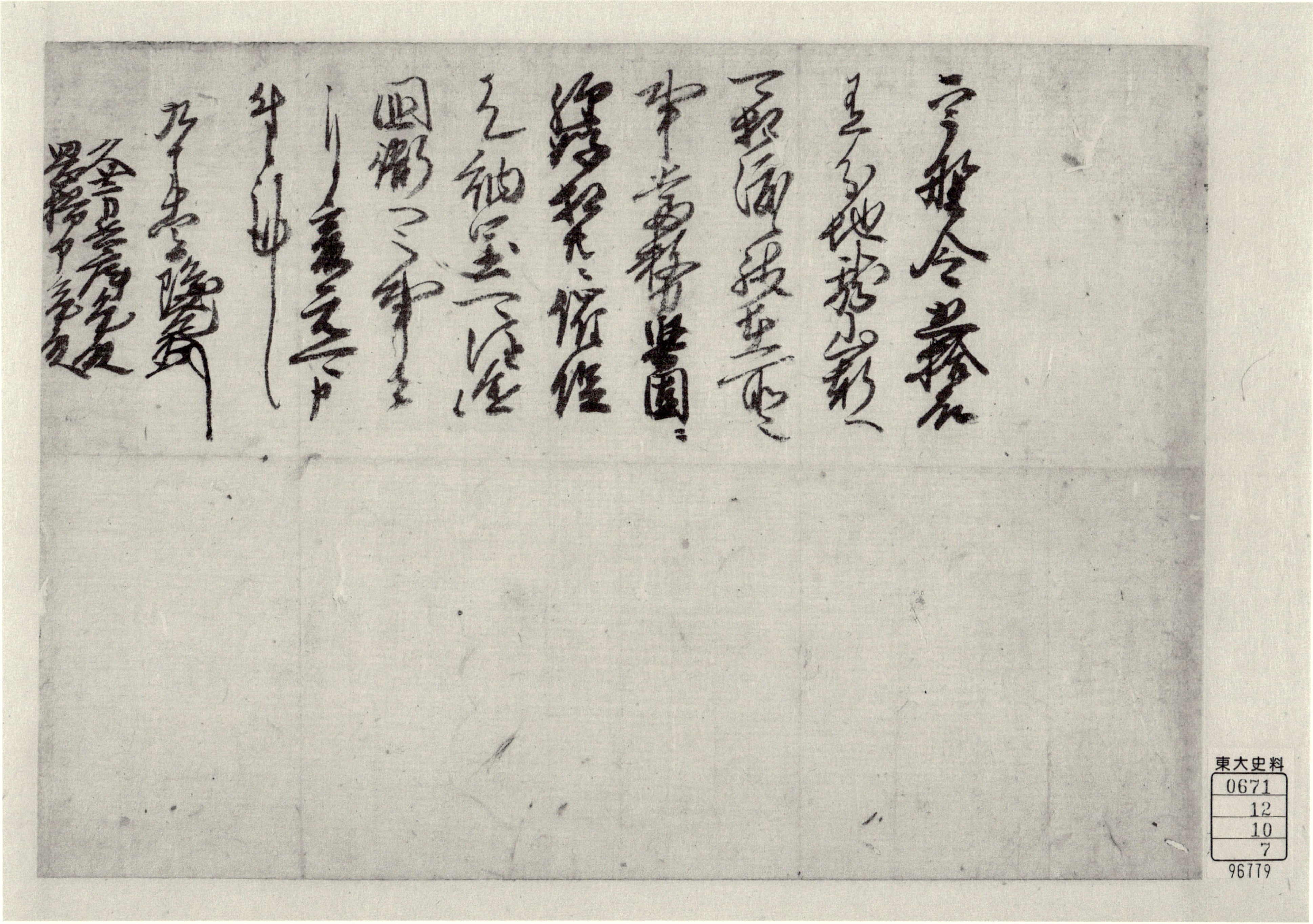
東大史料
0671
12
10
7
96779

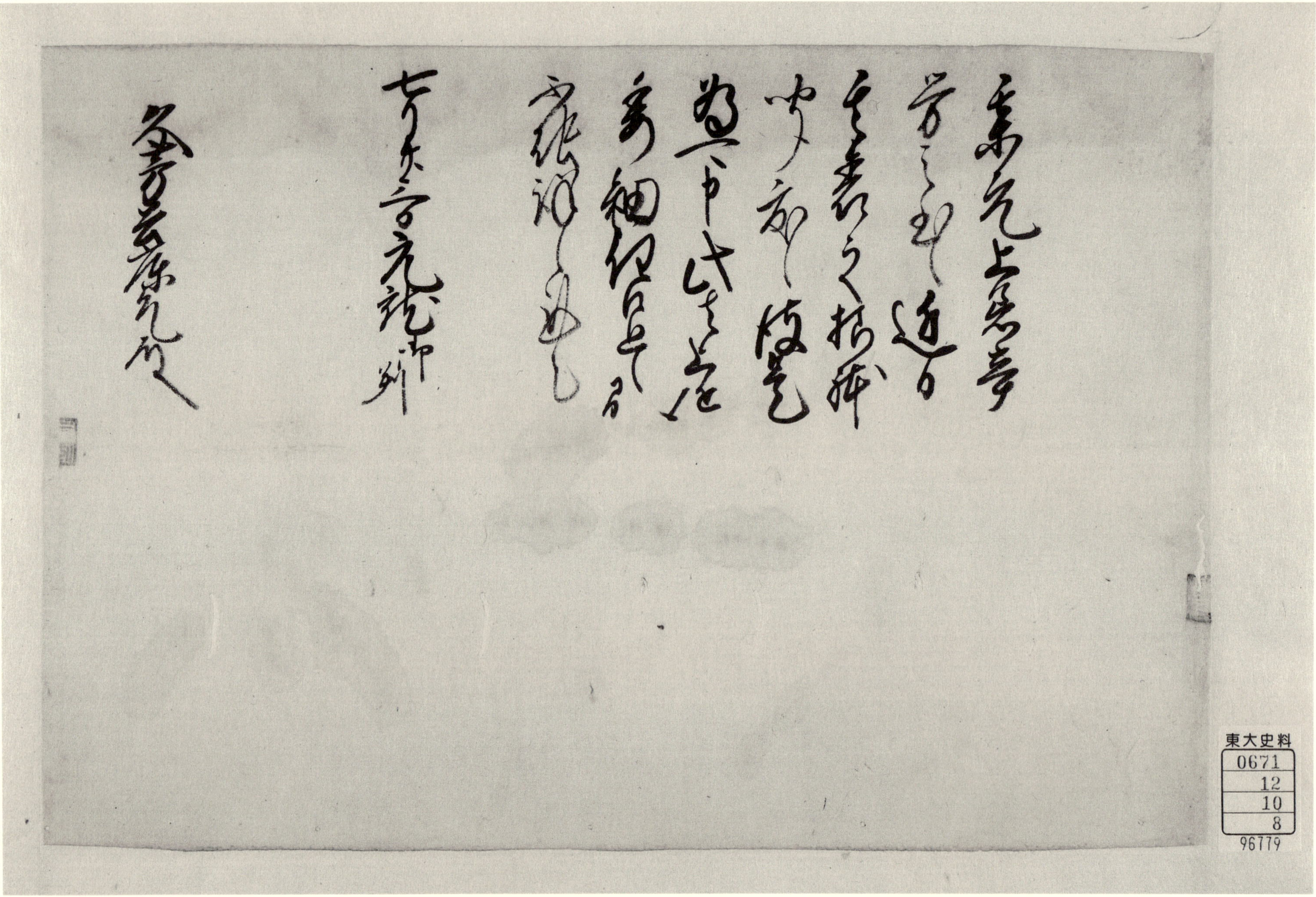

七月廿三日　元就判

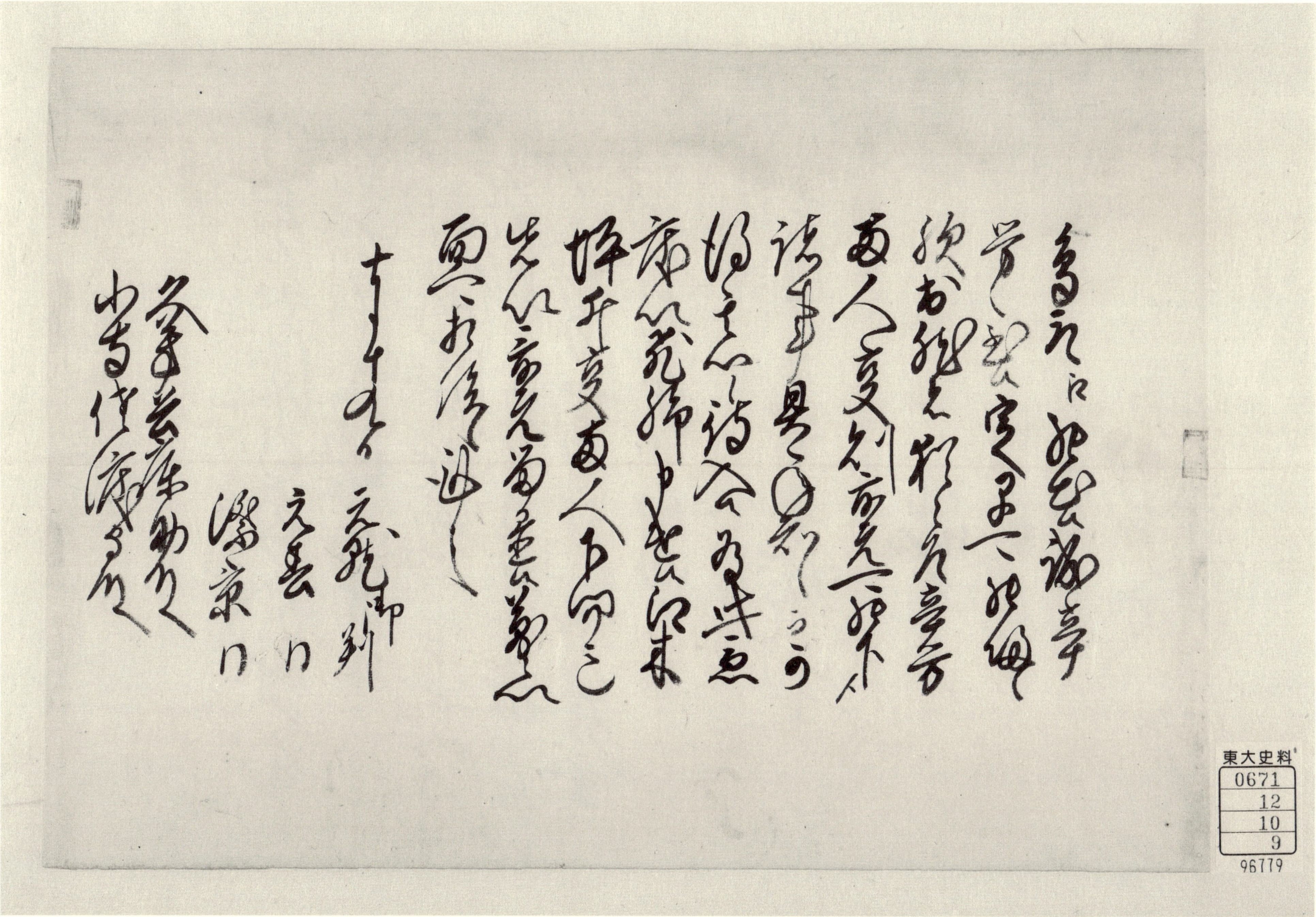
東大史料
0671
12
10
9
96779

10毛利隆元・元就連署書状写　(年未詳)六月十五日

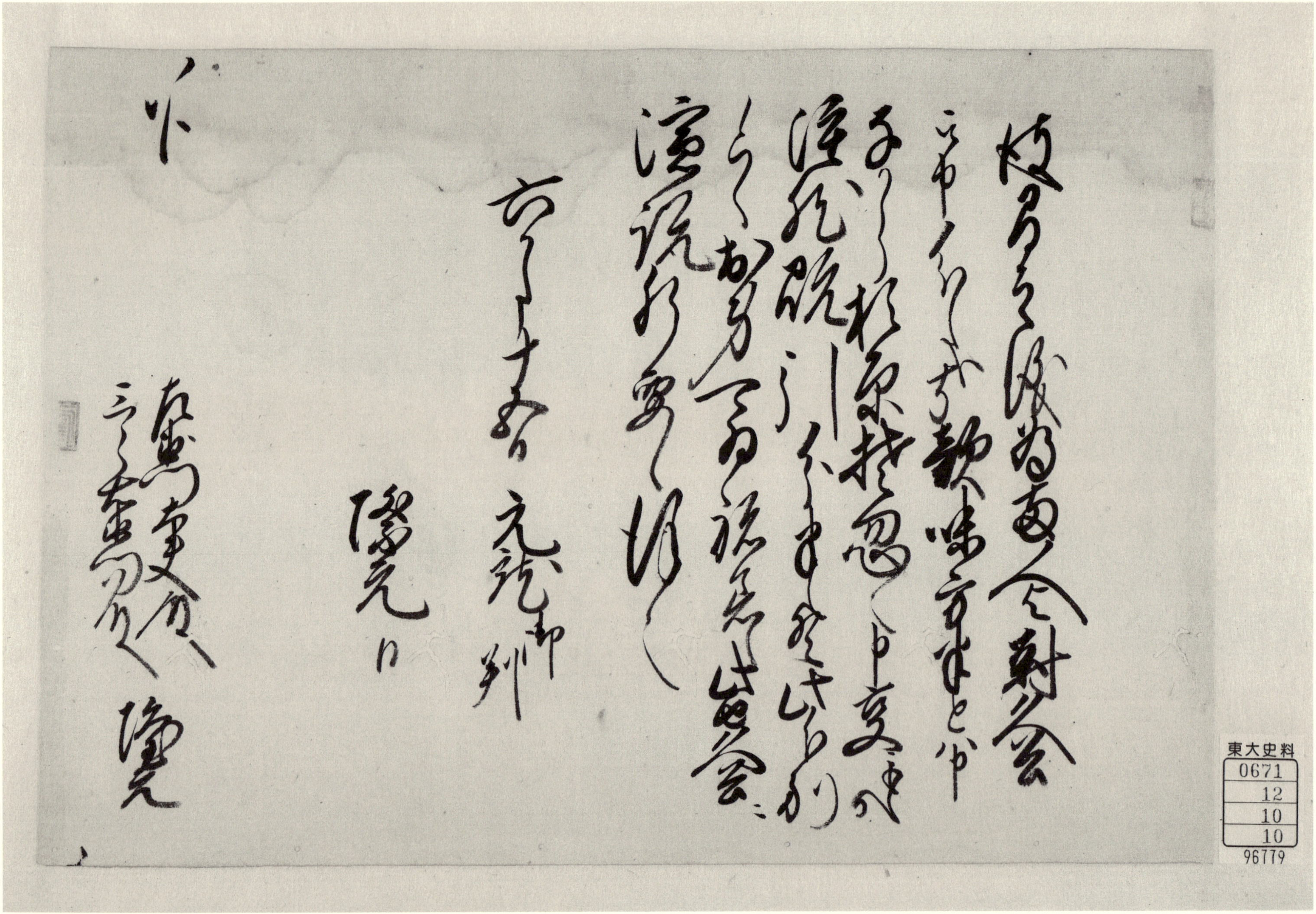

六月十五日　元就 判
隆元 判

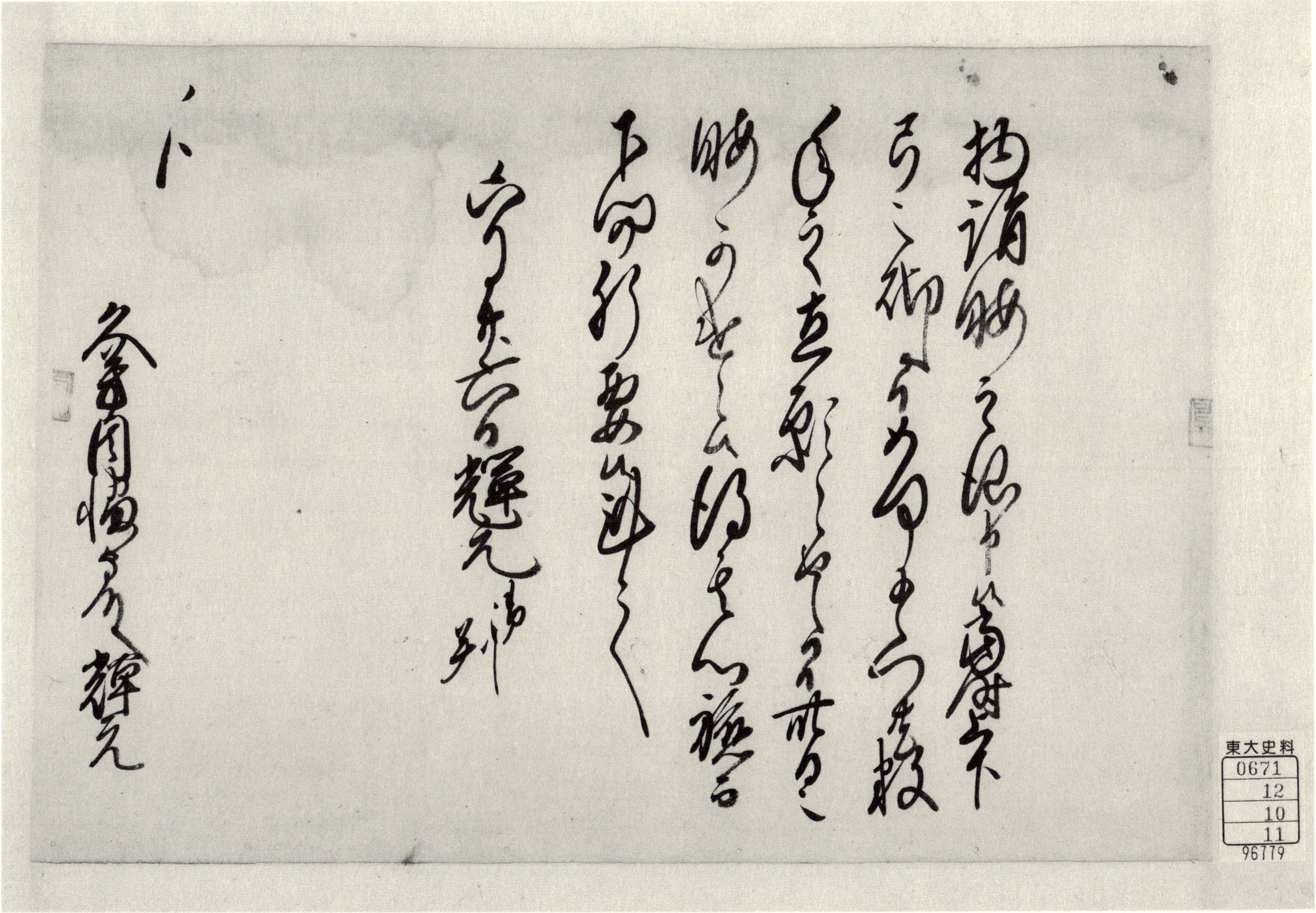
東大史料
0671
12
10
11
96779

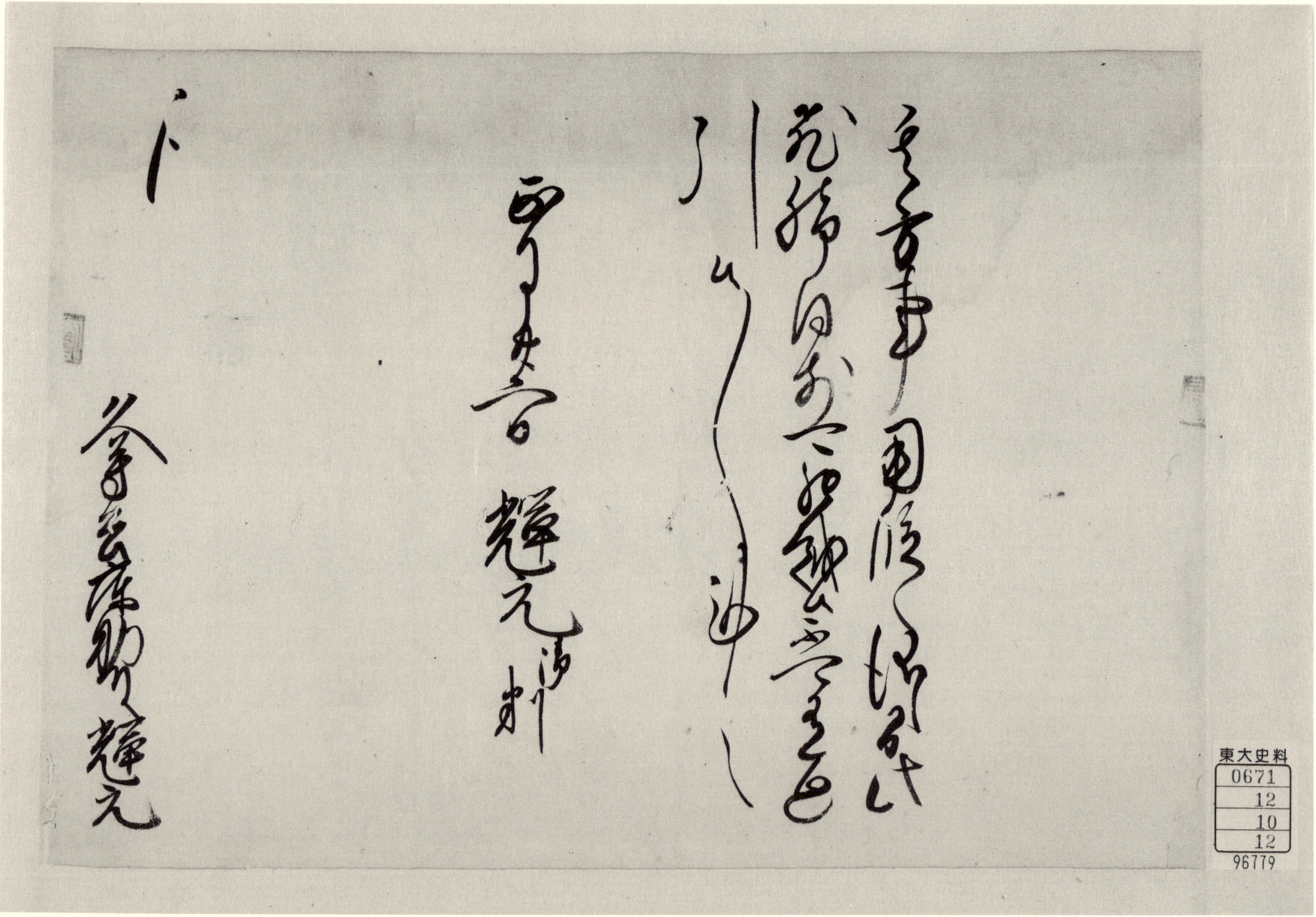

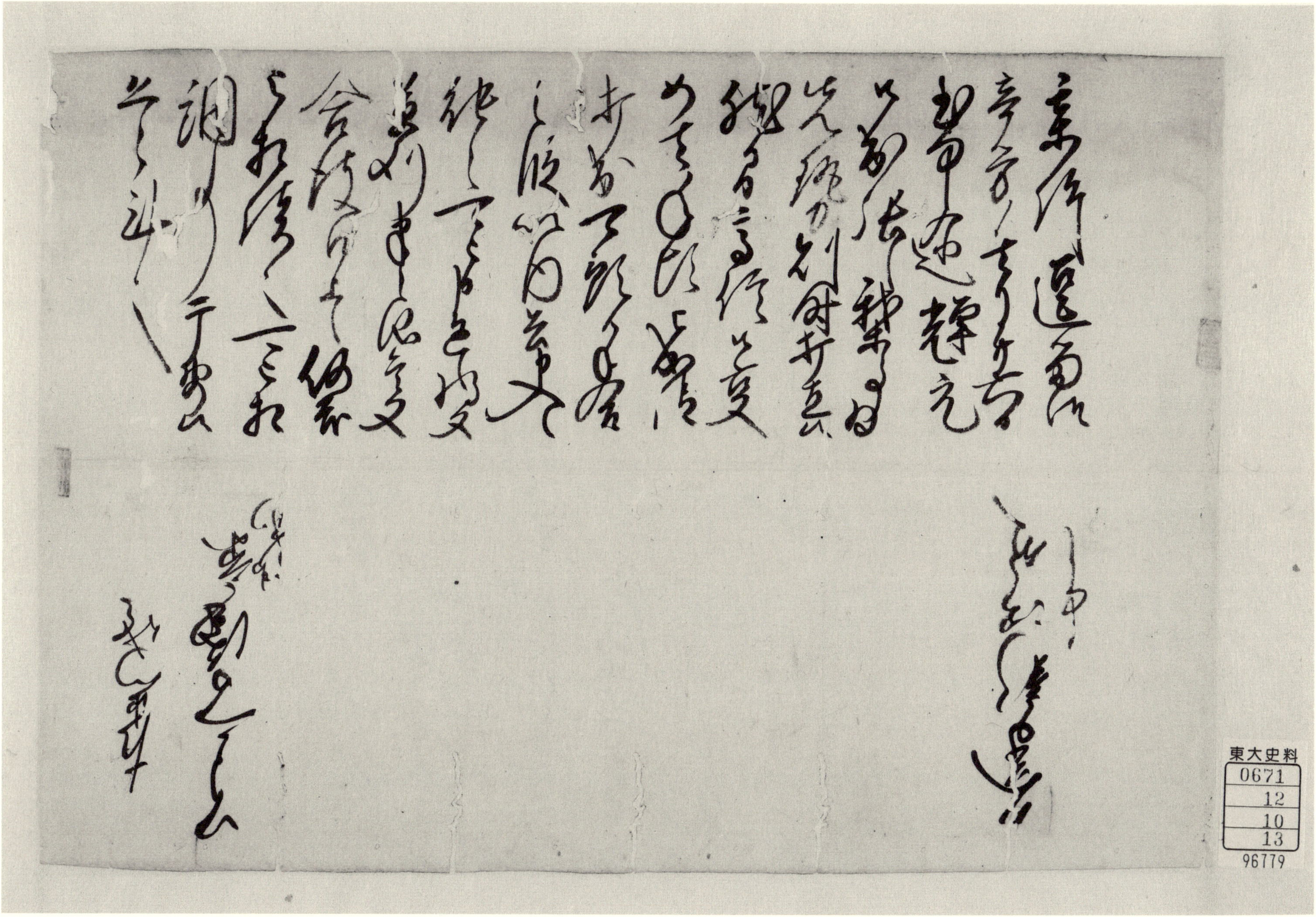
東大史料
0671
12
10
13
96779

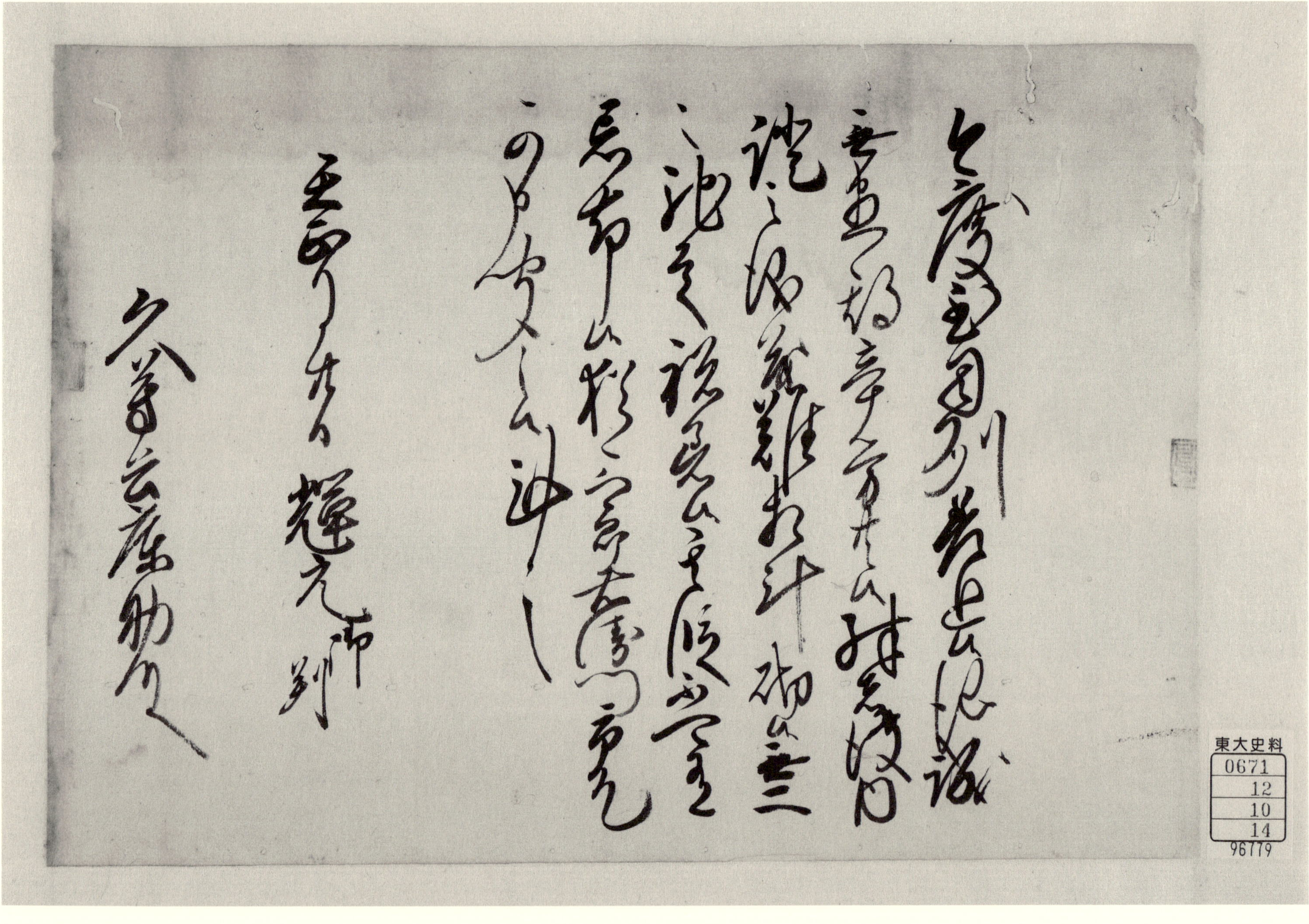

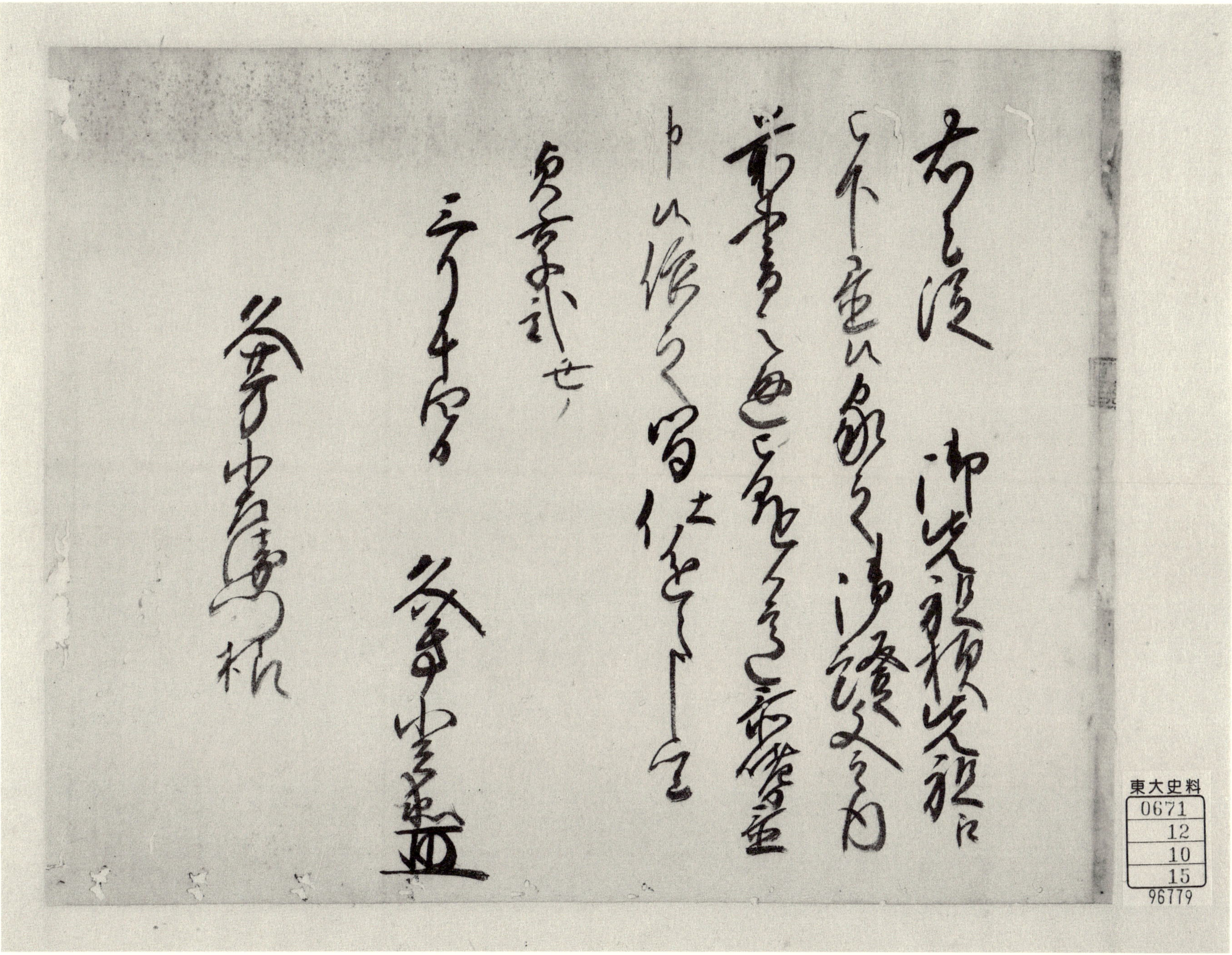
東大史料
0671
12
10
15
96779

旧表紙・旧見返し　十一巻
元春様
隆景様　御書
東大史料
0671
12
11
0
96780

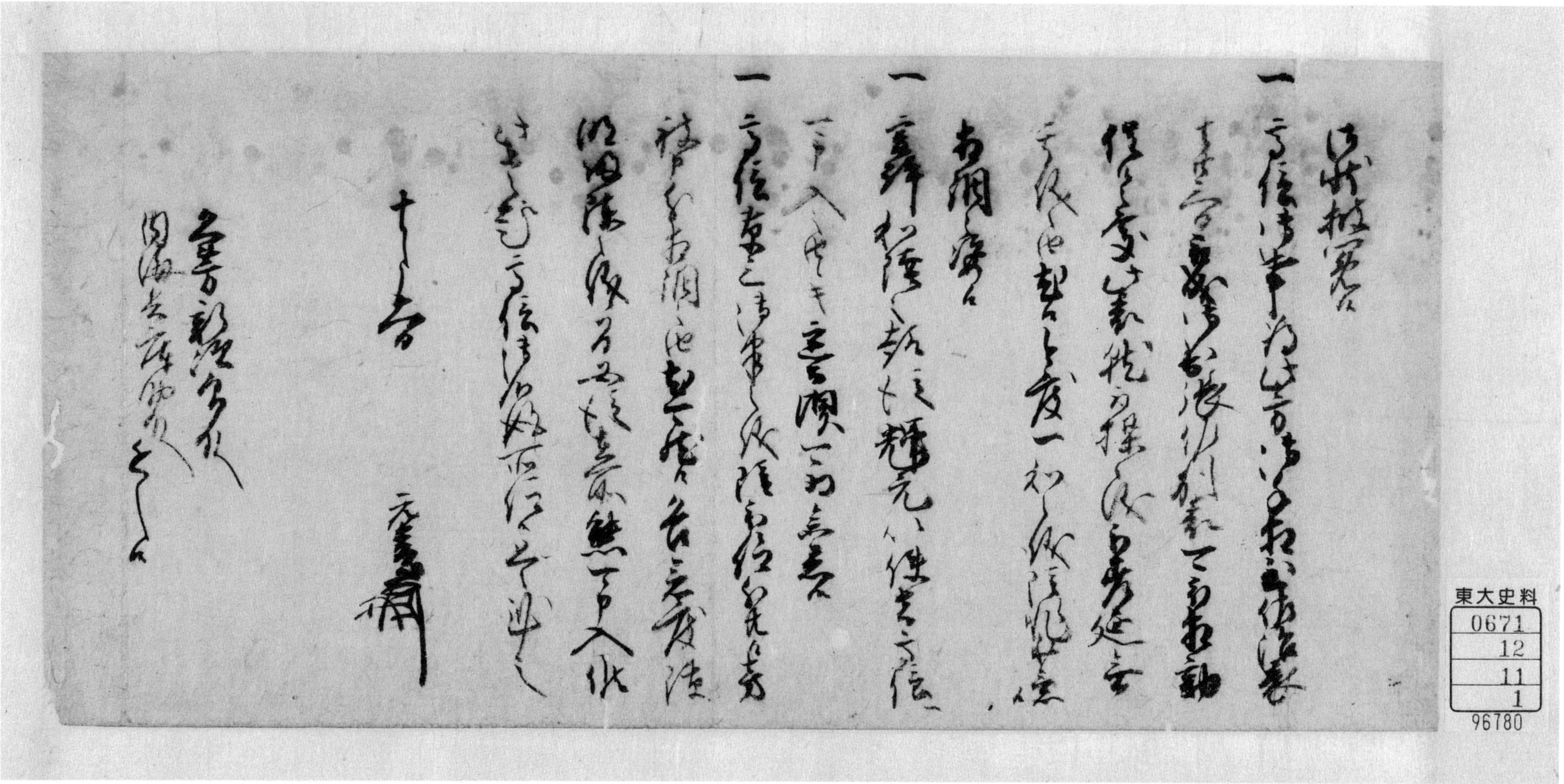
東大史料
0671
12
11
1
96780

2吉川元春書状　（年未詳）十二月二十五日

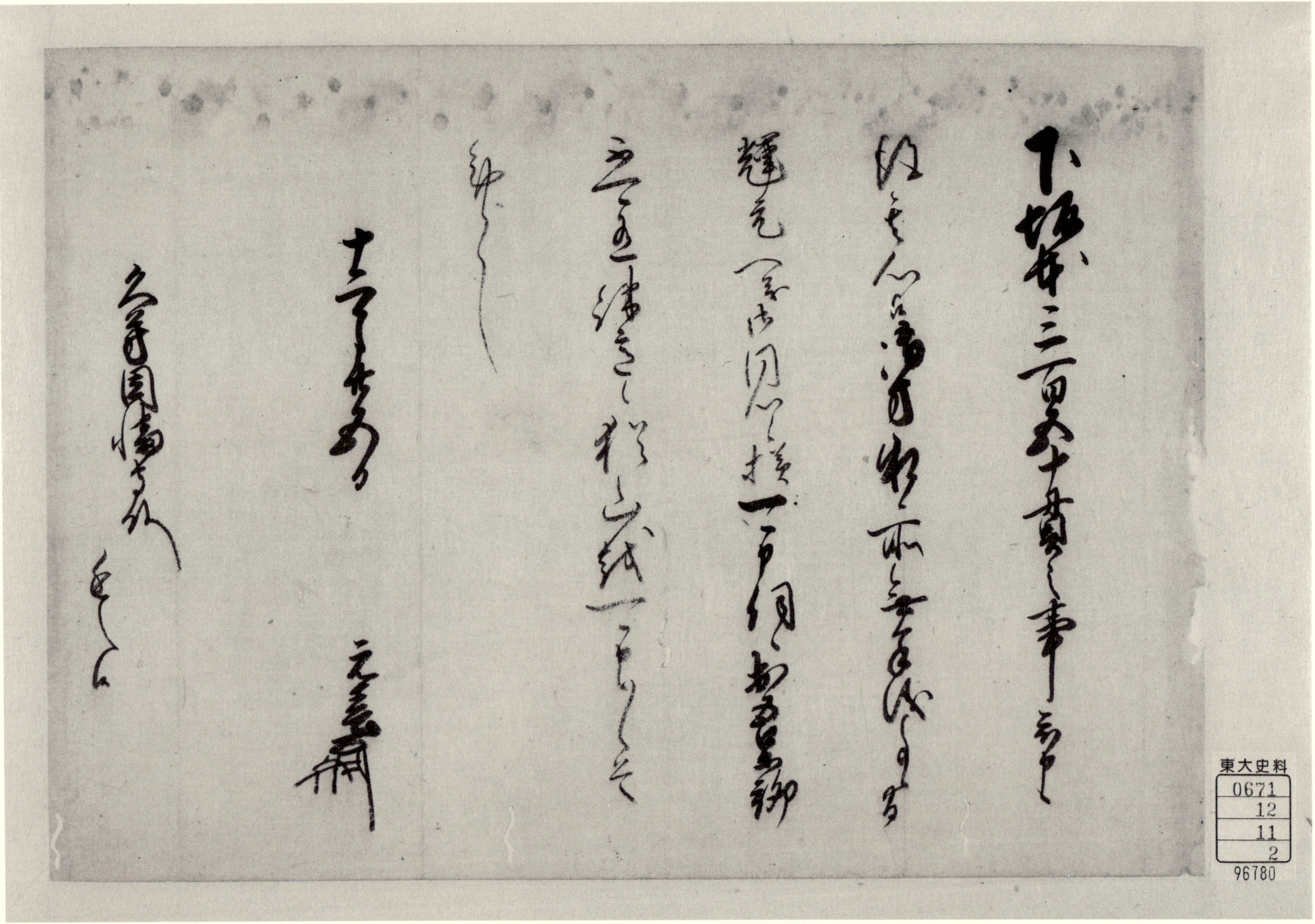

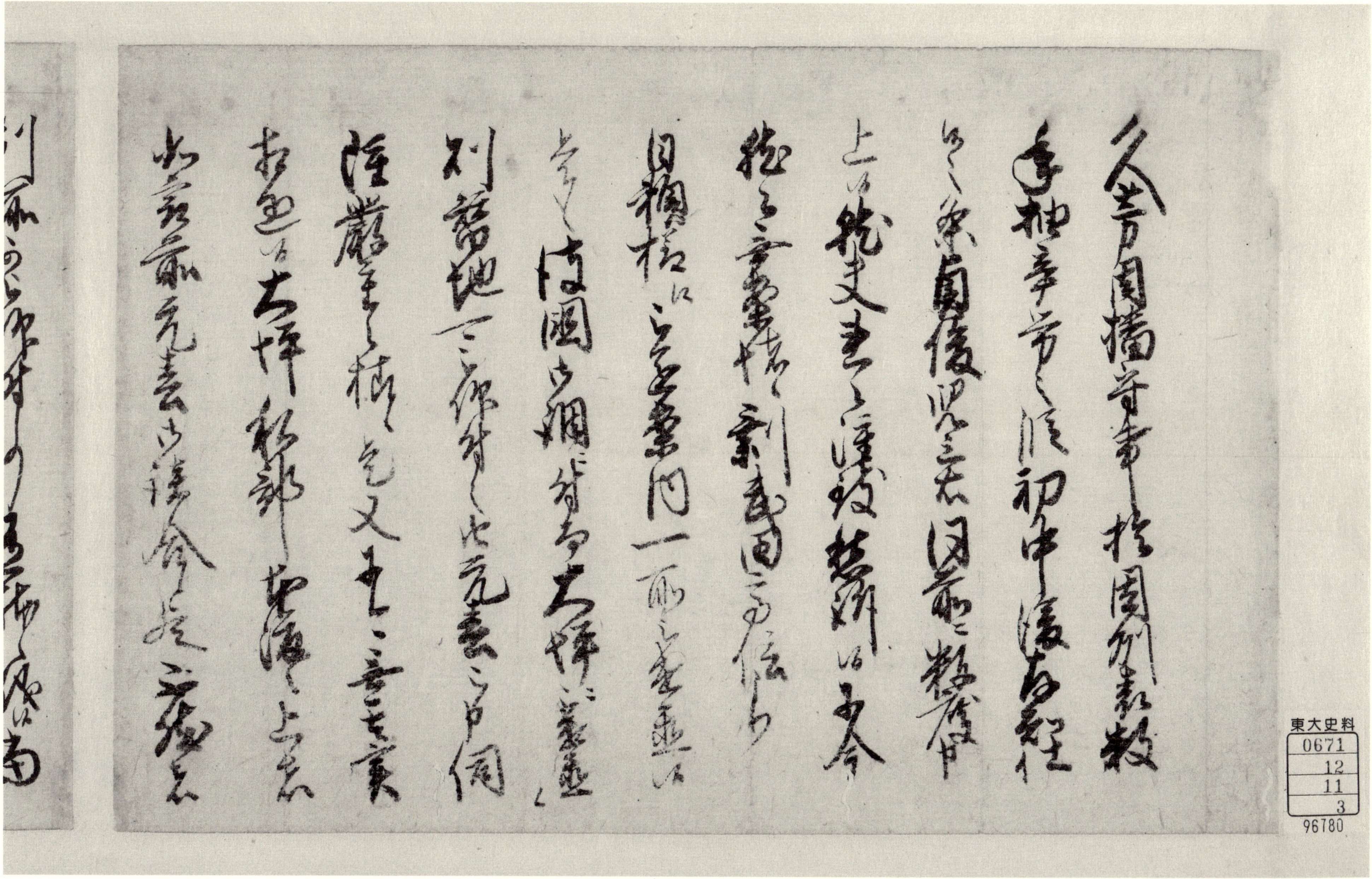

（1）

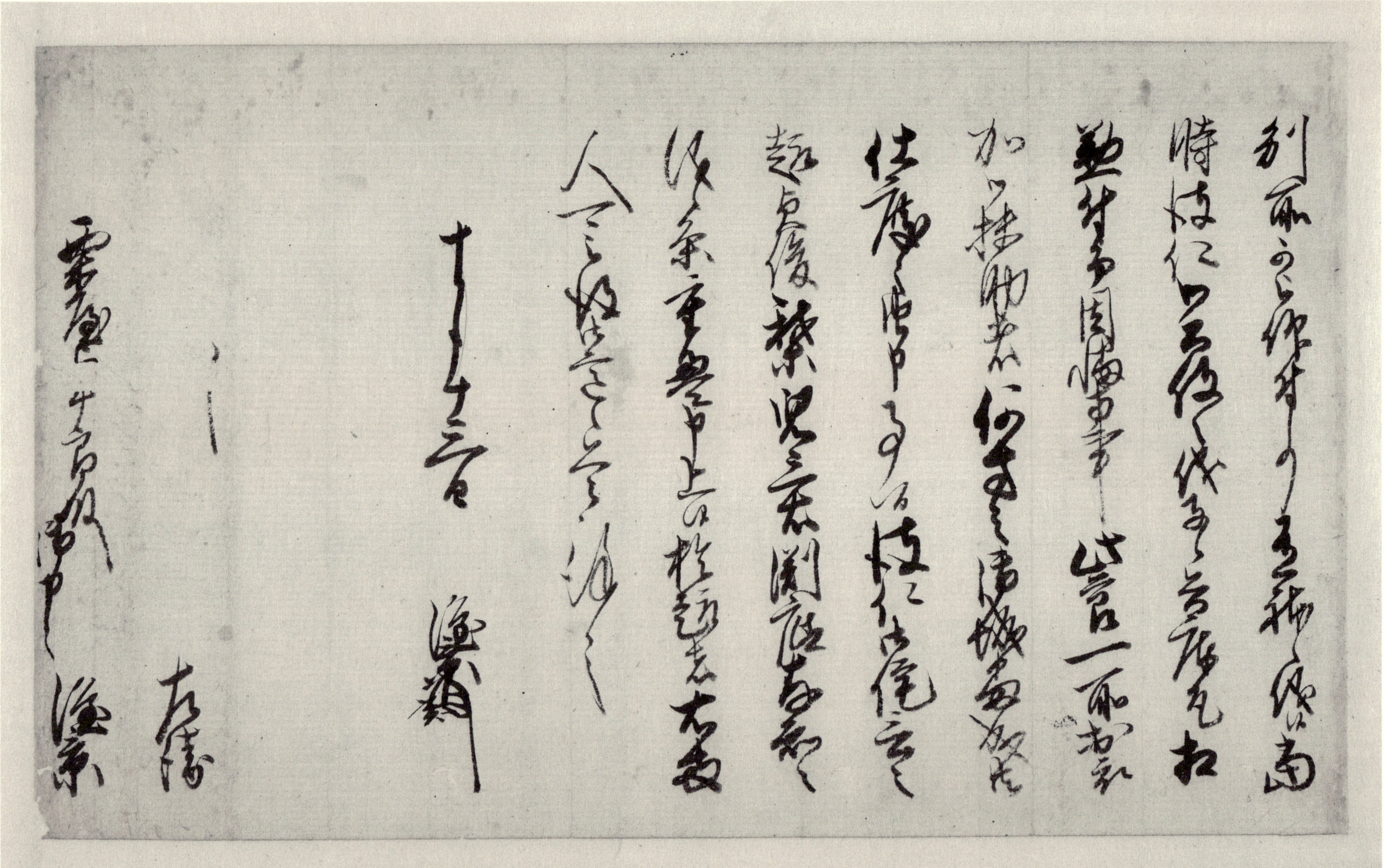

（2）

久芳文書　巻十一　4小早川隆景書状　（年未詳）六月十四日

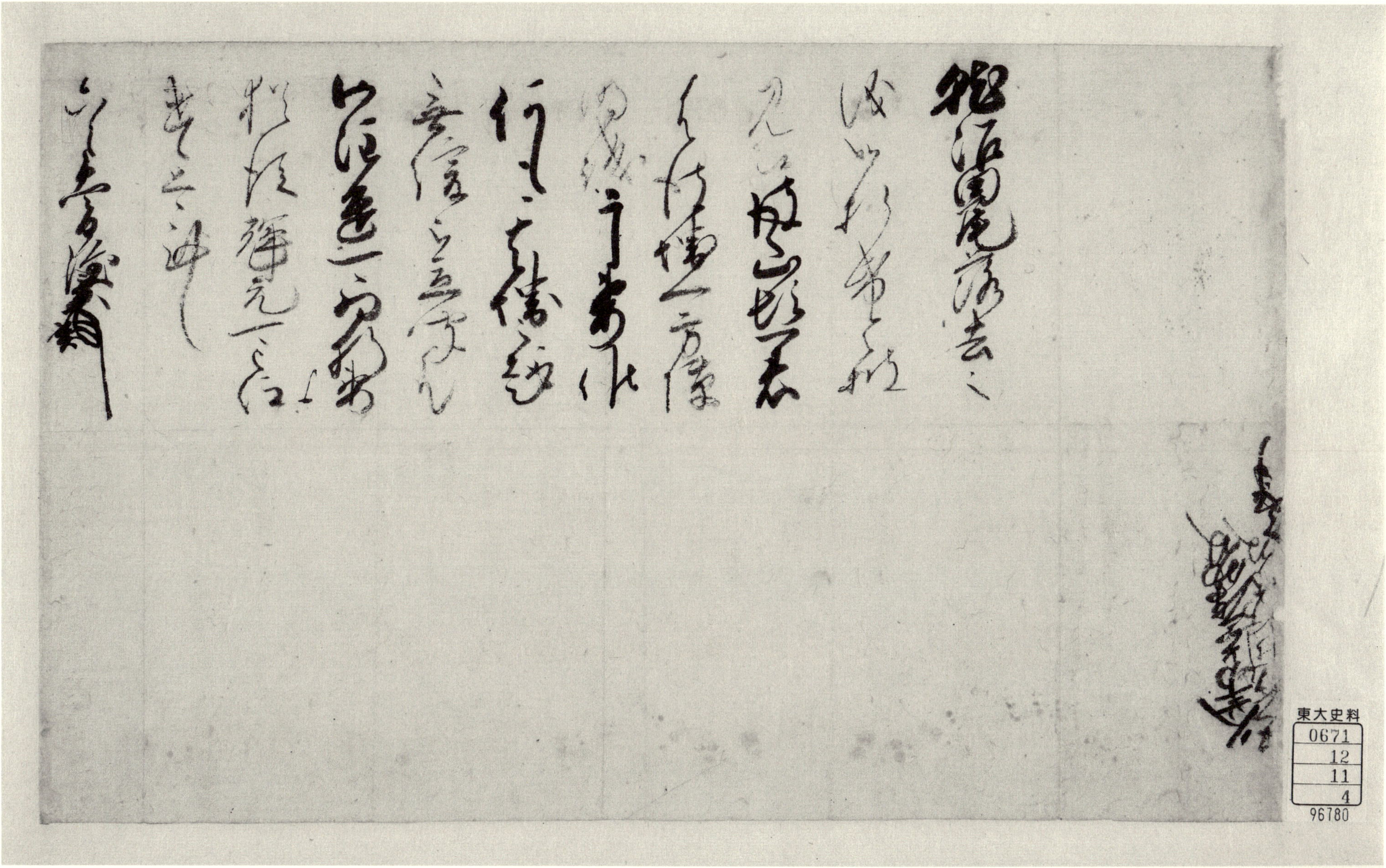

5小早川隆景書状　（天正元年）五月三日

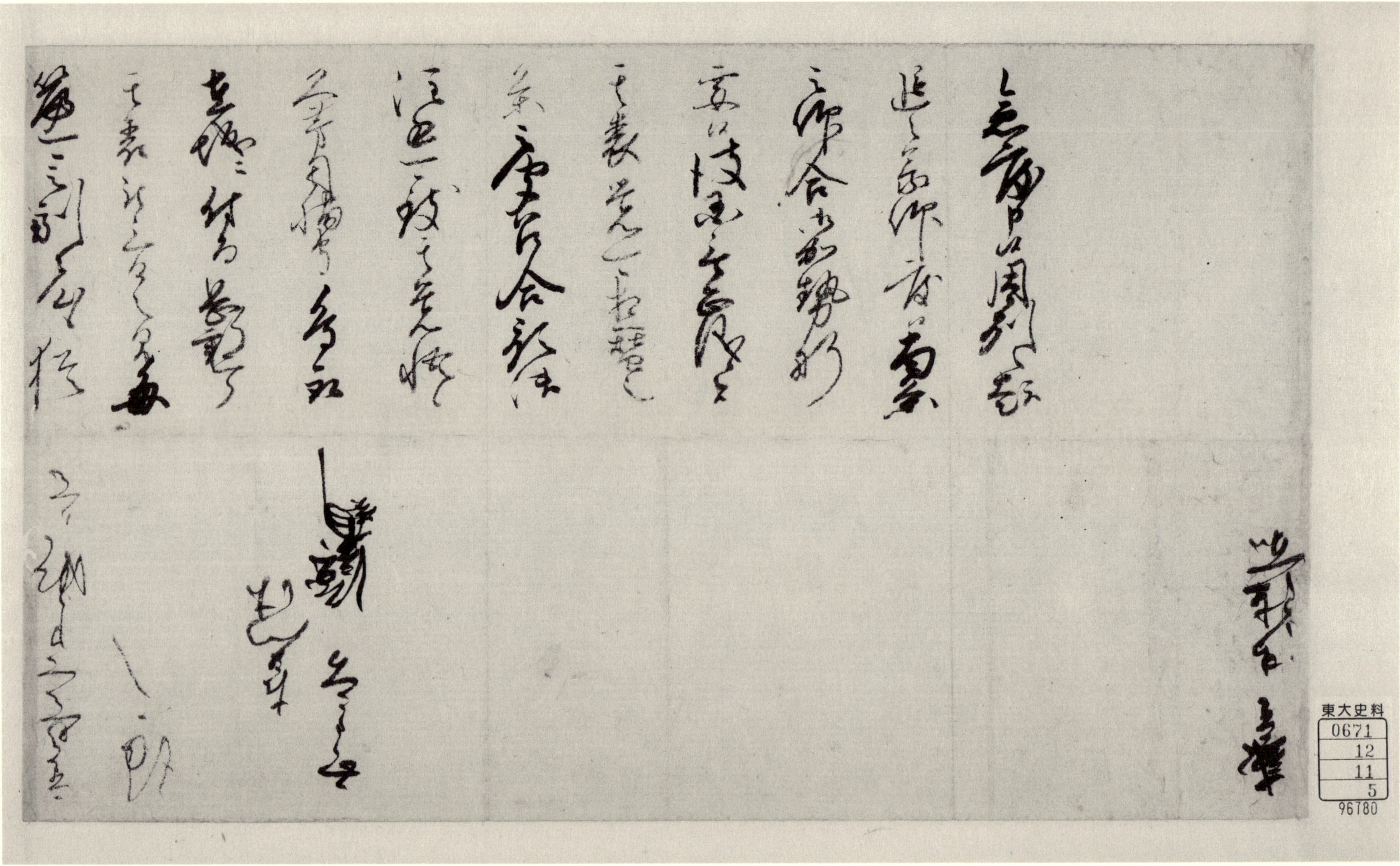

久芳文書　巻十一　6小早川隆景書状　(年未詳)十月十三日

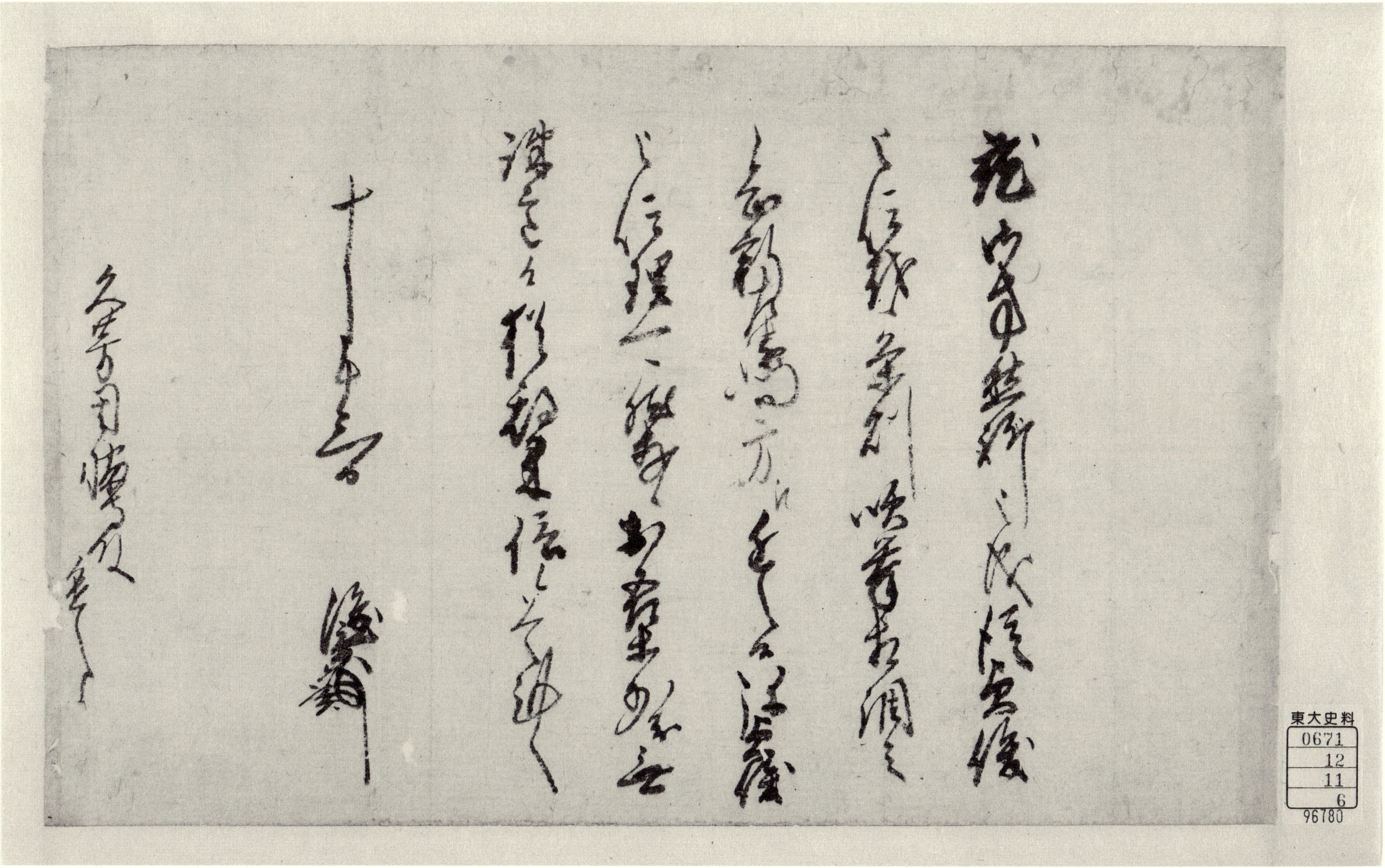

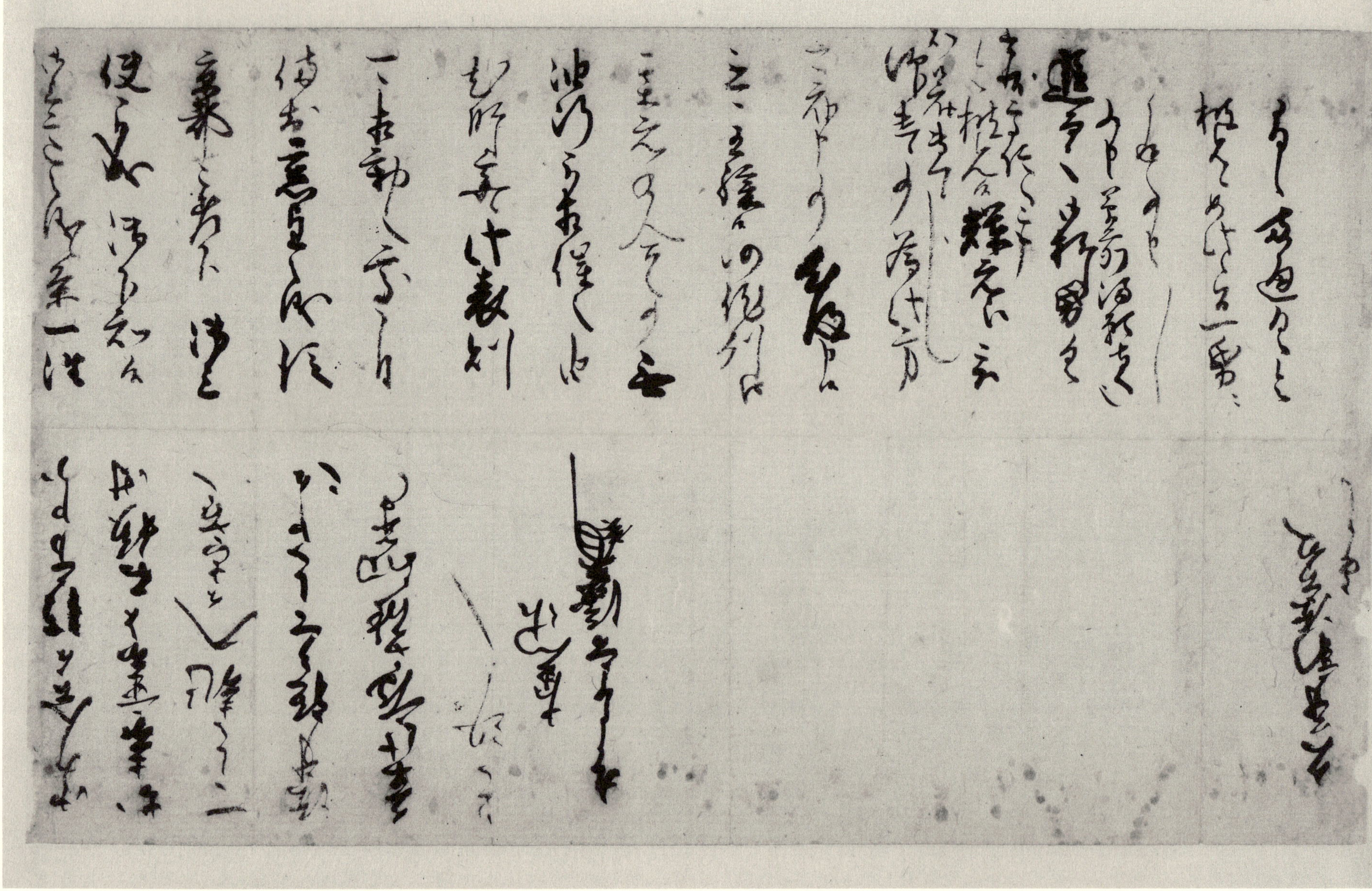

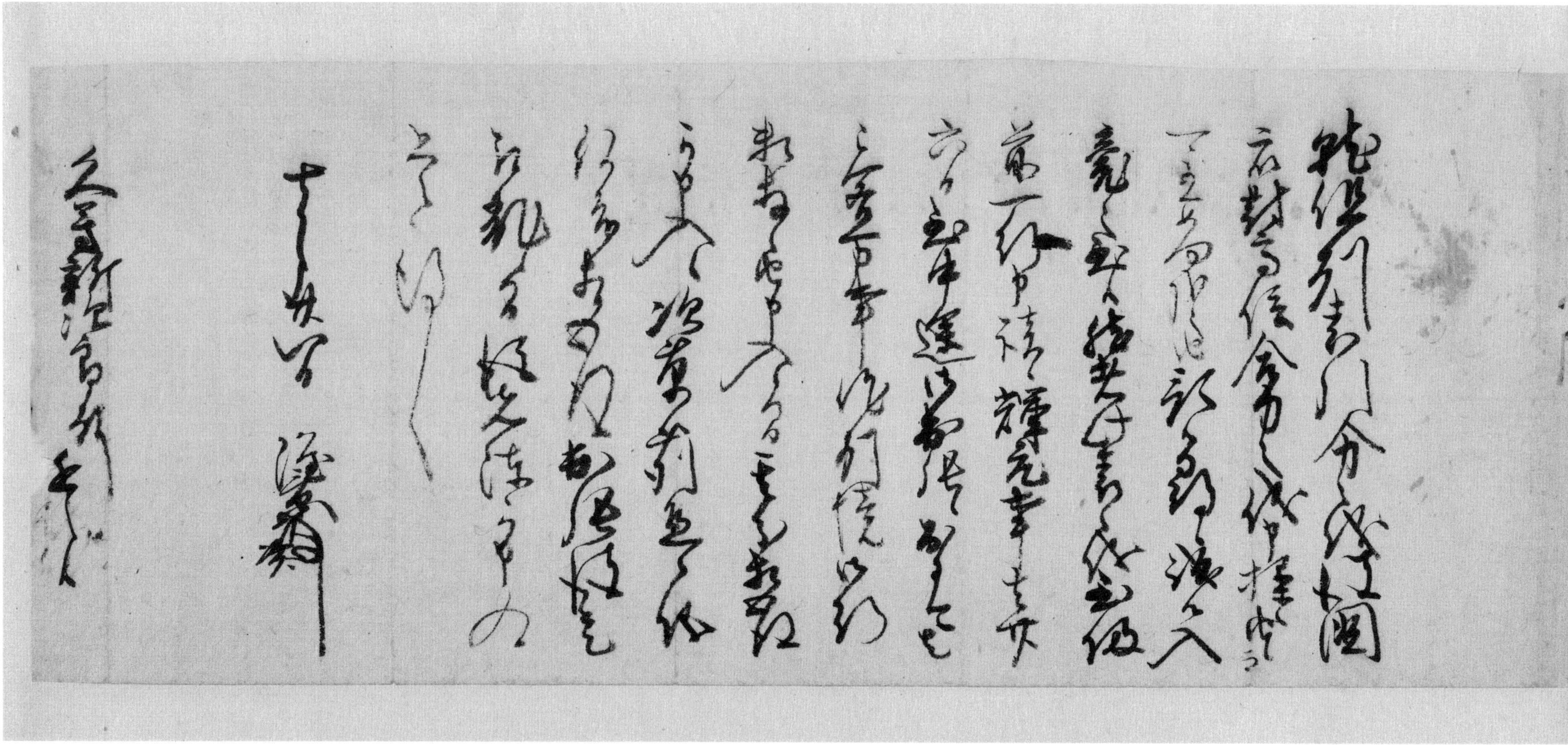

端裏墨引

9小早川隆景書状　（年未詳）九月十二日

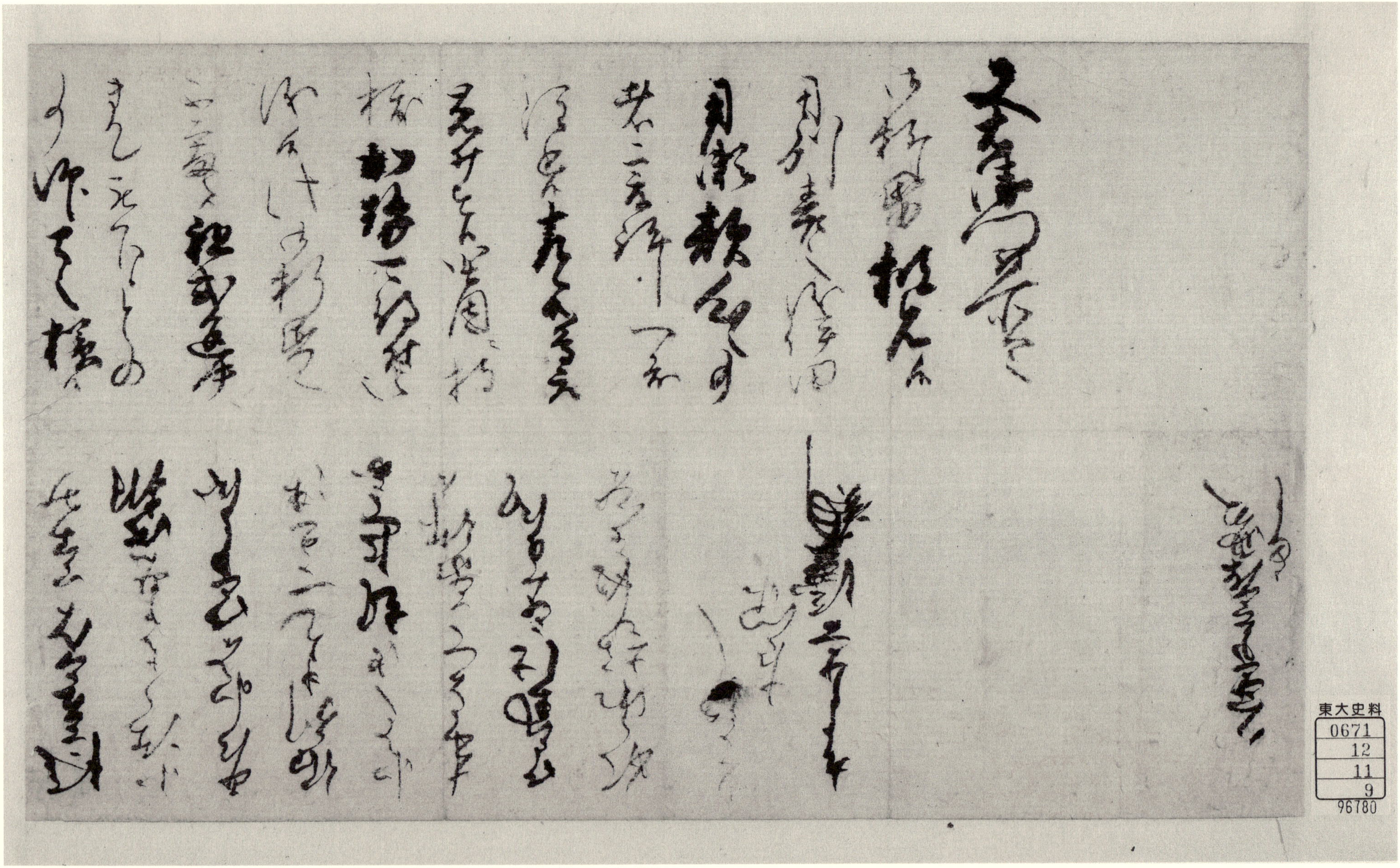

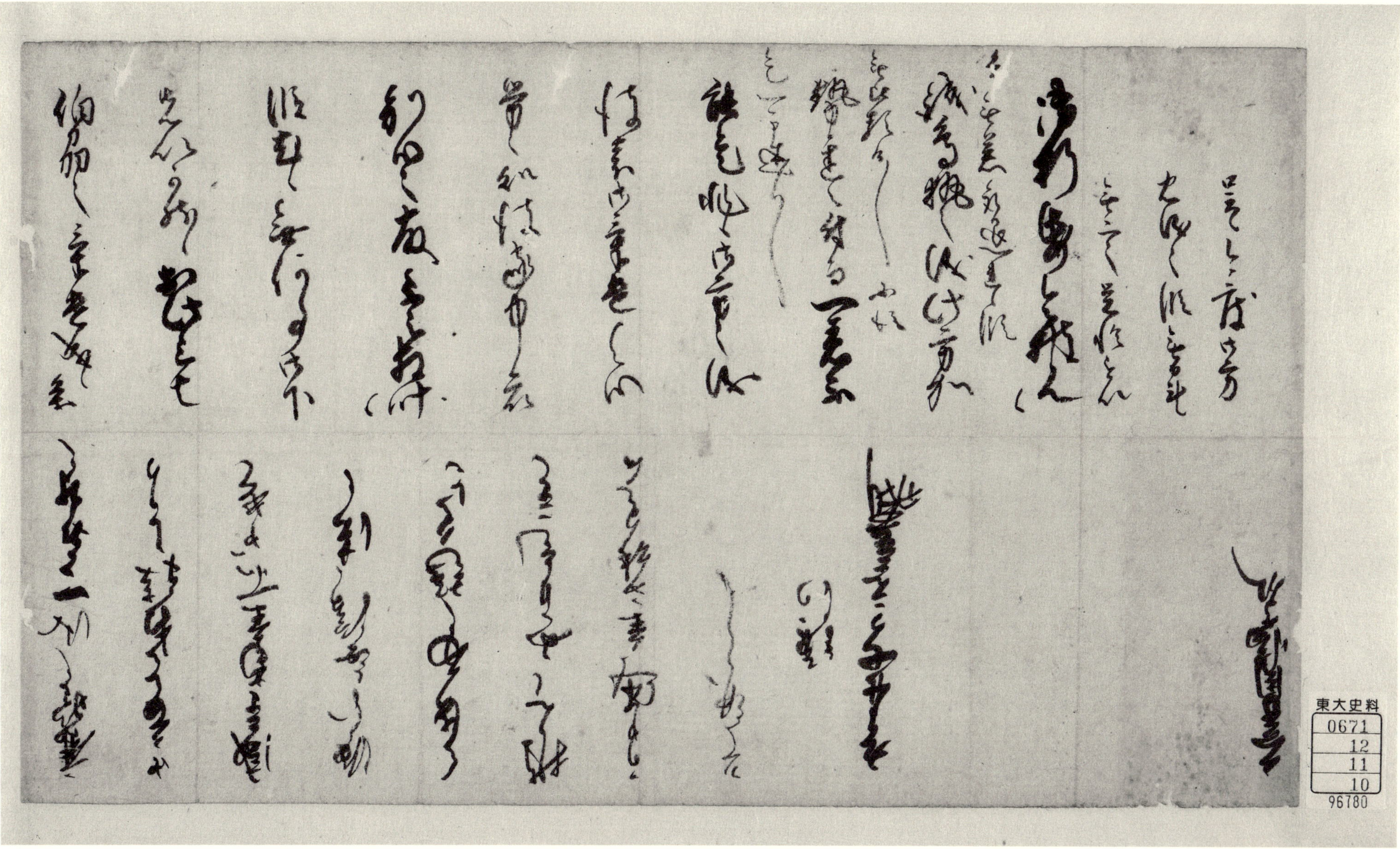

久芳文書　巻十一　10吉川元春書状（天正元年）九月二十七日

11小早川隆景書状　（永禄元年ヵ）十二月二十三日

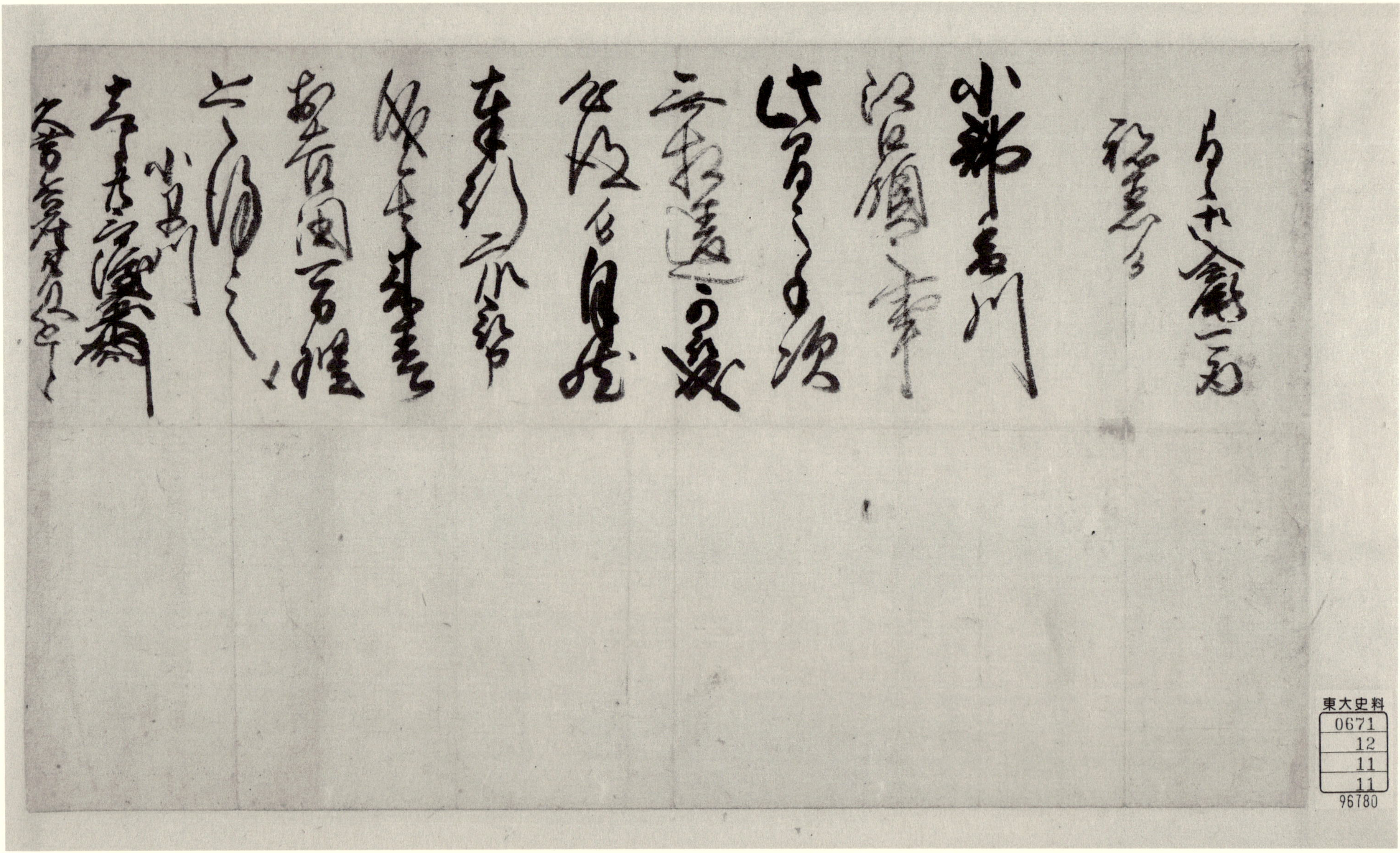

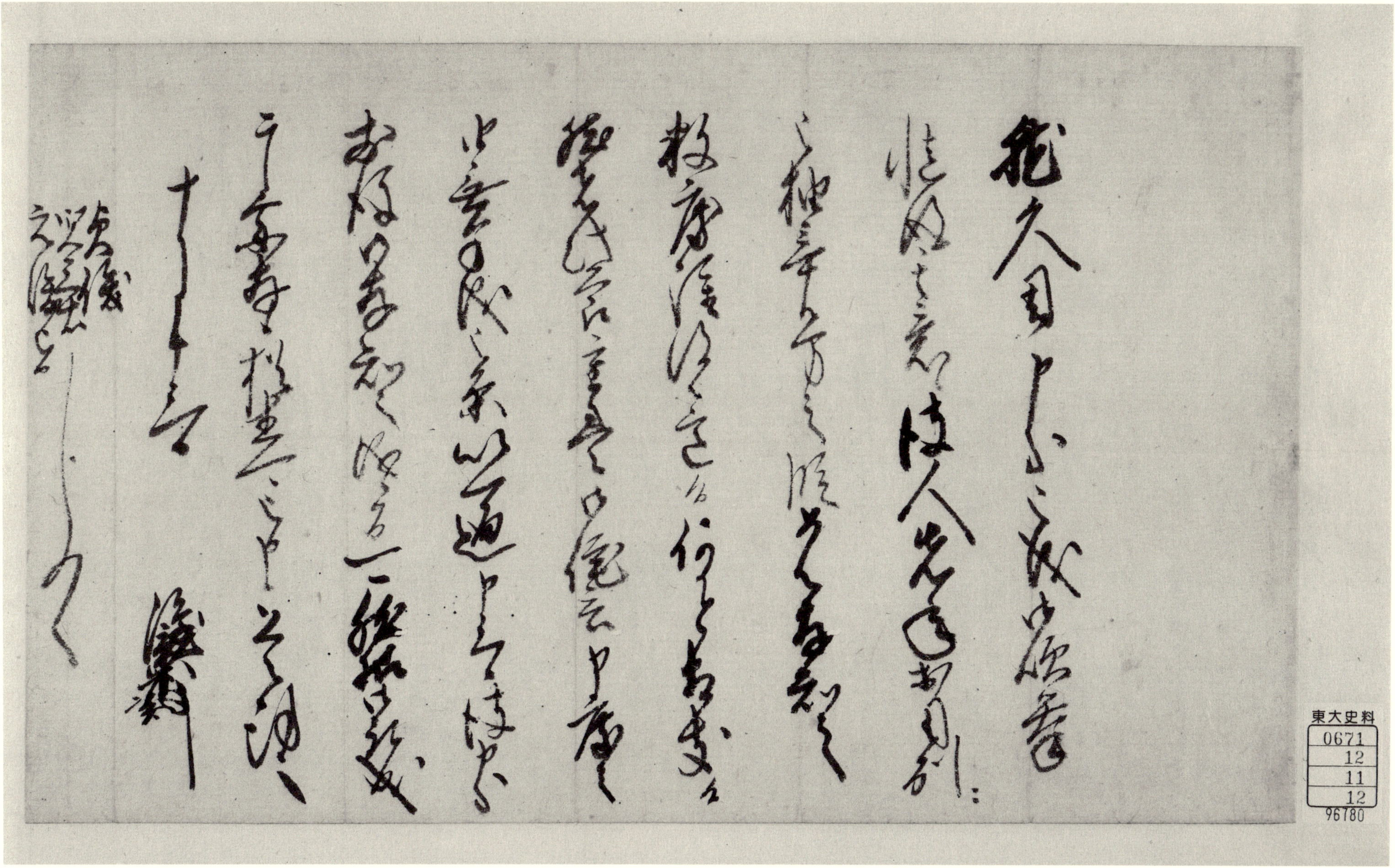
東大史料
0671
12
11
12
96780

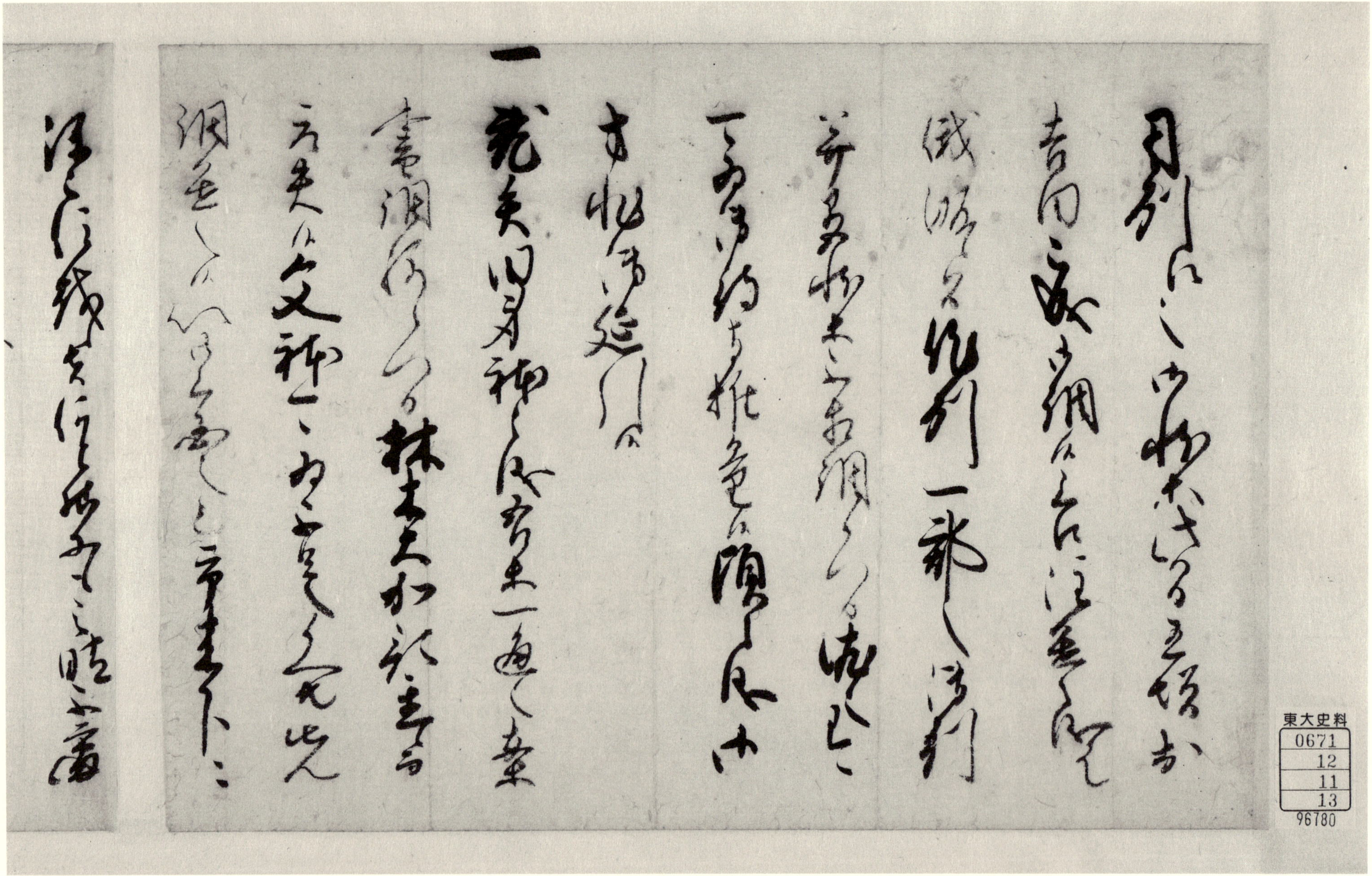

(1)

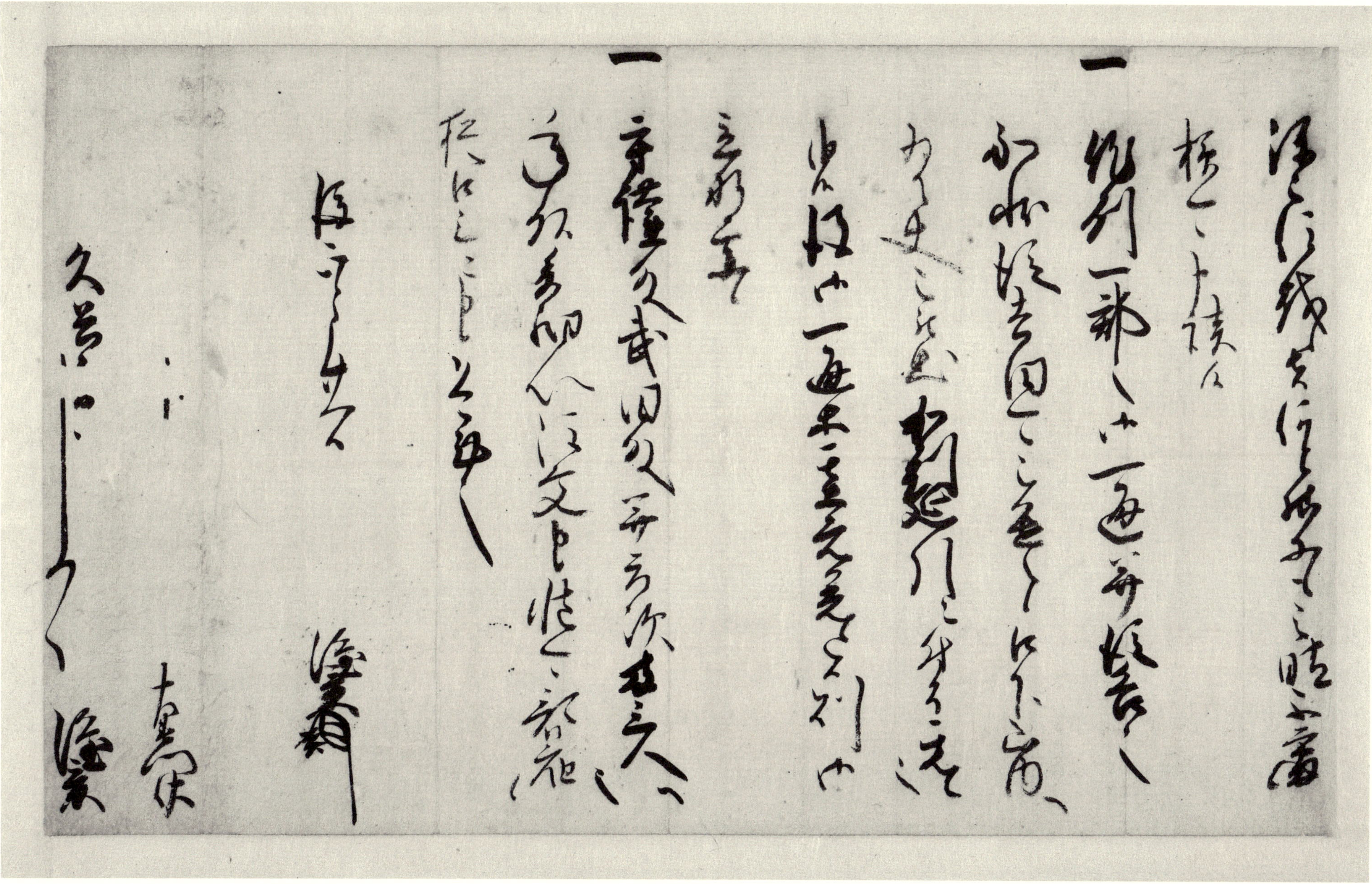

（2）

14小早川隆景書状　（年未詳）二月十一日

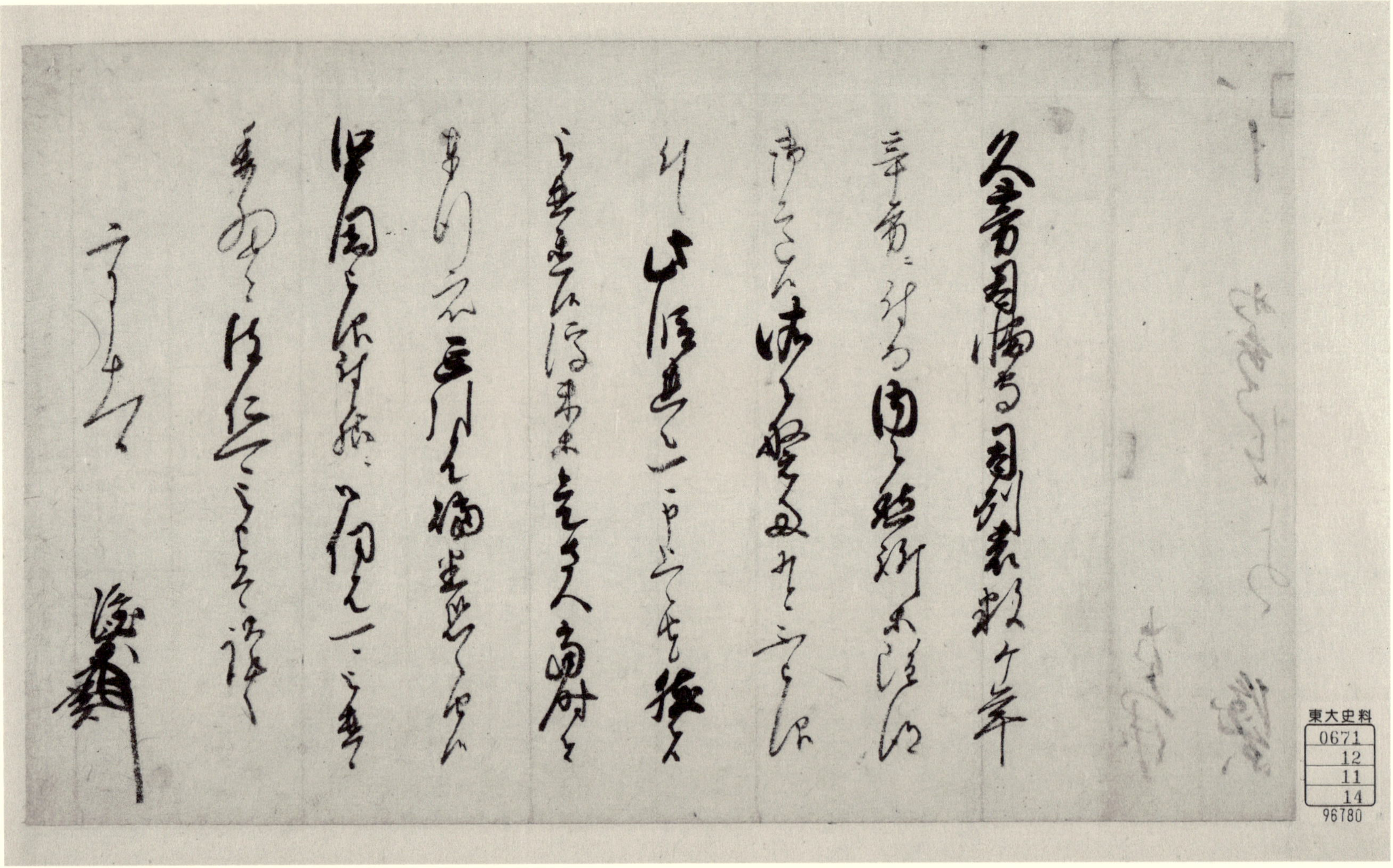

端裏書

旧表紙・旧見返し　十二巻
東大史料
0671
12
12
0
96781

1山名豊弘書状　（元亀元年）九月晦日

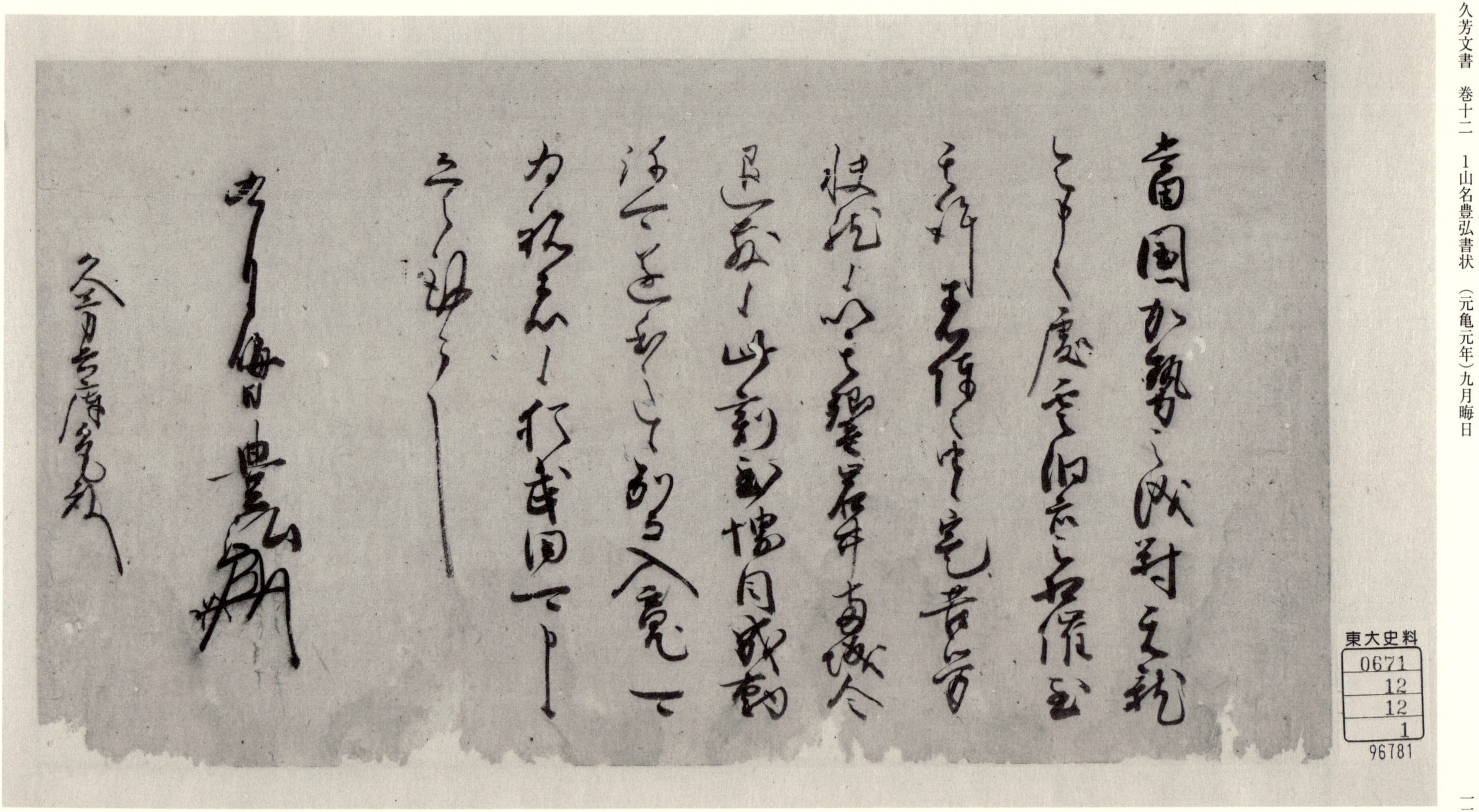

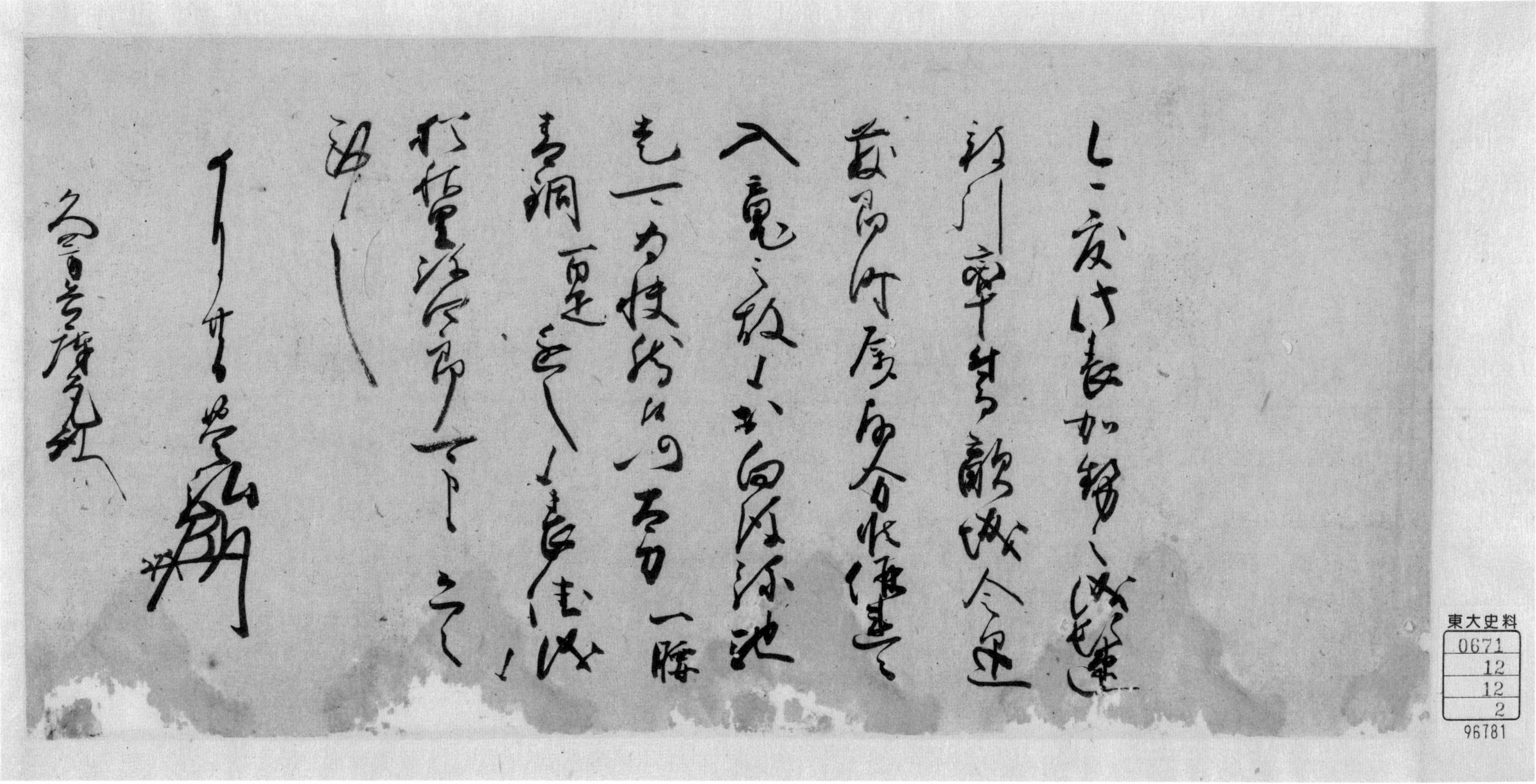
東大史料
0671
12
12
2
96781

3武田高信書状　（元亀元年）十二月二日

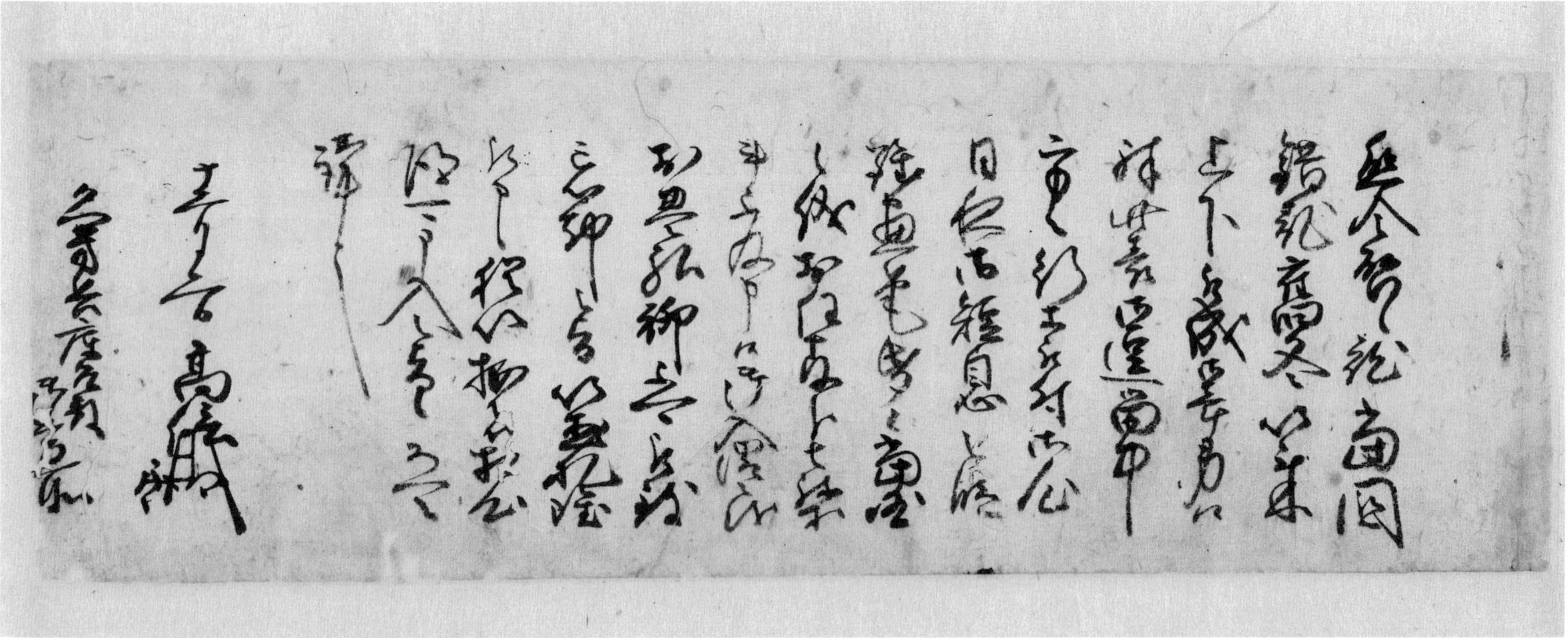

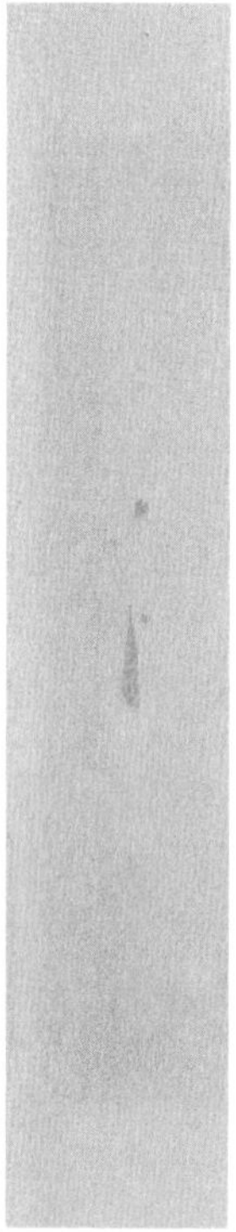

端裏墨引

久芳文書　巻十二　4武田高信書状　（元亀元年）正月十九日

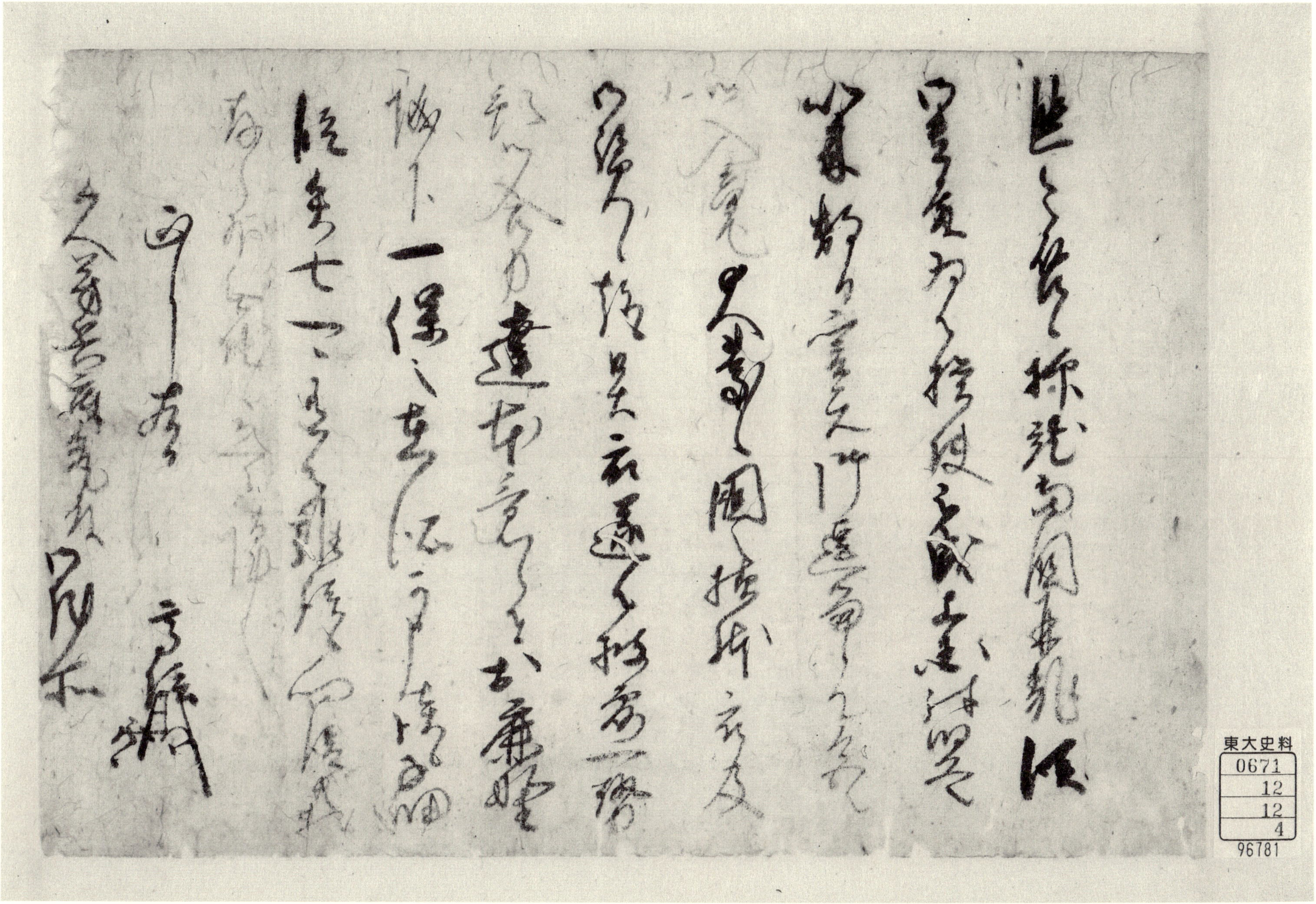

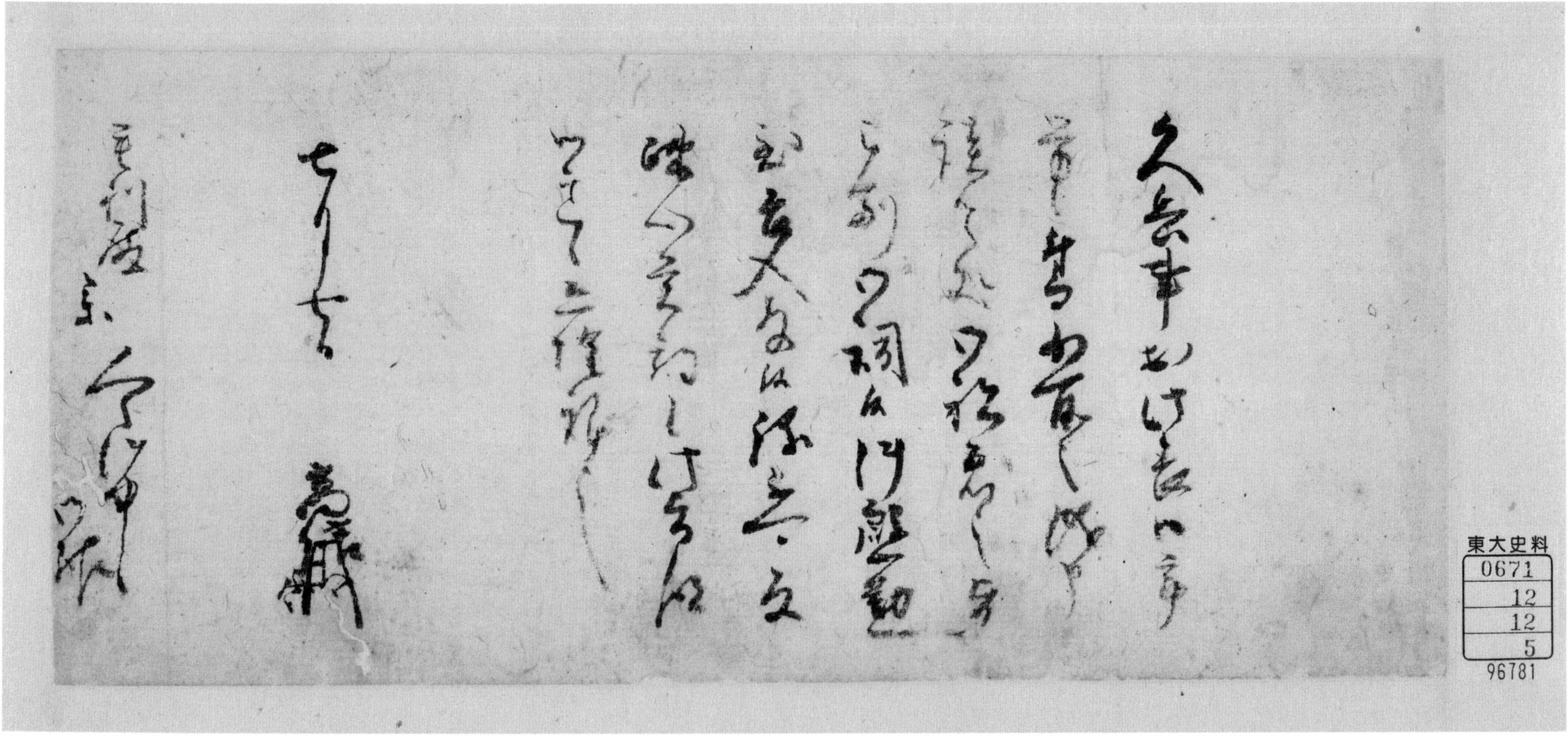
東大史料
0671
12
12
5
96781

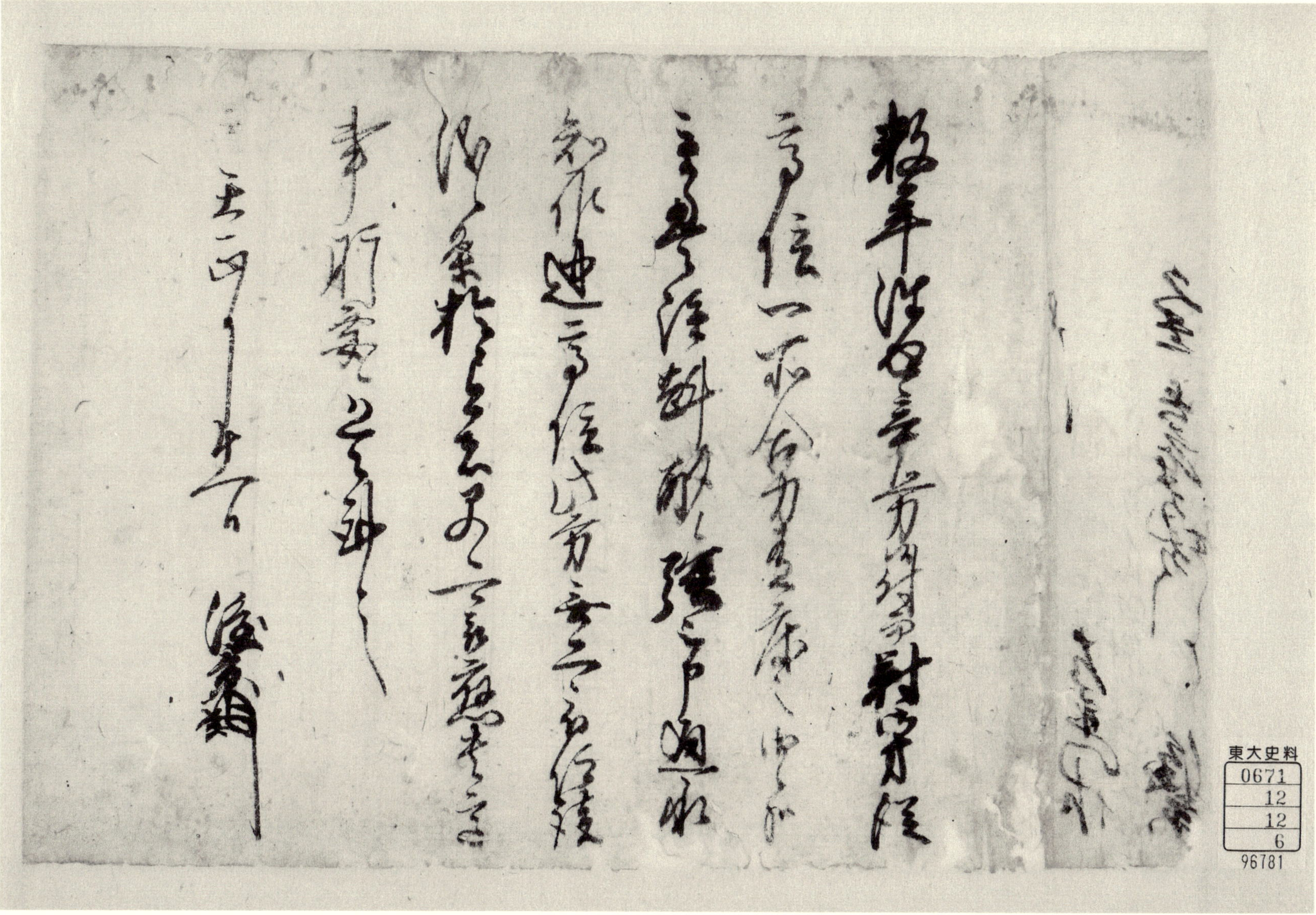

端裏書

7武田高信知行充行状（元亀二年）九月五日

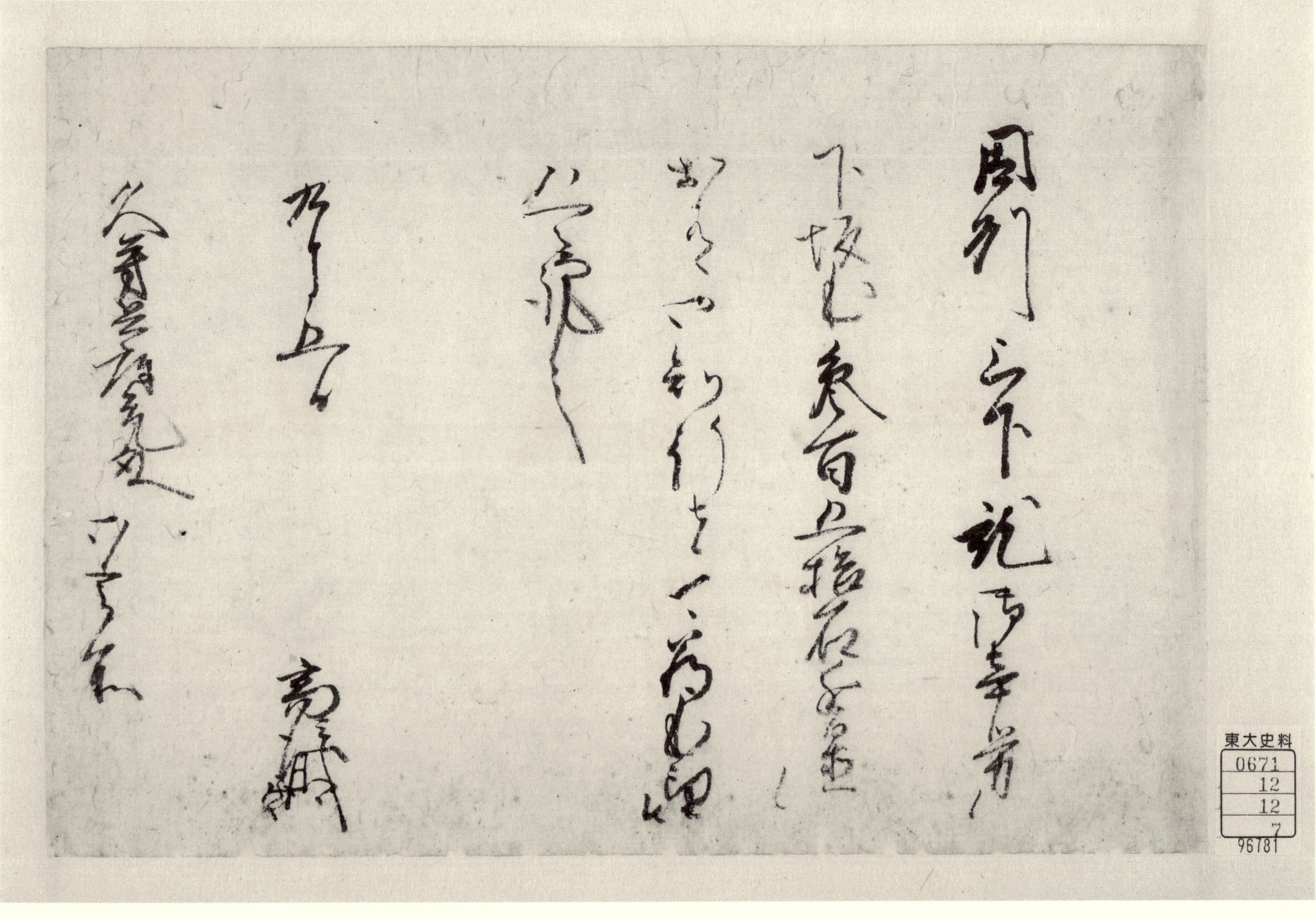

8宇喜多直家書状　（天正二年）卯月二十九日

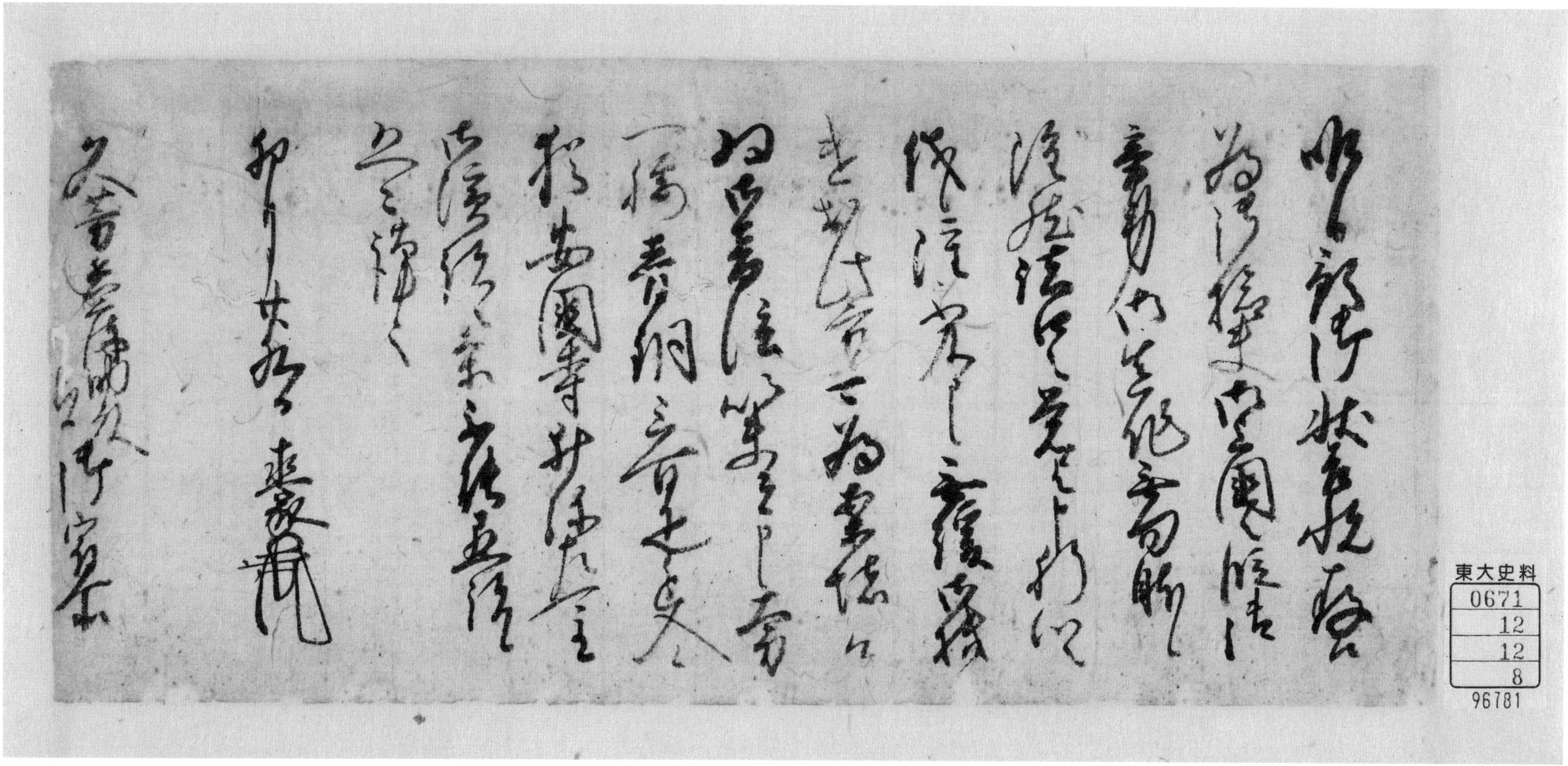

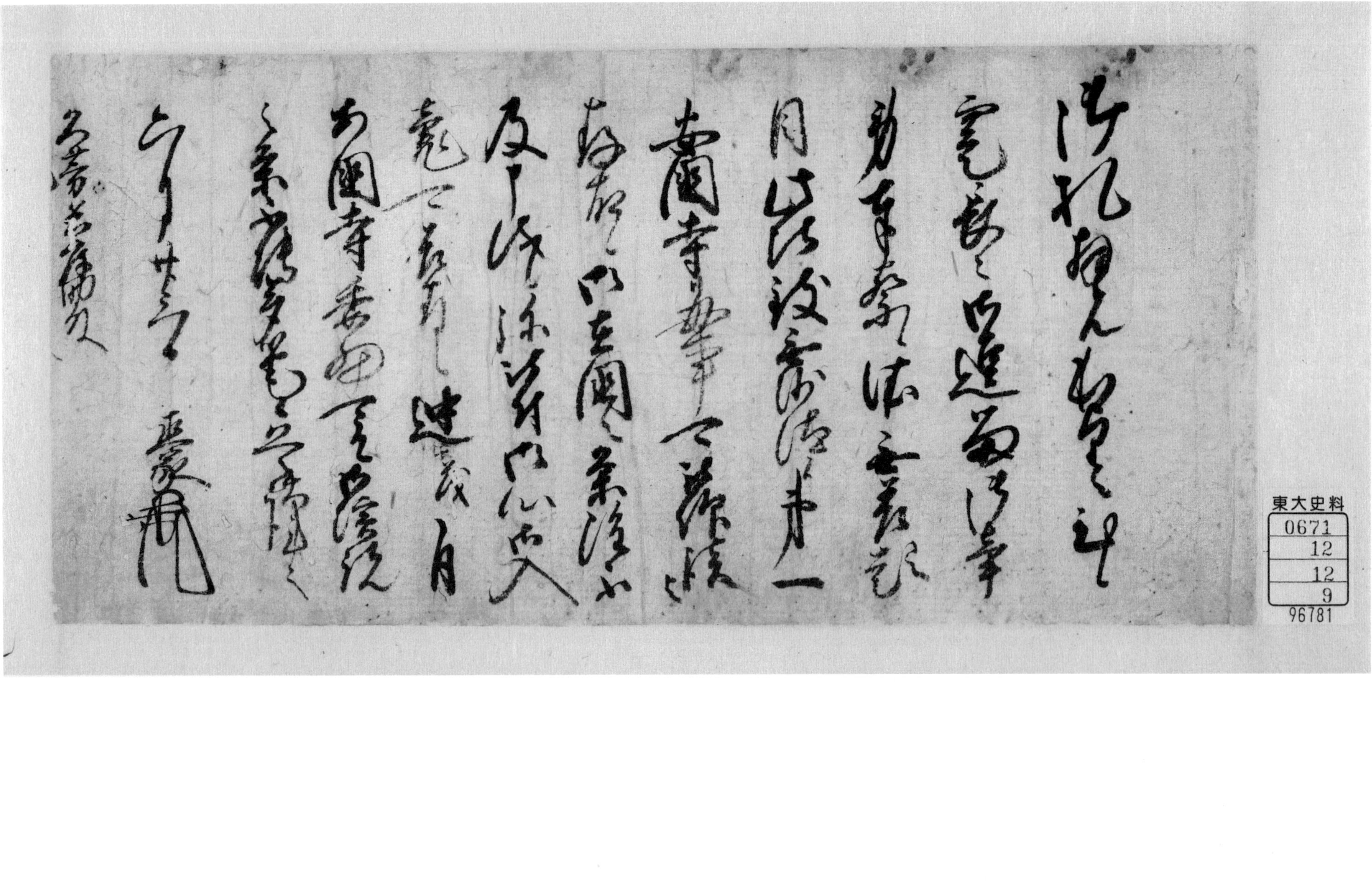
東大史料
0671
12
12
9
96781

佐藤文書

佐藤文書
一
29
貴
1
L 28032

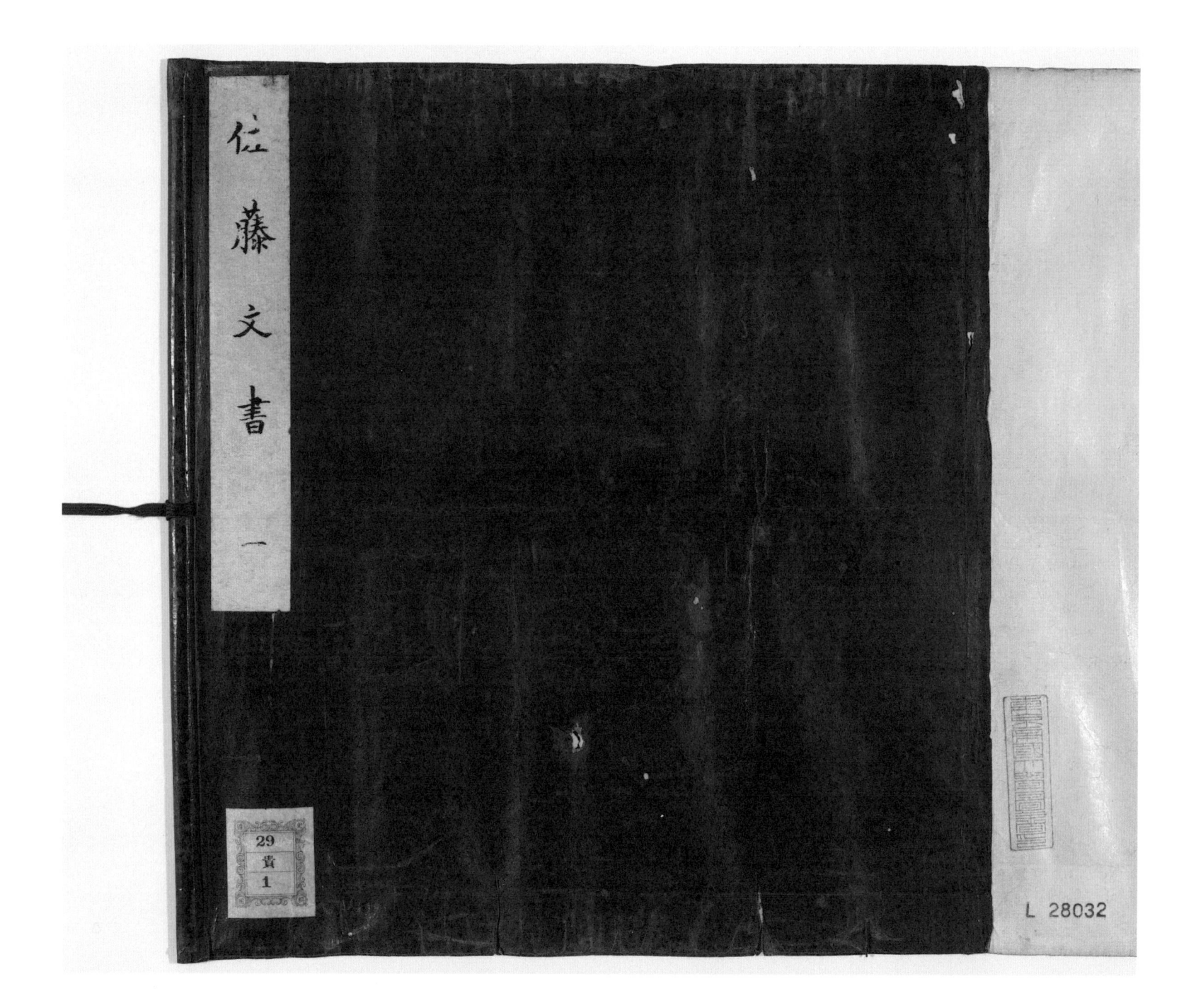

一
毛利興元元就隆元輝元
四代判物
（廿三通）

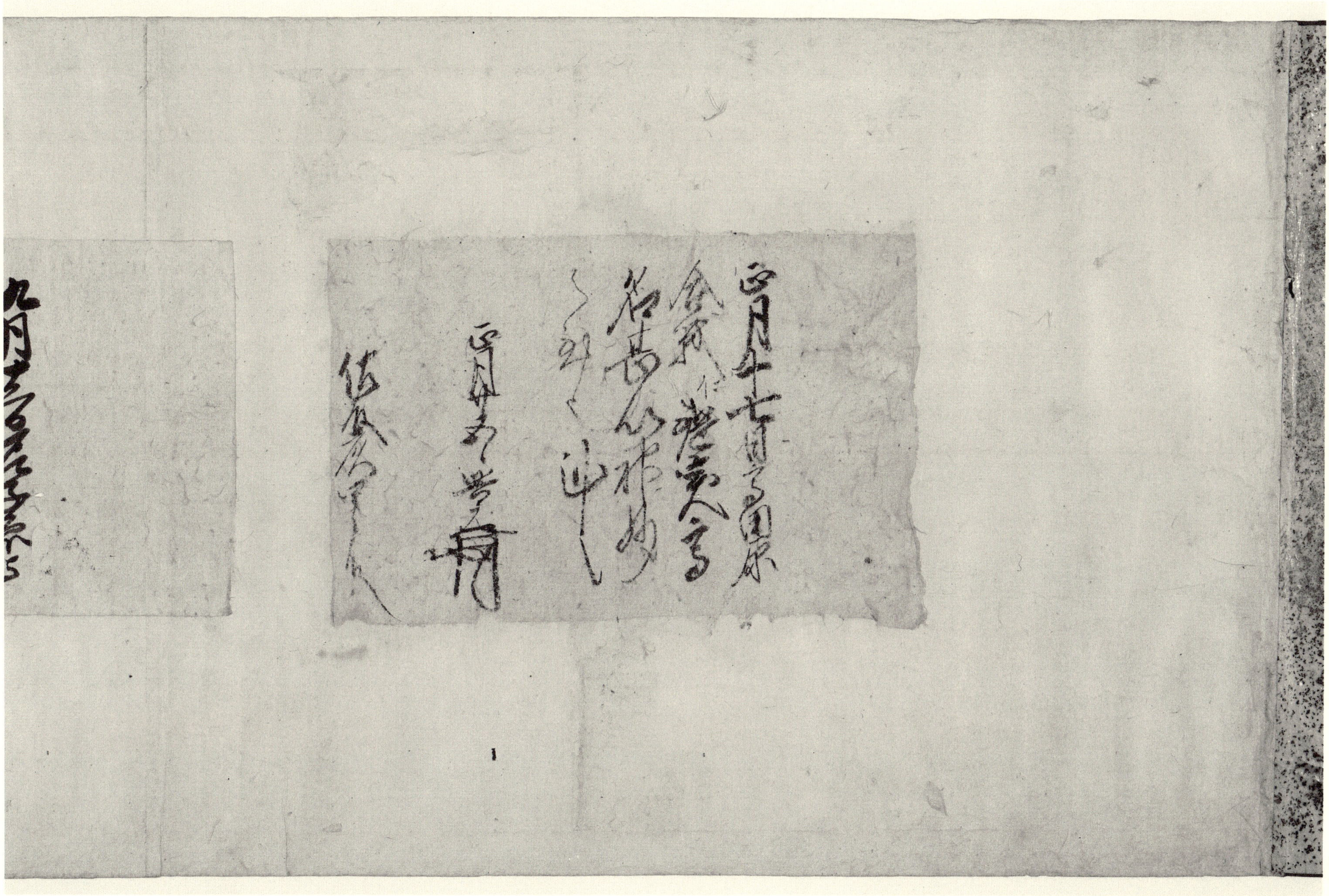

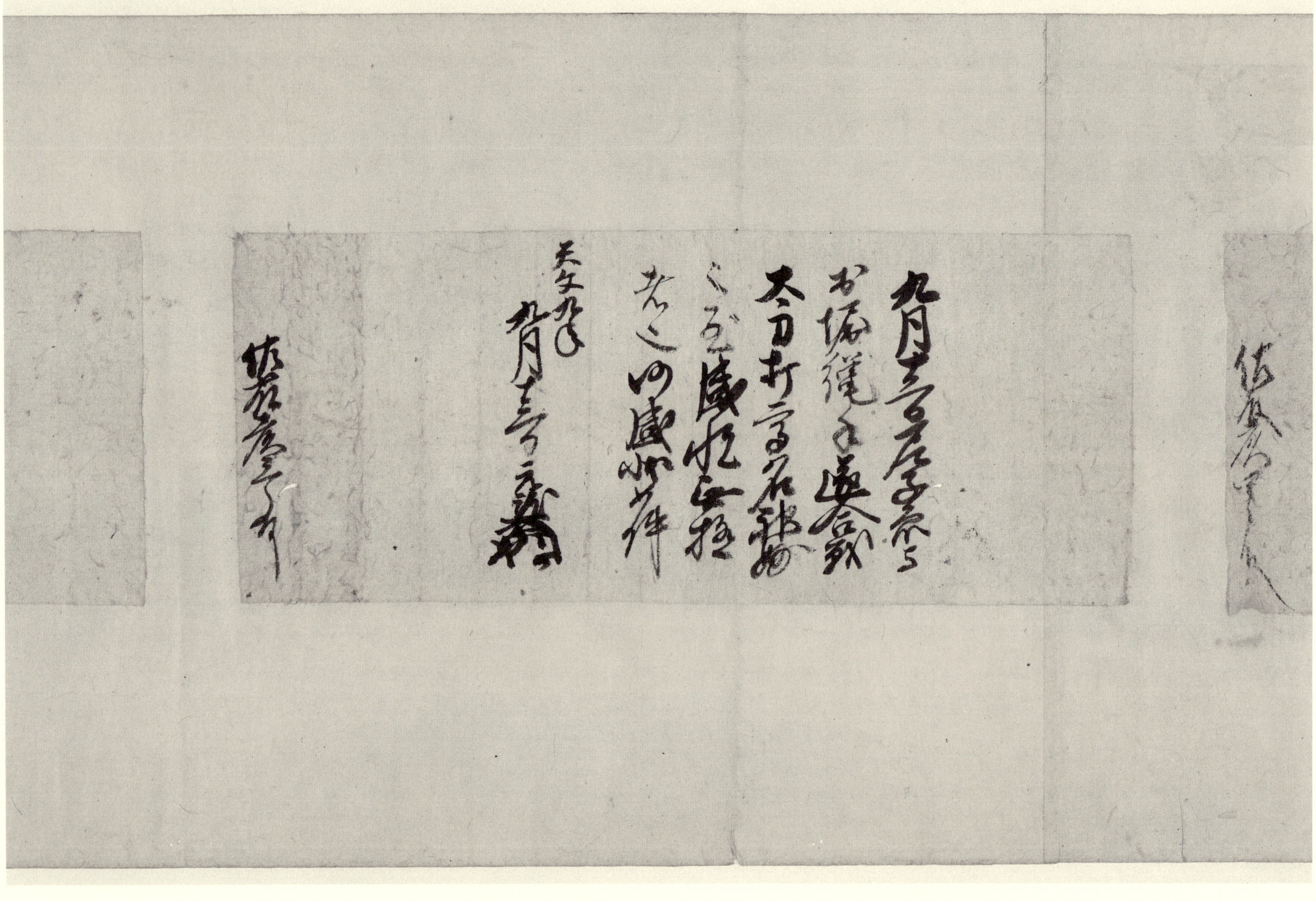

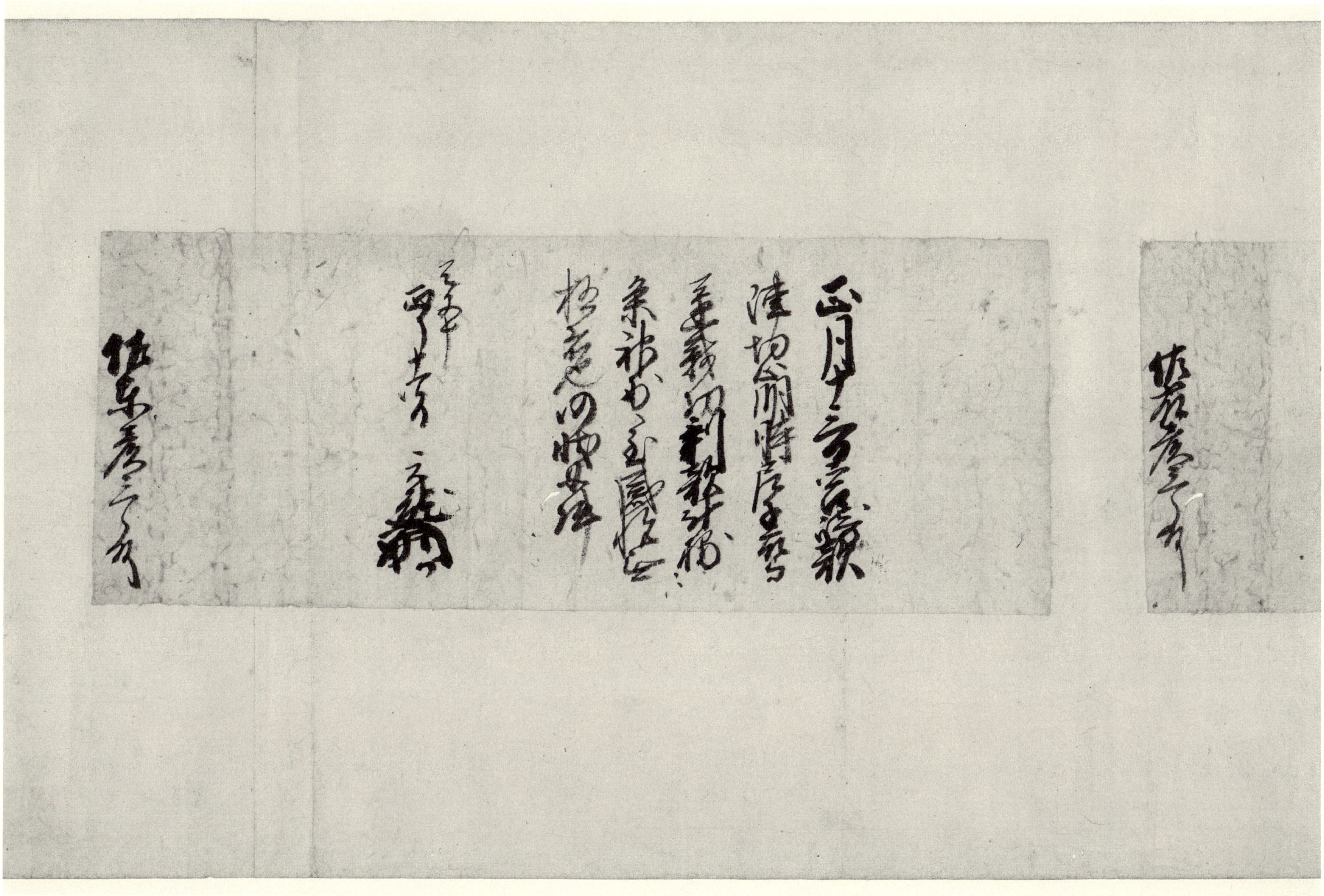

4毛利元就・隆元連署感状　天文二十三年六月十一日

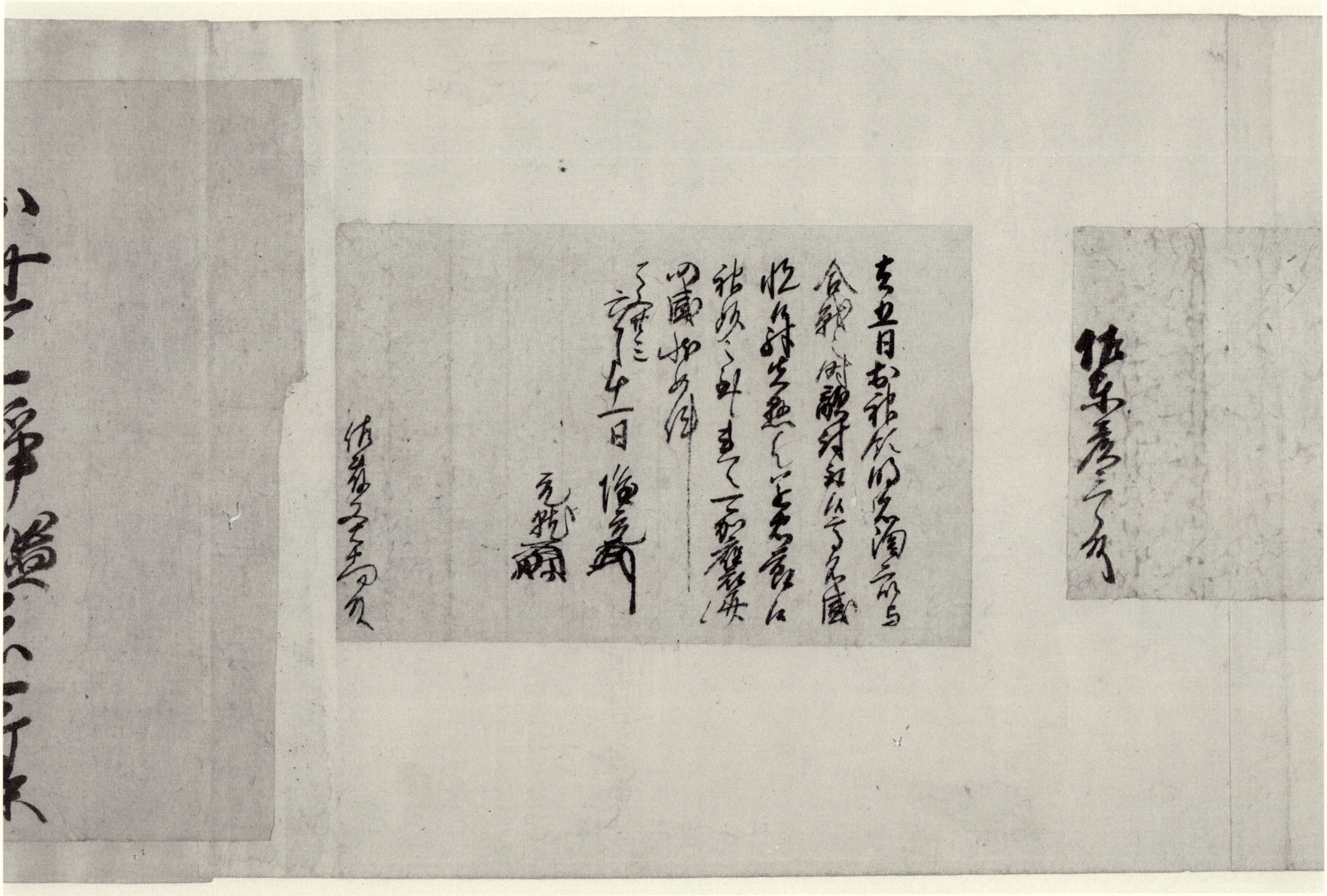

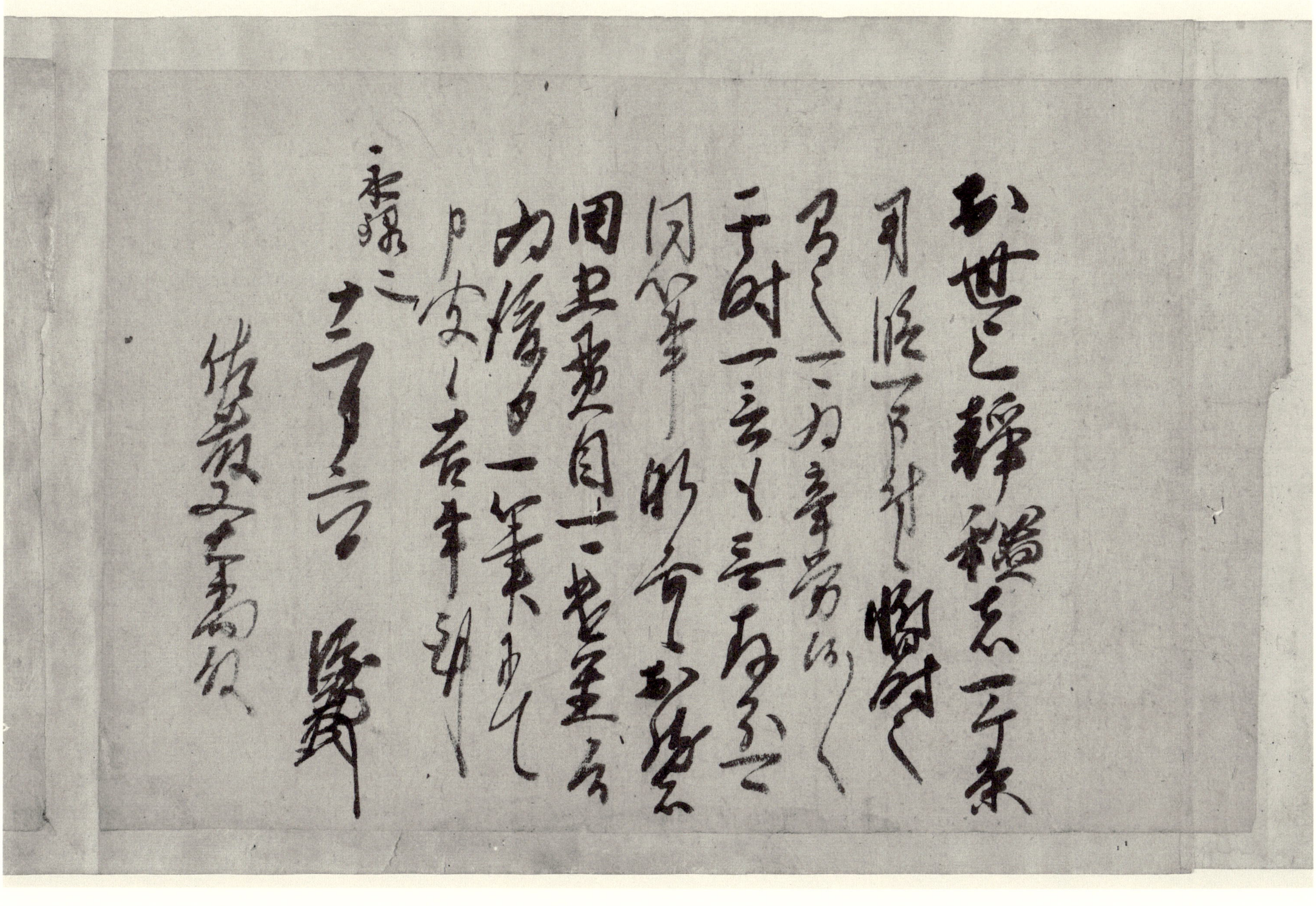

永禄二

十二月六日　隆元

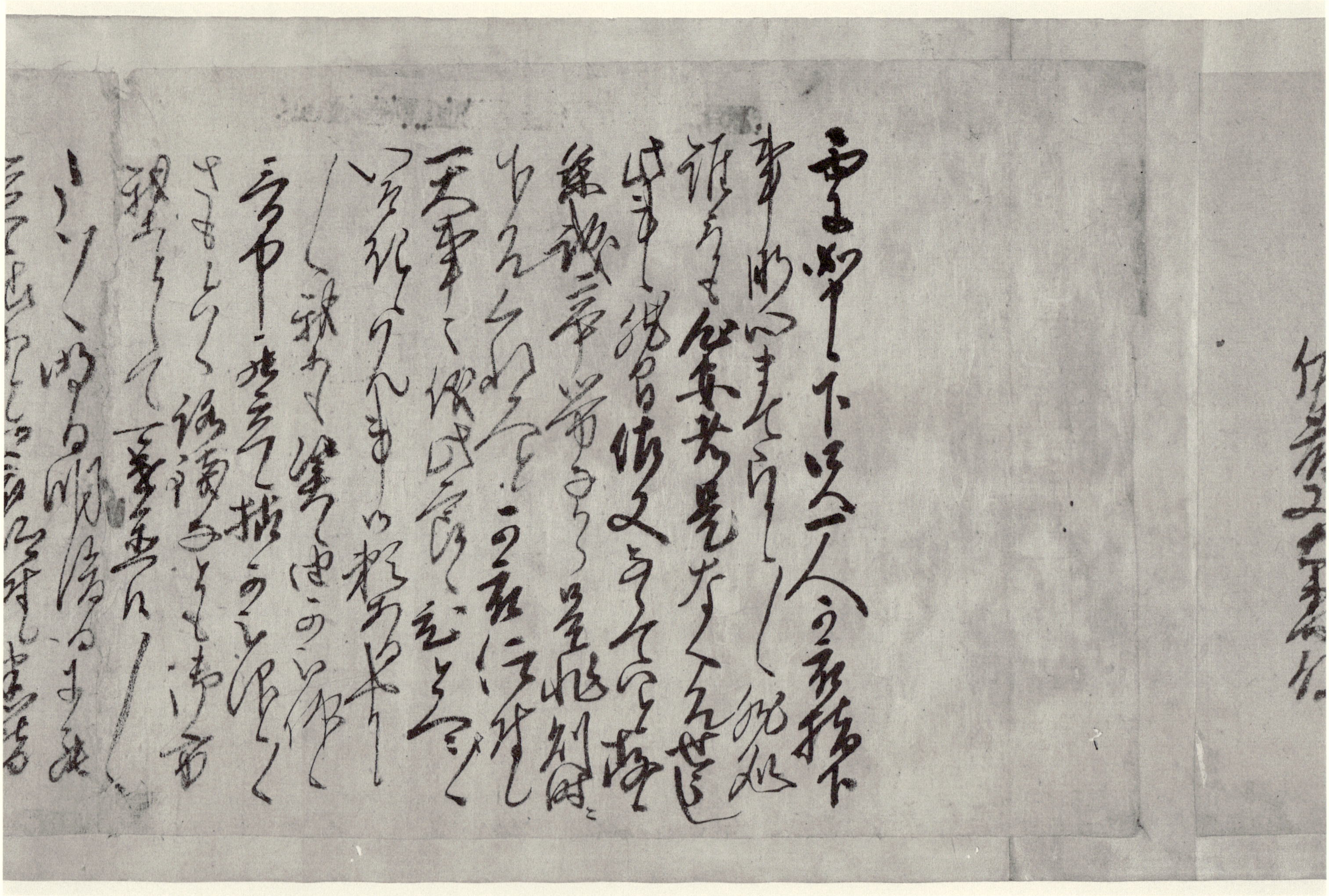

（1）

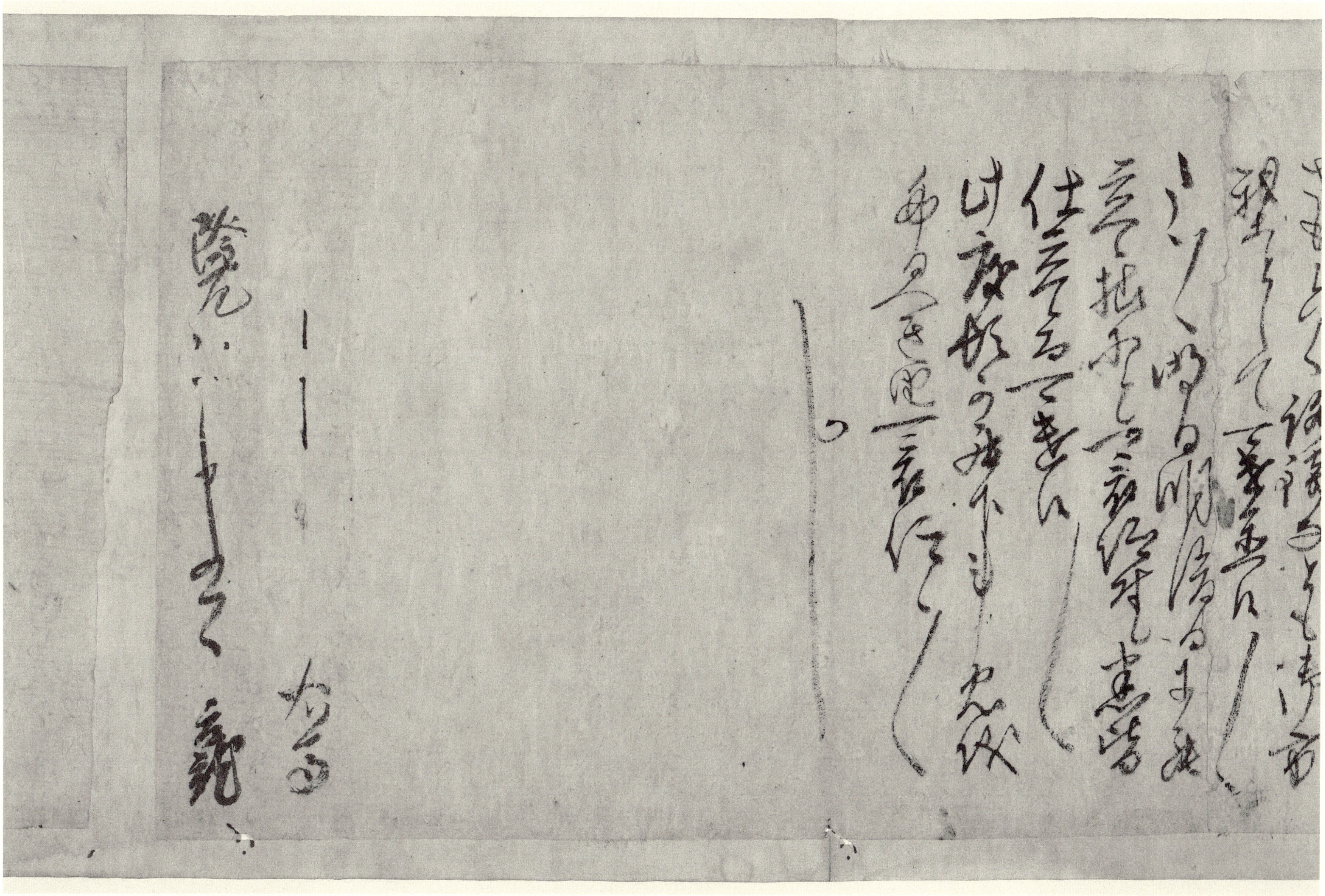

（2）

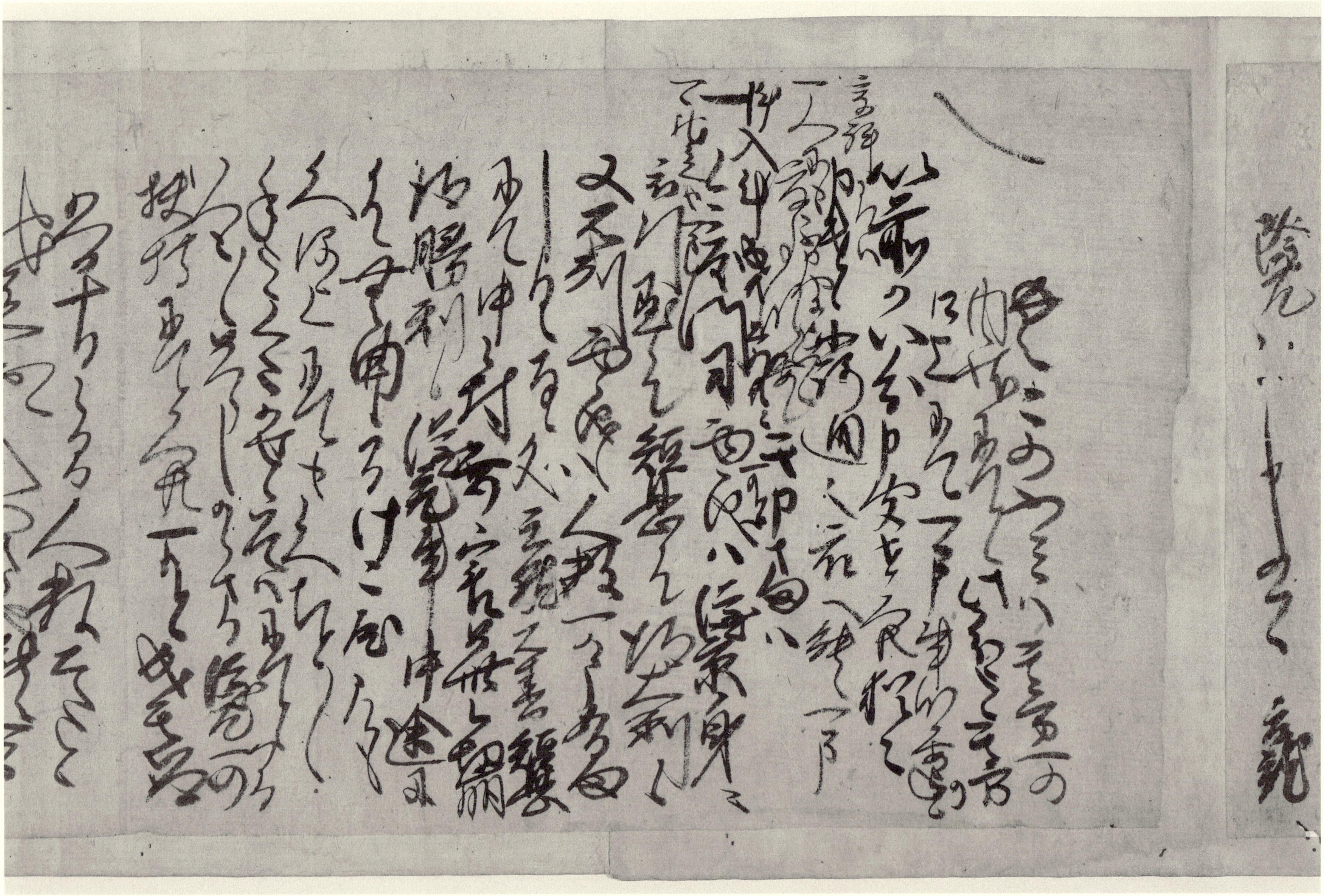

（1）

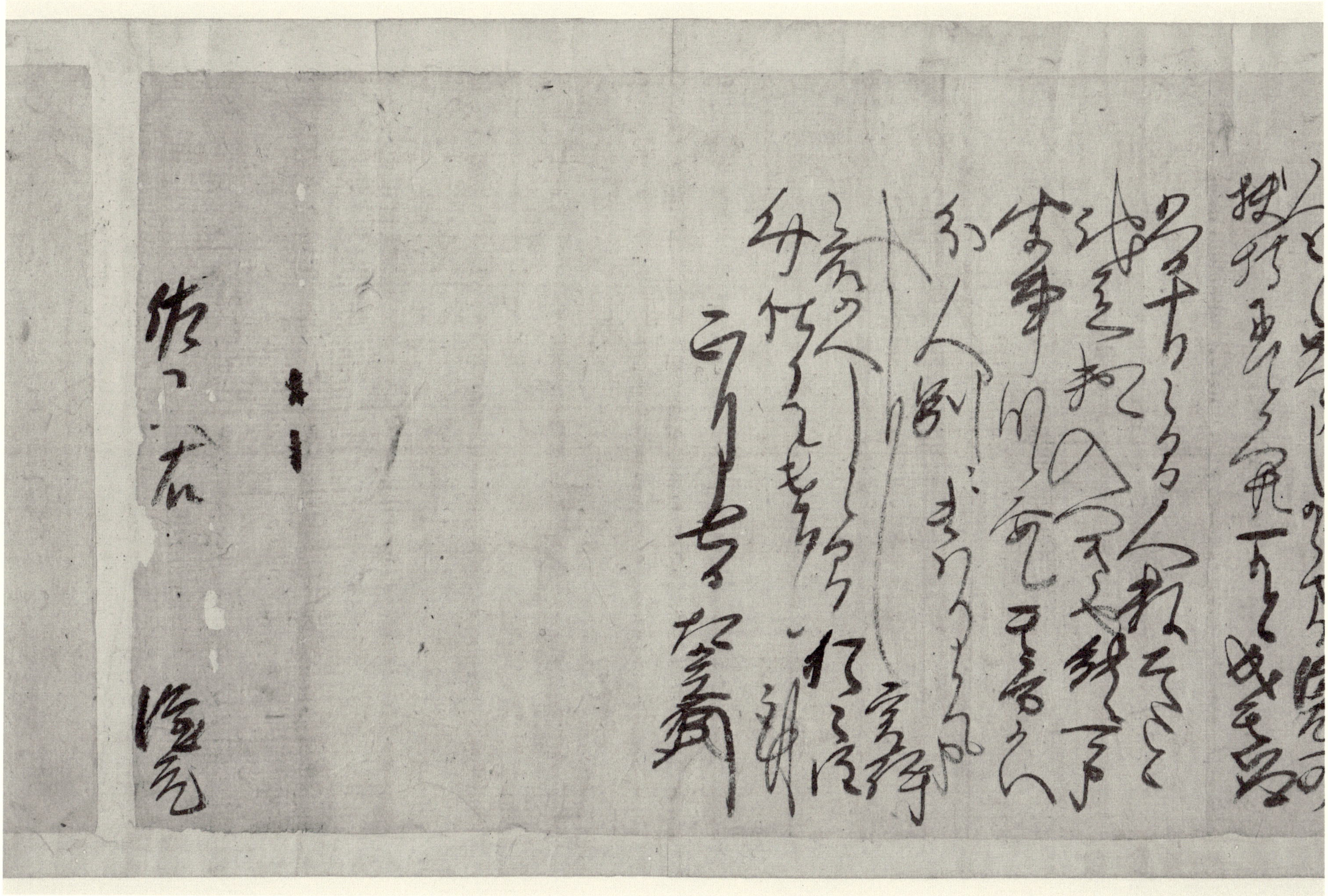

（2）

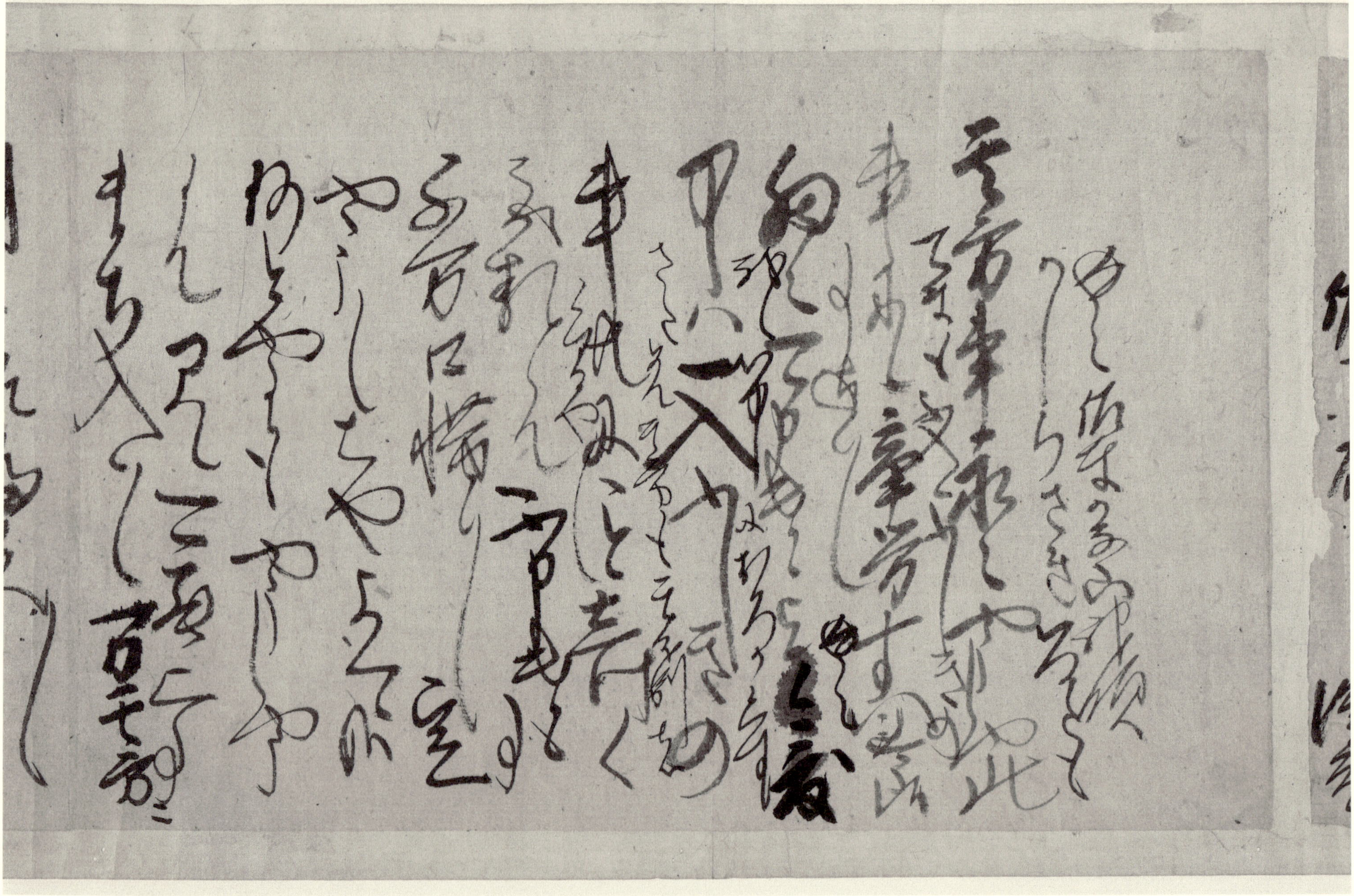

（1）

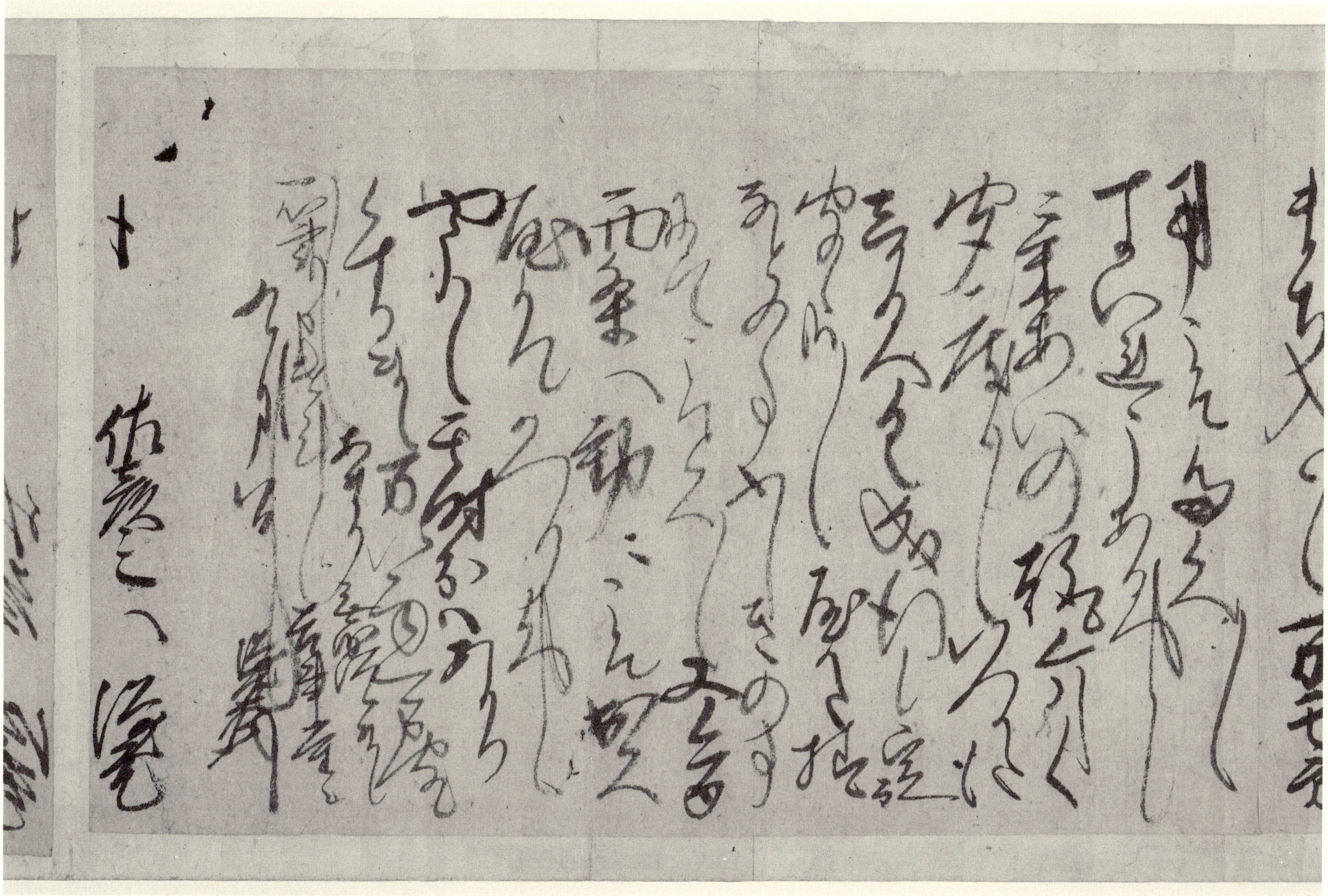

（2）

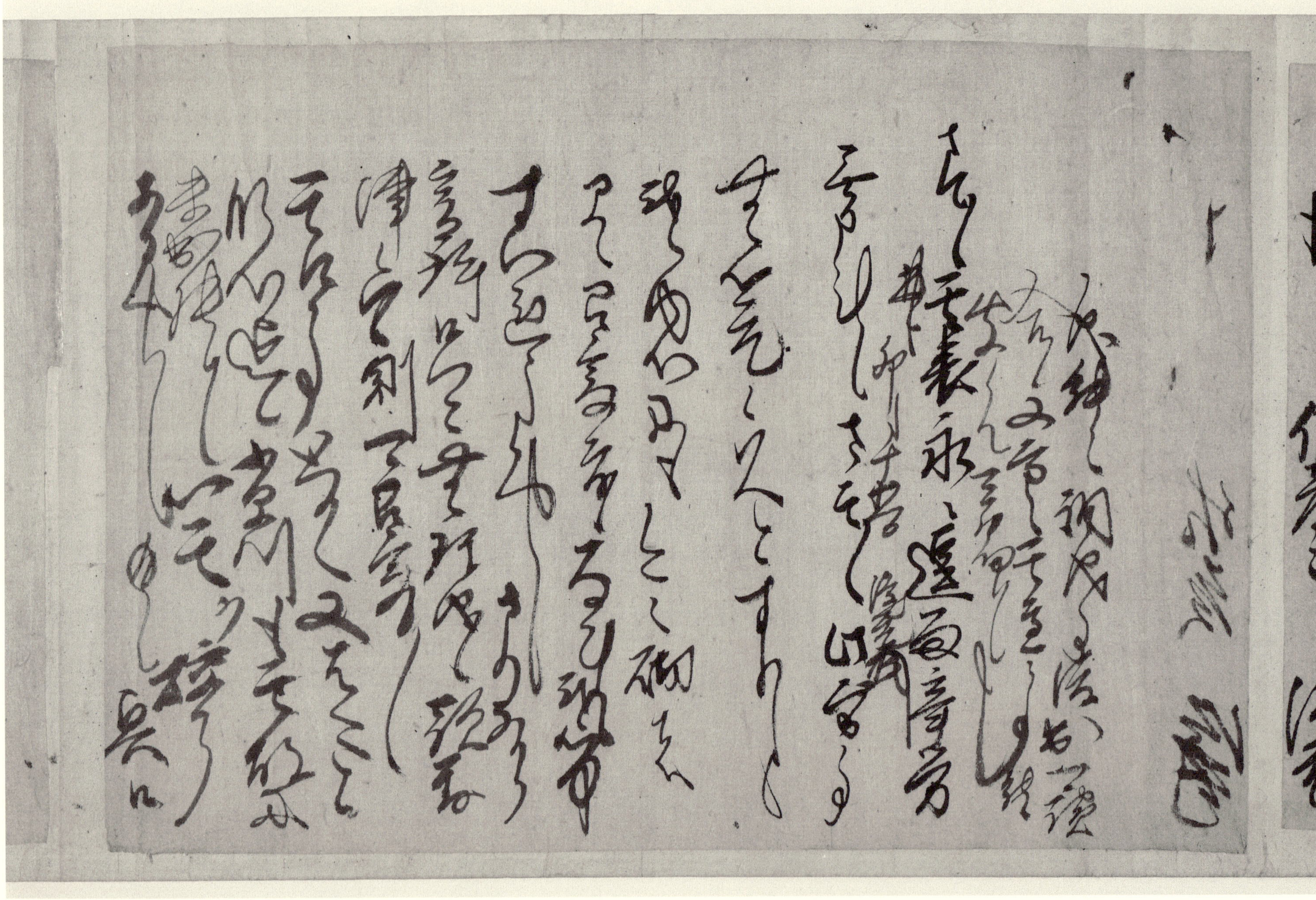

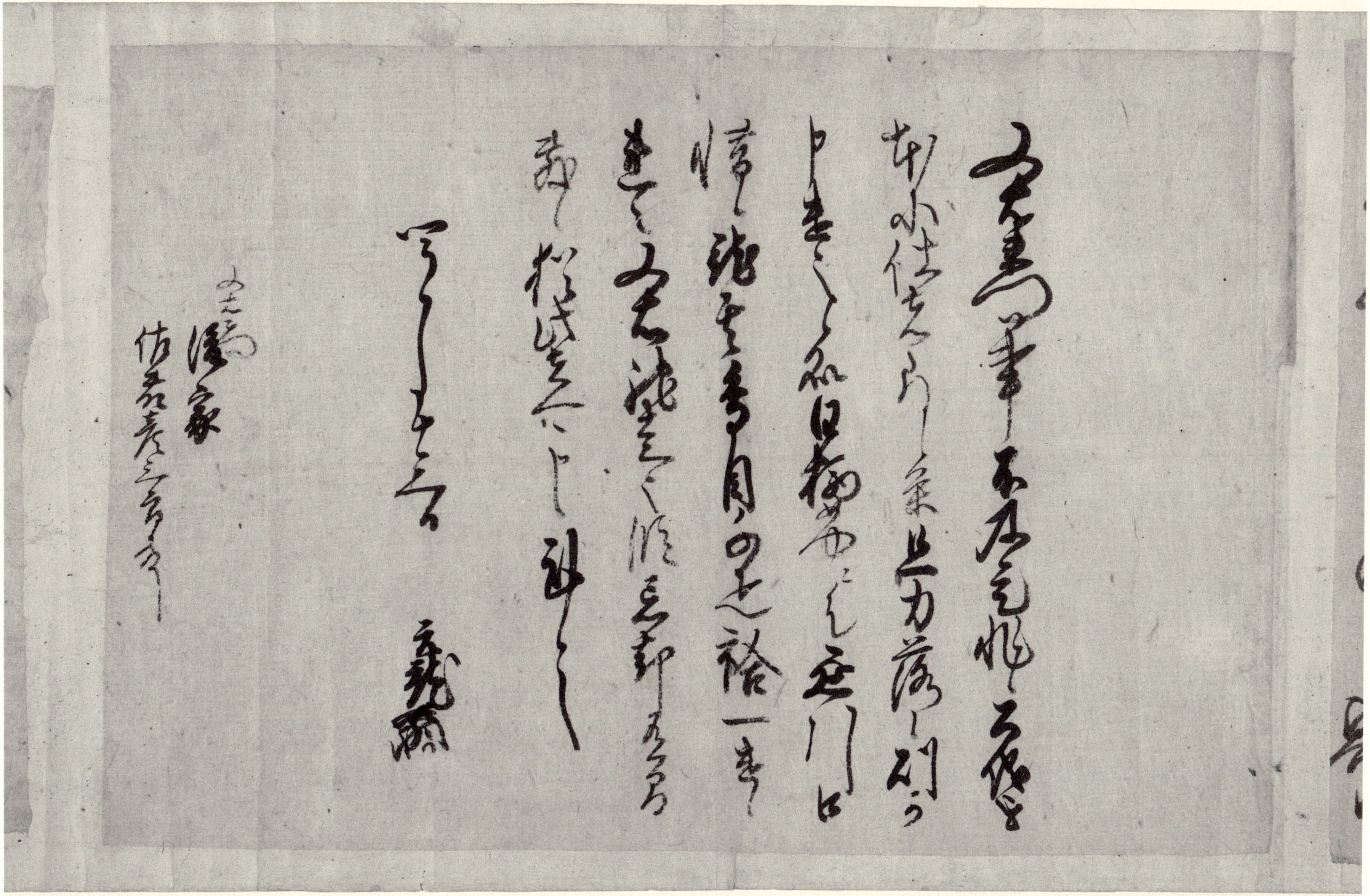

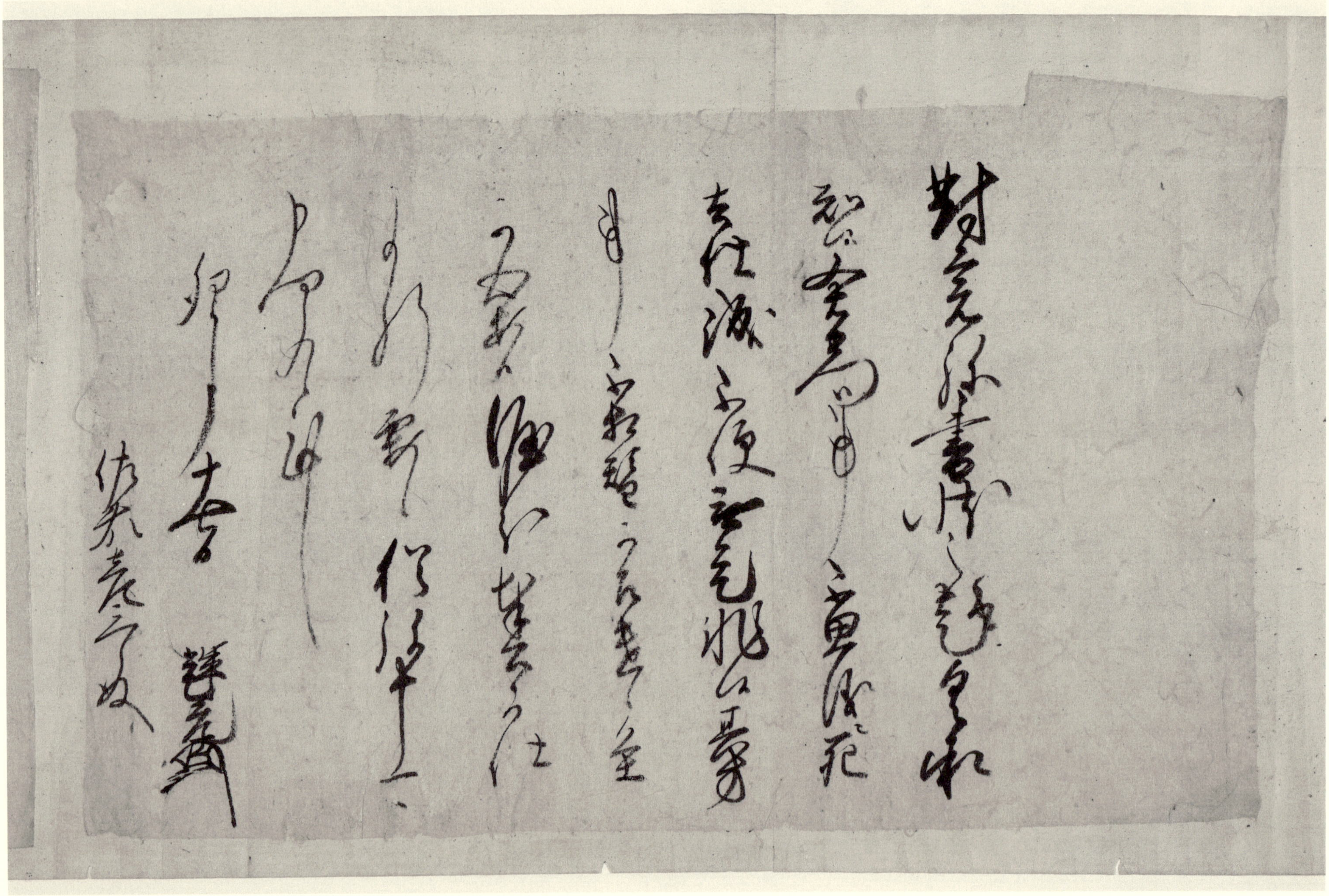

12毛利元就書状　（元亀二年）卯月十三日

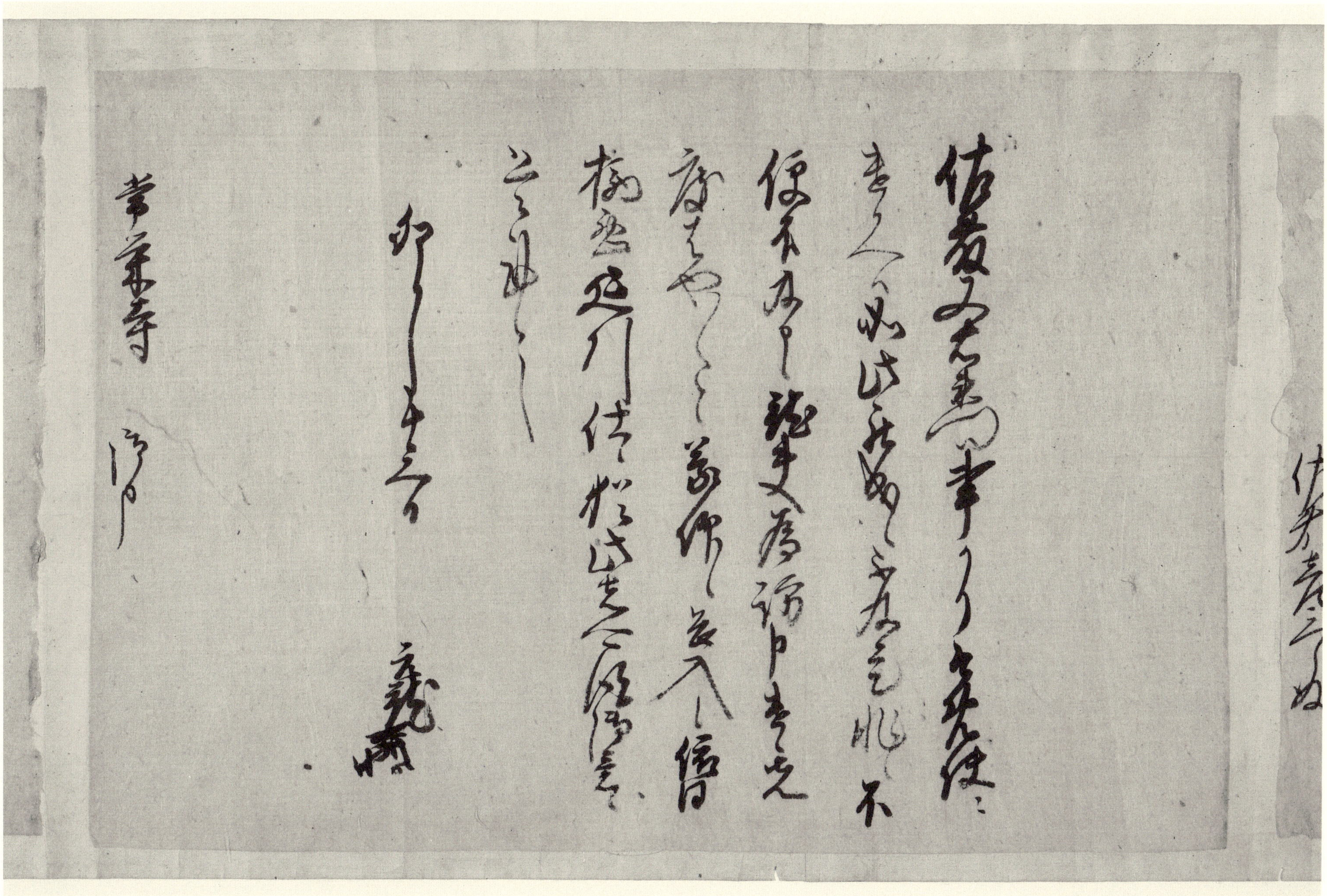

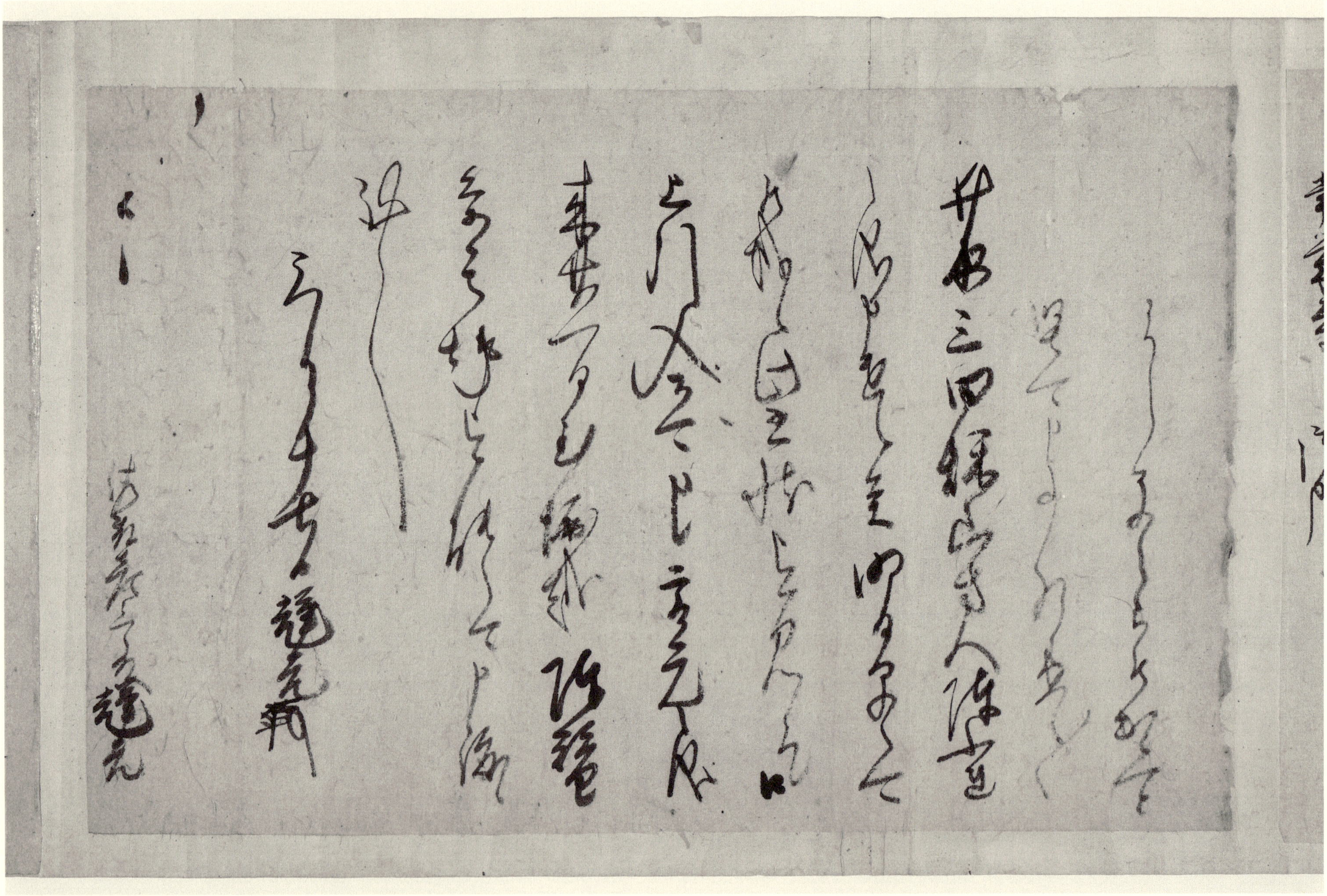

13毛利輝元書状　（年未詳）三月十七日

14毛利元就・輝元連署書状（永禄十一年）九月二十日

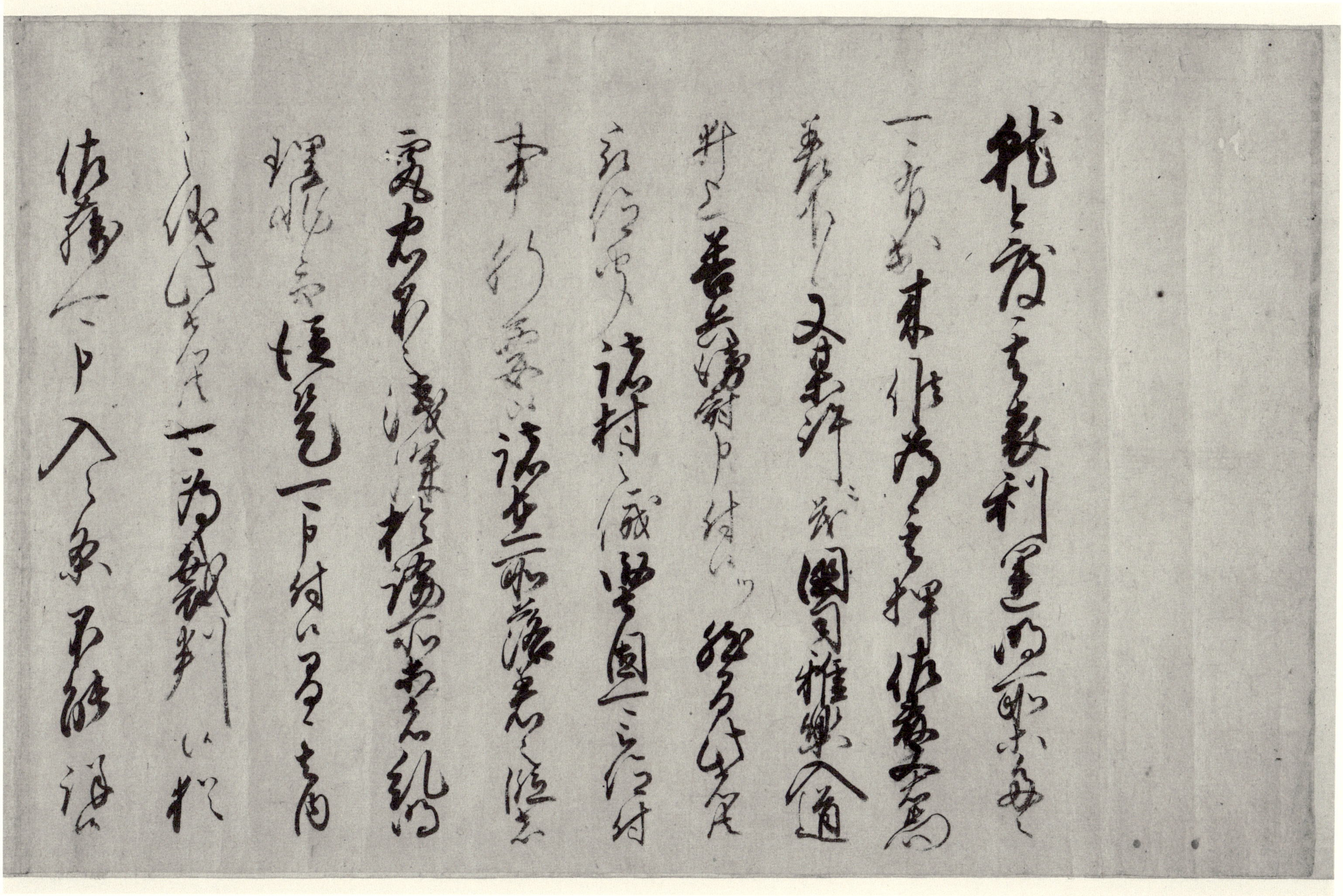

（1）

14毛利元就・輝元連署書状（永禄十一年）九月二十日

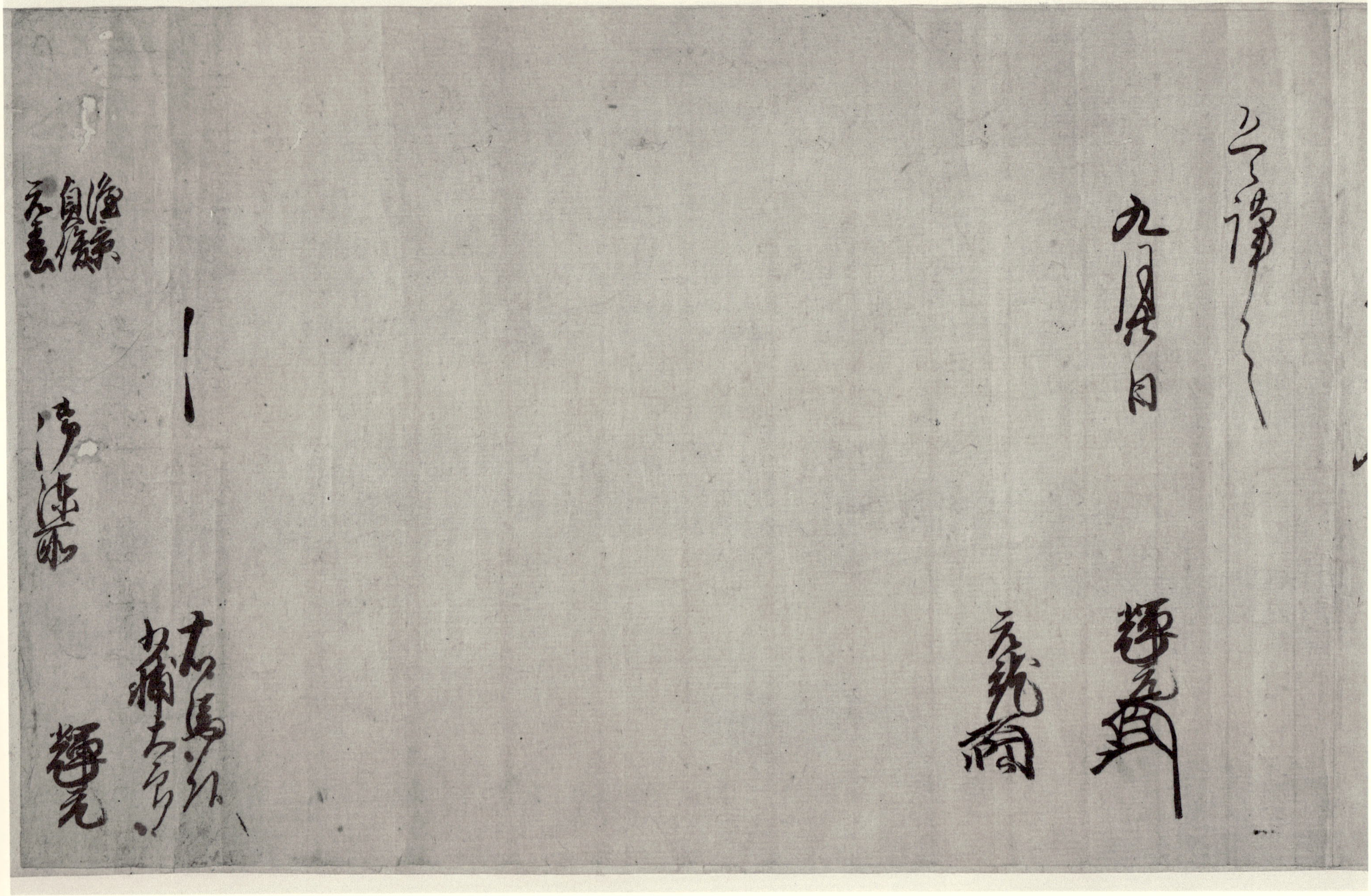

恐々謹言

九月廿日

輝元（花押）

元就（花押）

（2）

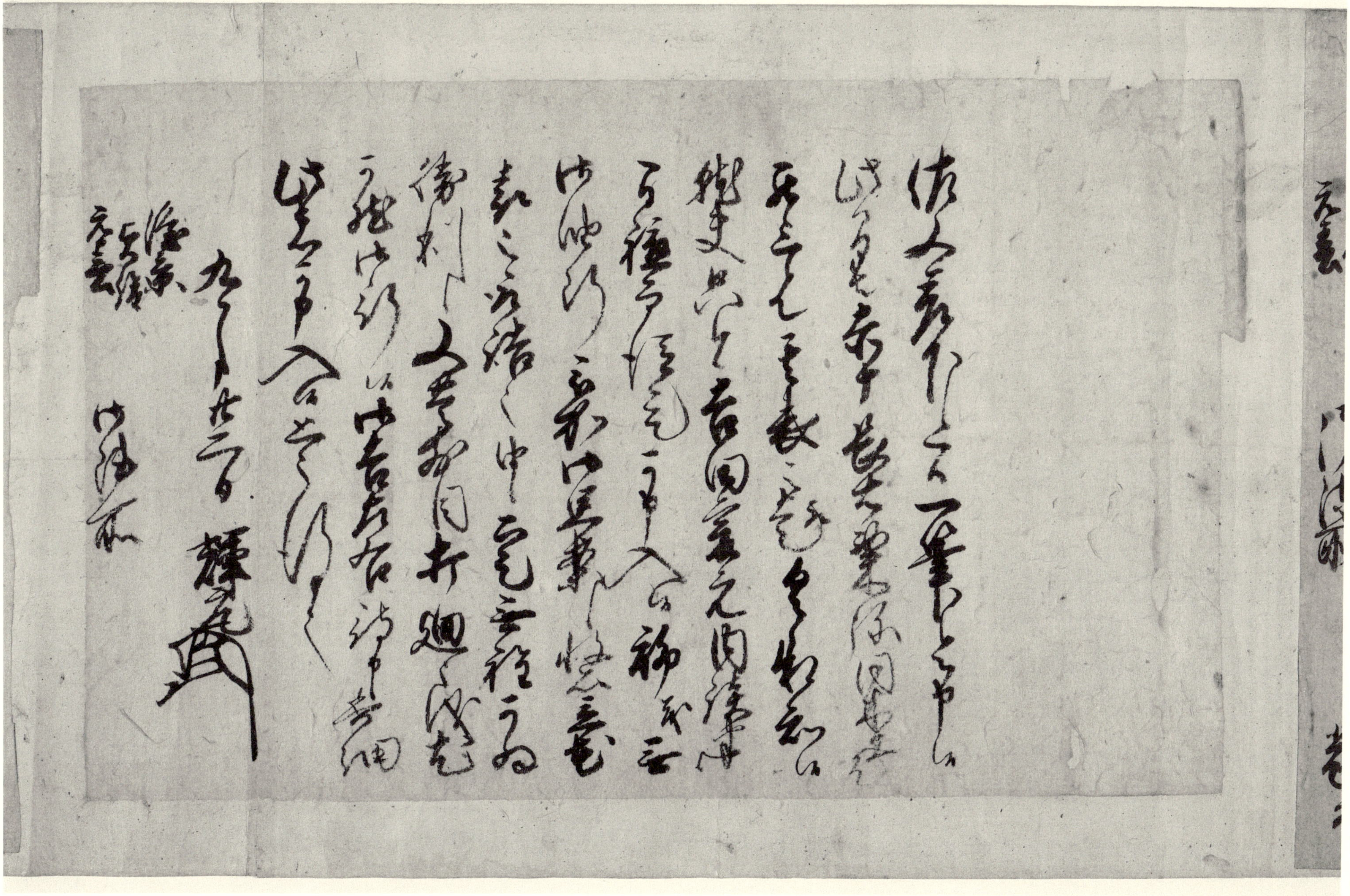

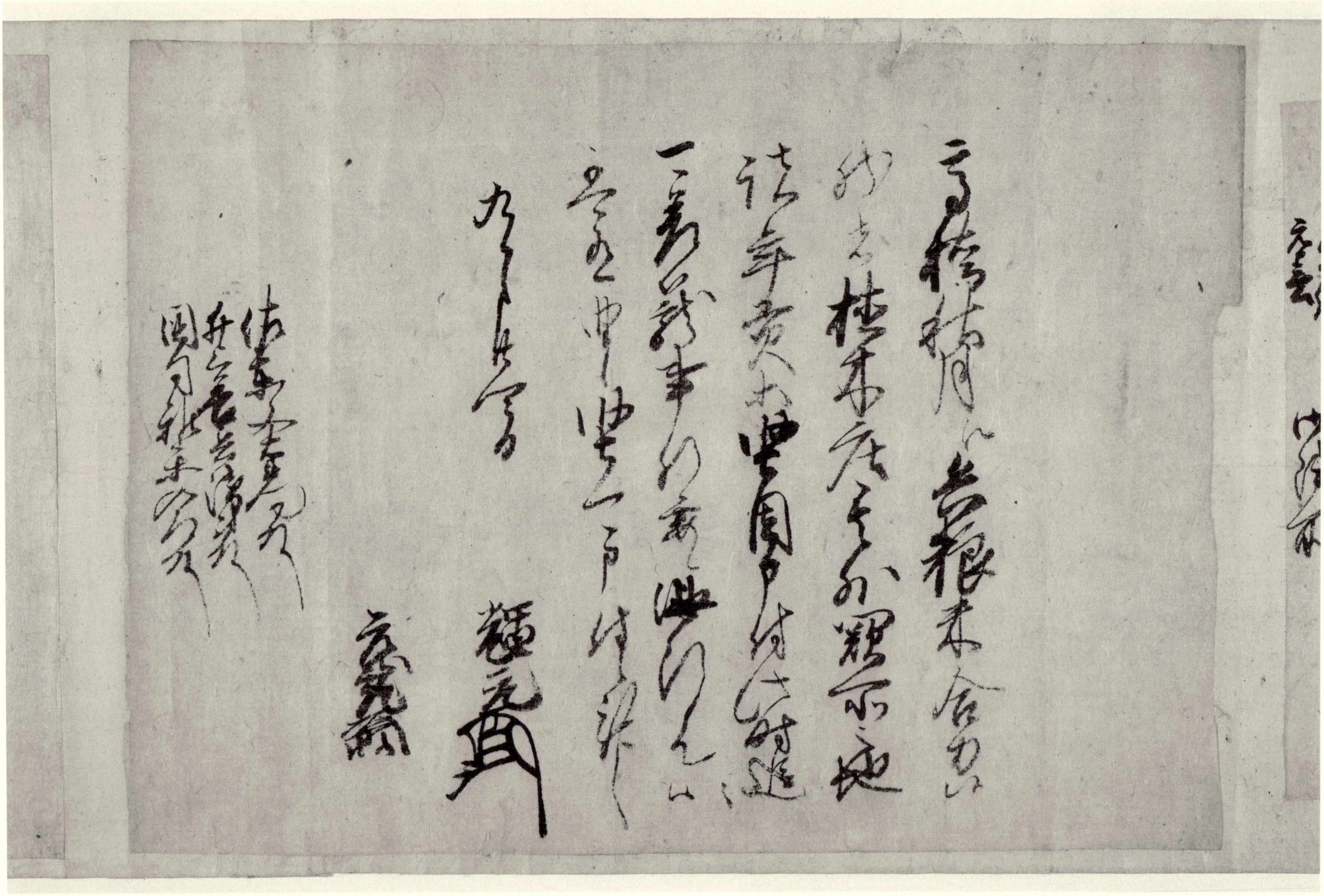

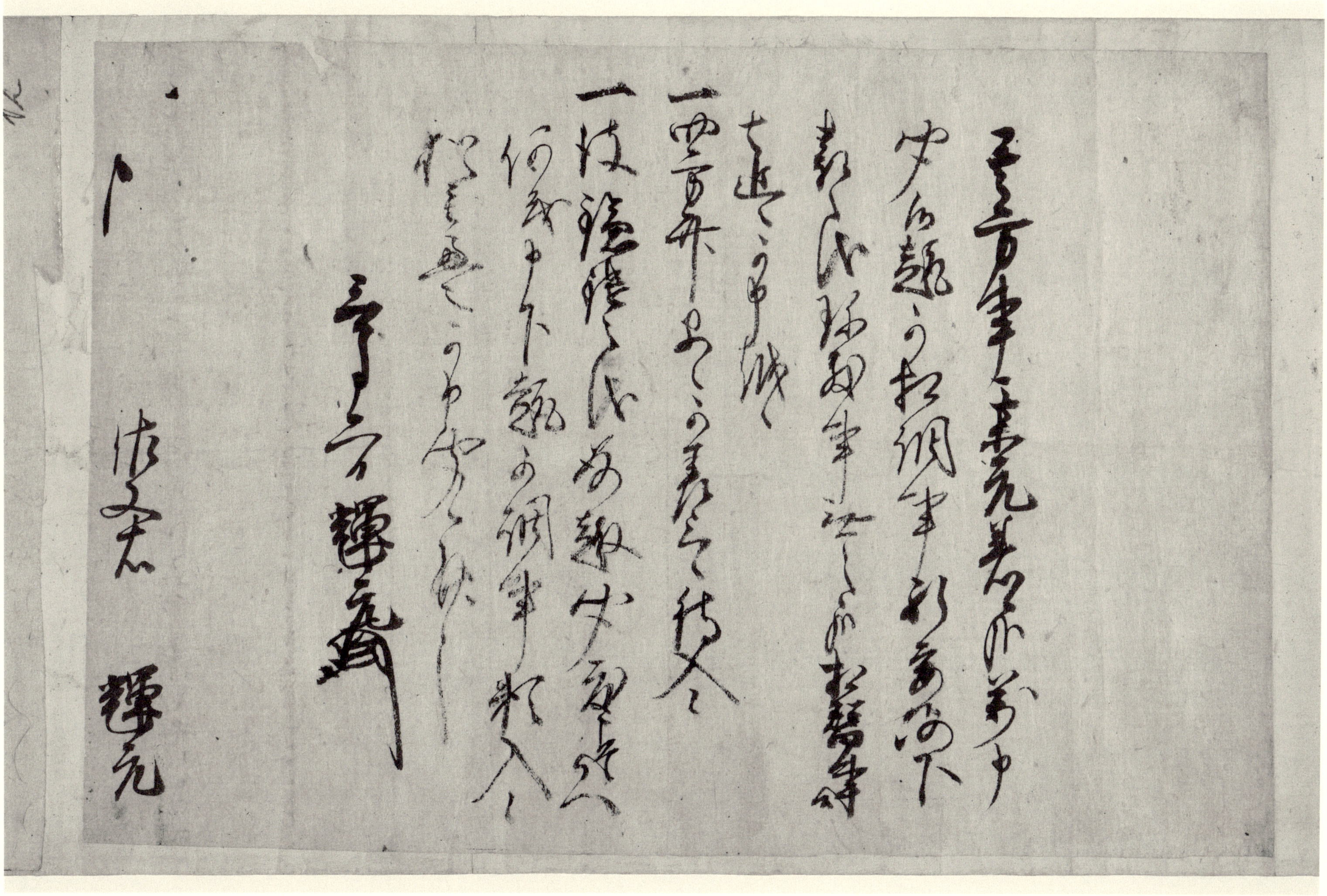

佐藤文書　巻一　17毛利輝元書状　（年未詳）三月二日

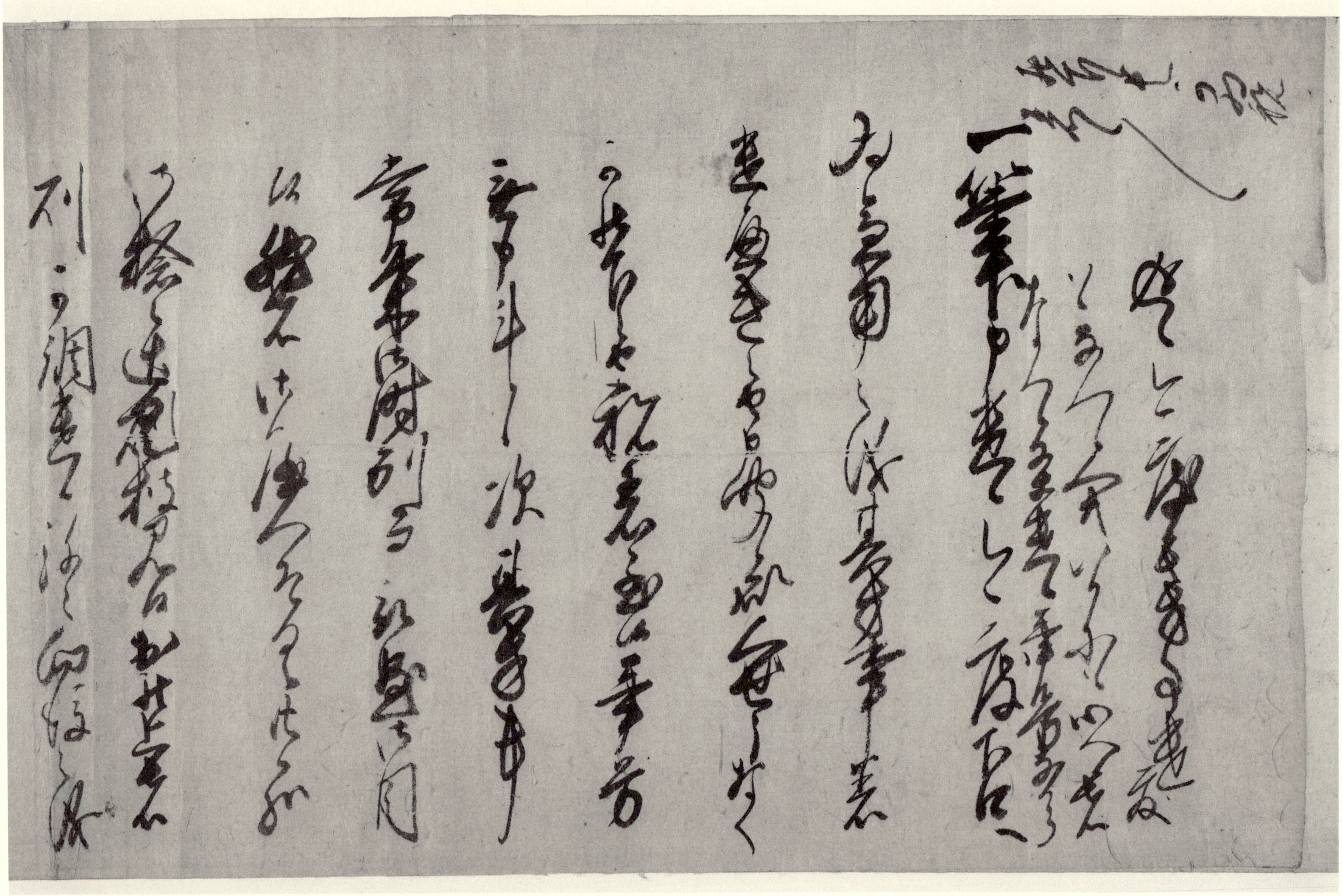

（1）

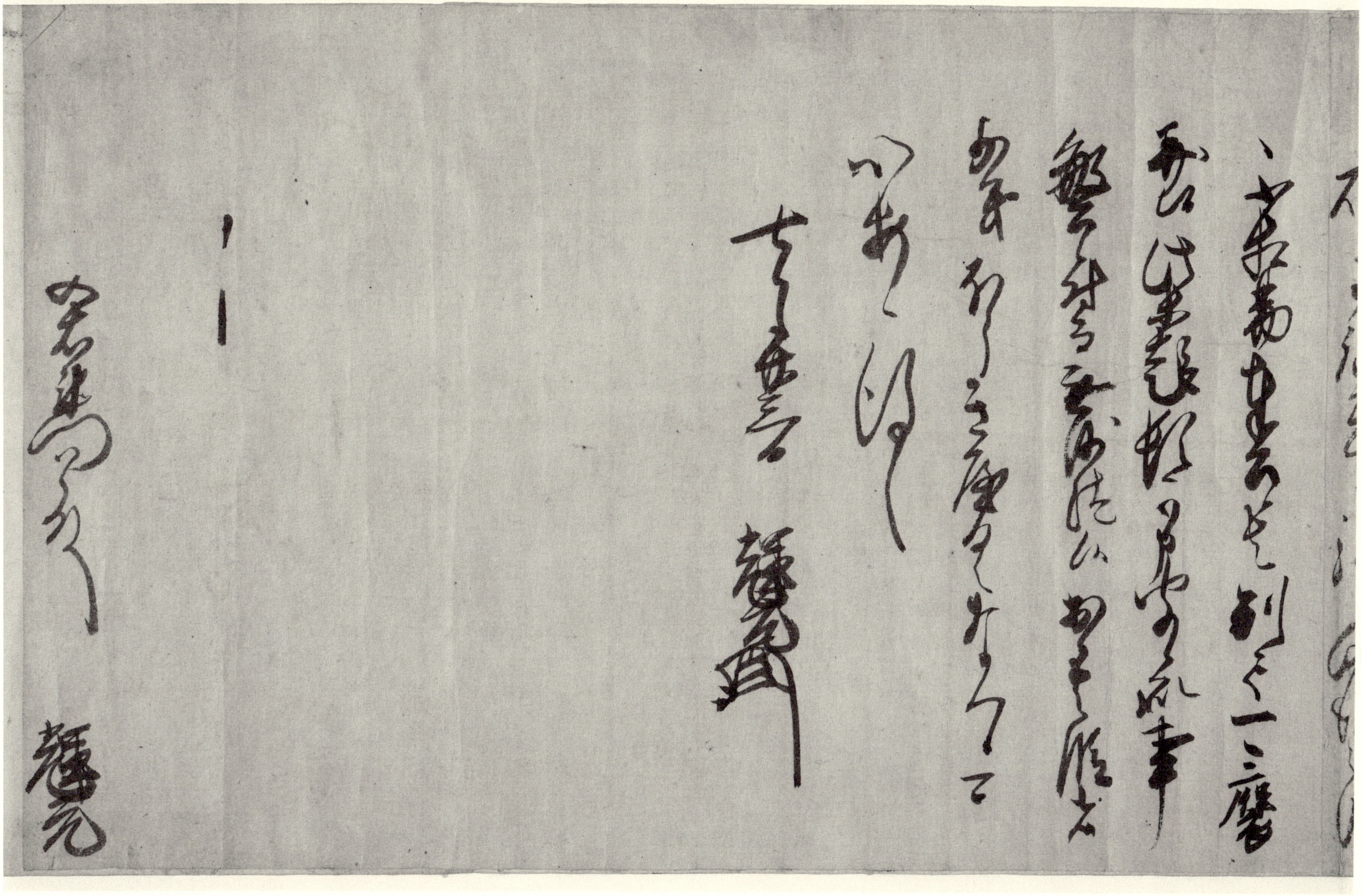

（2）

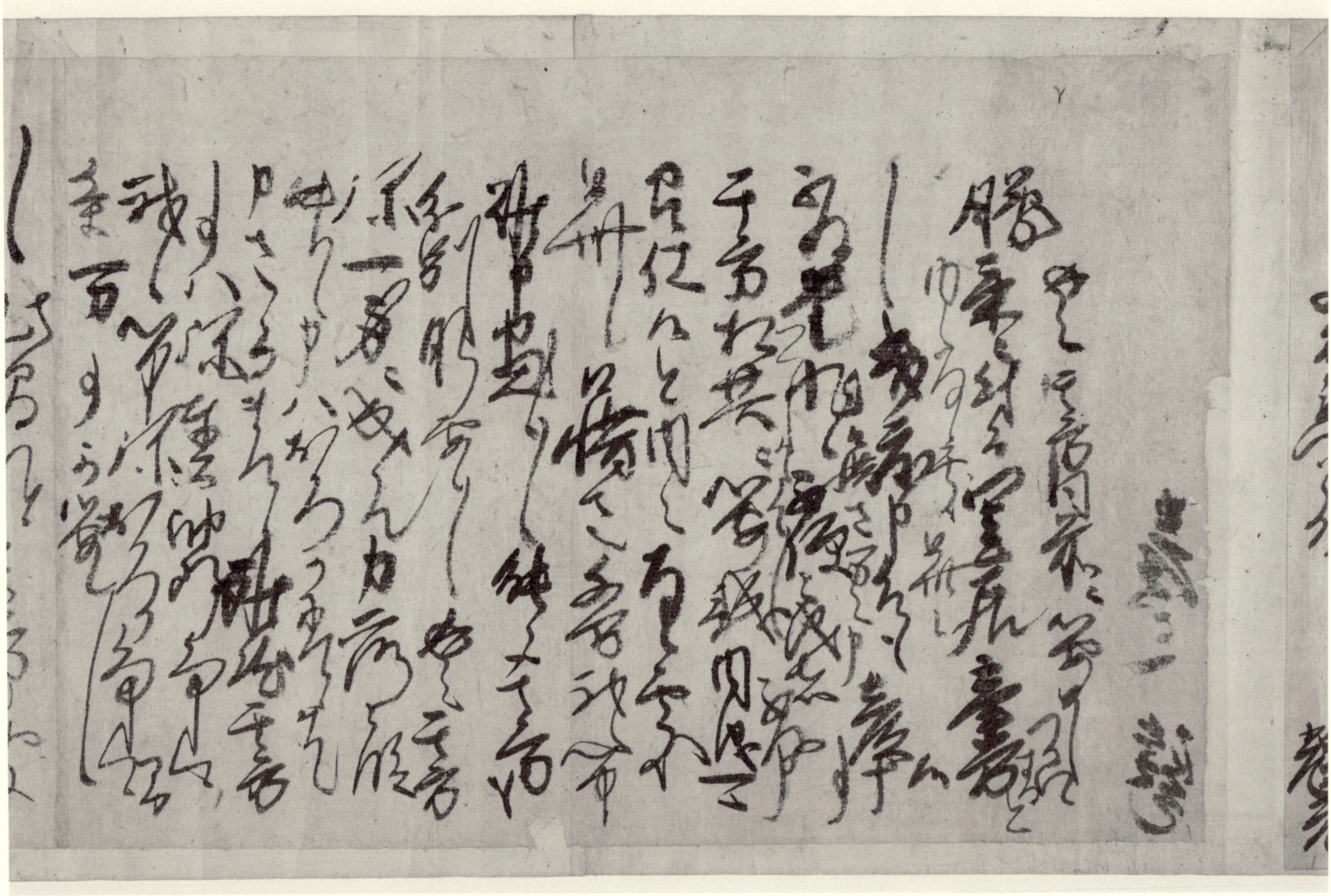

（1）

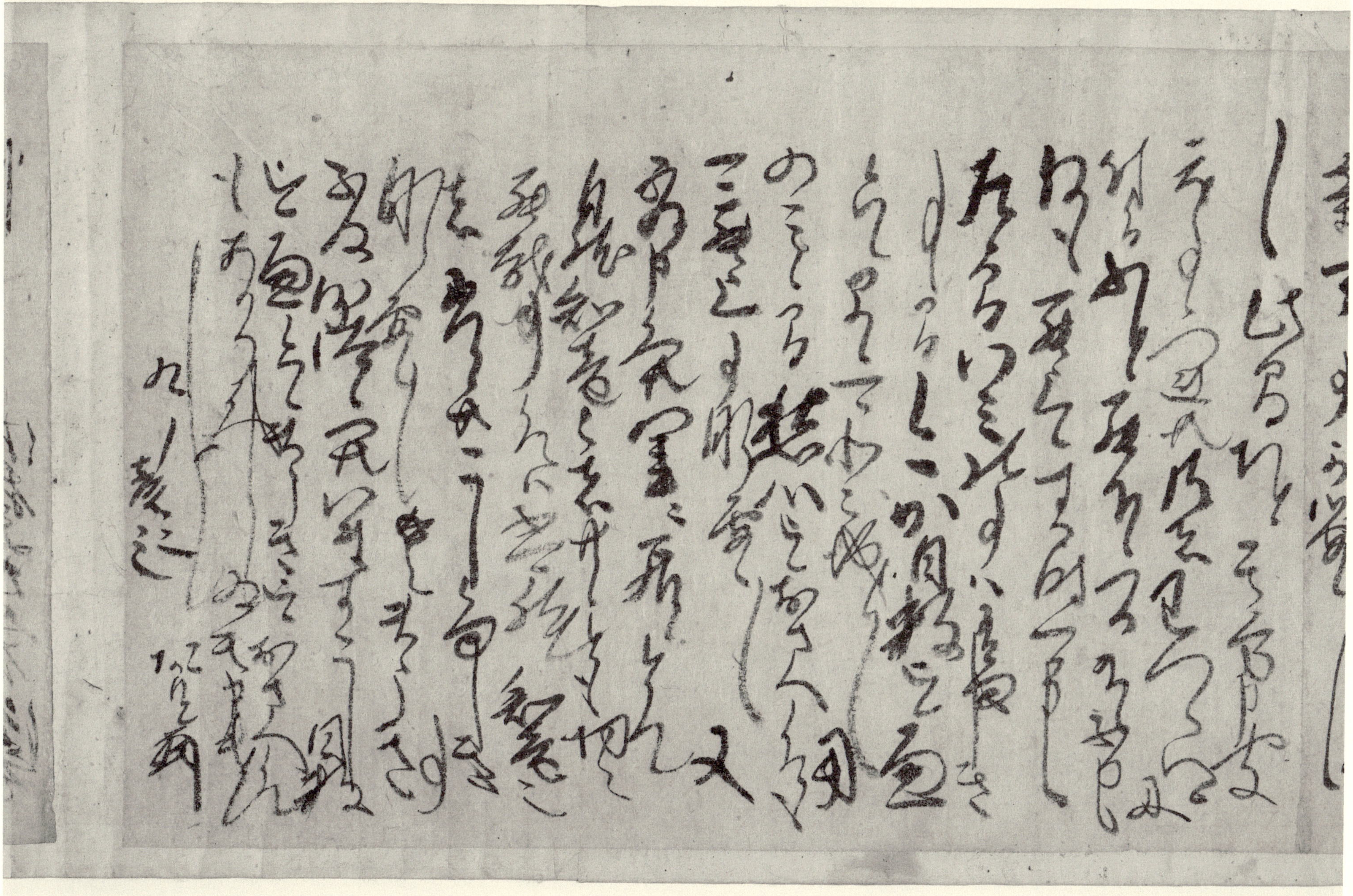

（2）

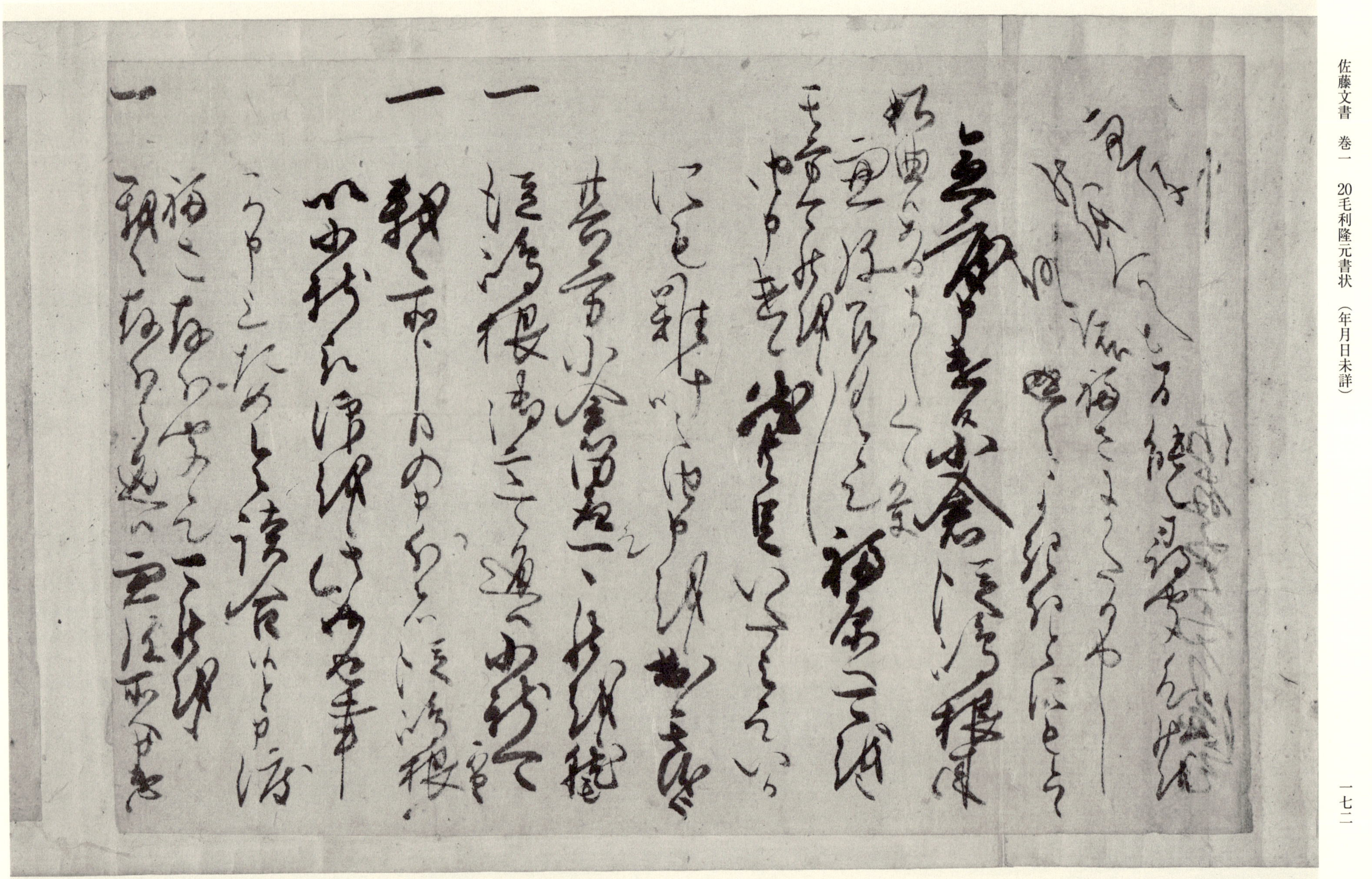

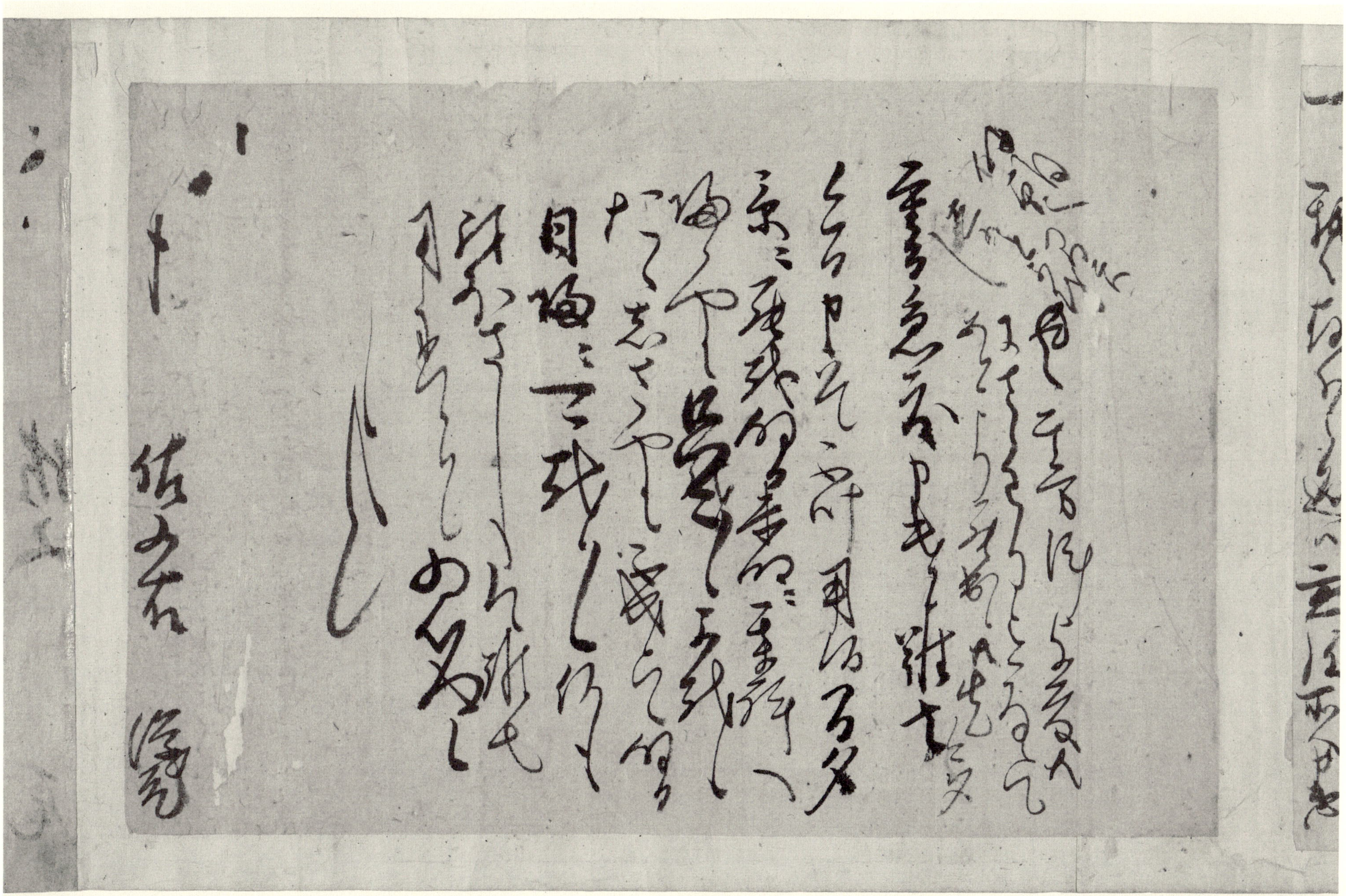

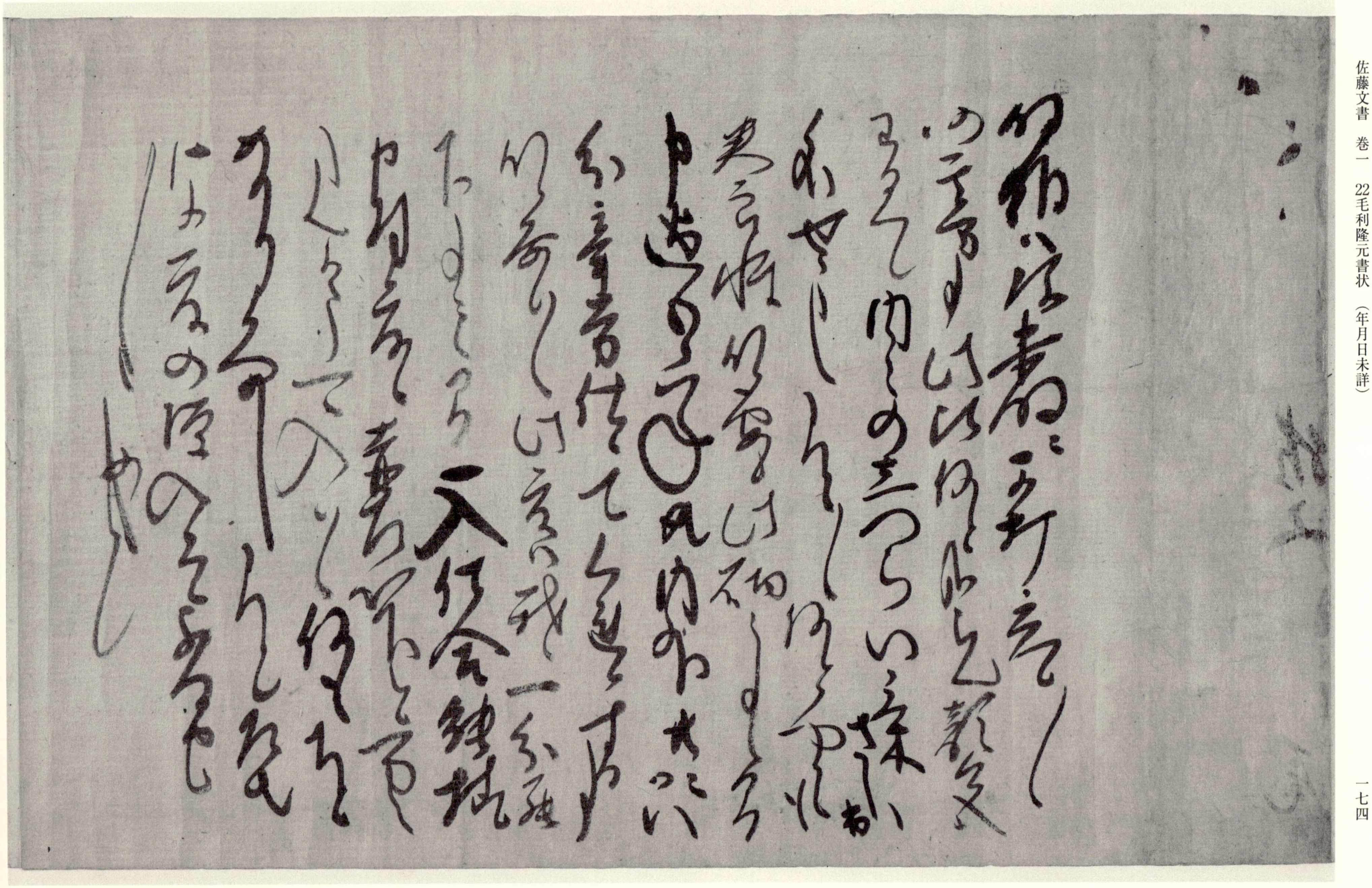

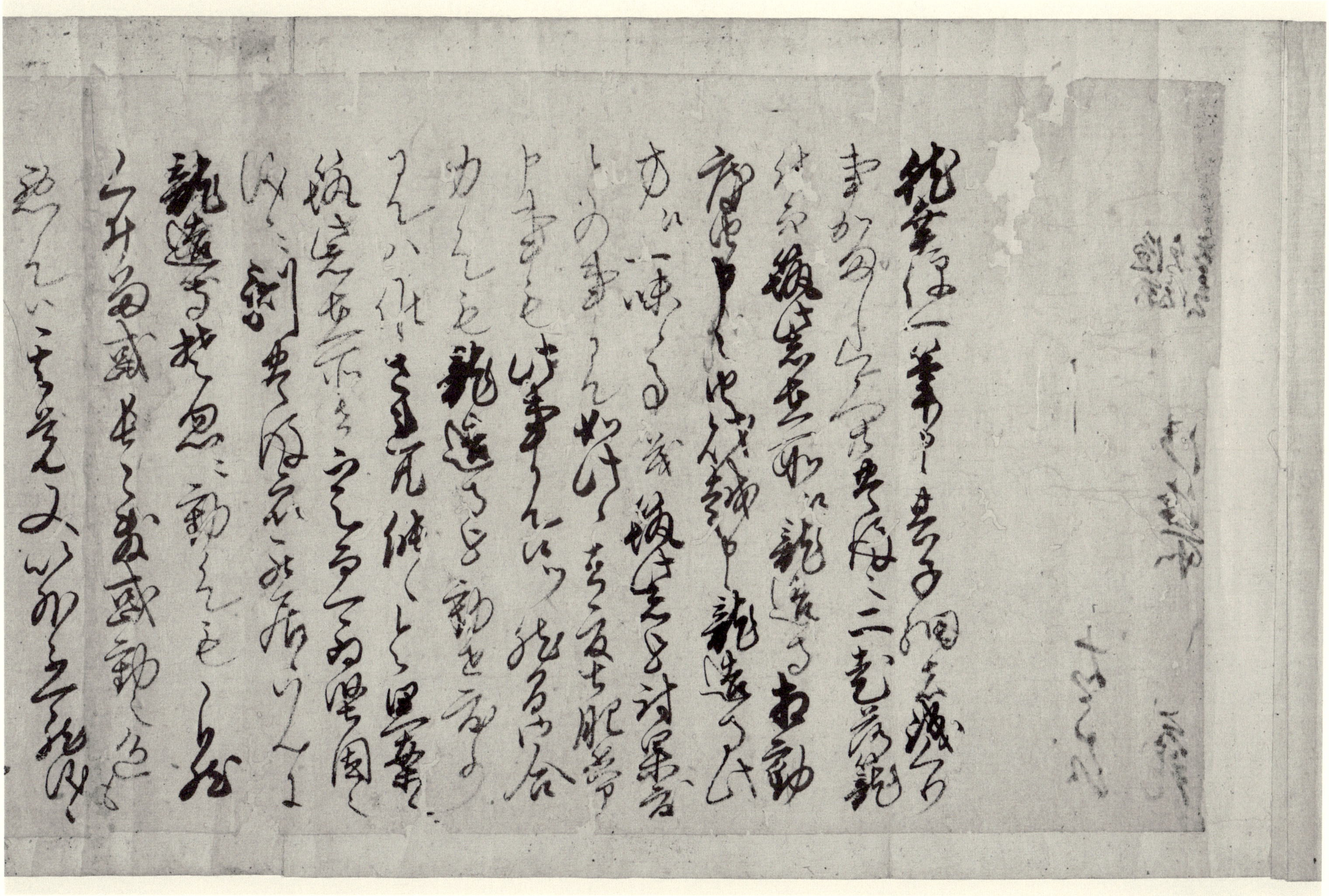

（1）

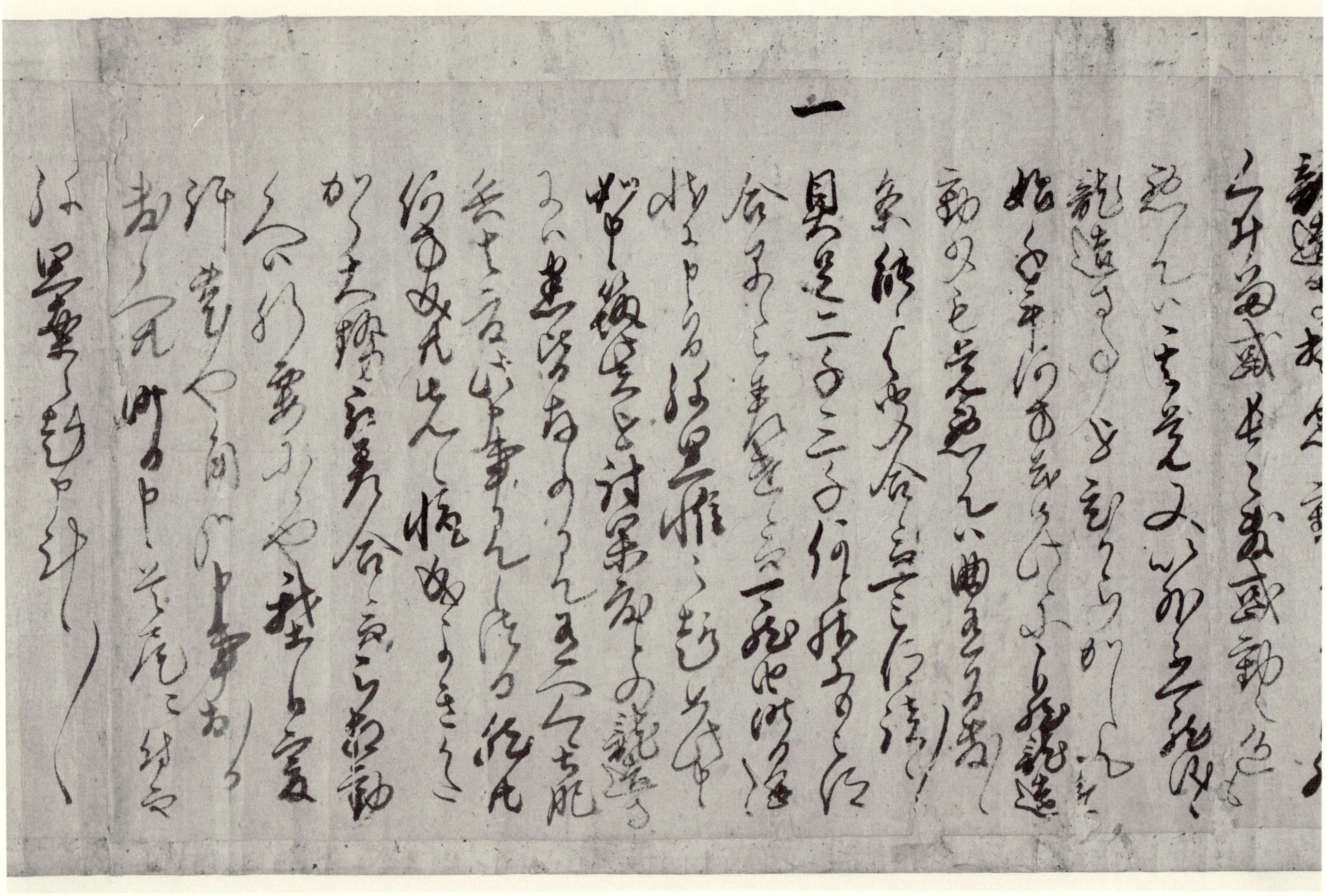

（2）

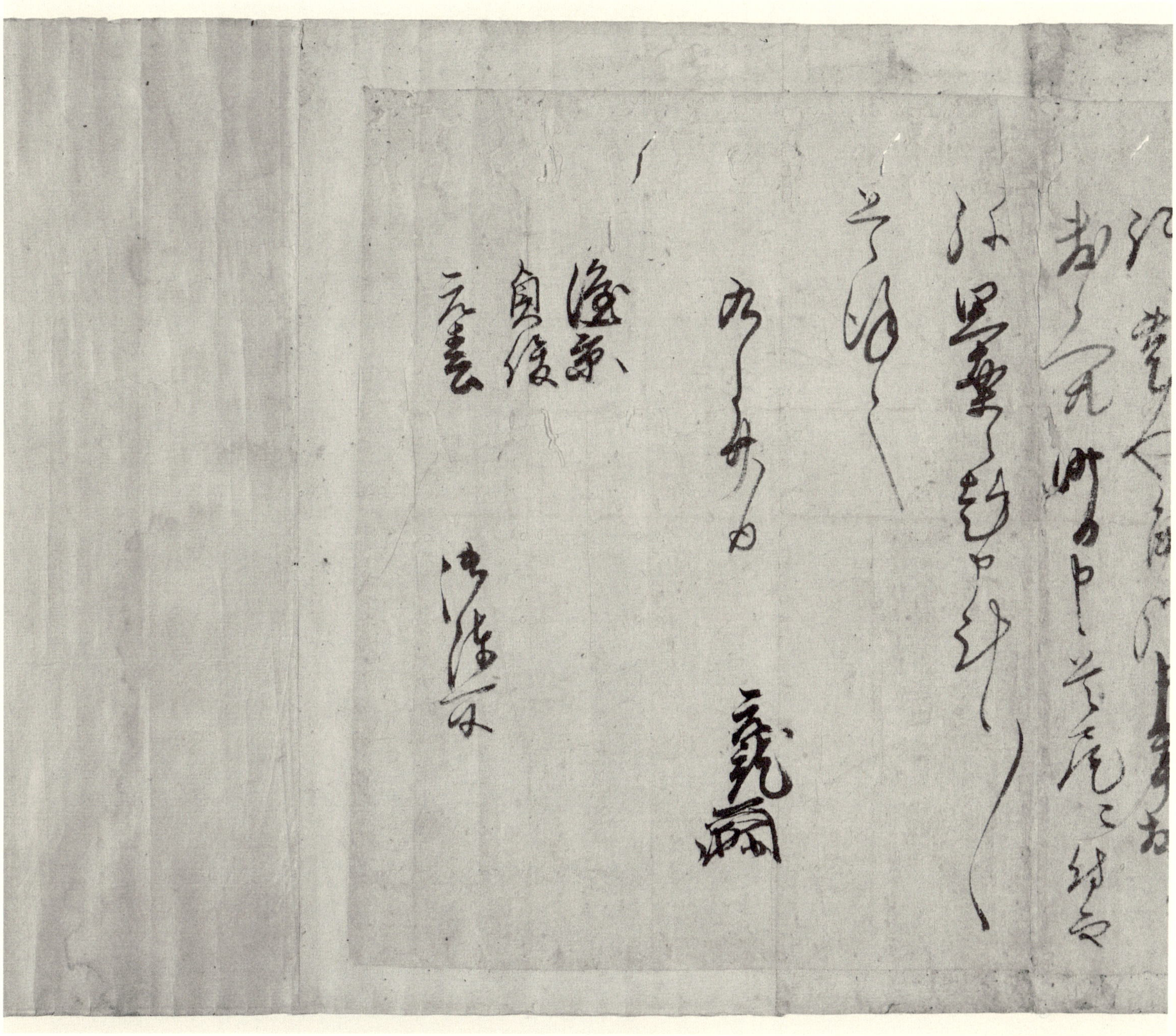

(3)

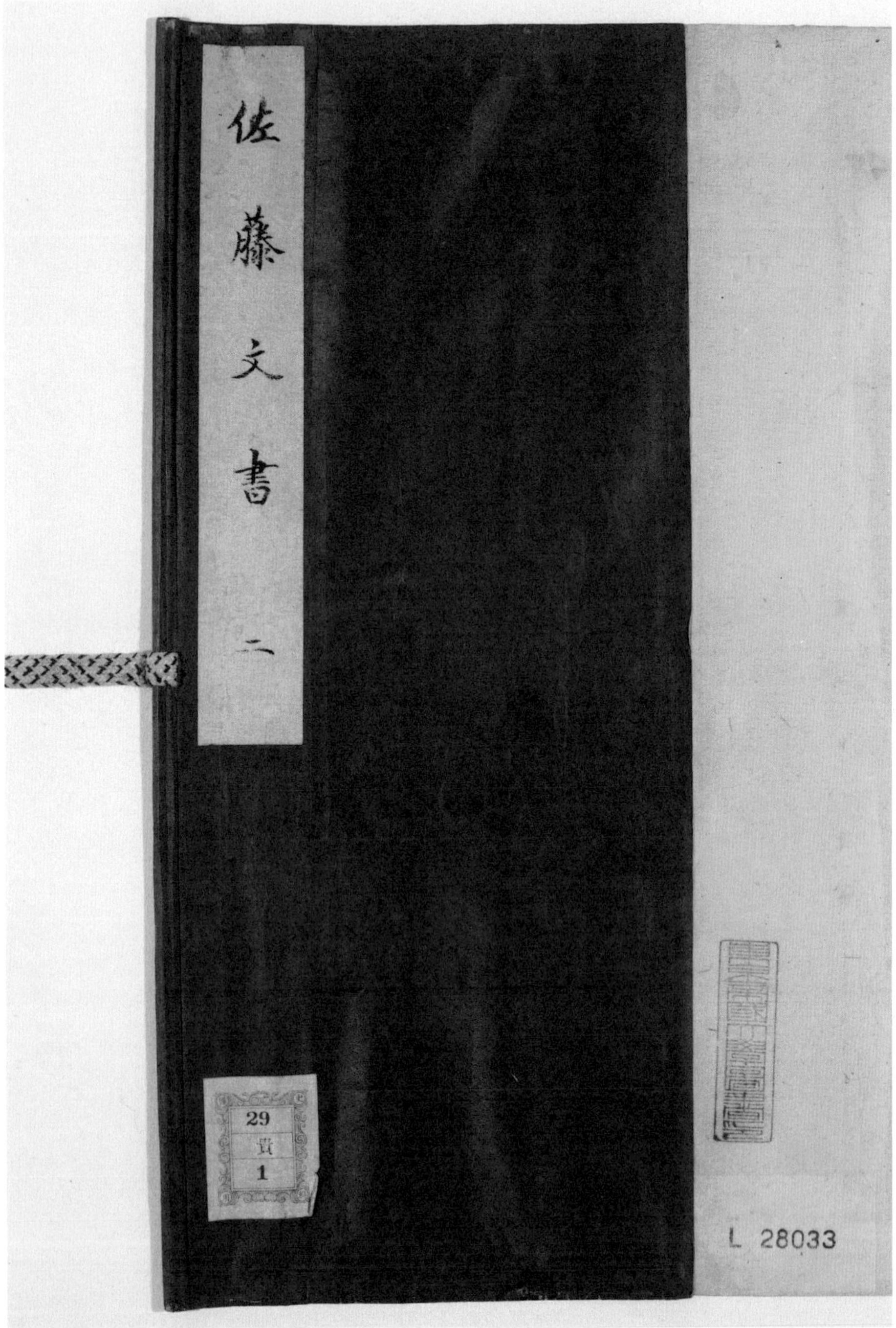
佐藤文書
二
29
1
L 28033

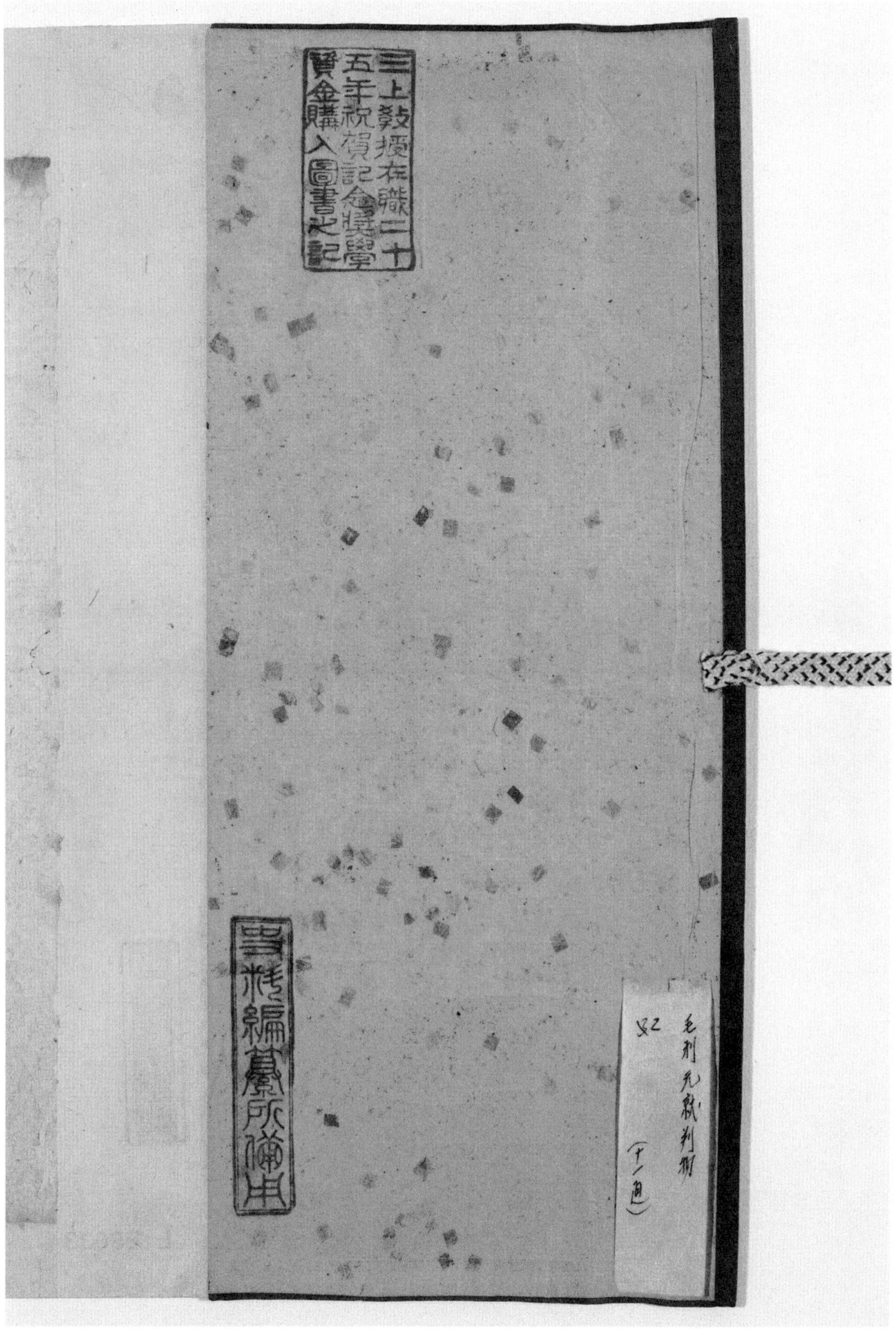
三上教授在職二十五年祝賀記念奨學資金購入圖書之記
史料編纂所圖書
毛利元就判物
(十ノ通)

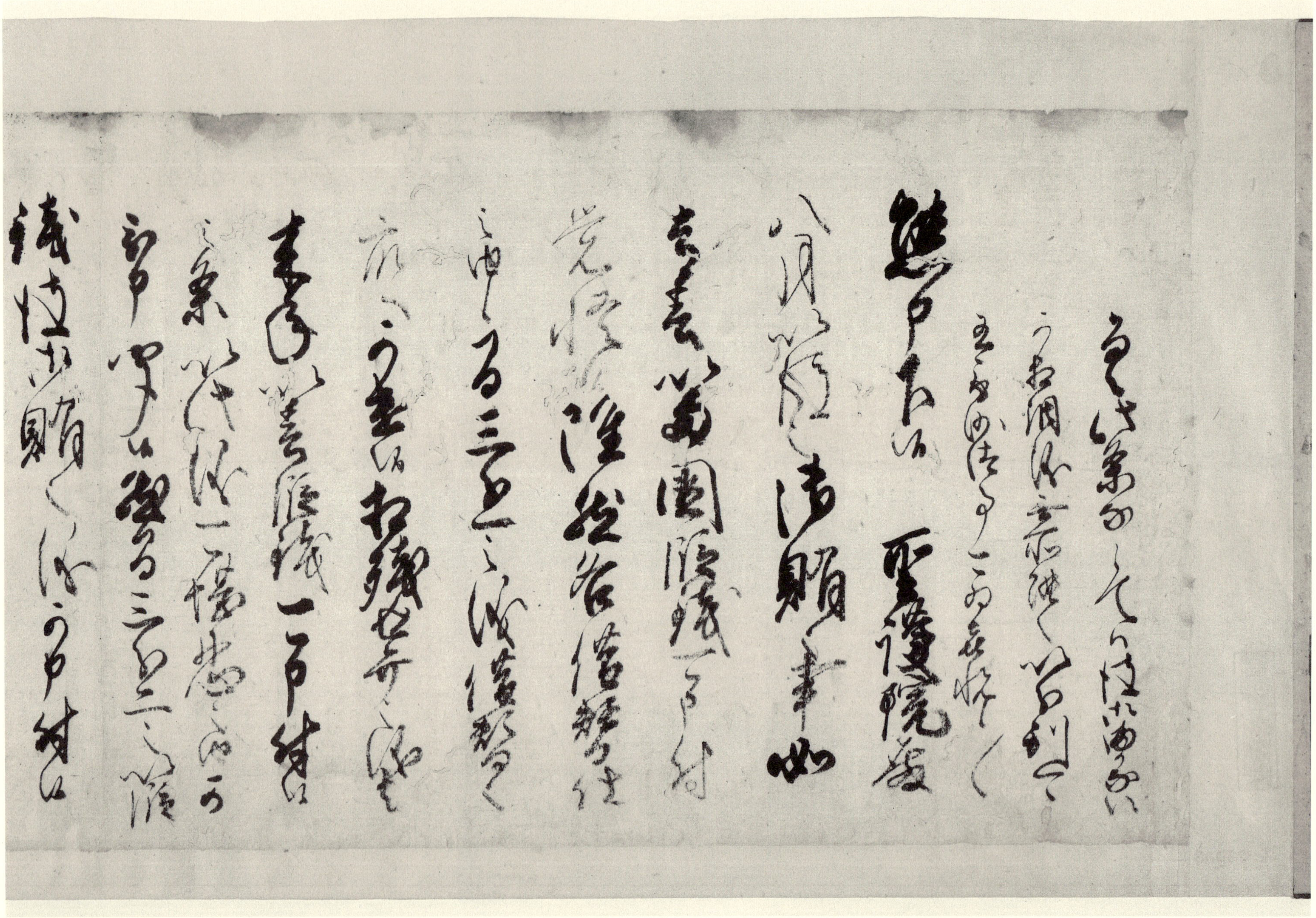

（1）

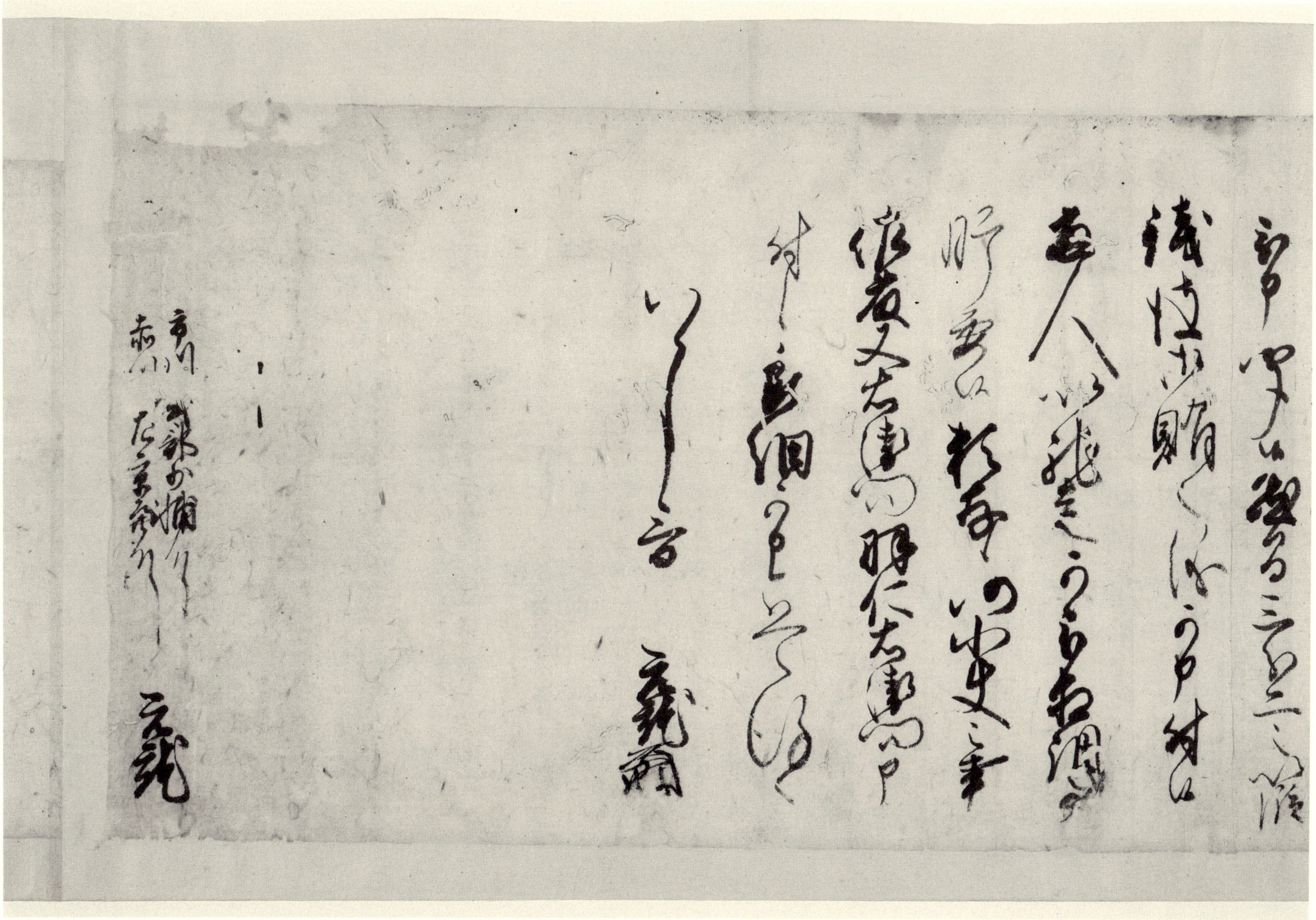

（2）

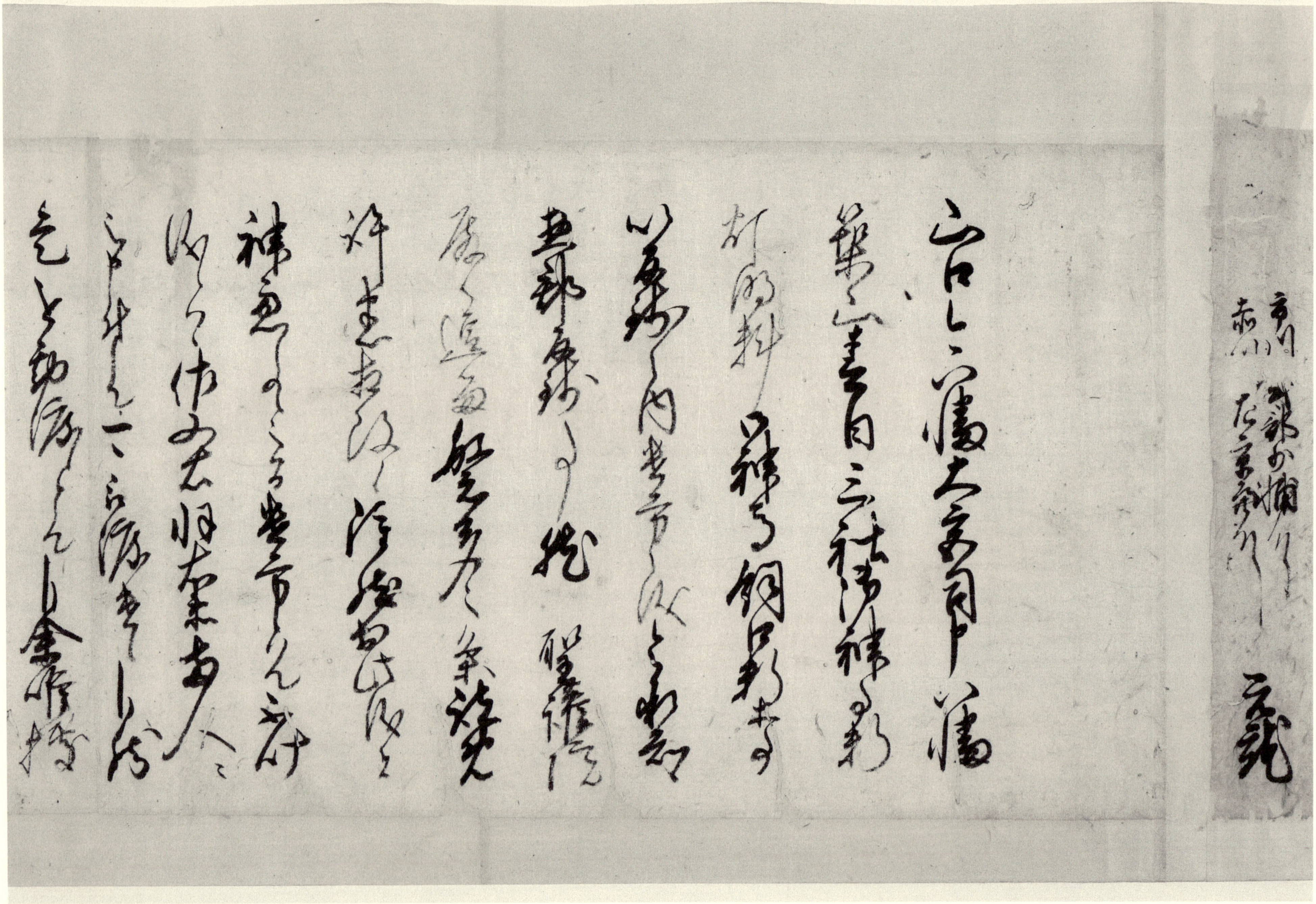

（1）

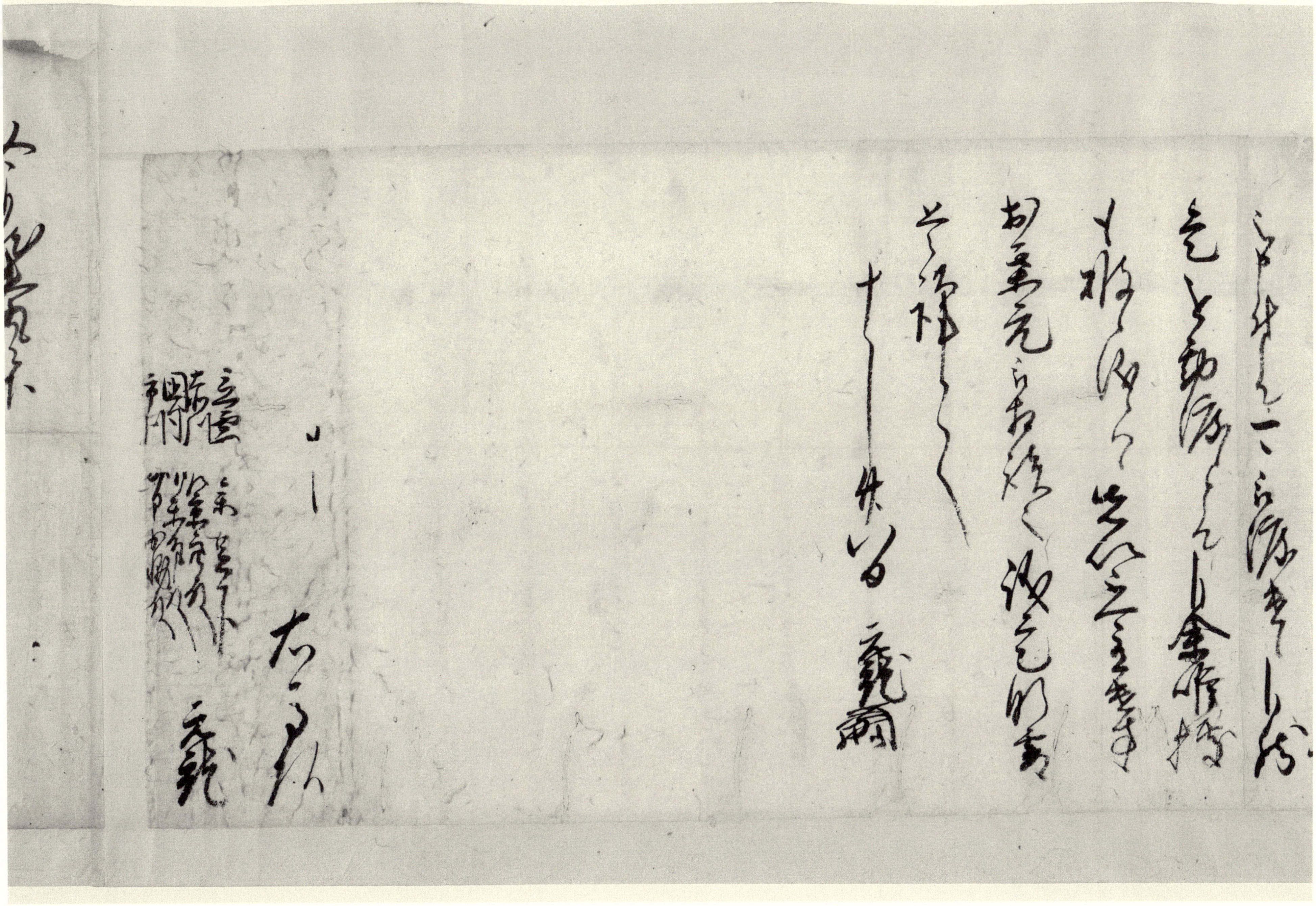

(2)

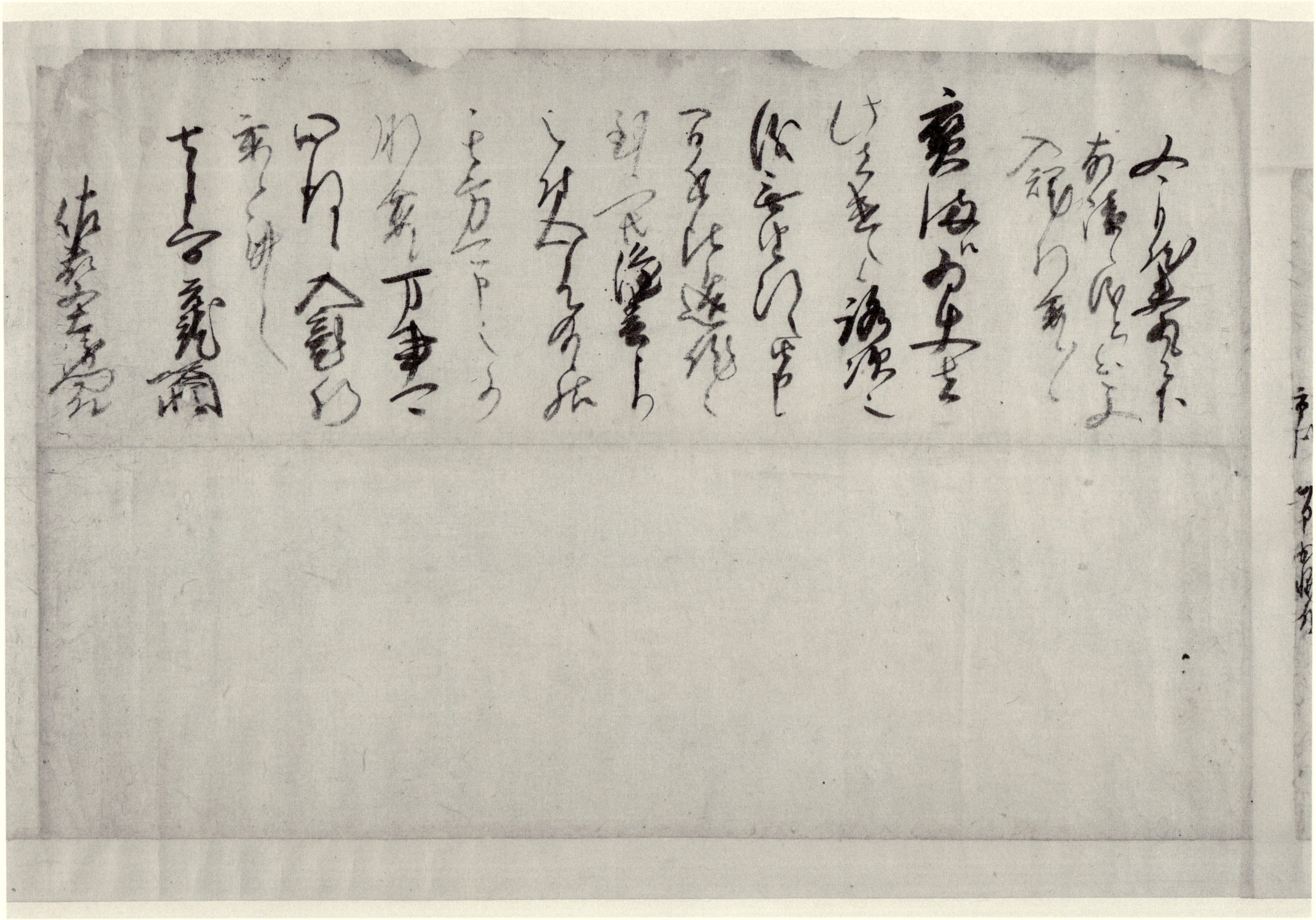

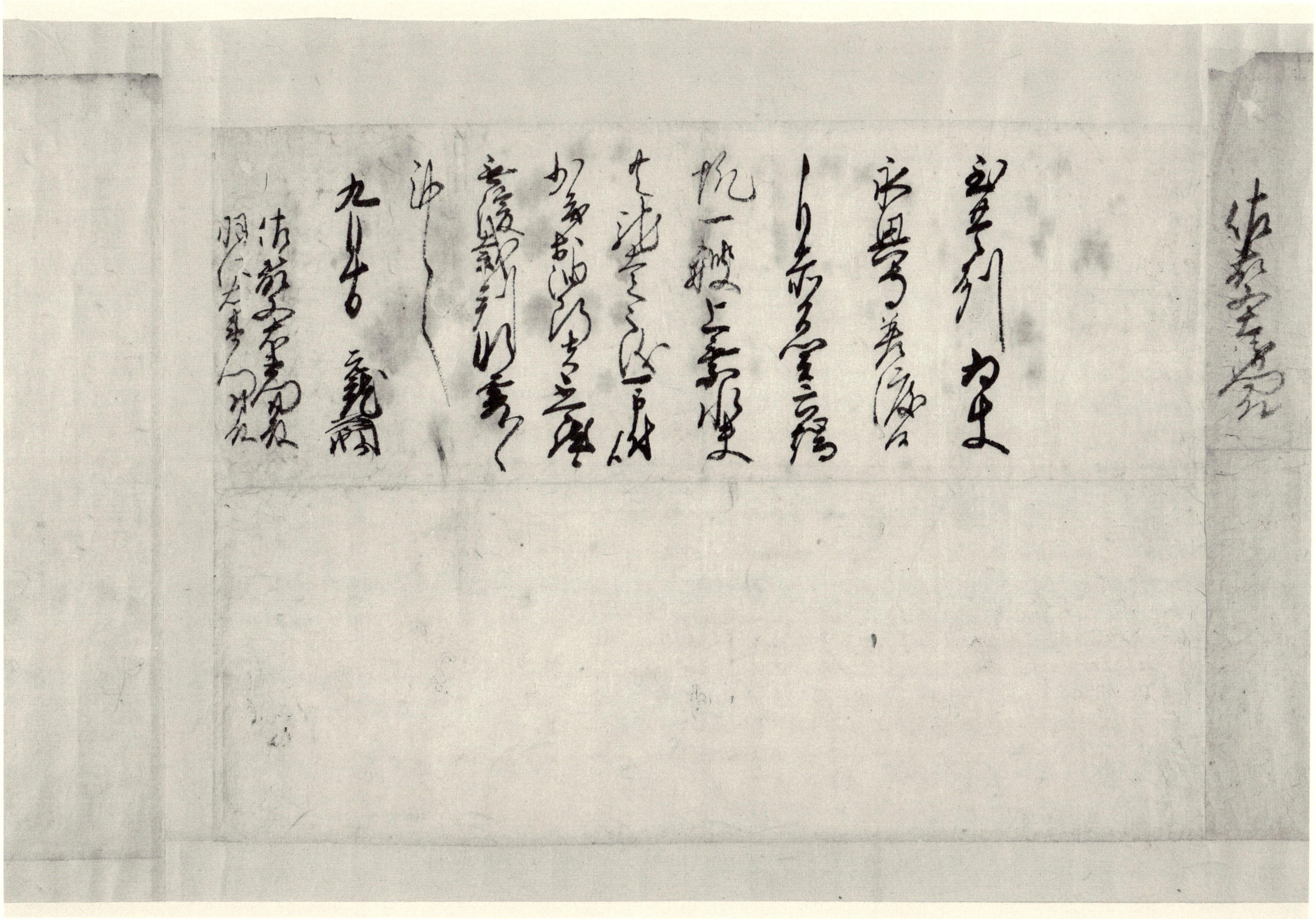

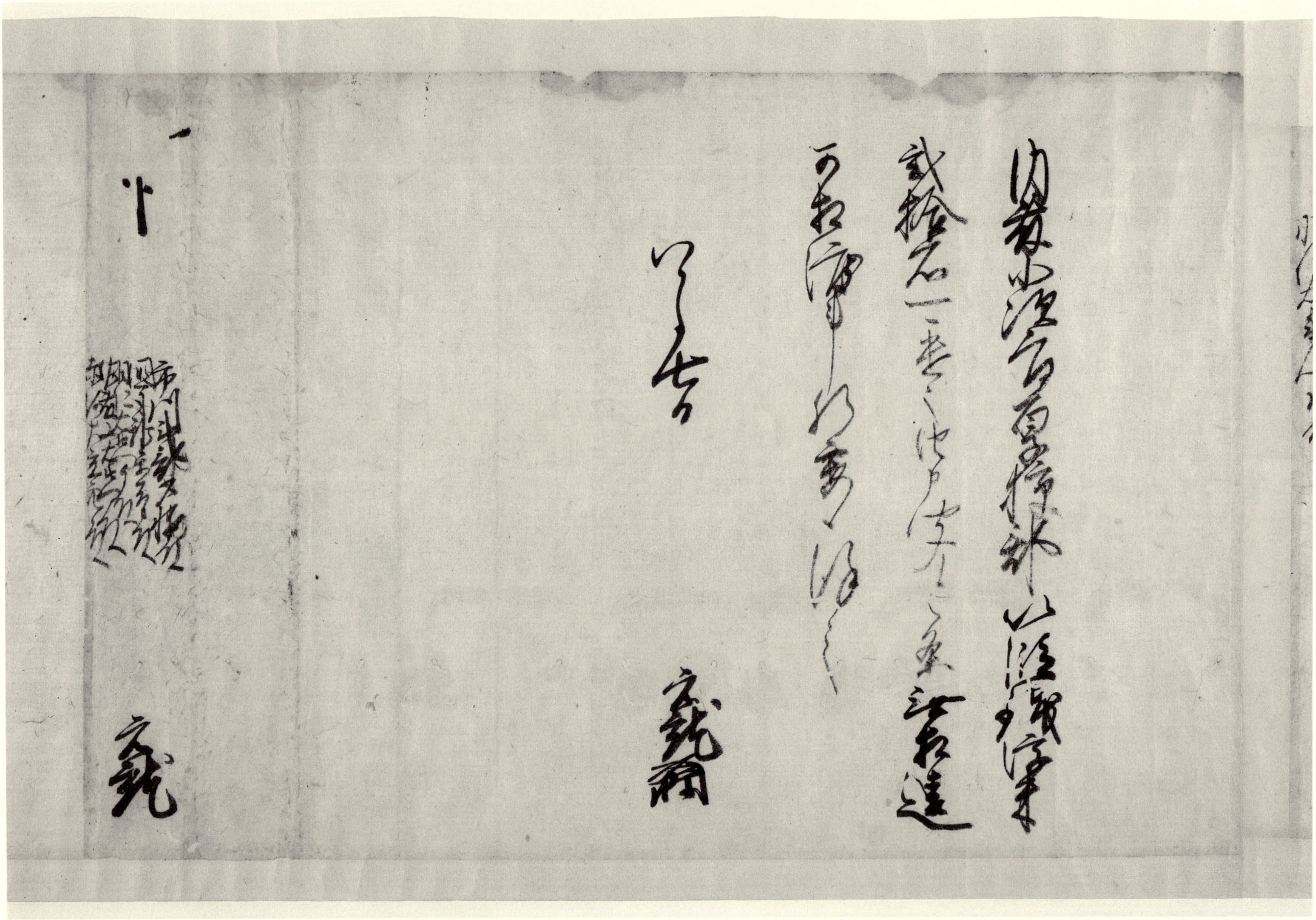

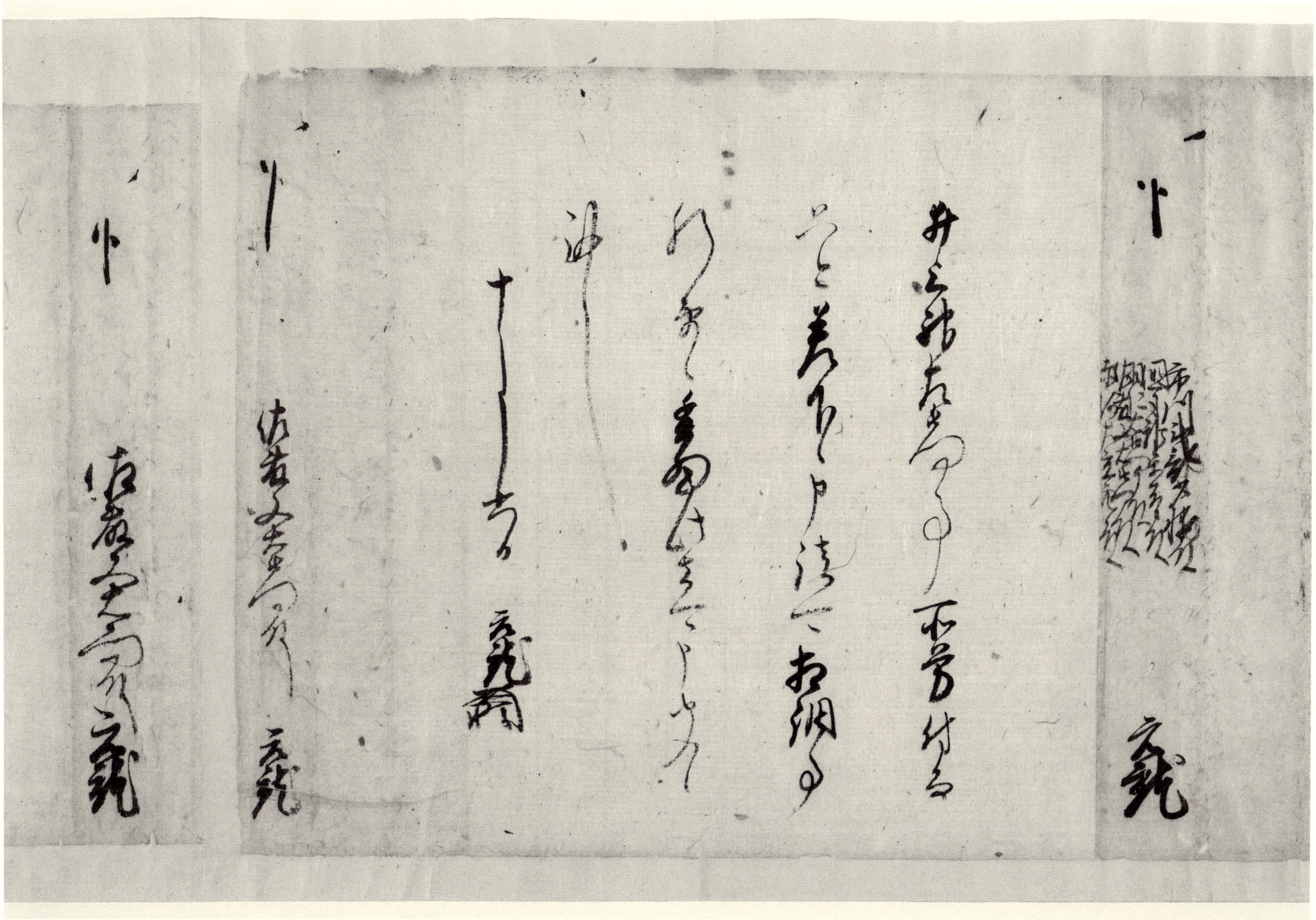

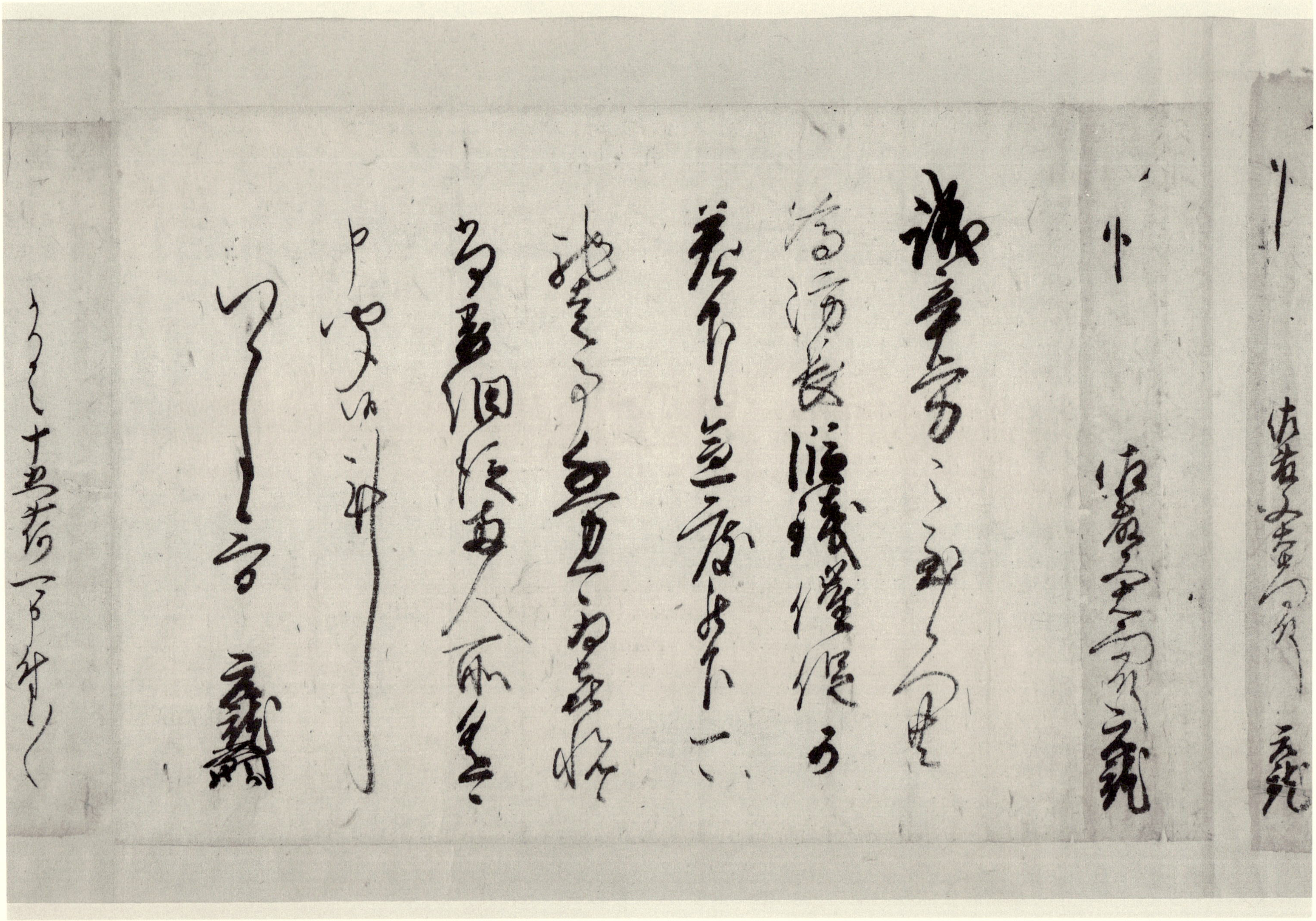

（2）　（1）

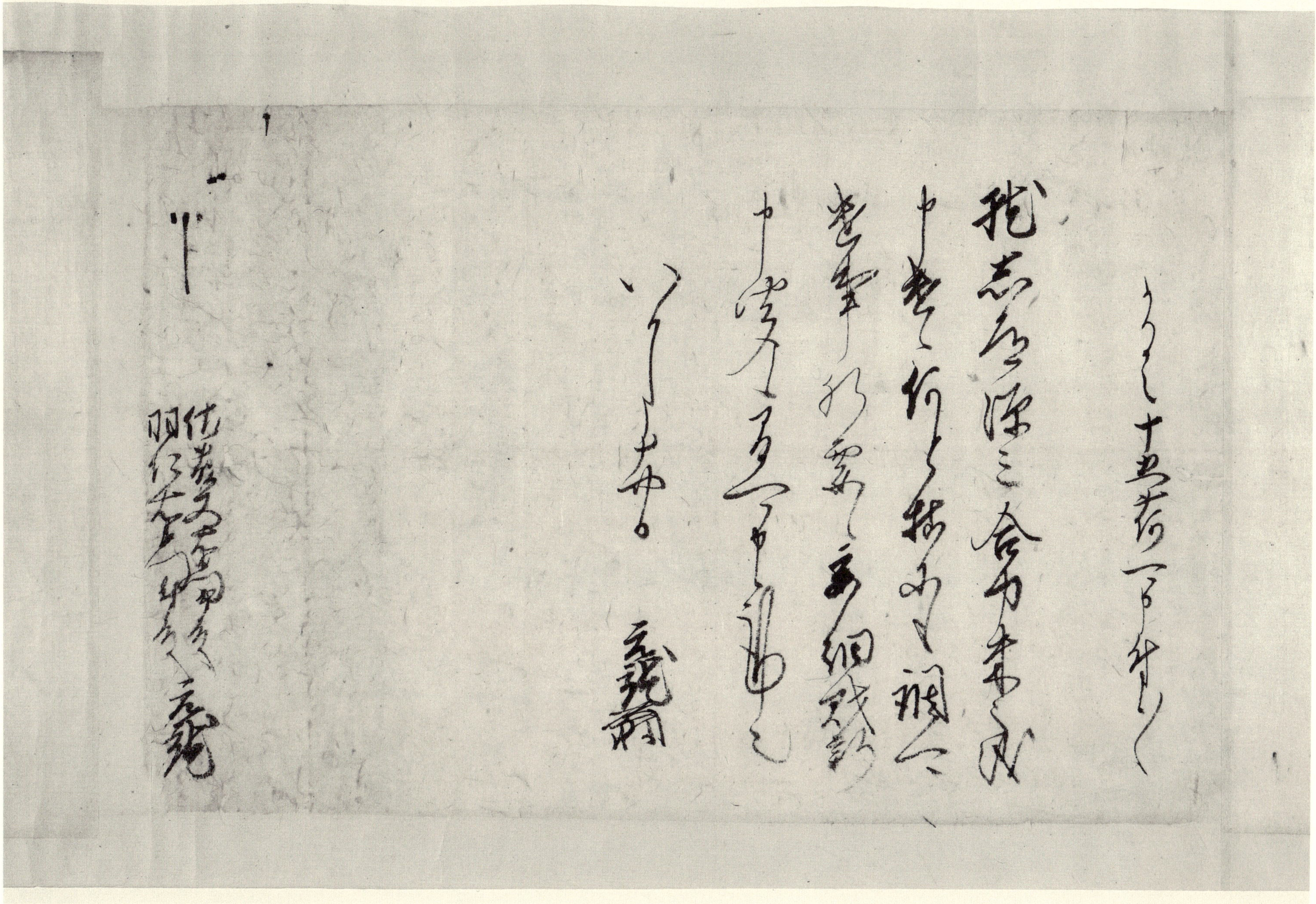

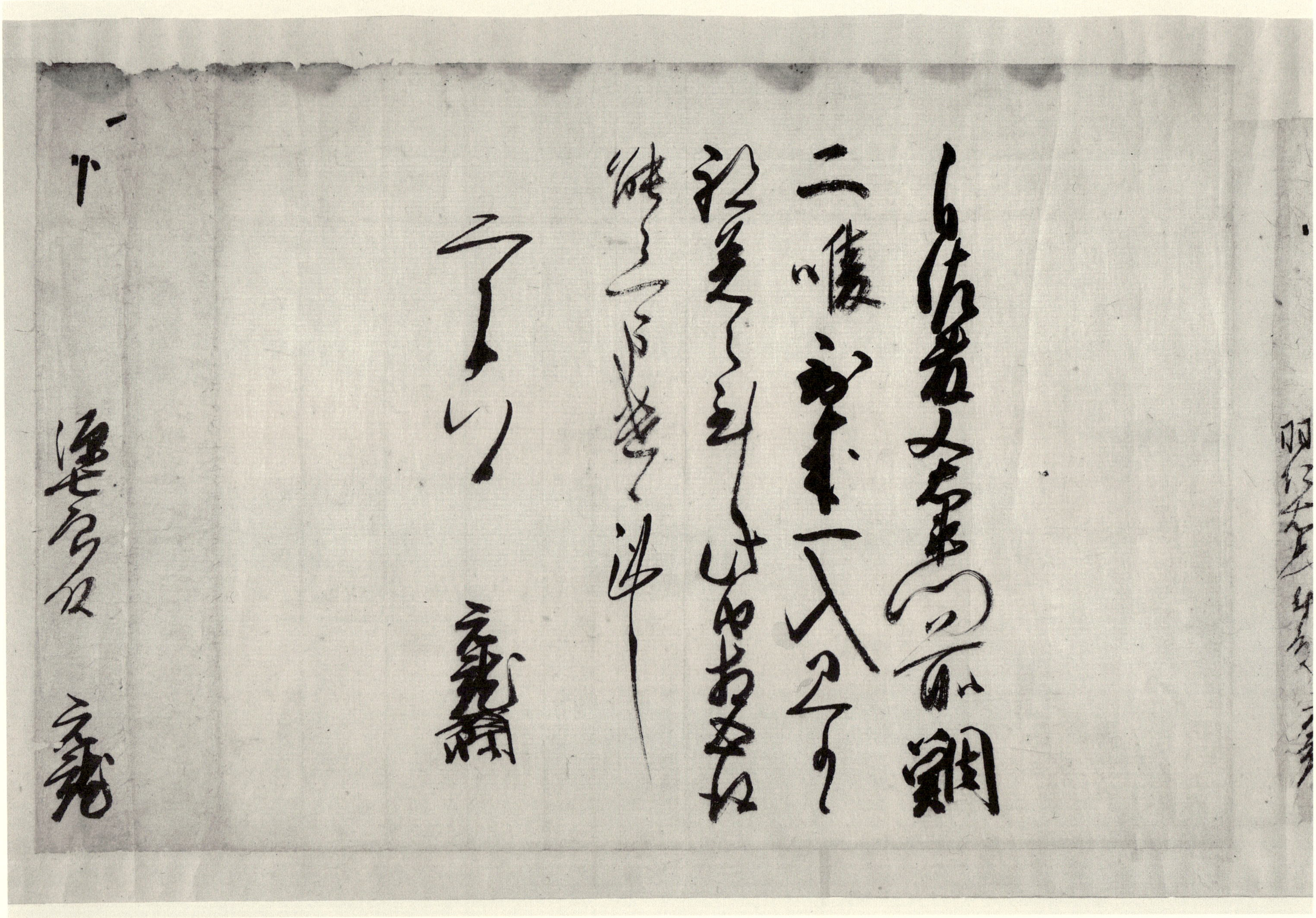

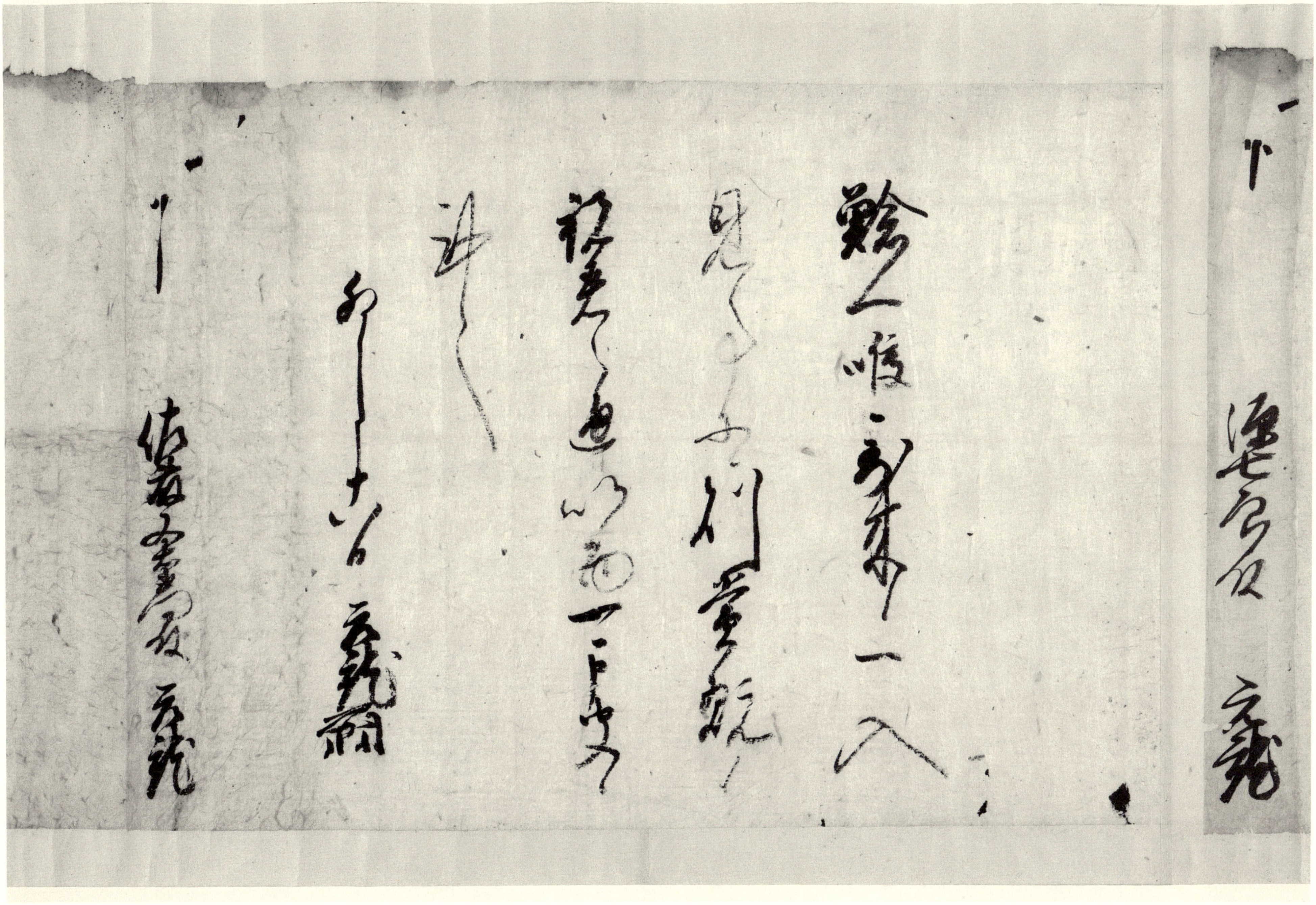

佐藤文書　巻二　10毛利元就書状（年未詳）卯月十八日

加冠
大永五年
三月十一日
元就

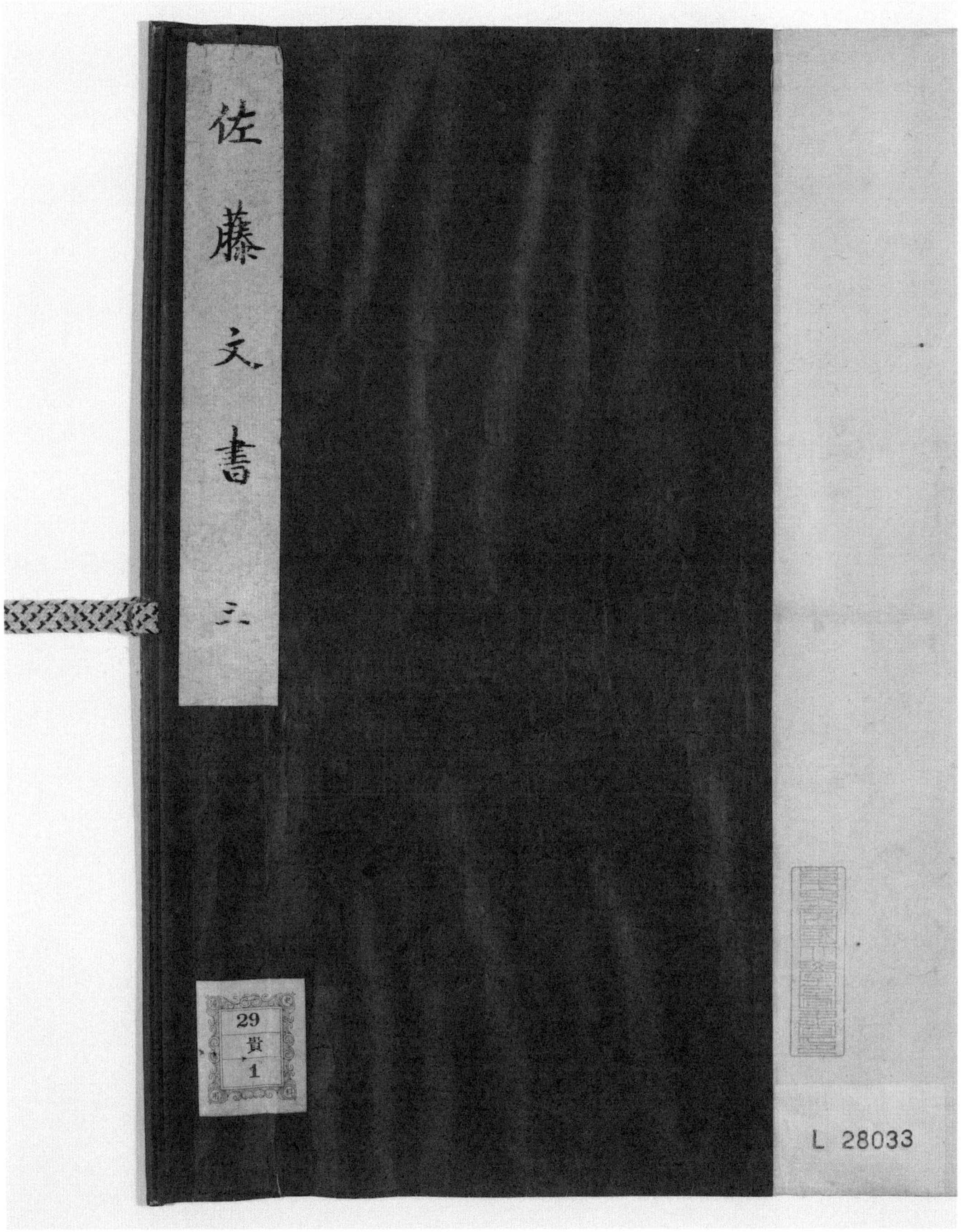
佐藤文書
三
29
貴
1
L 28033

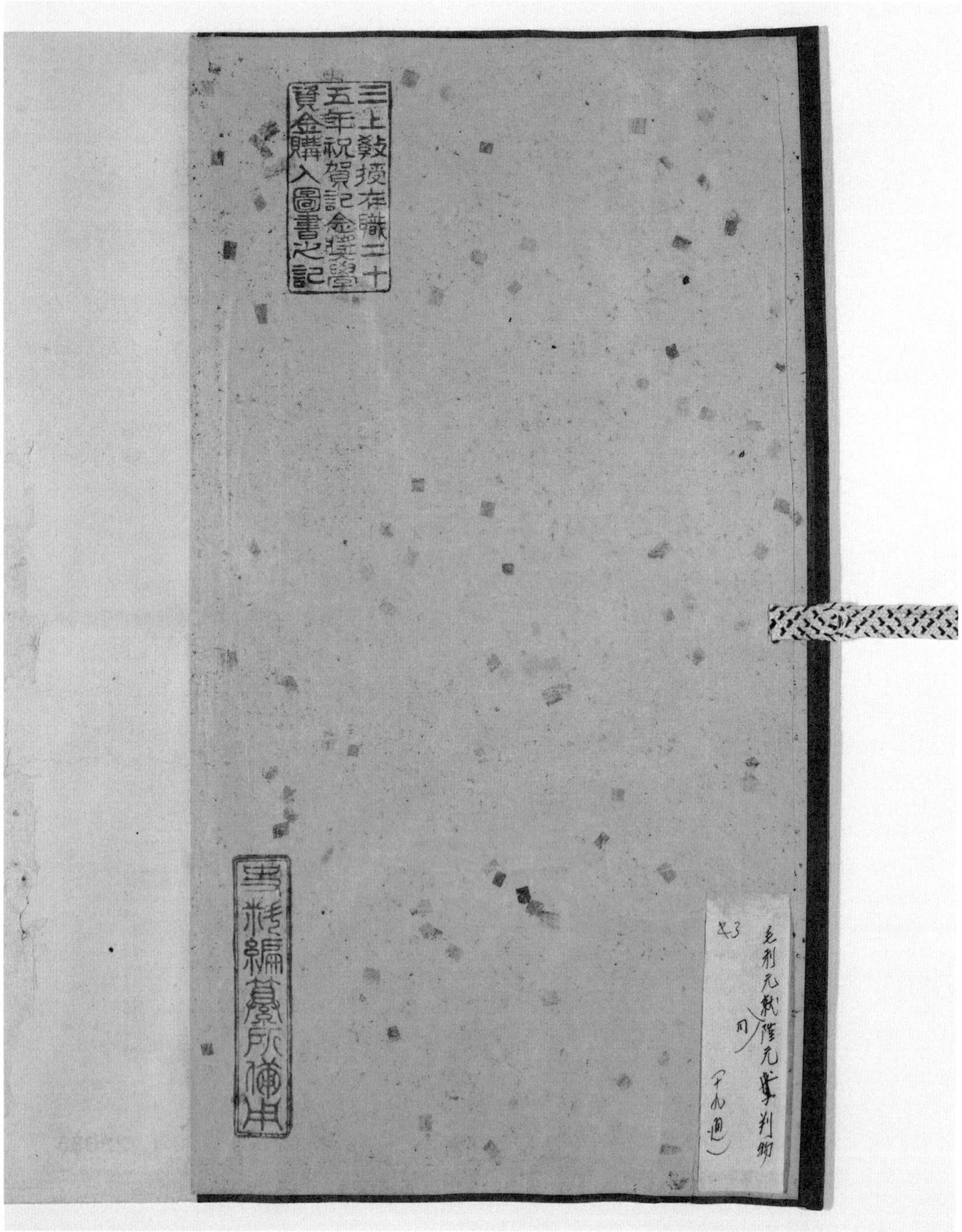
三上敎授在職二十五年祝賀記念學資金購入圖書之記
史料編纂所備用

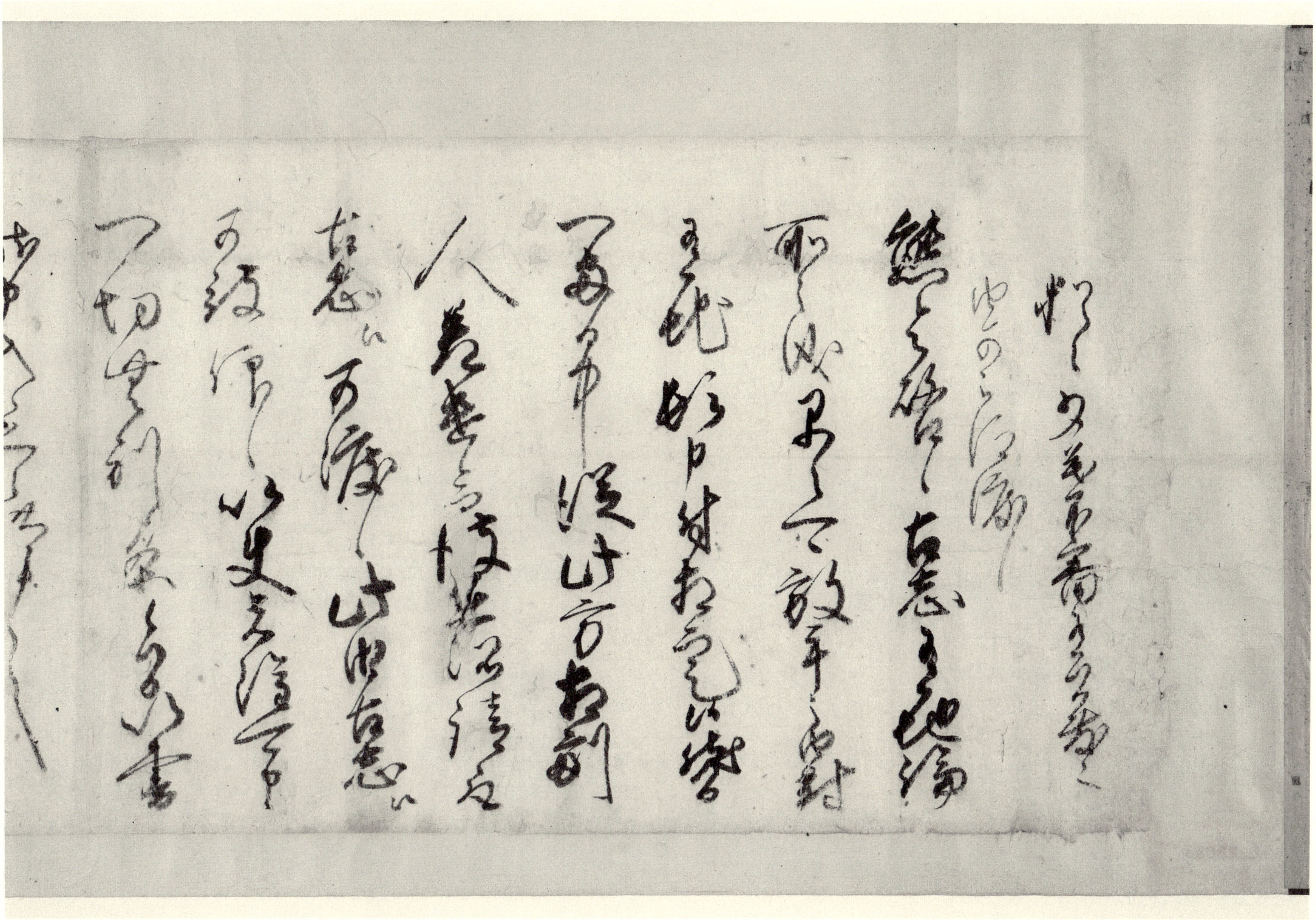

（1）

（2）

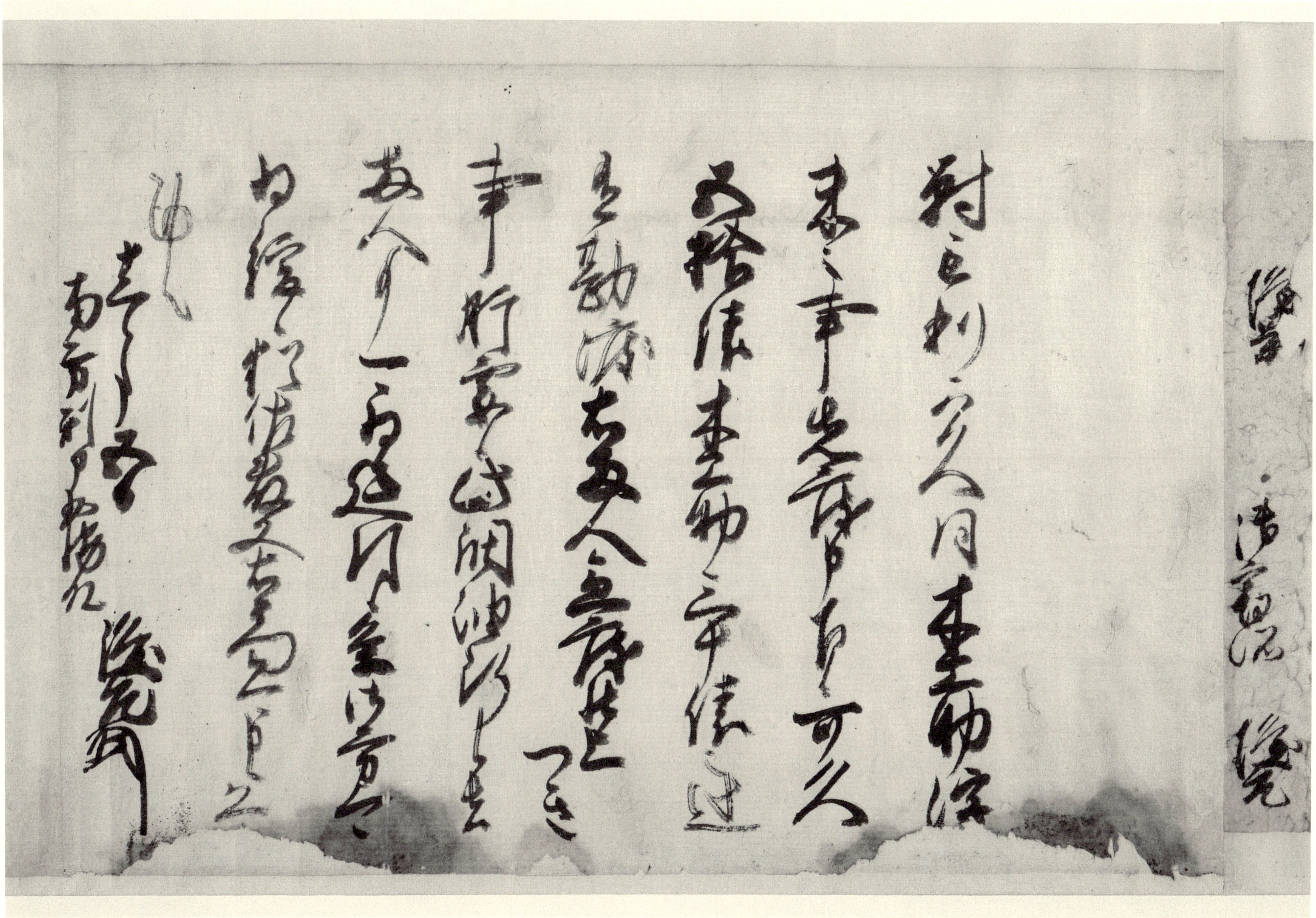

（1）

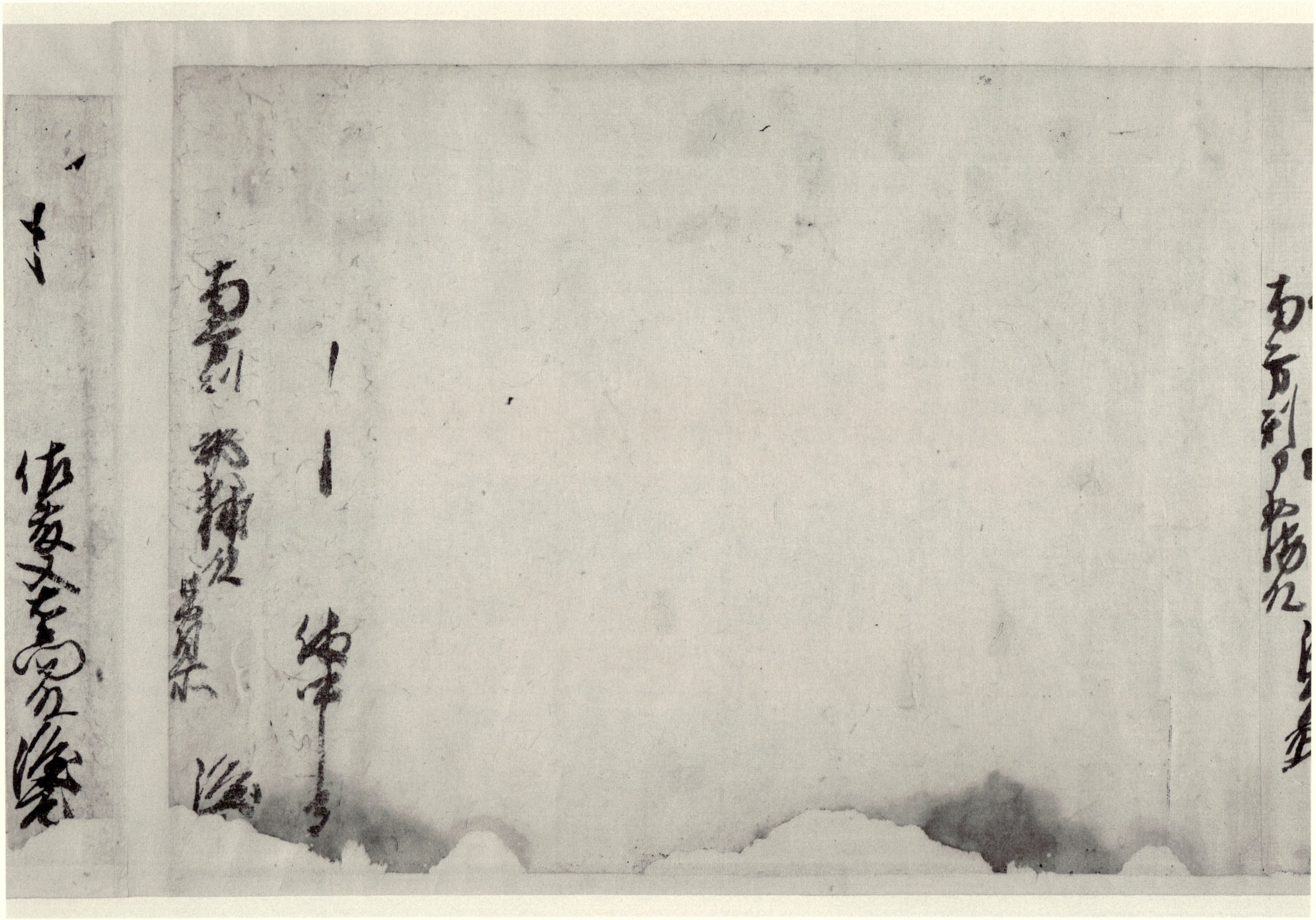

（2）

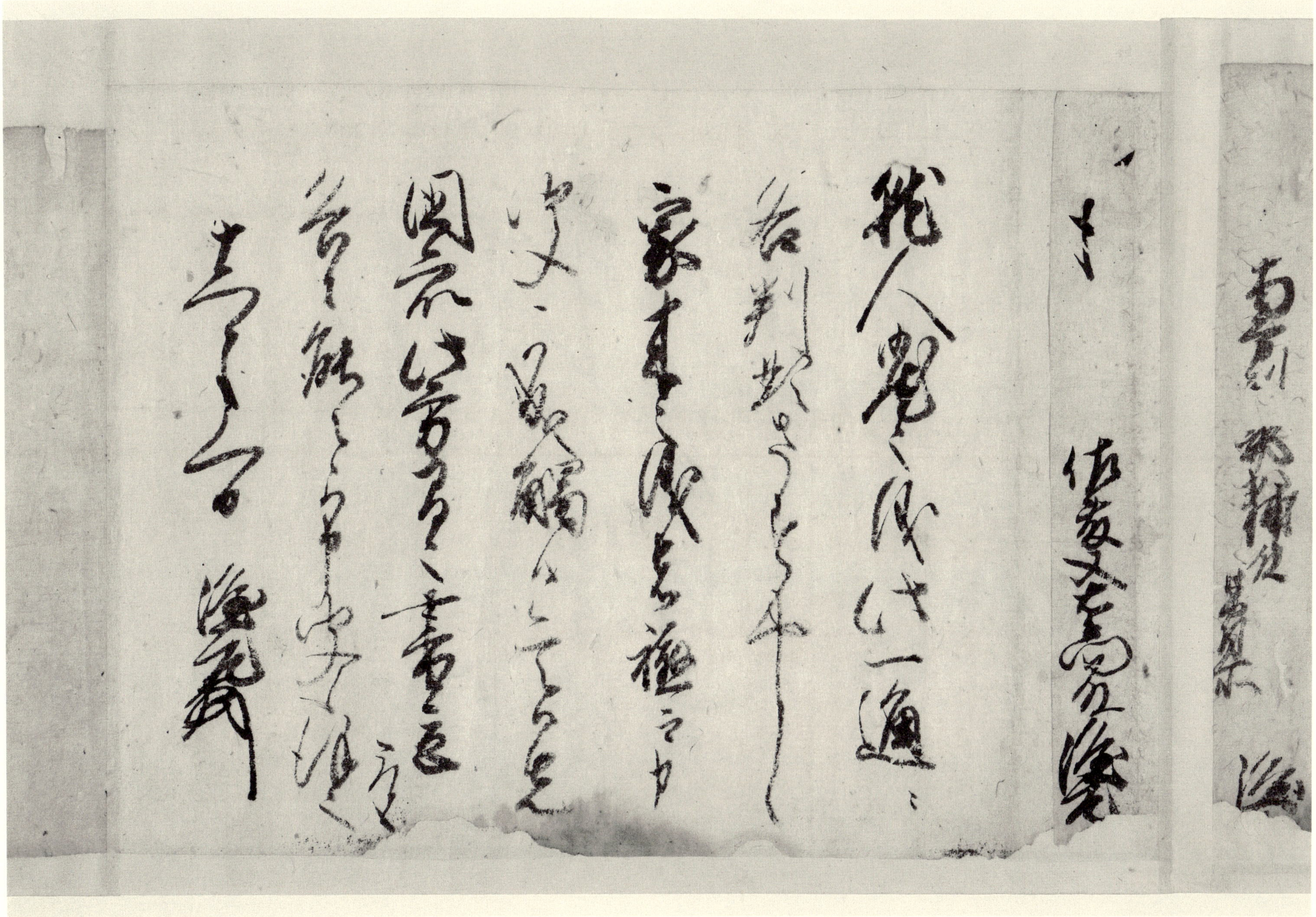

（2）　（1）

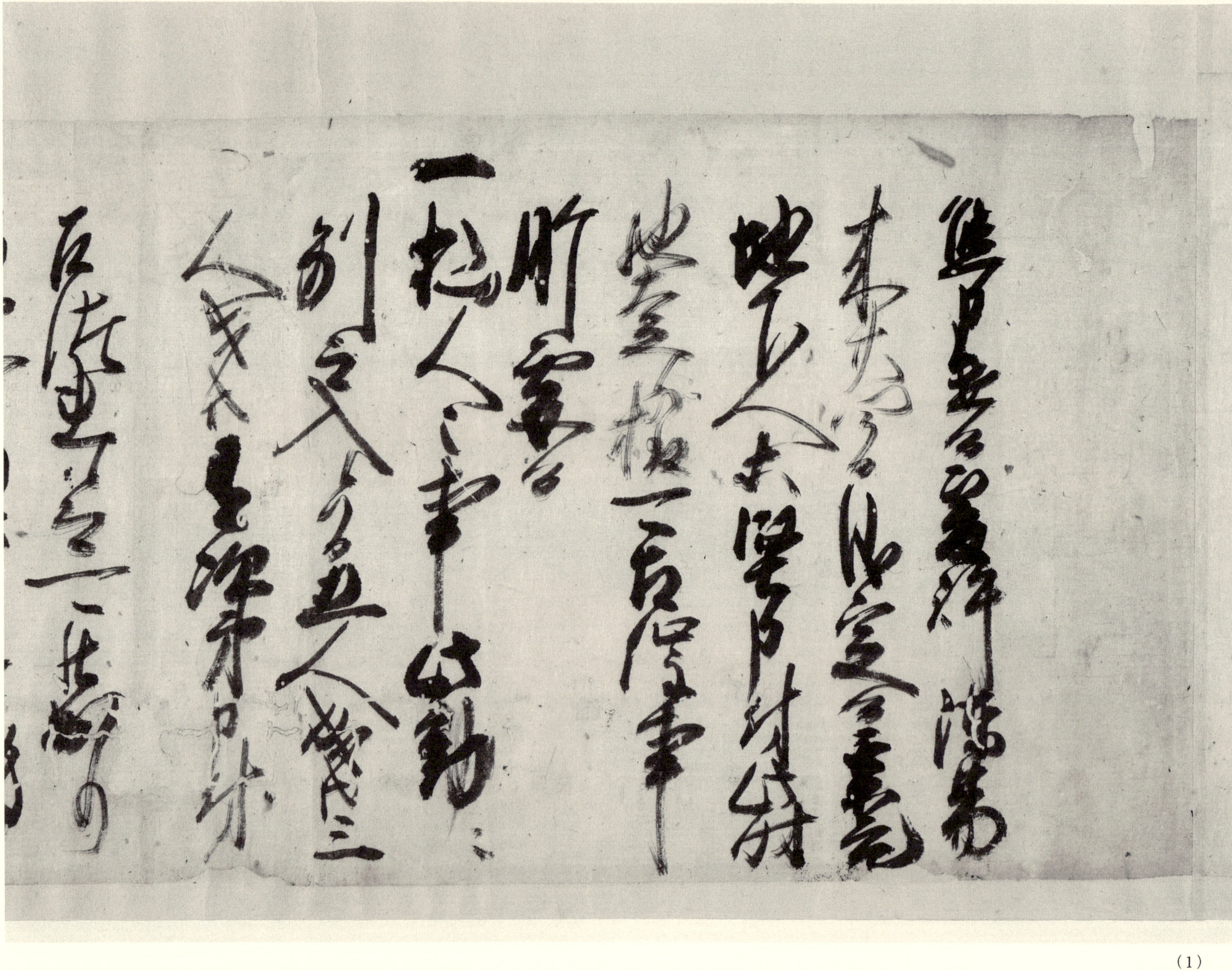

（1）

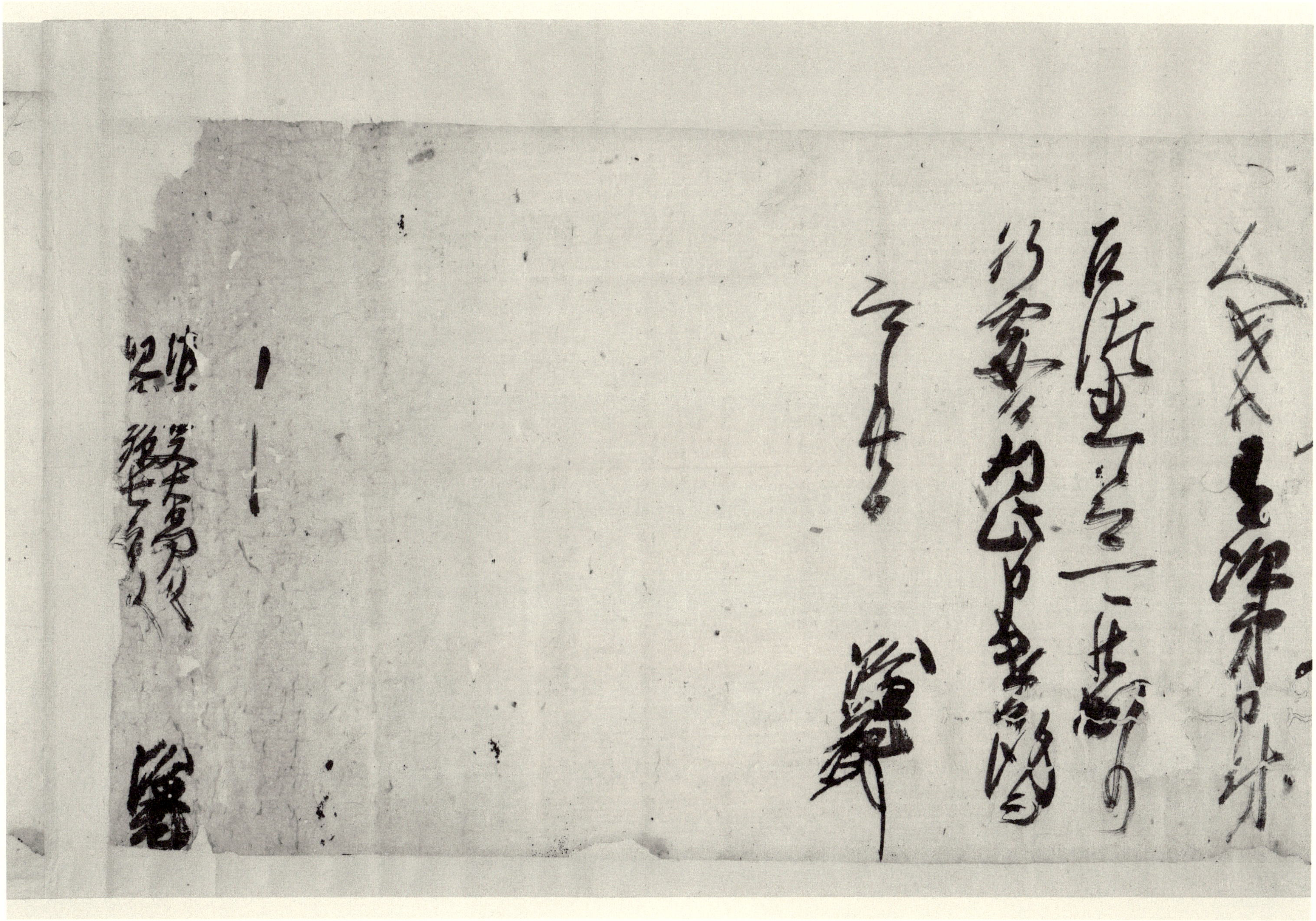

（2）

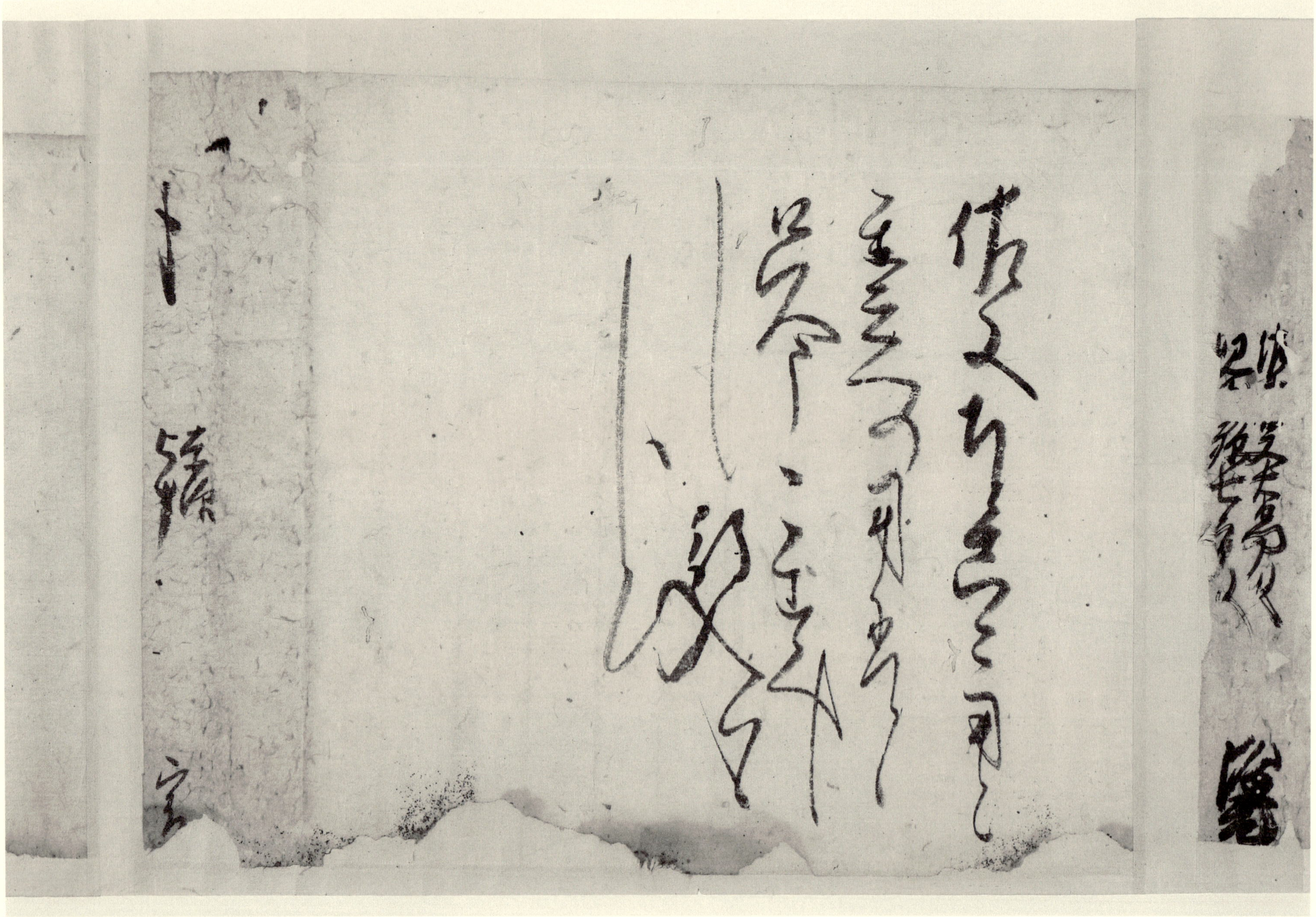

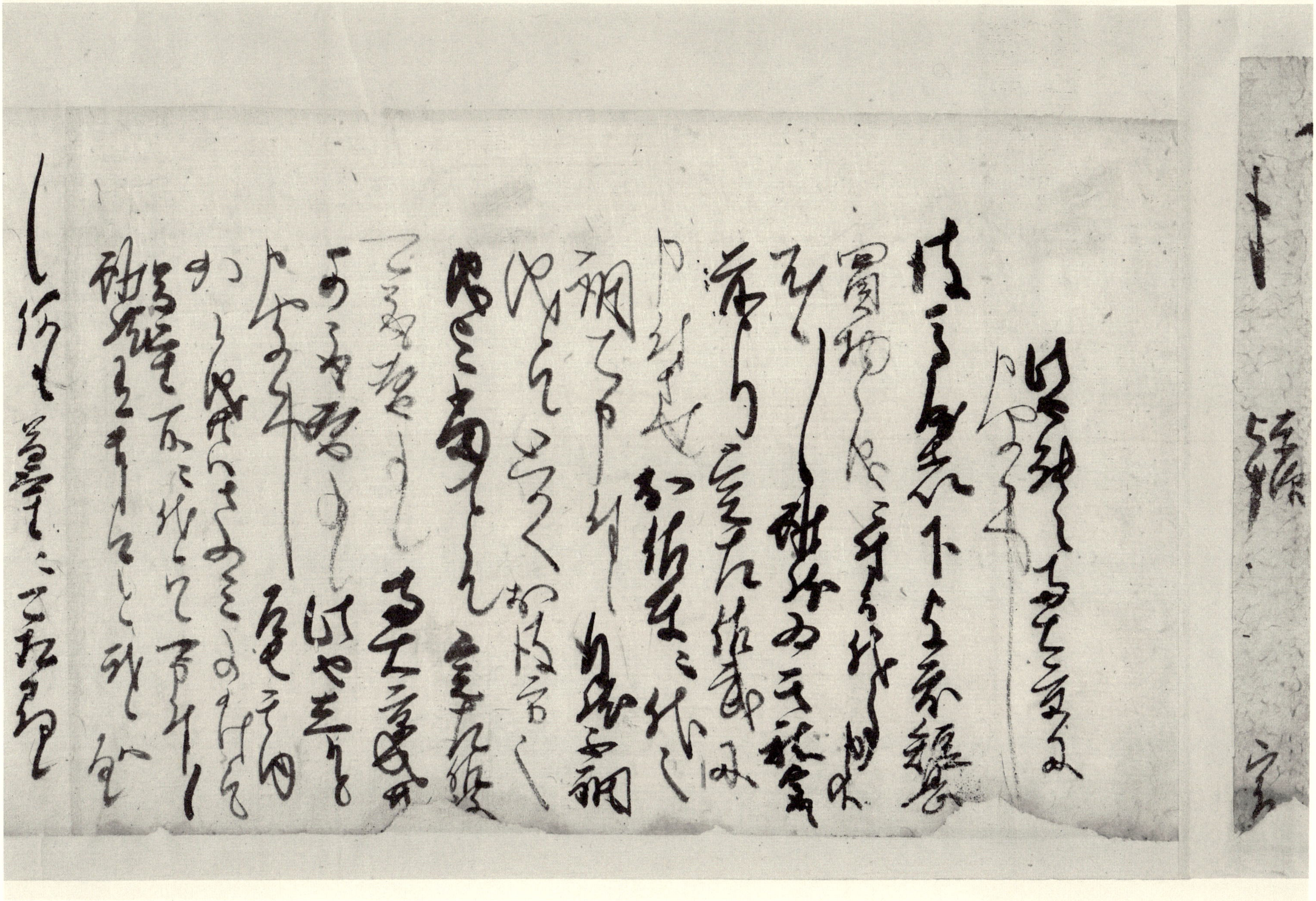

（1）

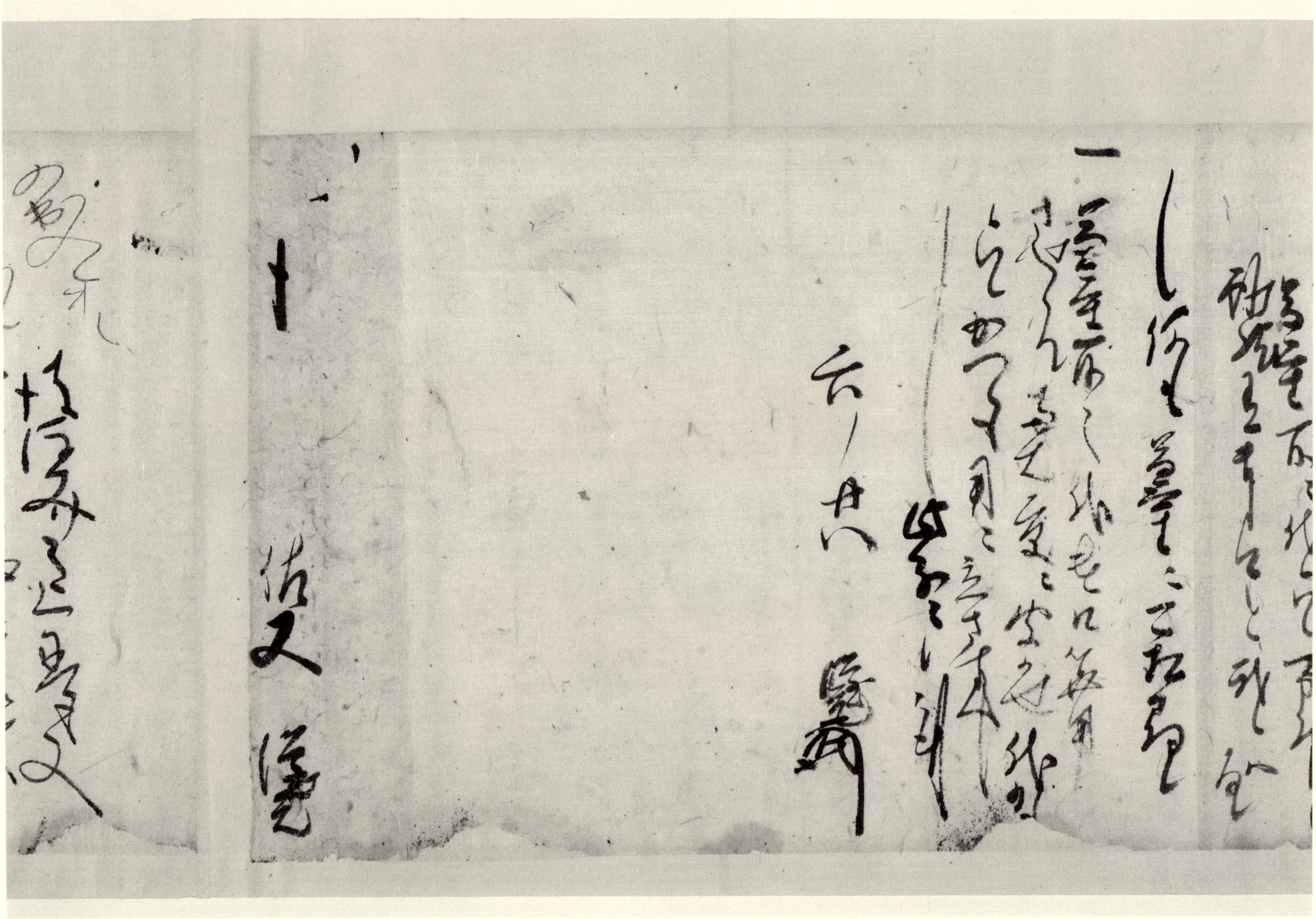

（3）　（2）

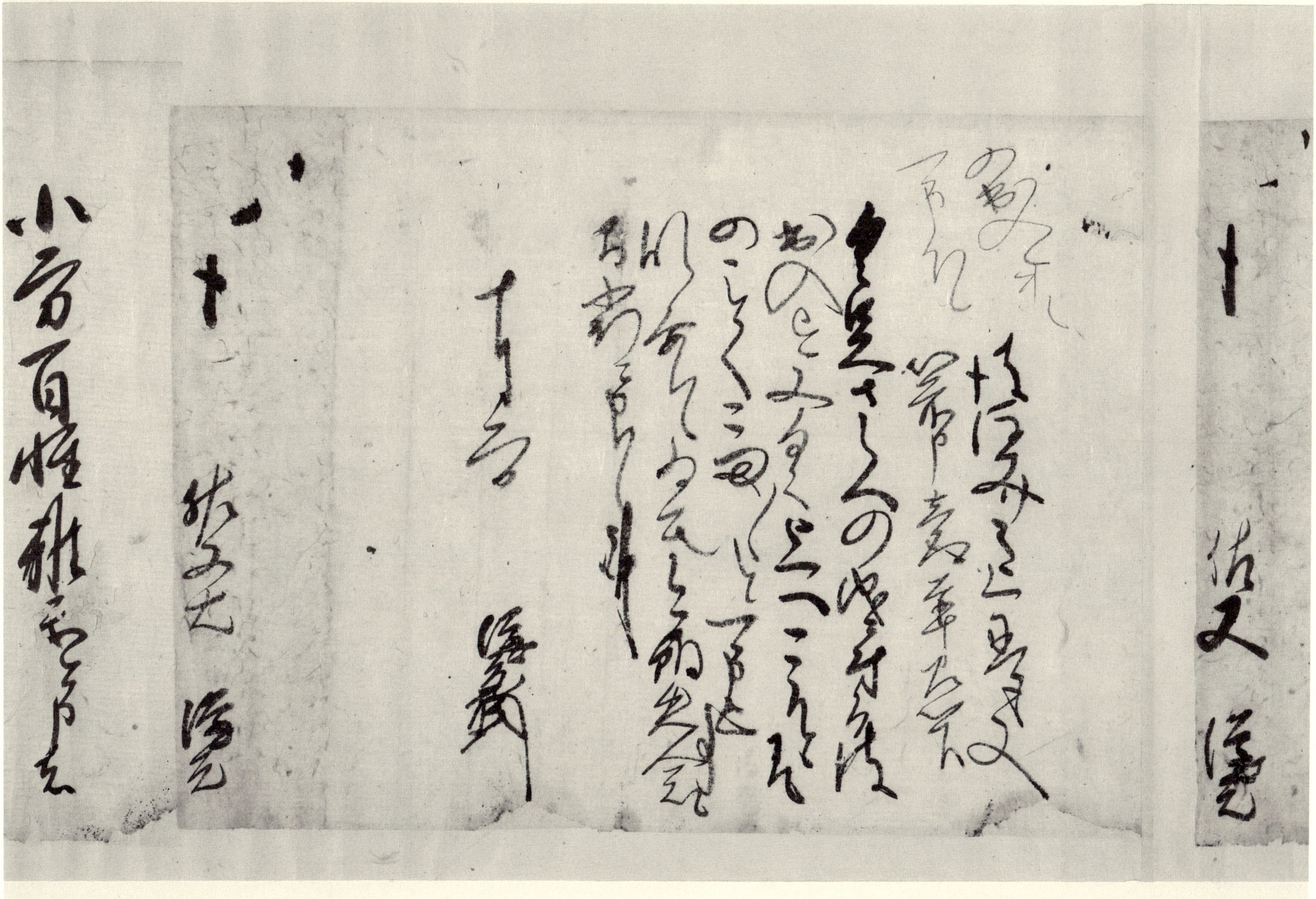

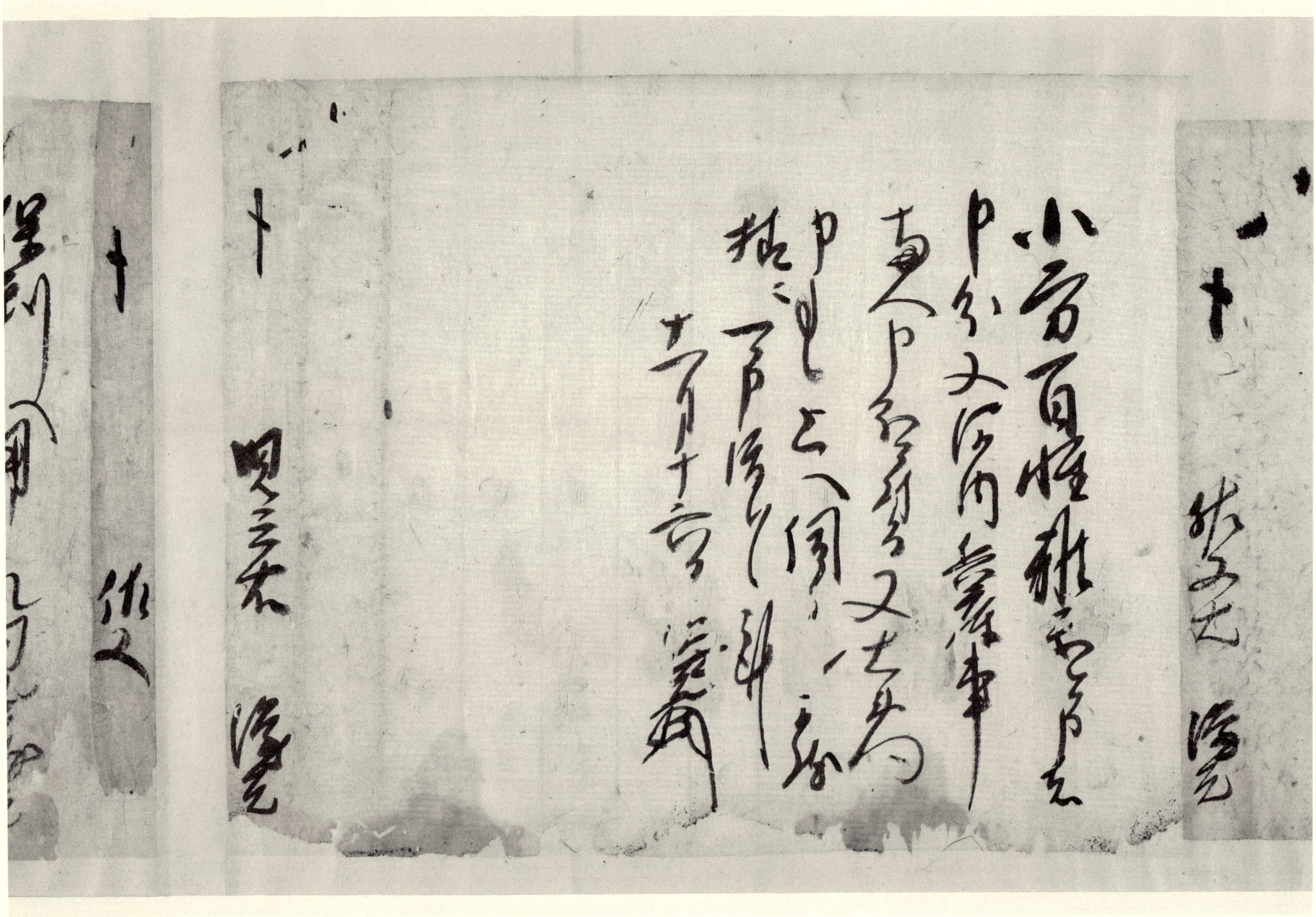

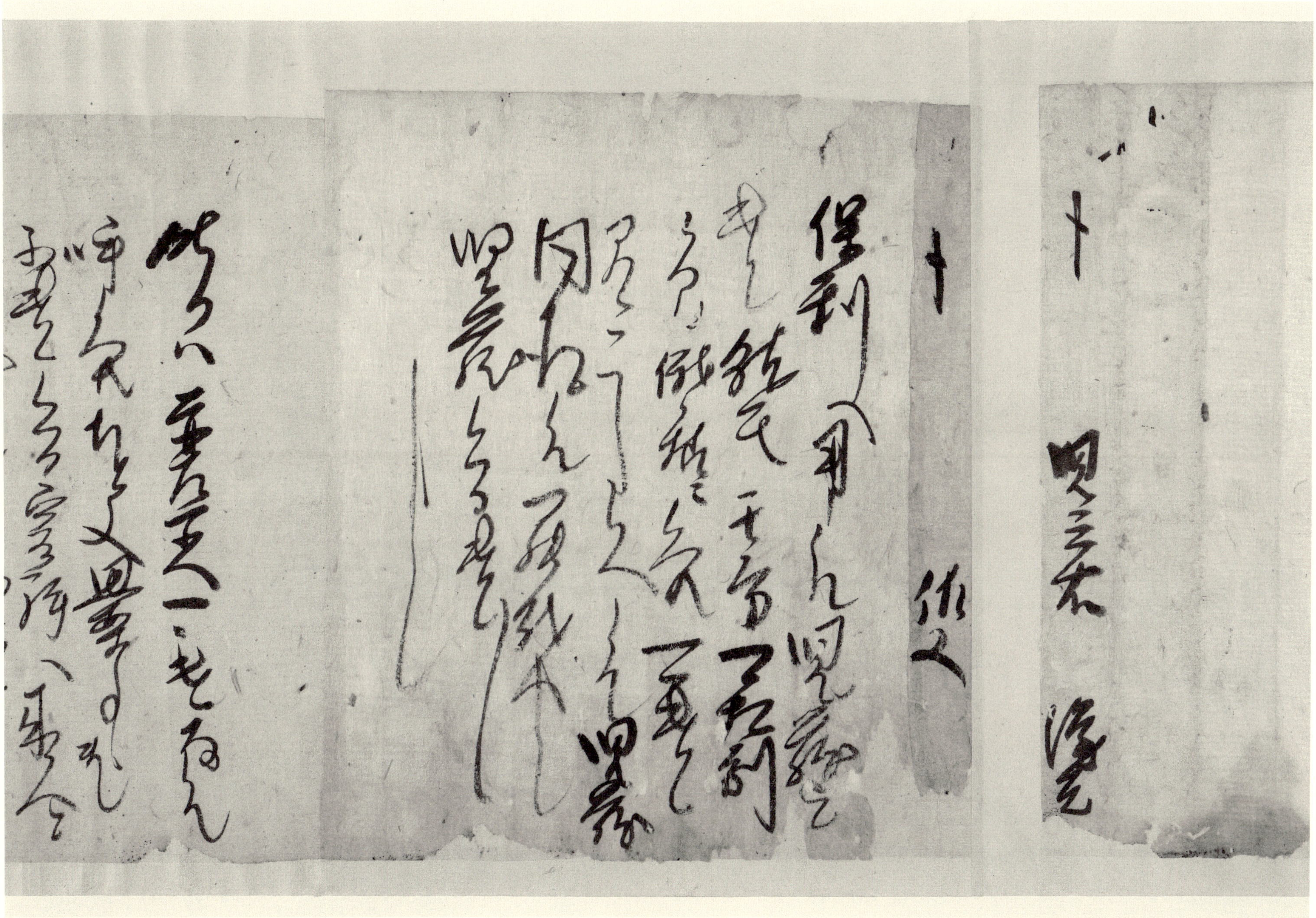

（2）　（1）

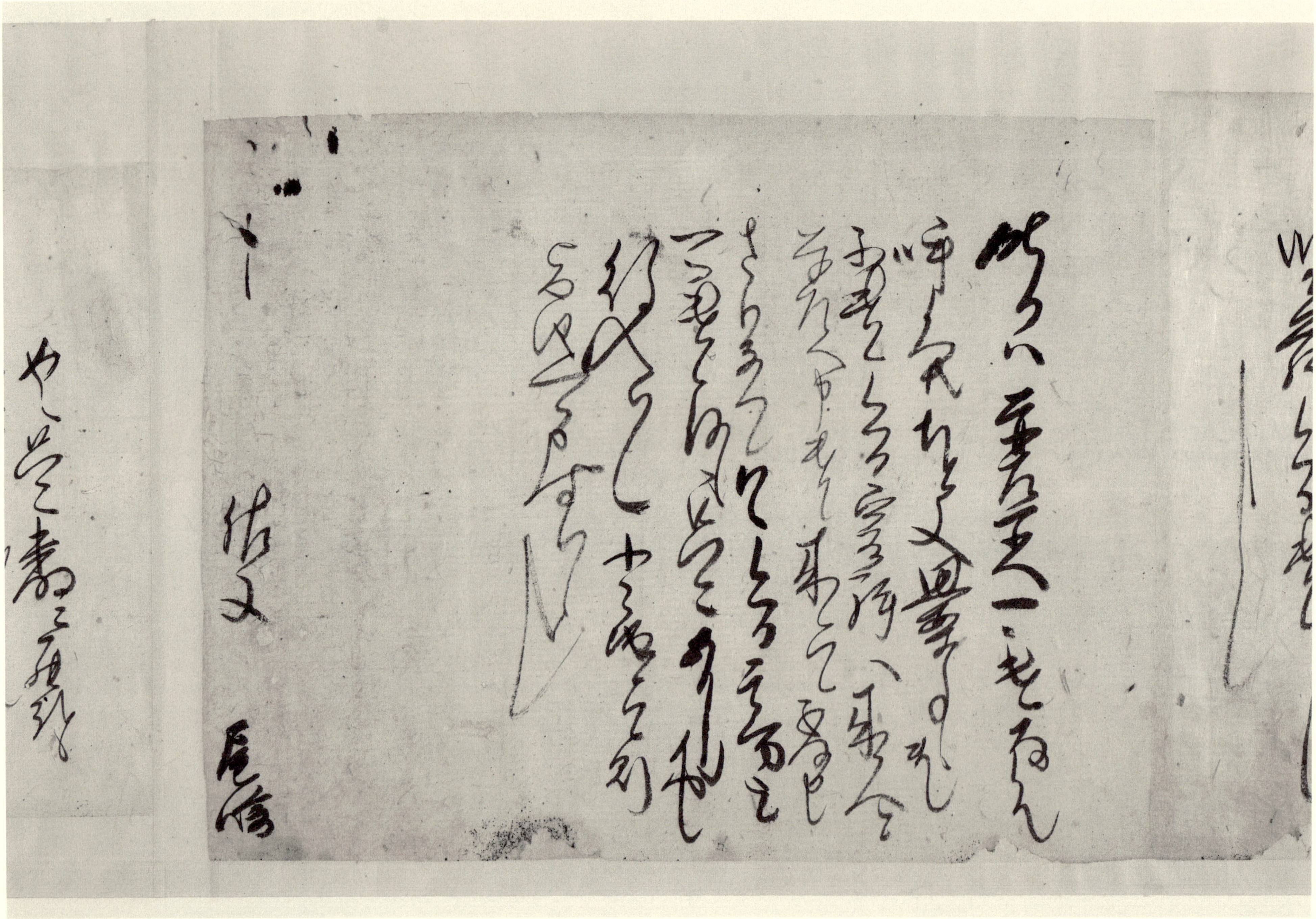

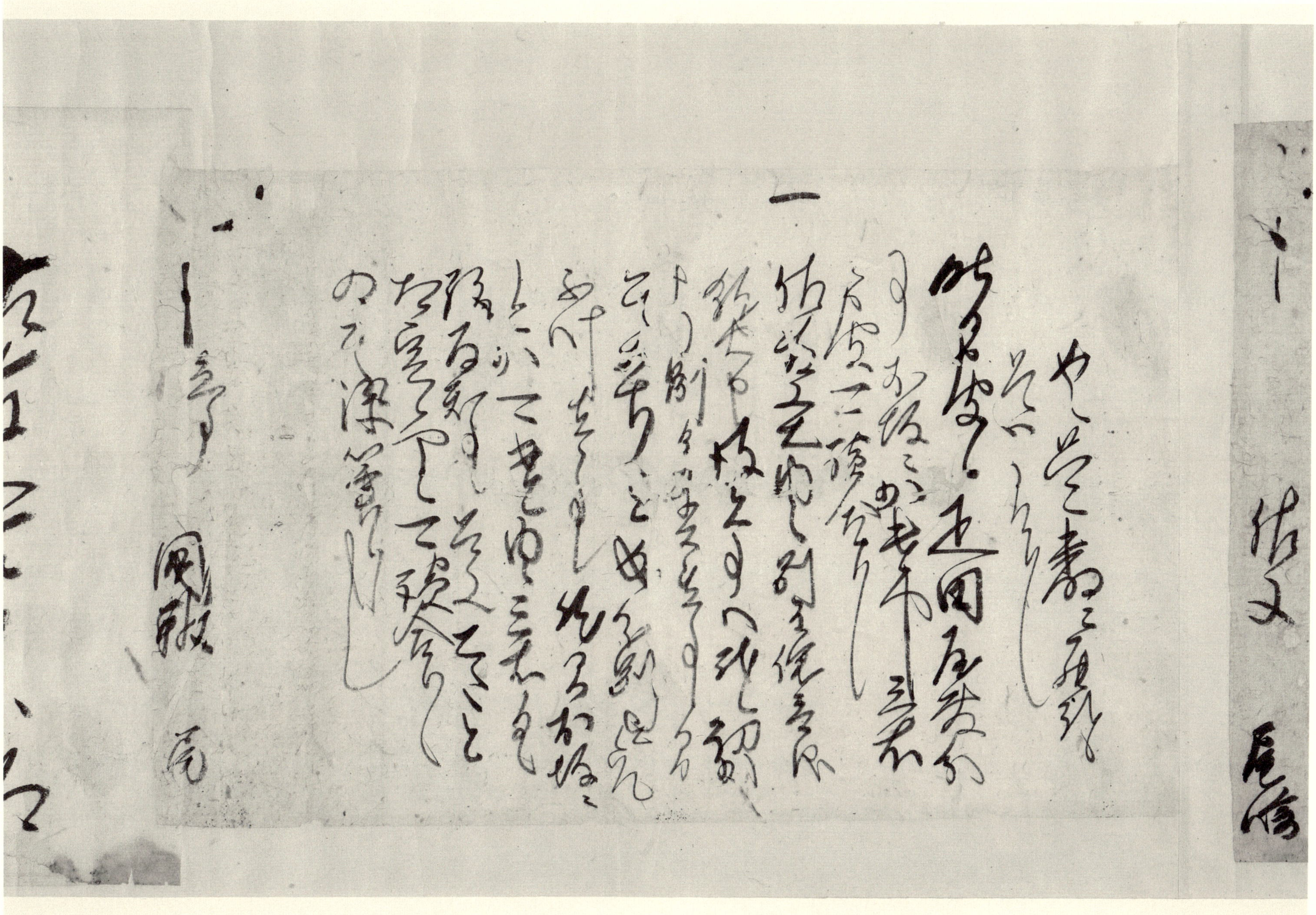

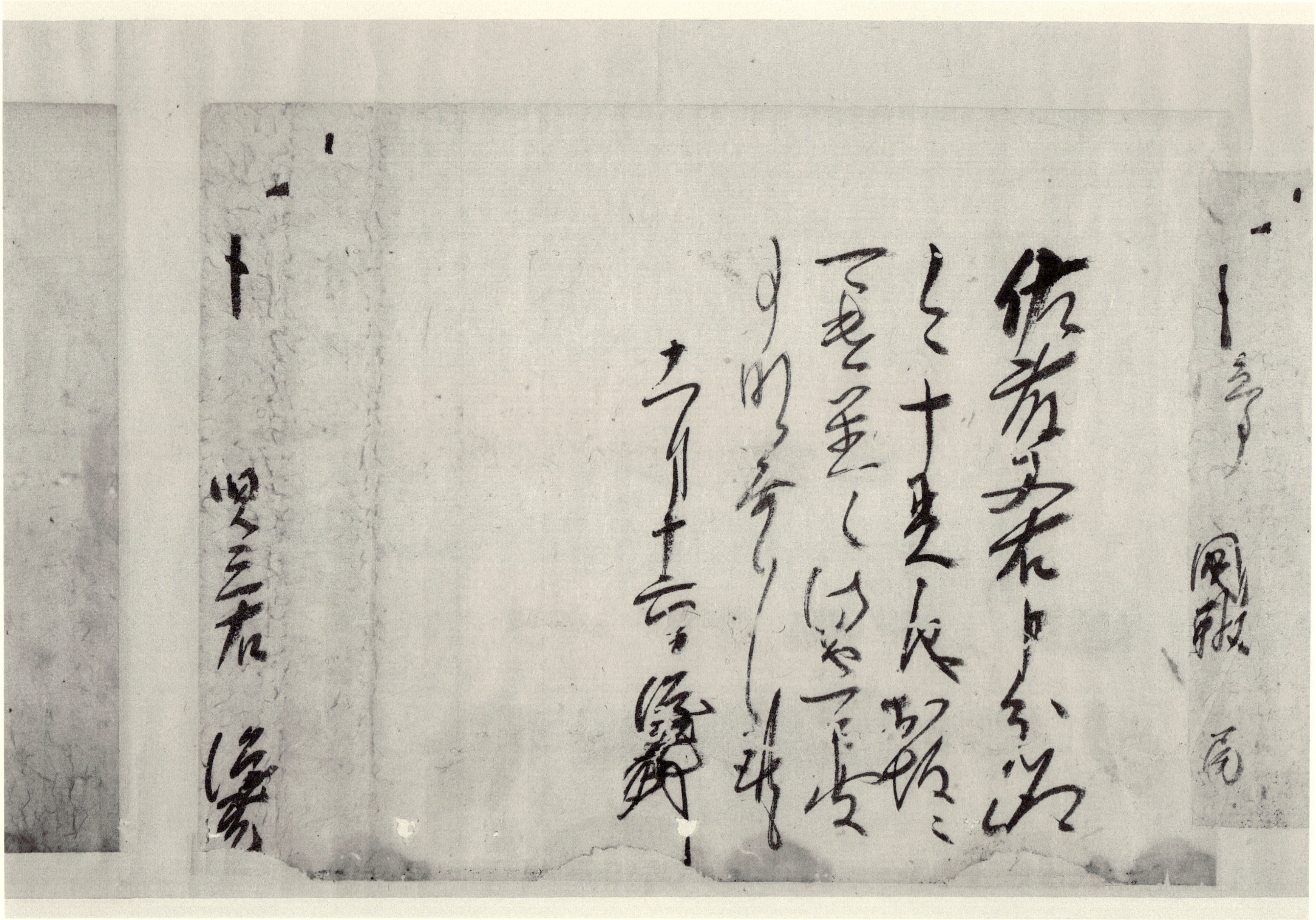

佐藤文書　巻三　12毛利隆元書状（年未詳）十一月十六日

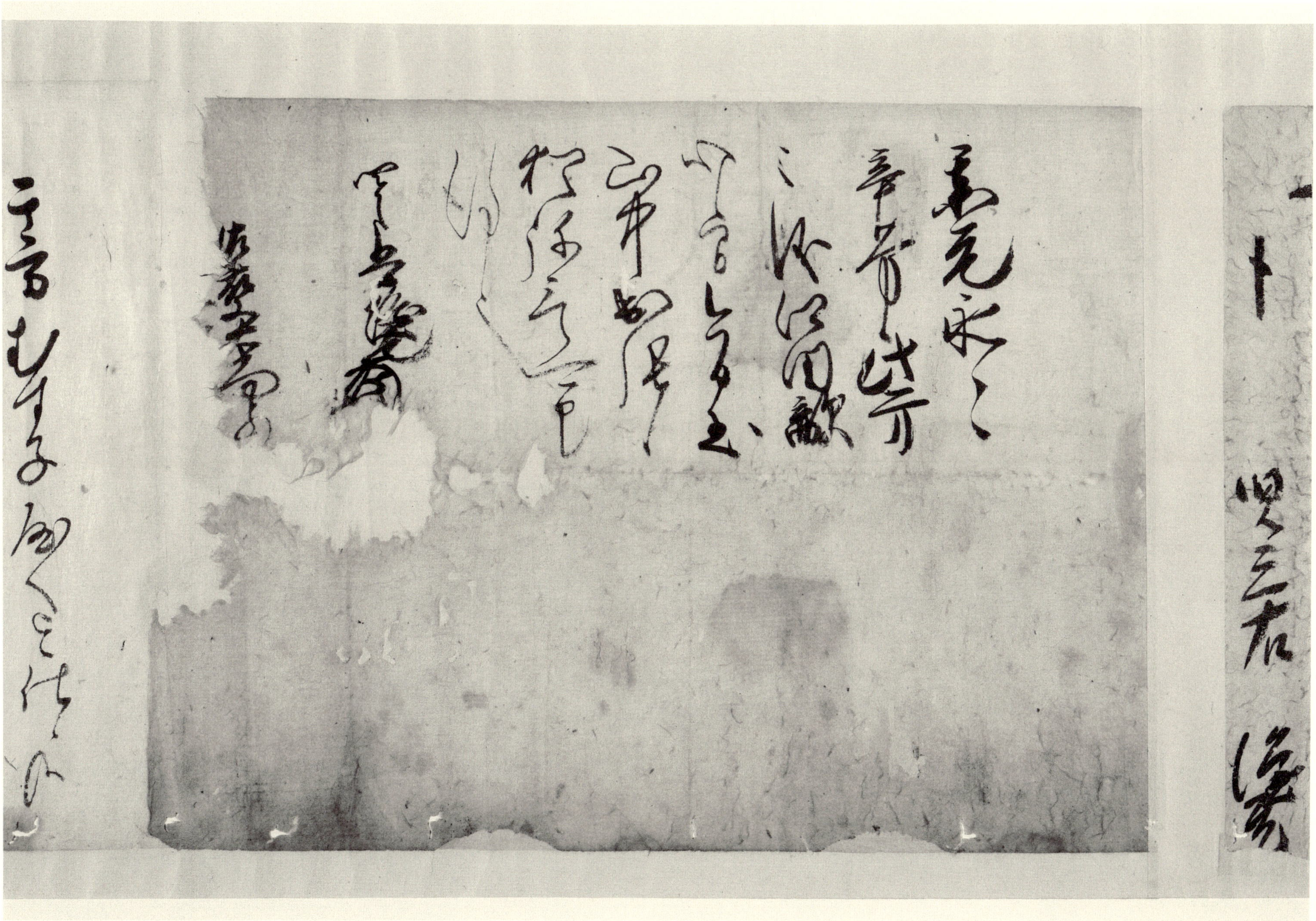

13毛利隆元書状　（天文二十二年）四月五日

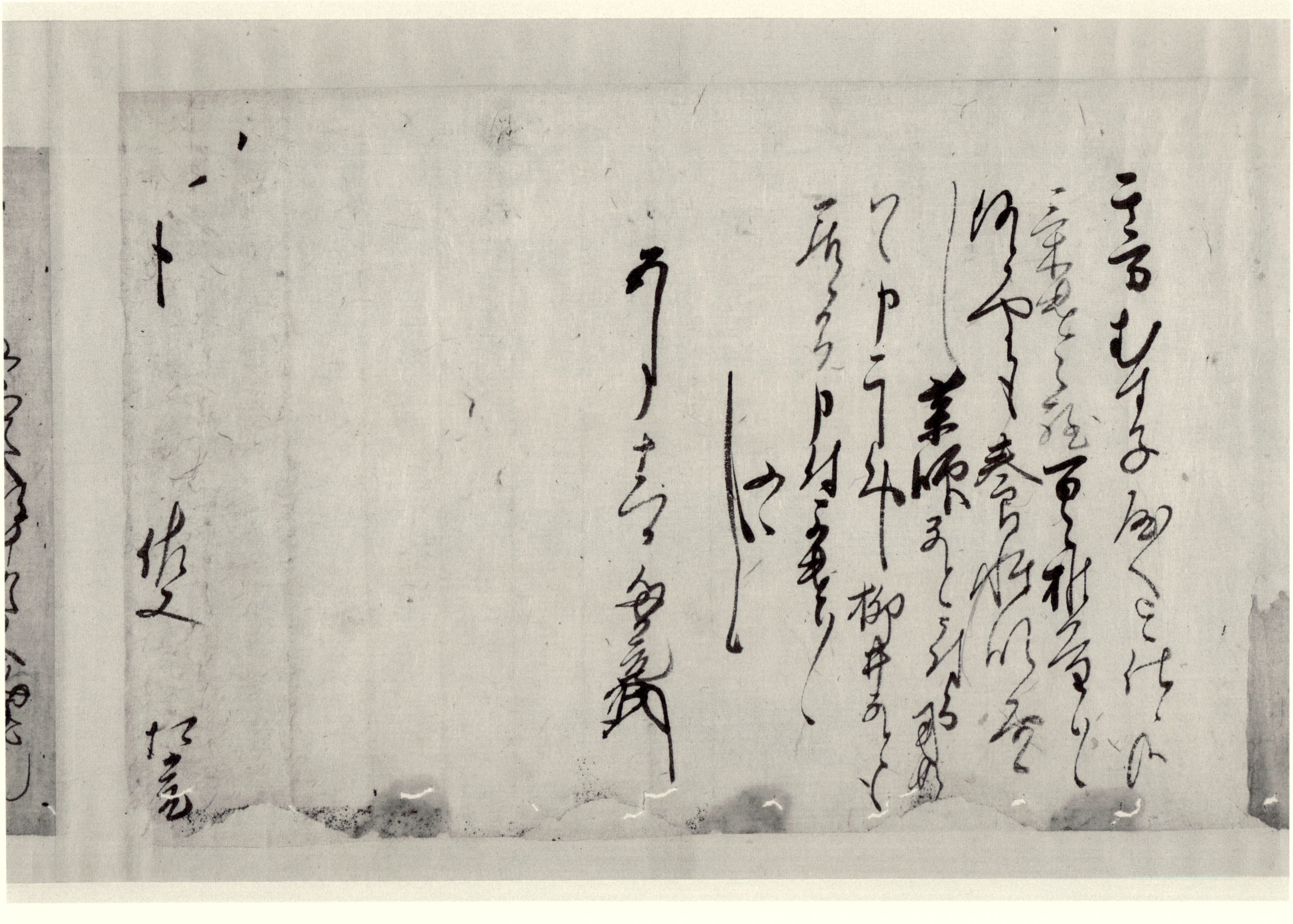

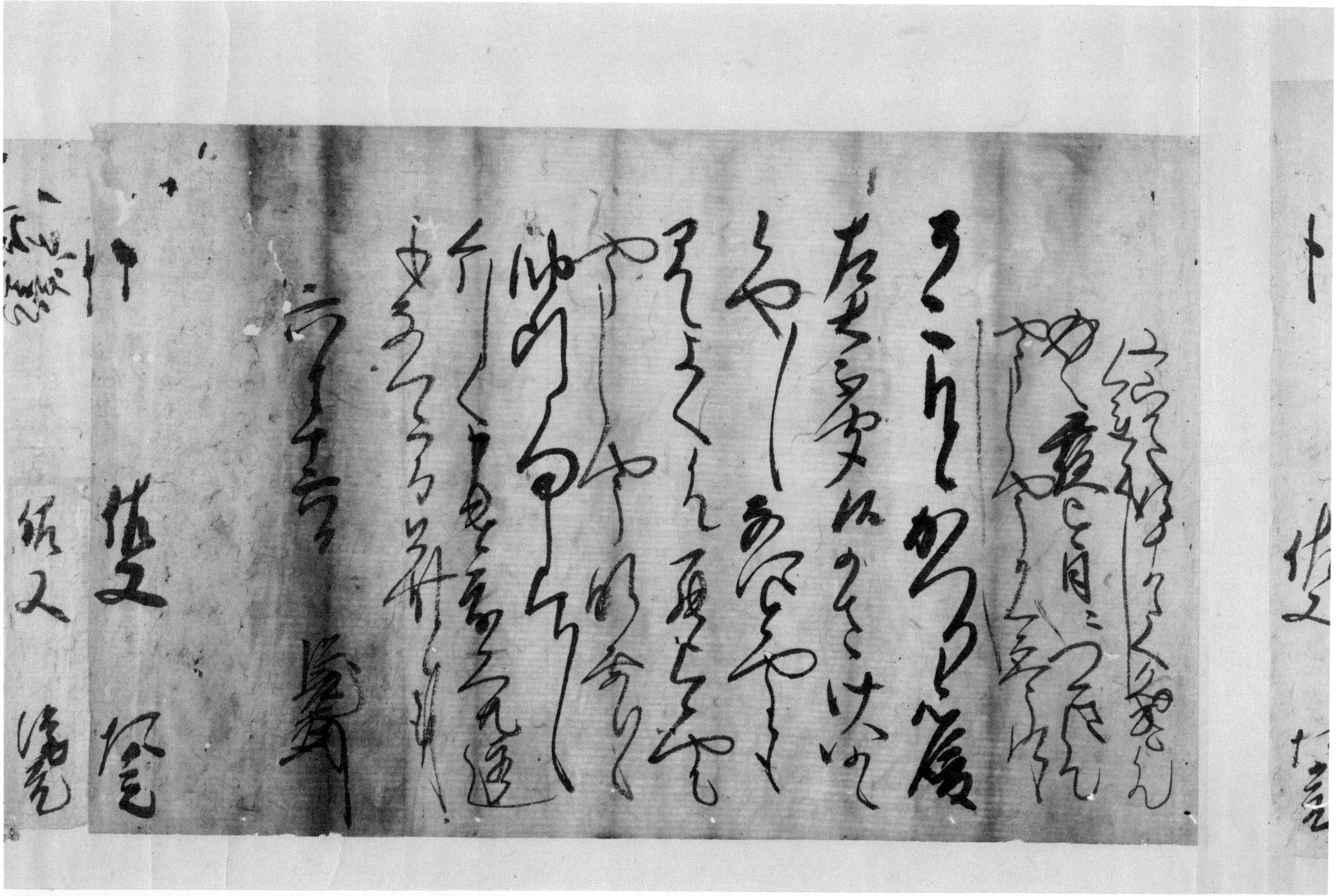

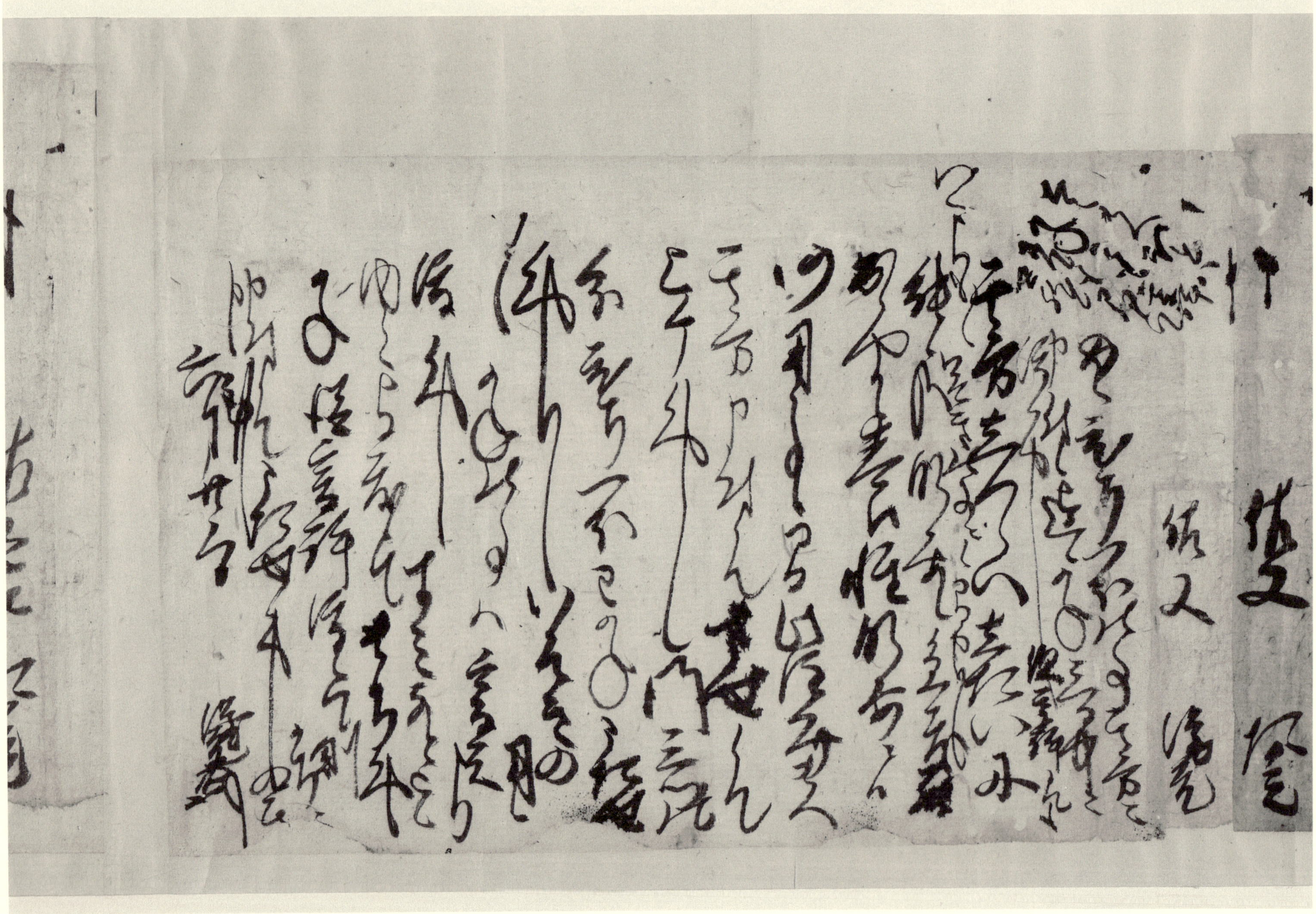

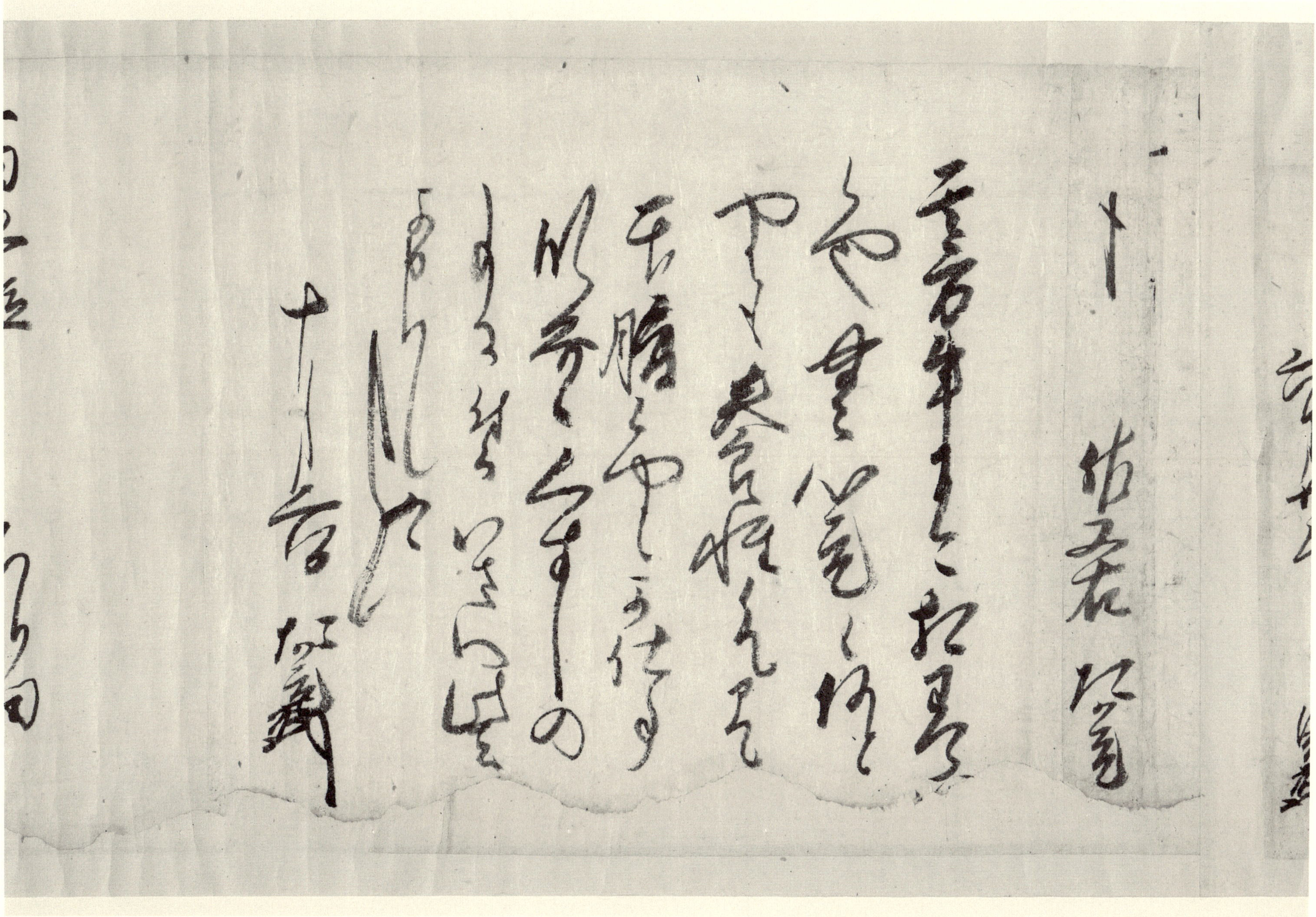

（2）　（1）

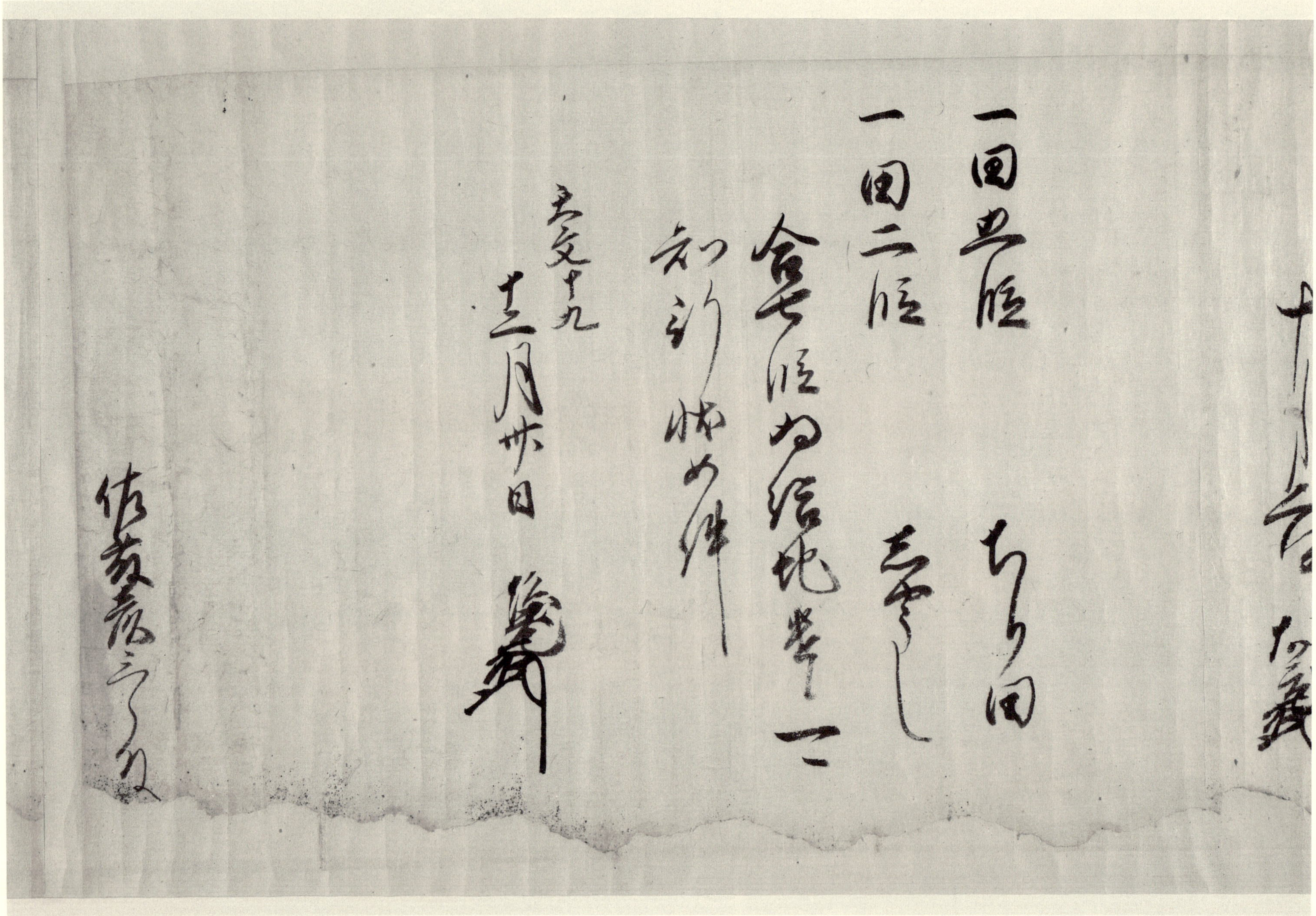
一田四段
一田二段
合六段
天文十九
十二月卅日
隆元

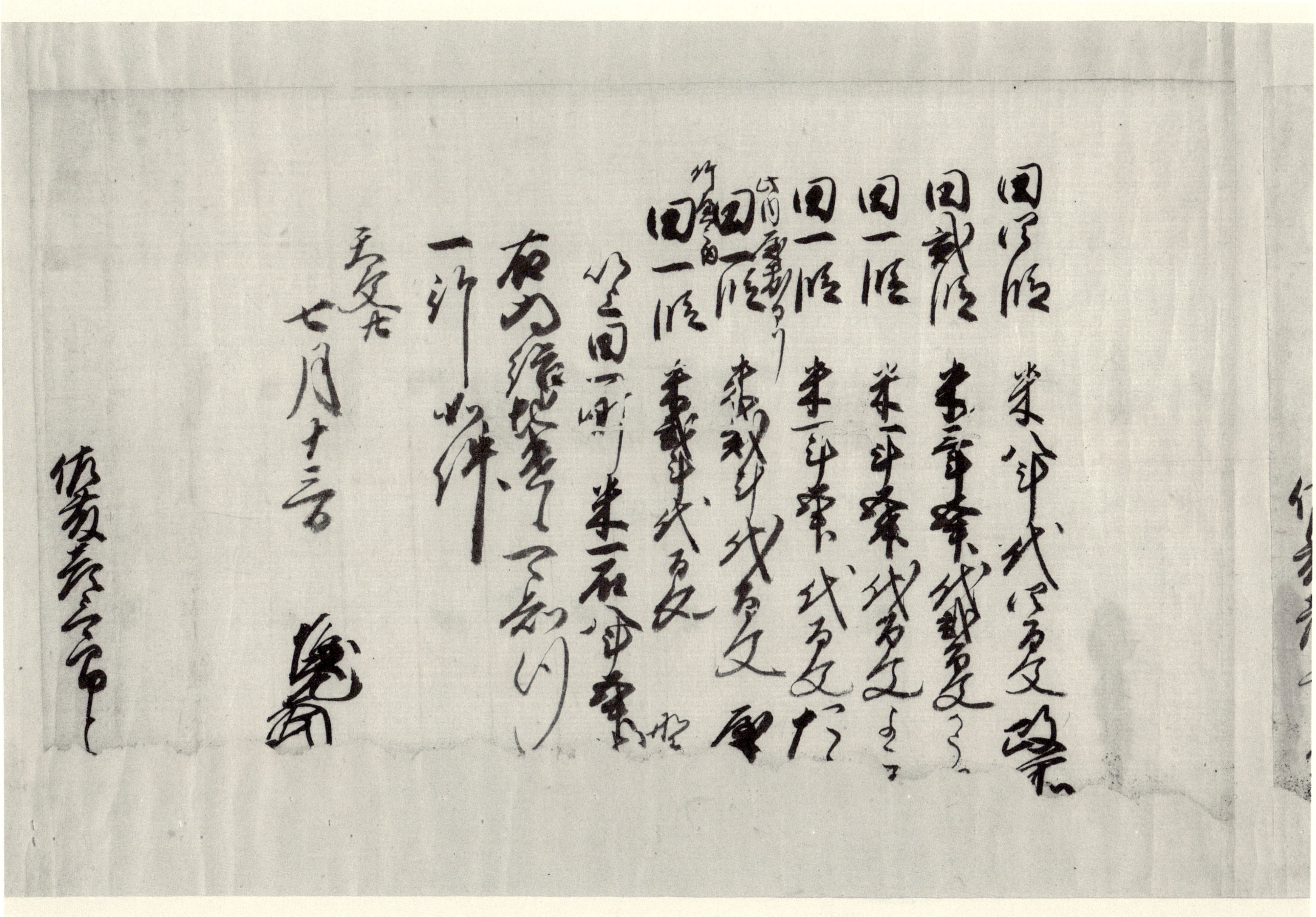

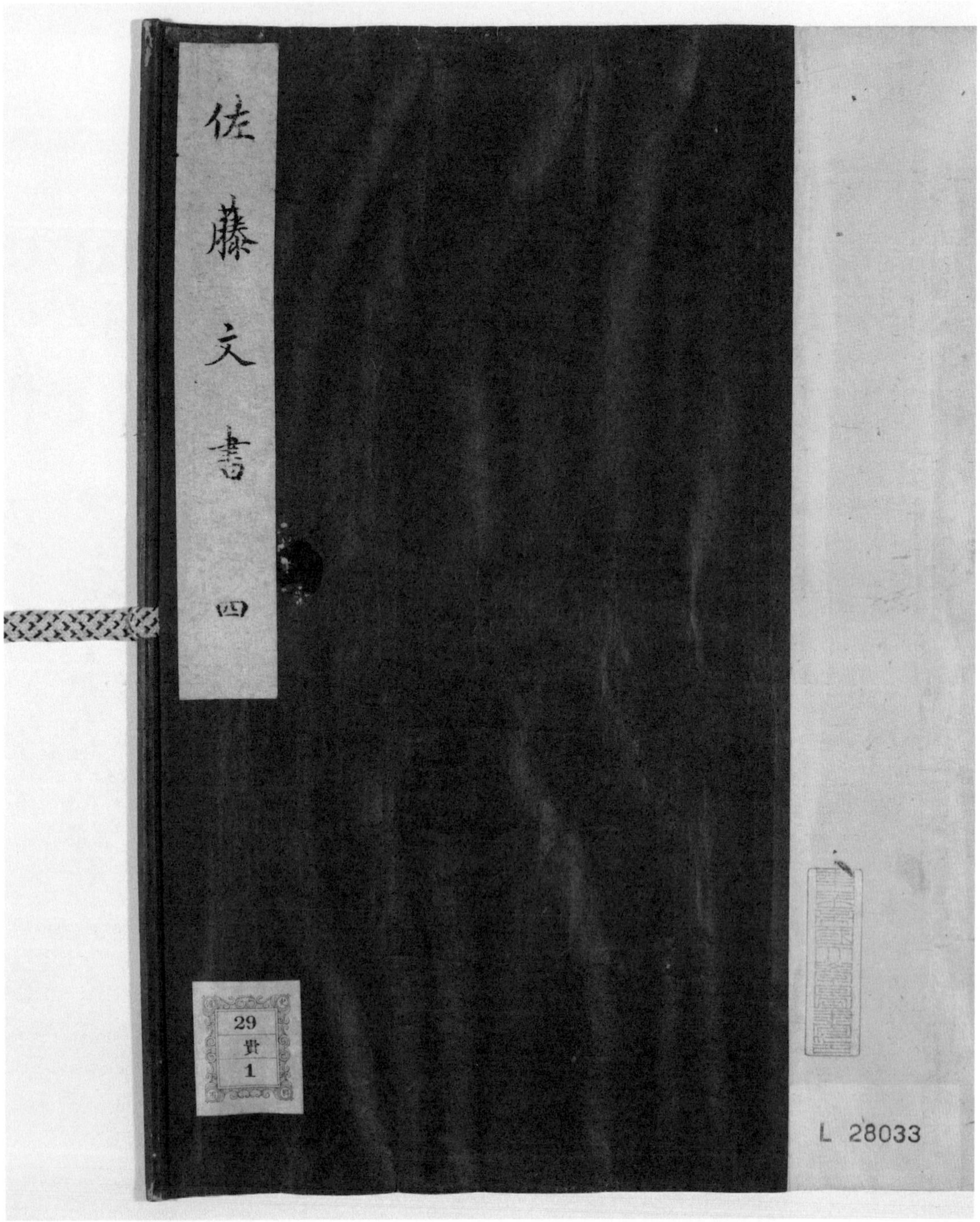
佐藤文書
四
29
冊
1
L 28033

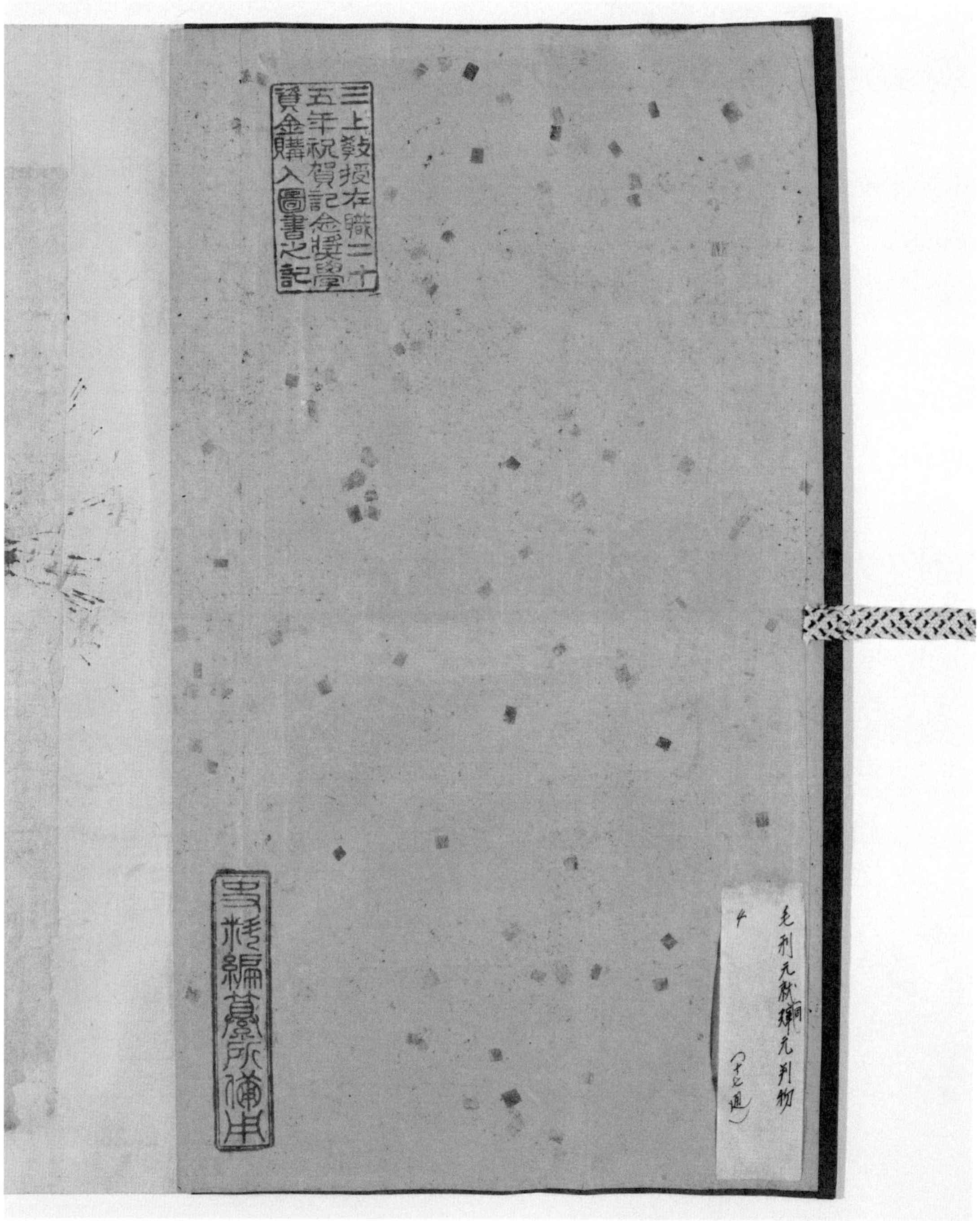
三上敎授在職二十五年祝賀記念奨學資金購入圖書之記
史料編纂所備用
毛利元就同輝元判物
4
（十七通）

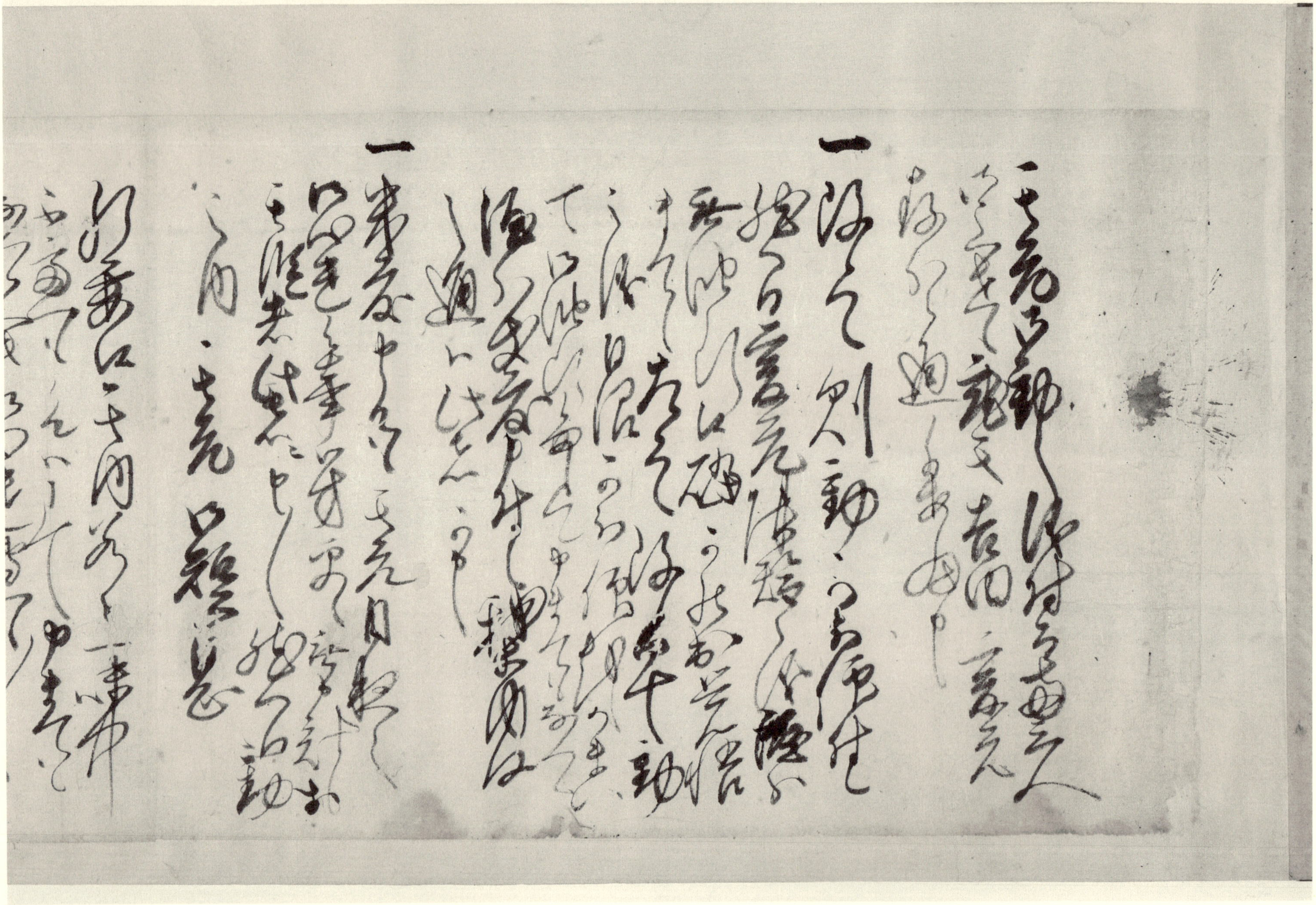

（1）

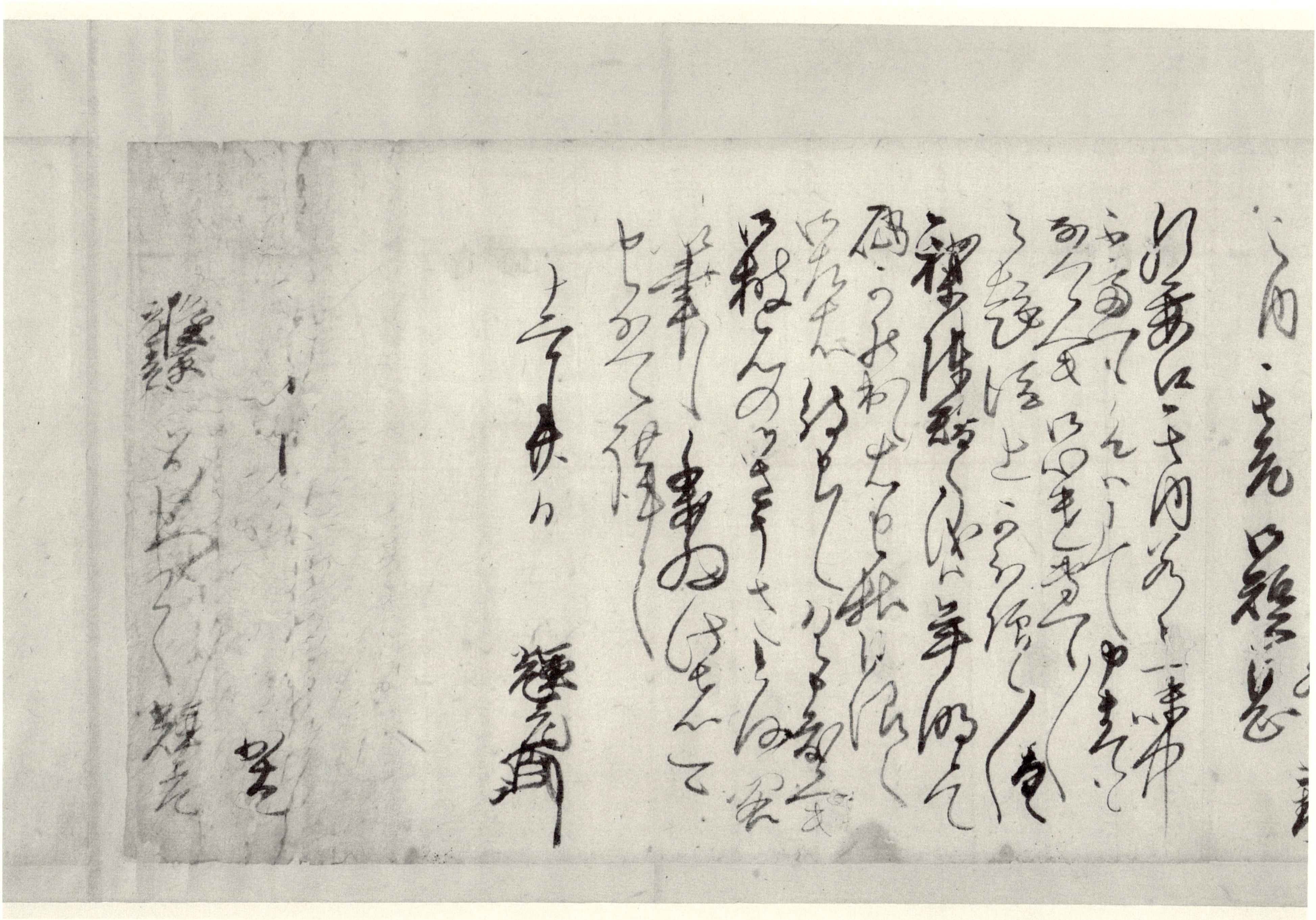

（2）

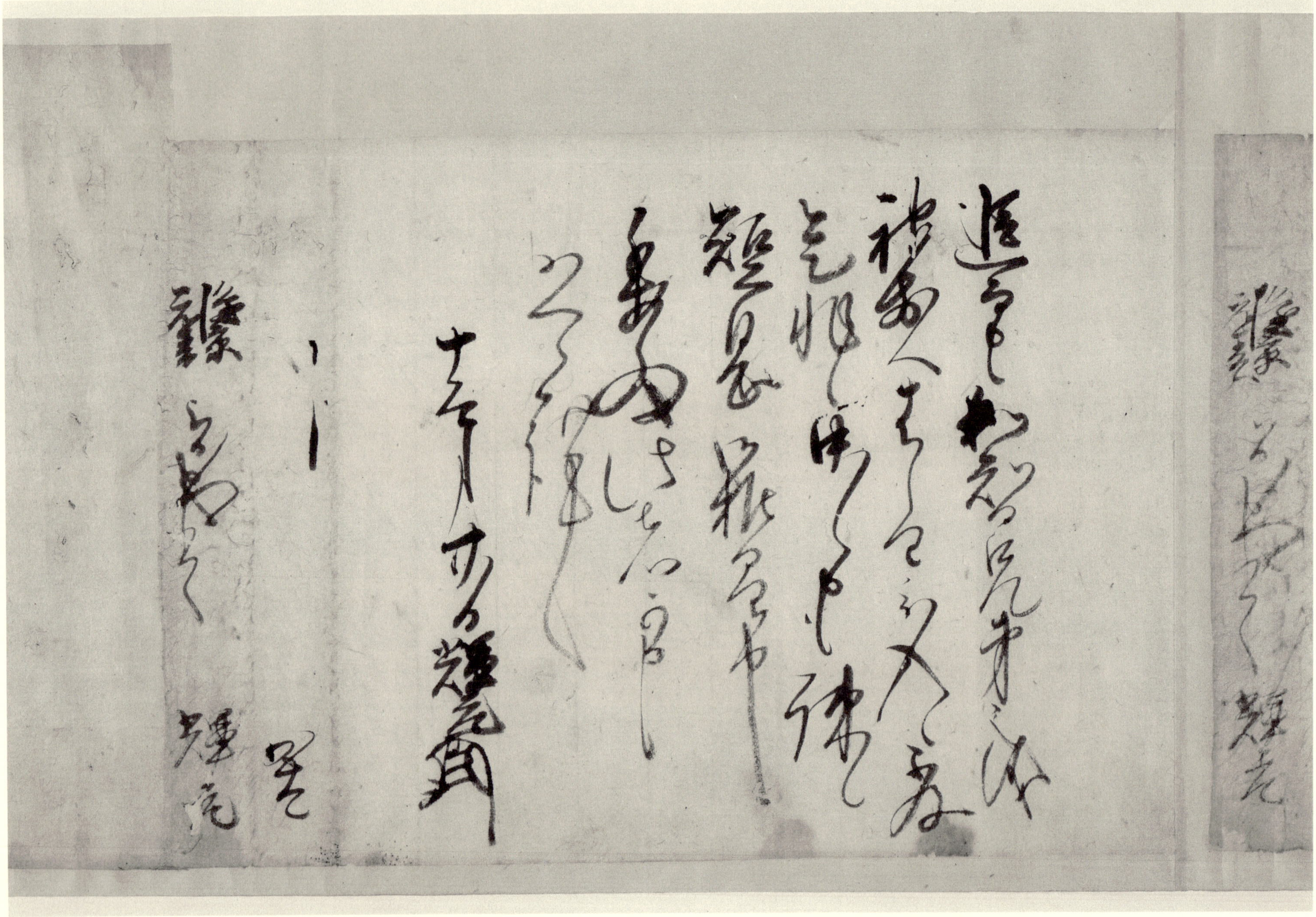

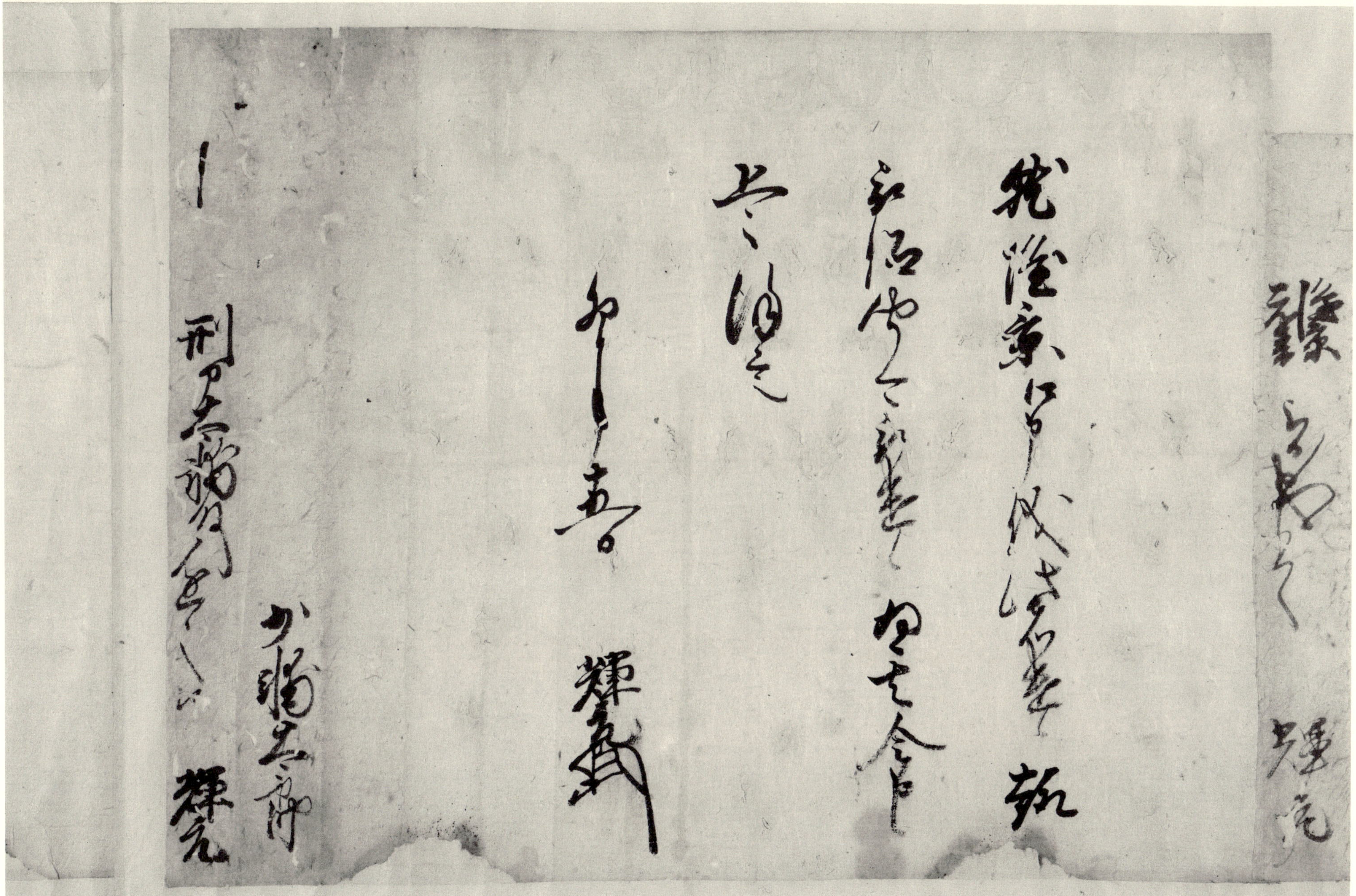

4毛利輝元書状（年未詳）二月一日

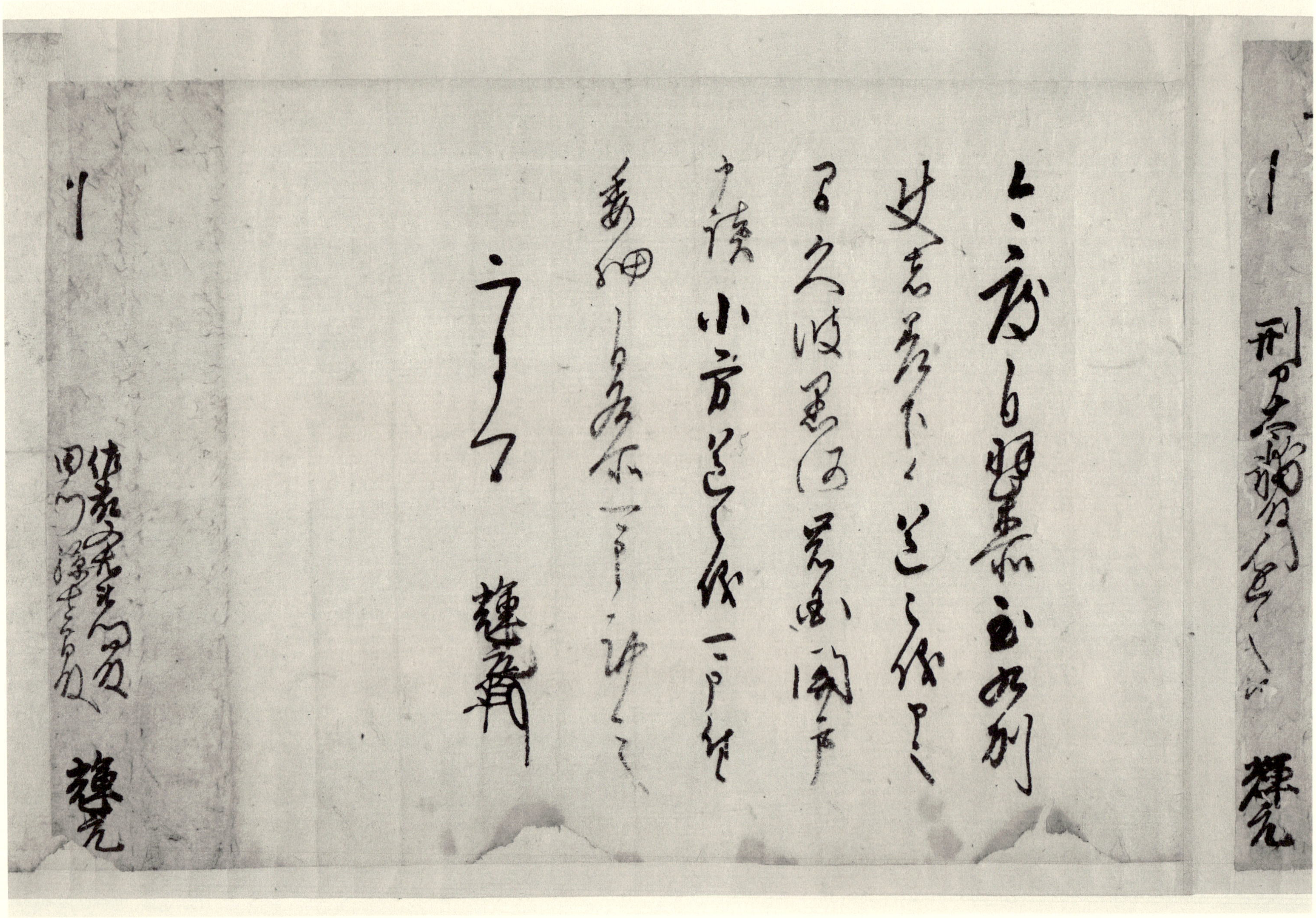

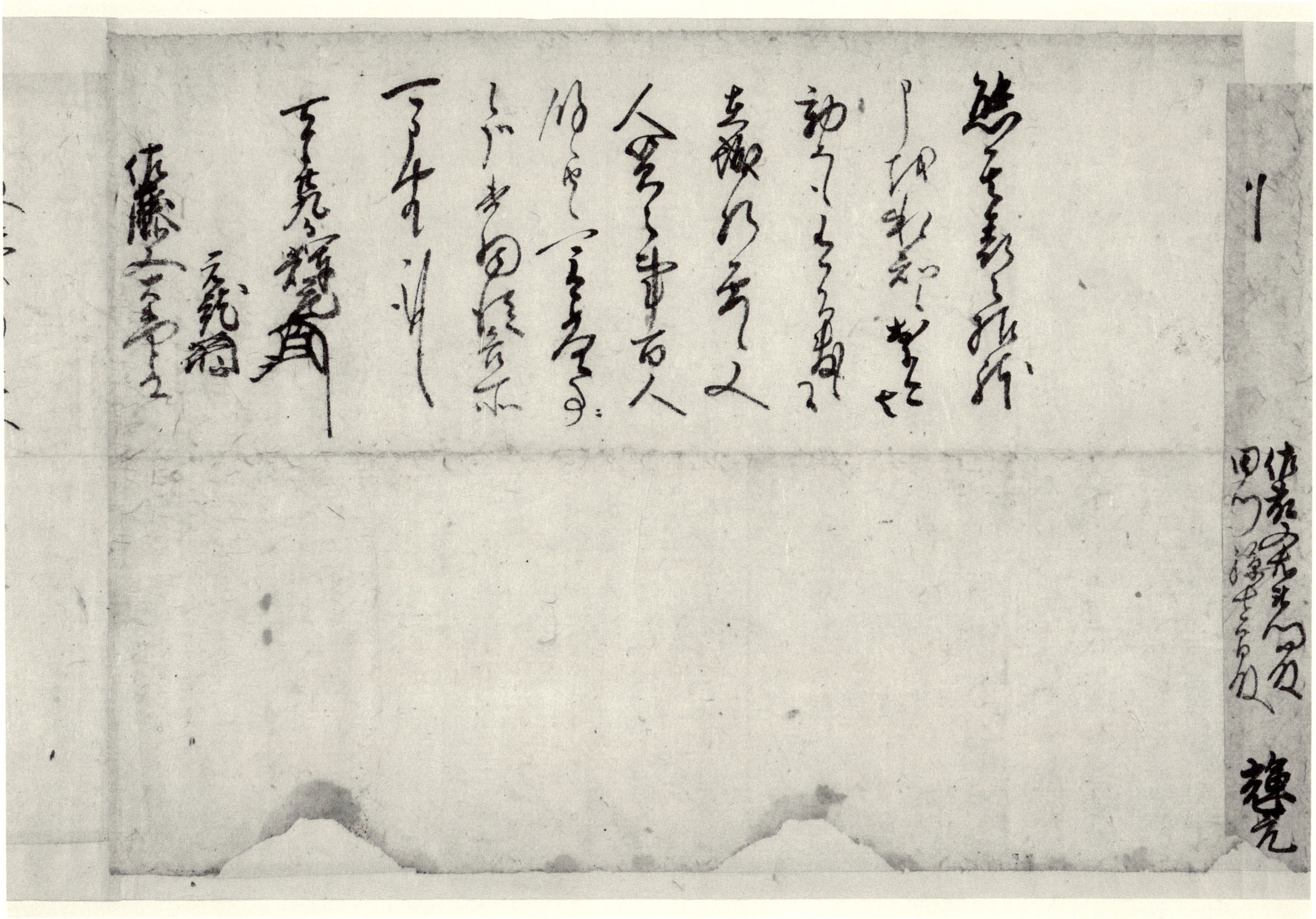

佐藤文書　巻四　5毛利元就・輝元連署書状（永禄十二年）七月二十九日

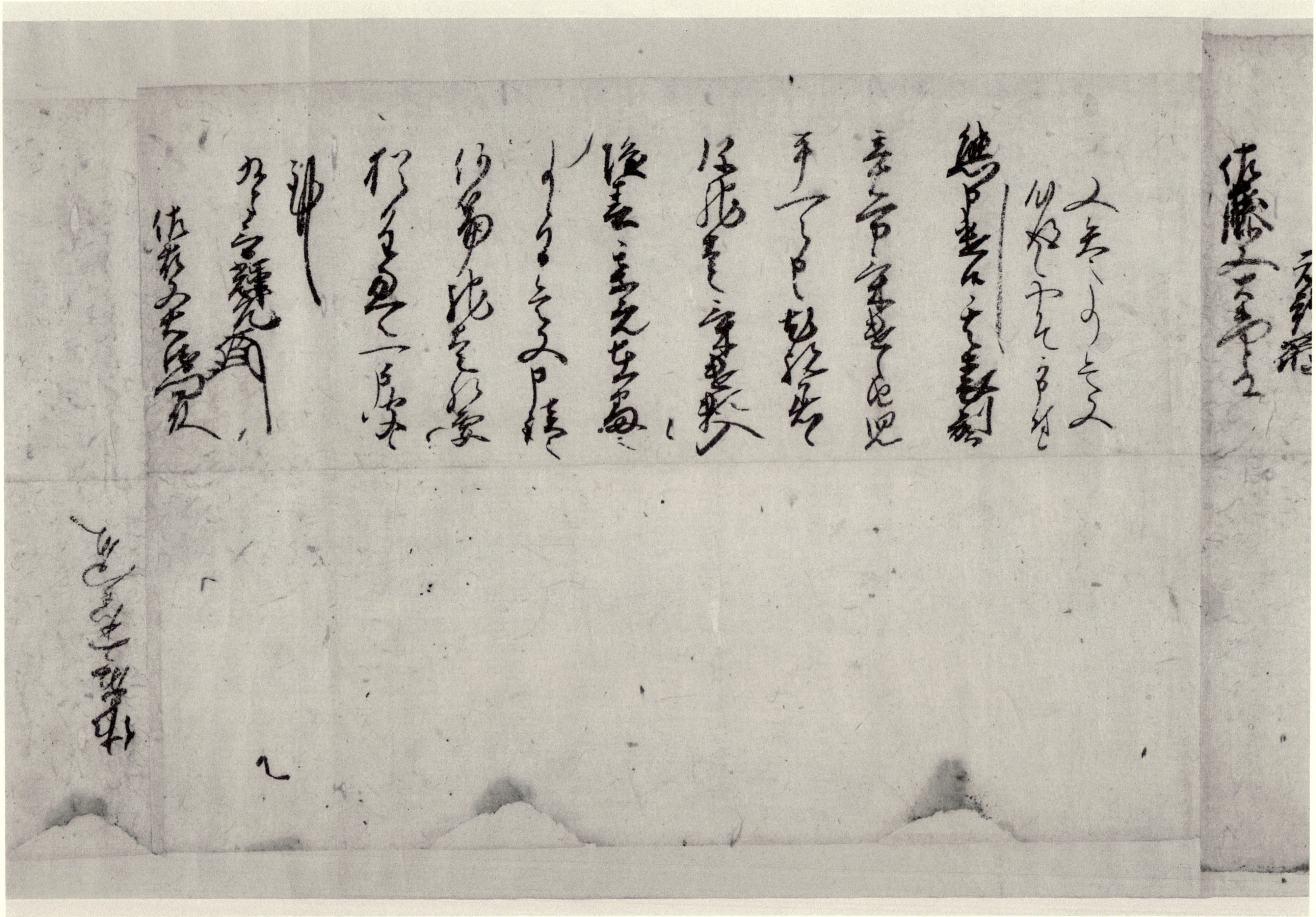

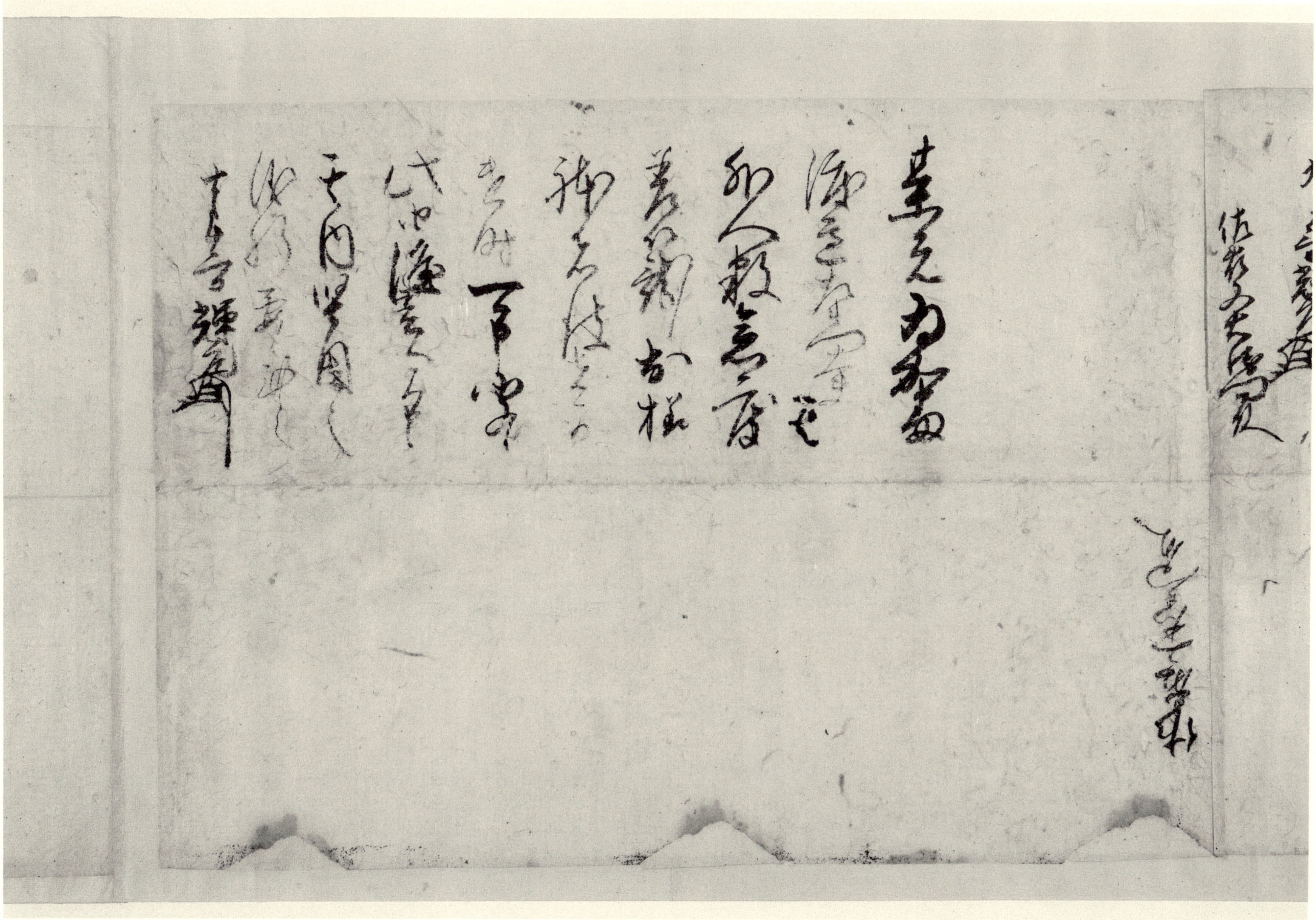

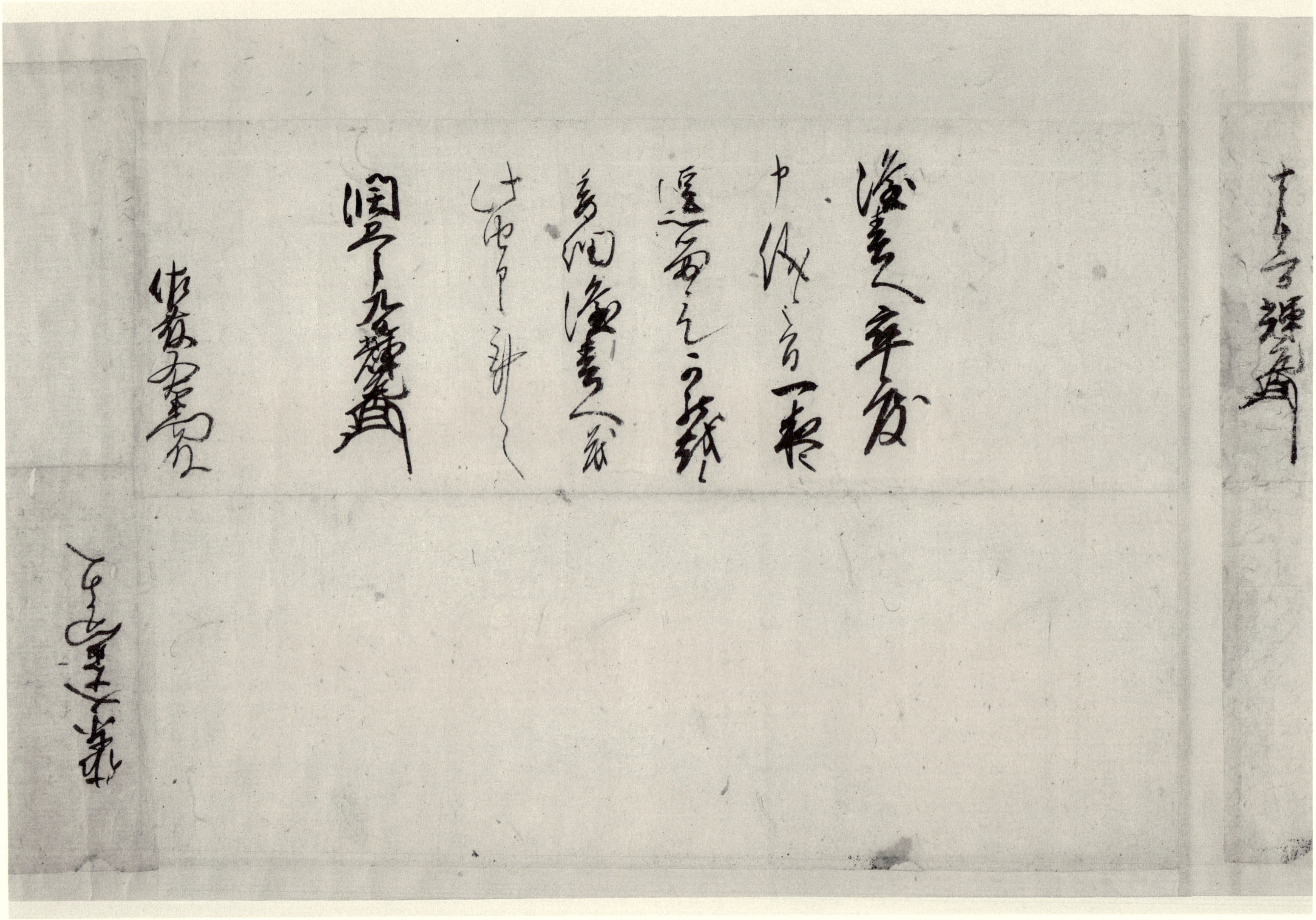

9毛利輝元書状（永禄十二年）五月晦日

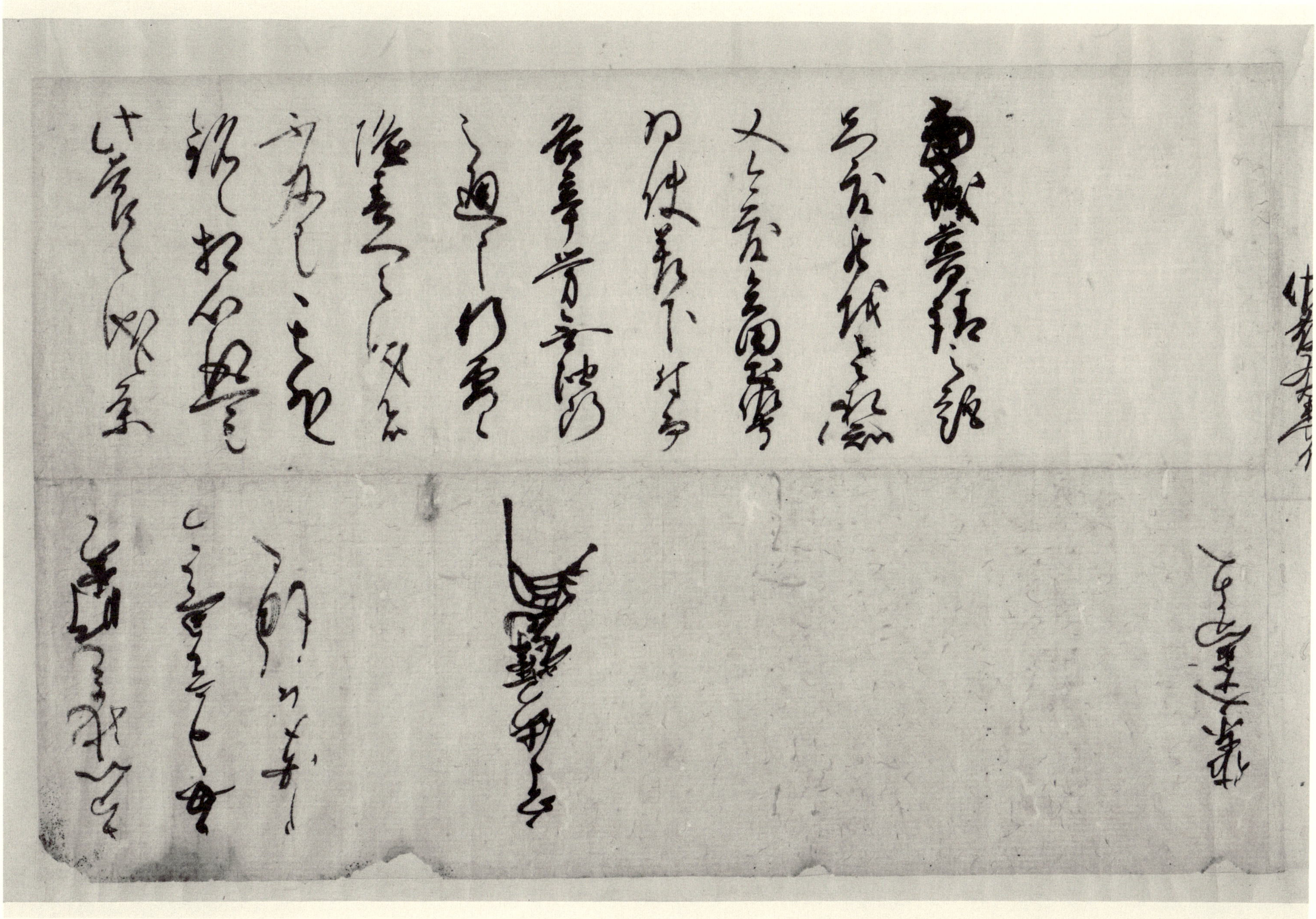

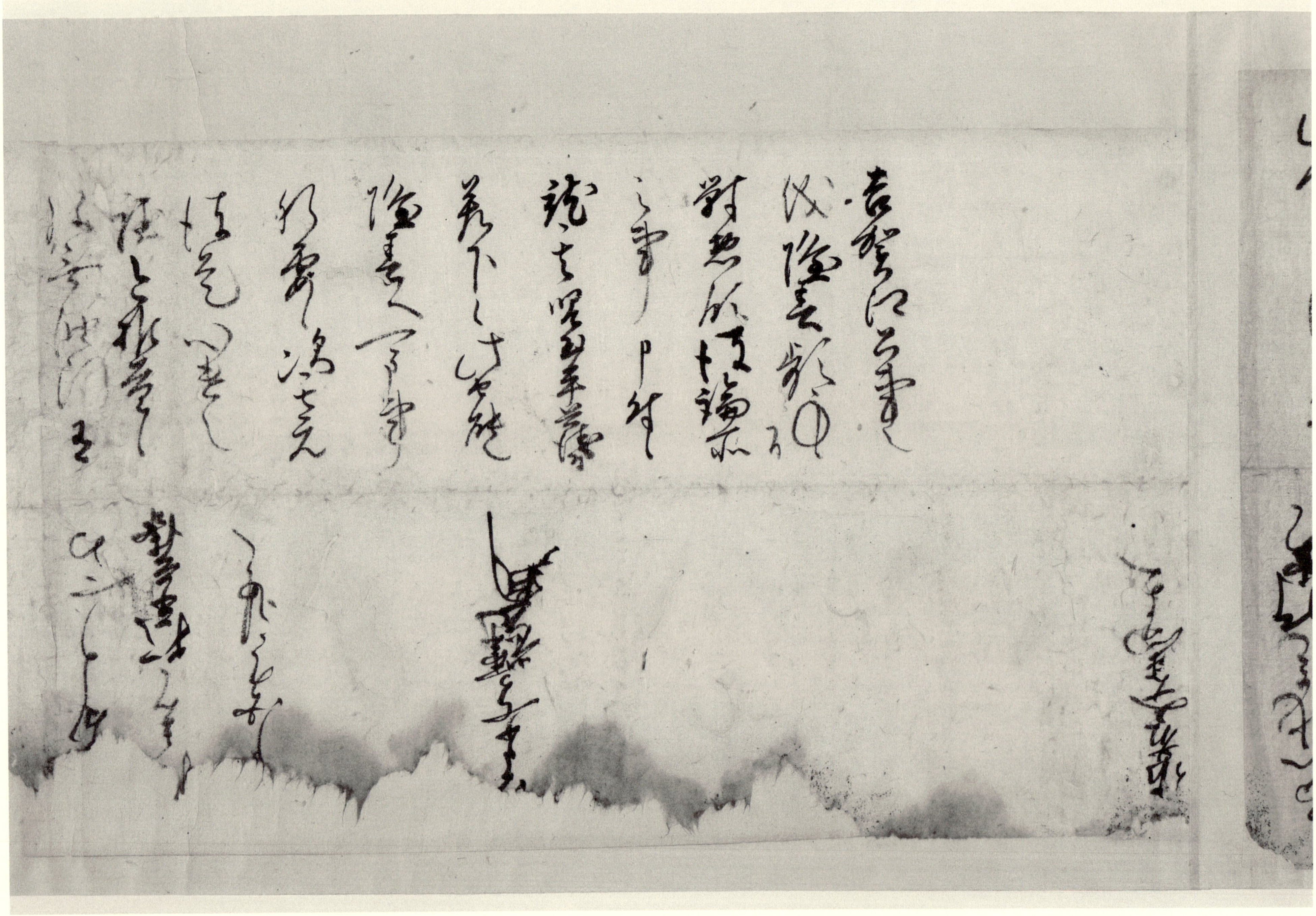

10毛利輝元書状（永禄十二年）八月十七日

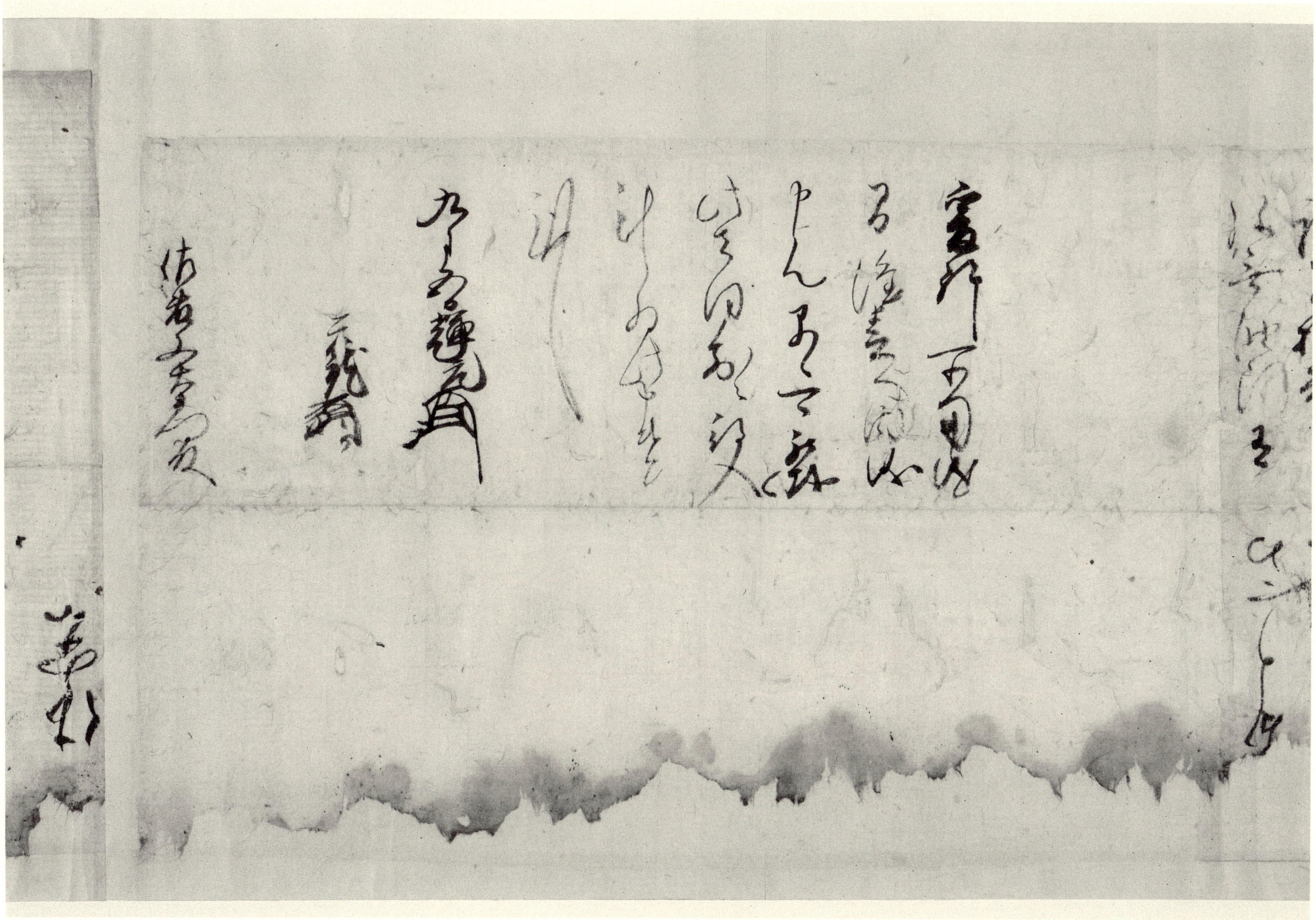

佐藤文書　巻四　11毛利元就・輝元連署書状　（年未詳）九月五日

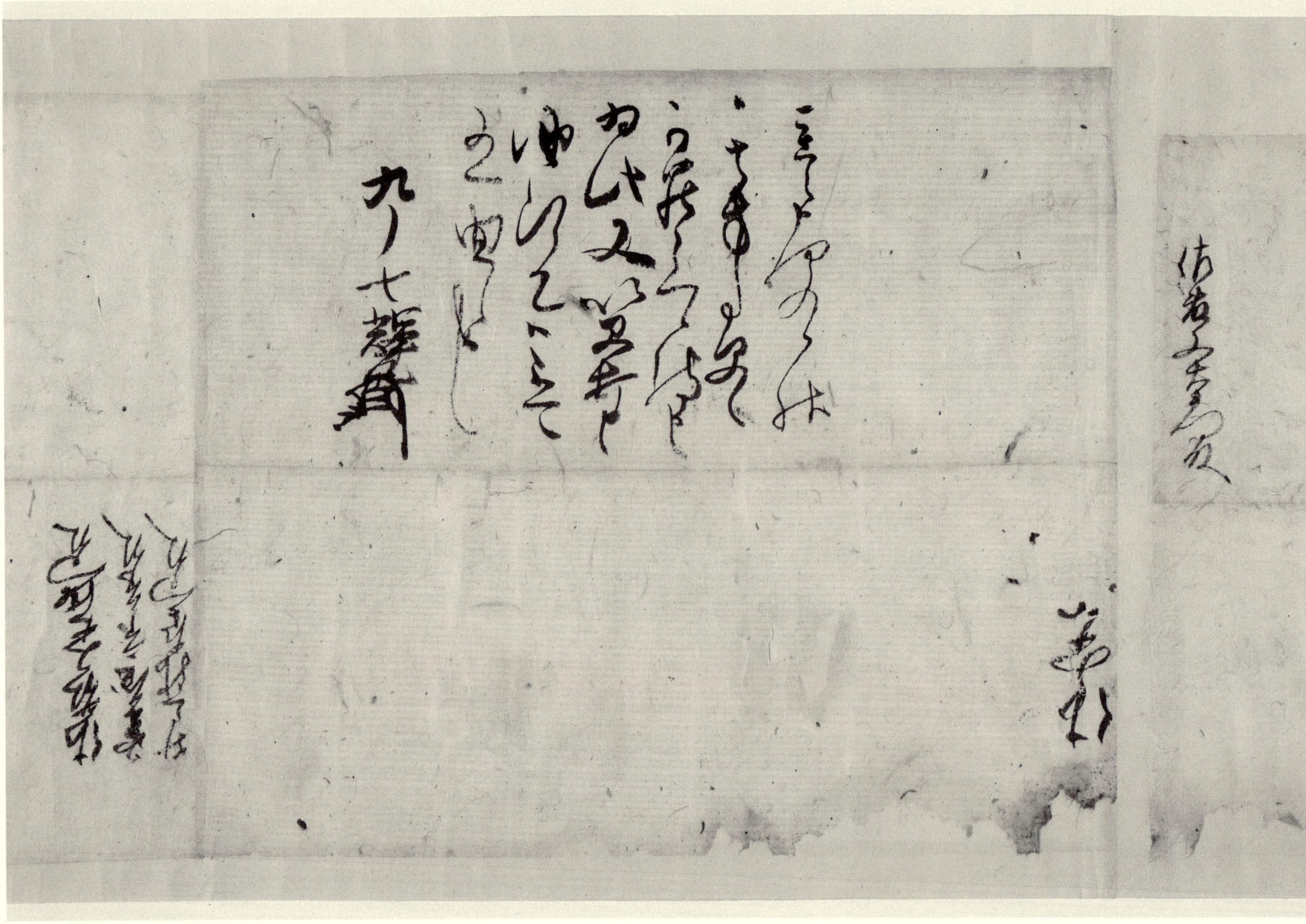

佐藤文書　巻四　12毛利輝元書状　（年未詳）九月七日

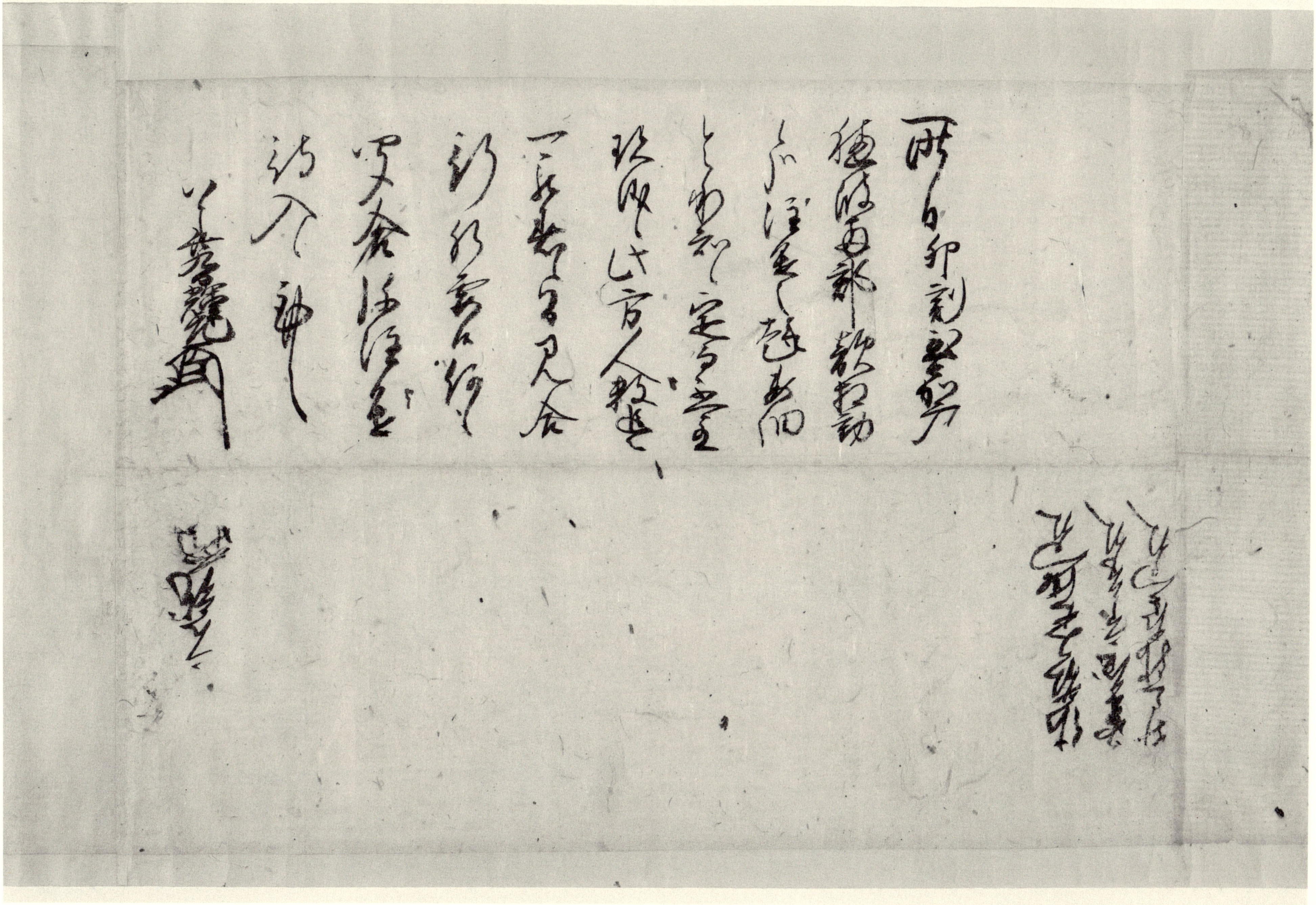

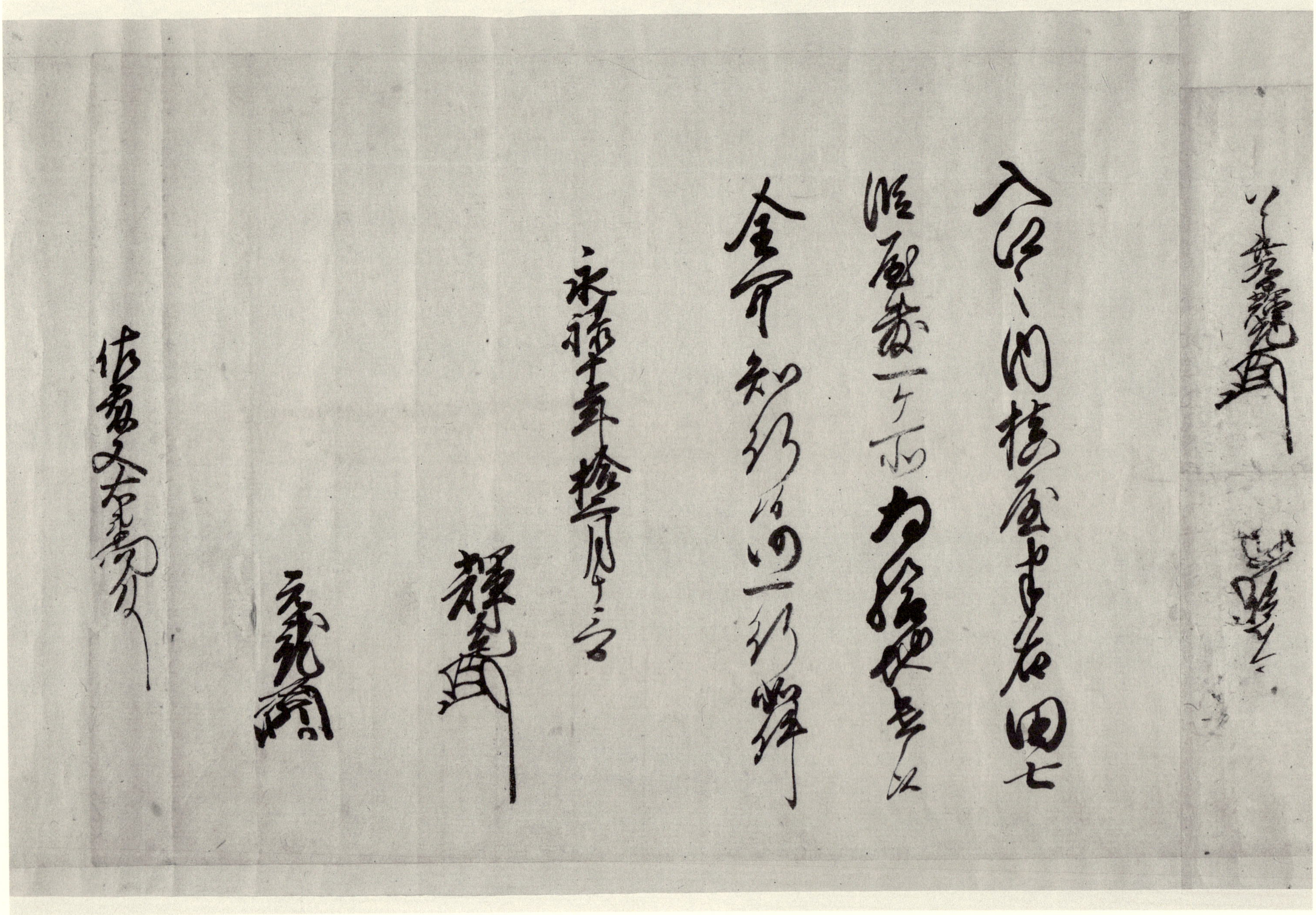

入江之内樫原寺名田七
段屋敷一ヶ所為給地遣之
全可知行之状如件
永禄十年十二月十三日
輝元（花押）
元就（花押）
佐藤又右衛門尉殿

山手之内弘有名田内
小屋家敷弁百姓幸カ給地
等全知行可申付事肝要

永禄十年十二月十三日
　　　　　　　　輝元(花押)
　　　　　　　　元就(花押)

佐藤文五左衛門尉殿

佐藤文五左衛門尉殿

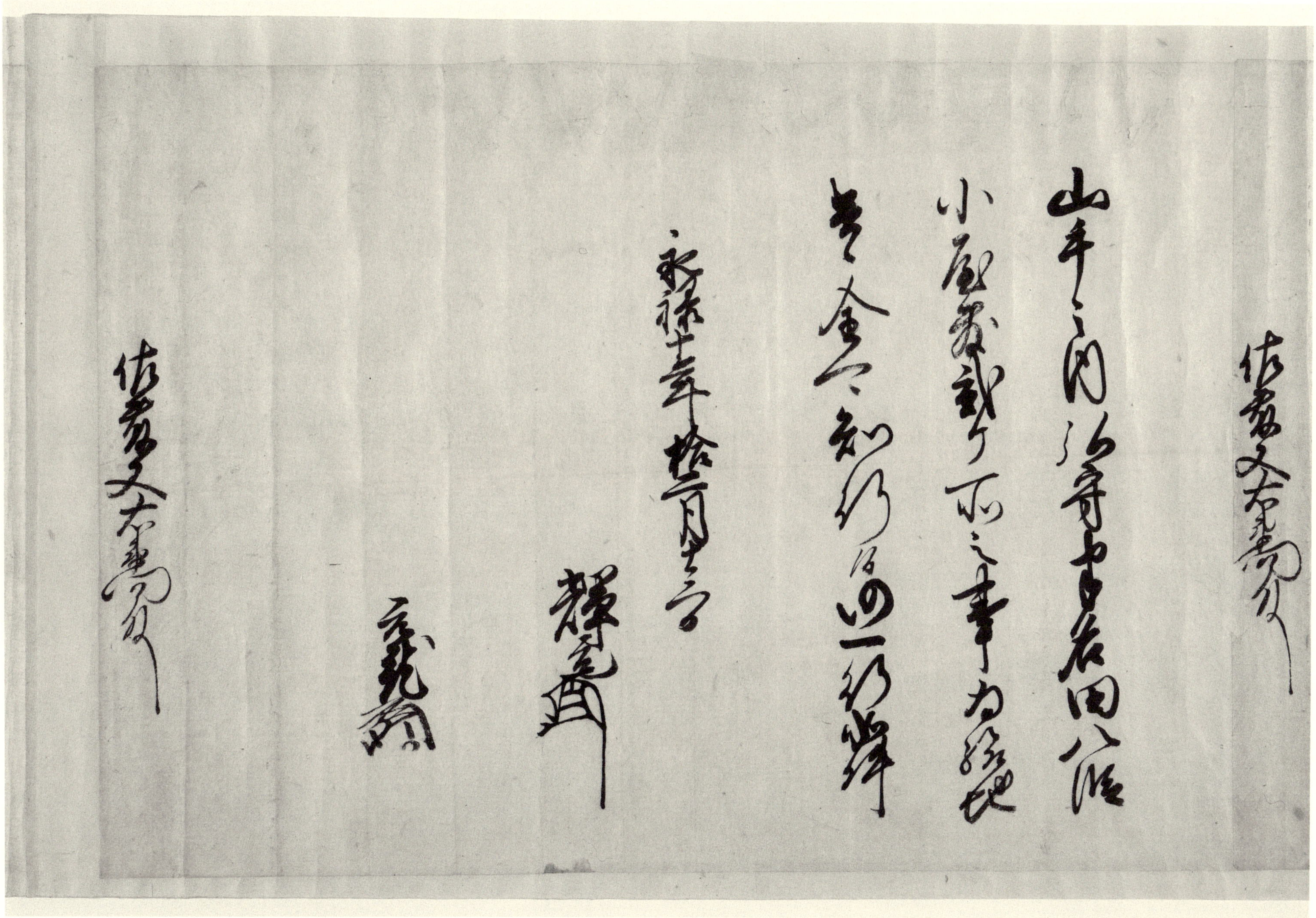

佐藤文書　巻四　16幸鶴〈毛利輝元〉書状　（年未詳）十二月二十三日

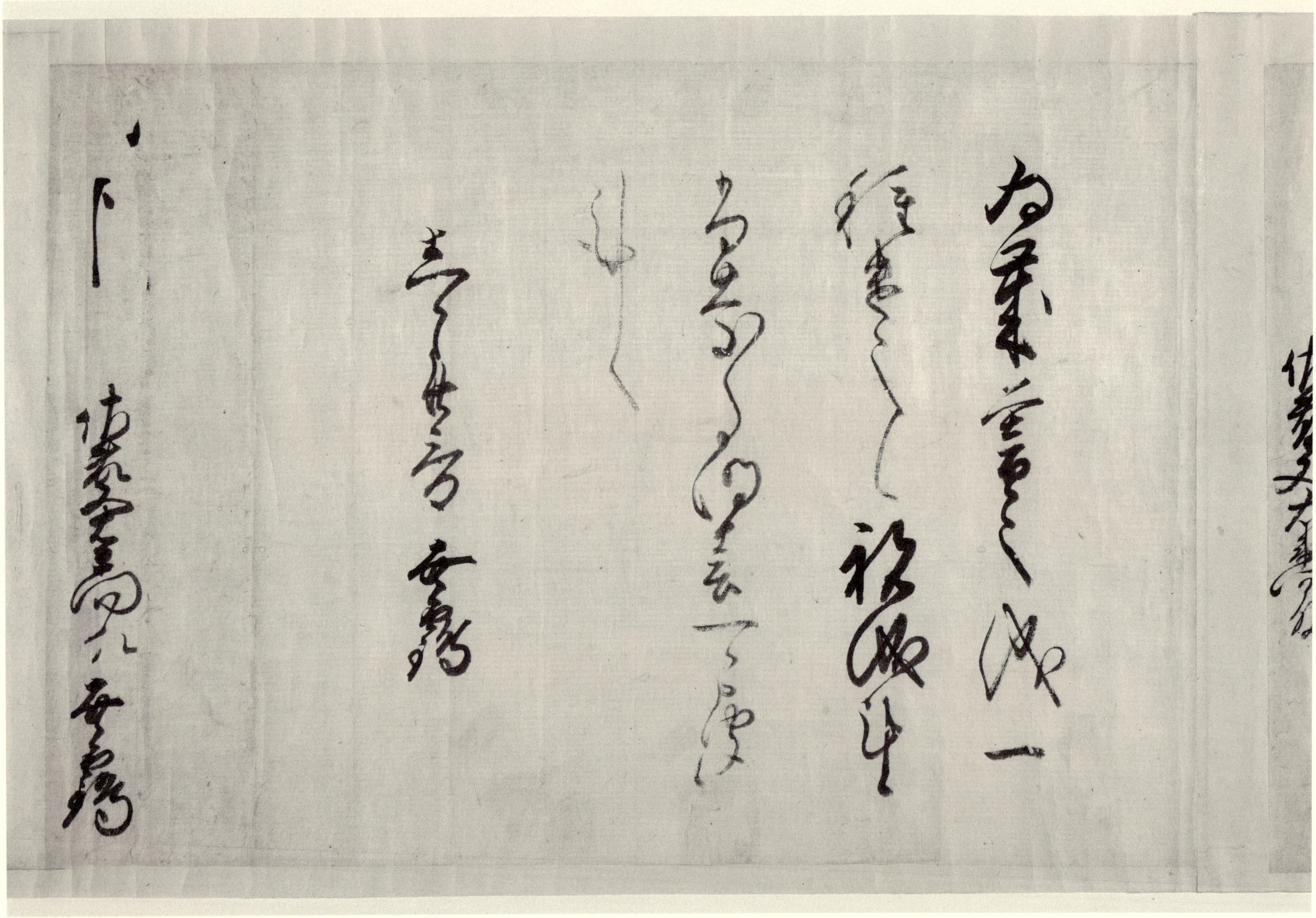

17毛利輝元書状　（年未詳）正月十日

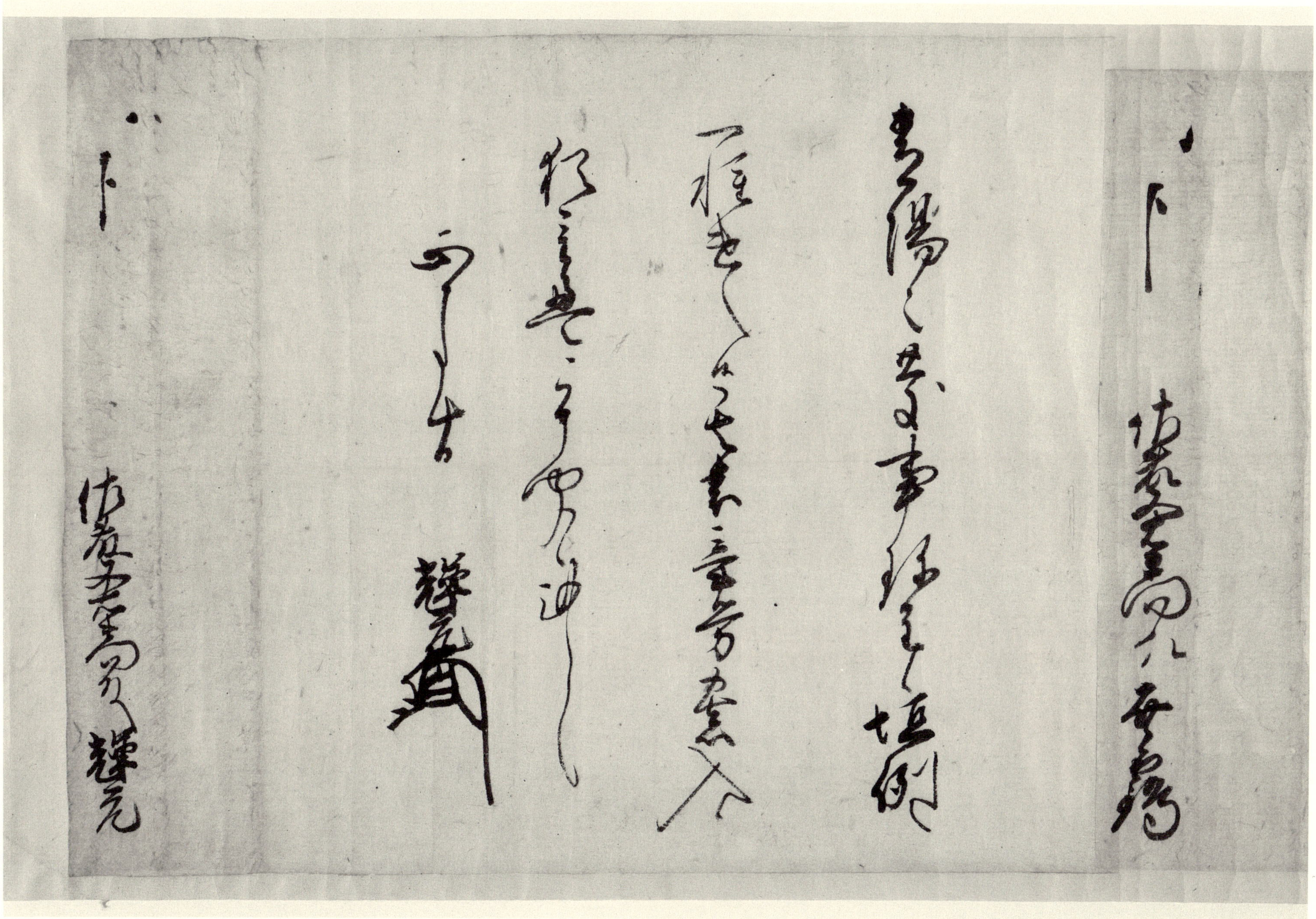

佐藤文書
五
29
貴
1
L 28033

毛利隆元輝元秀就三代
判物
5
（十二通）

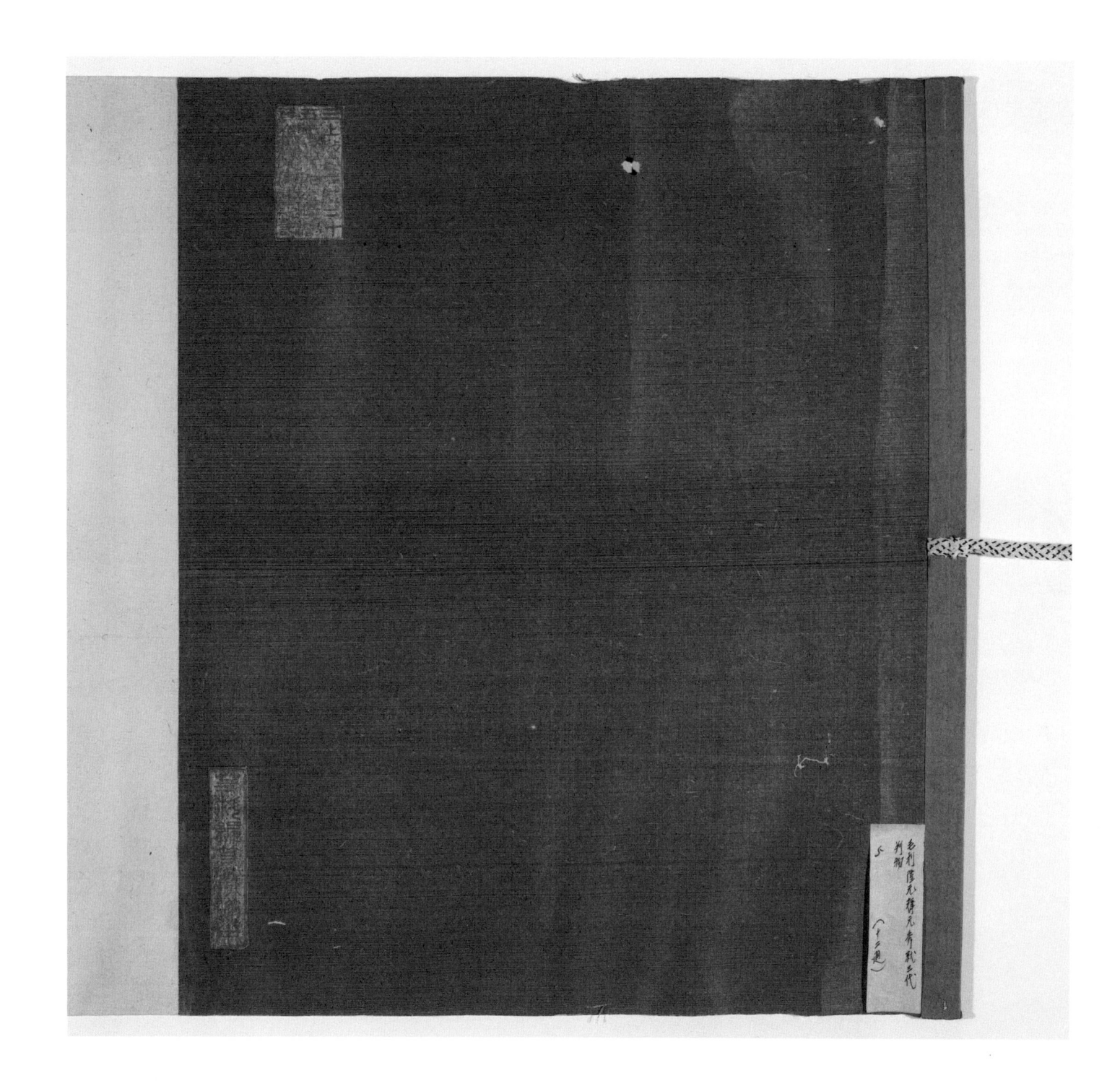

任

大蔵丞

天文廿一年霜月廿四日（花押）

佐藤縫殿允殿

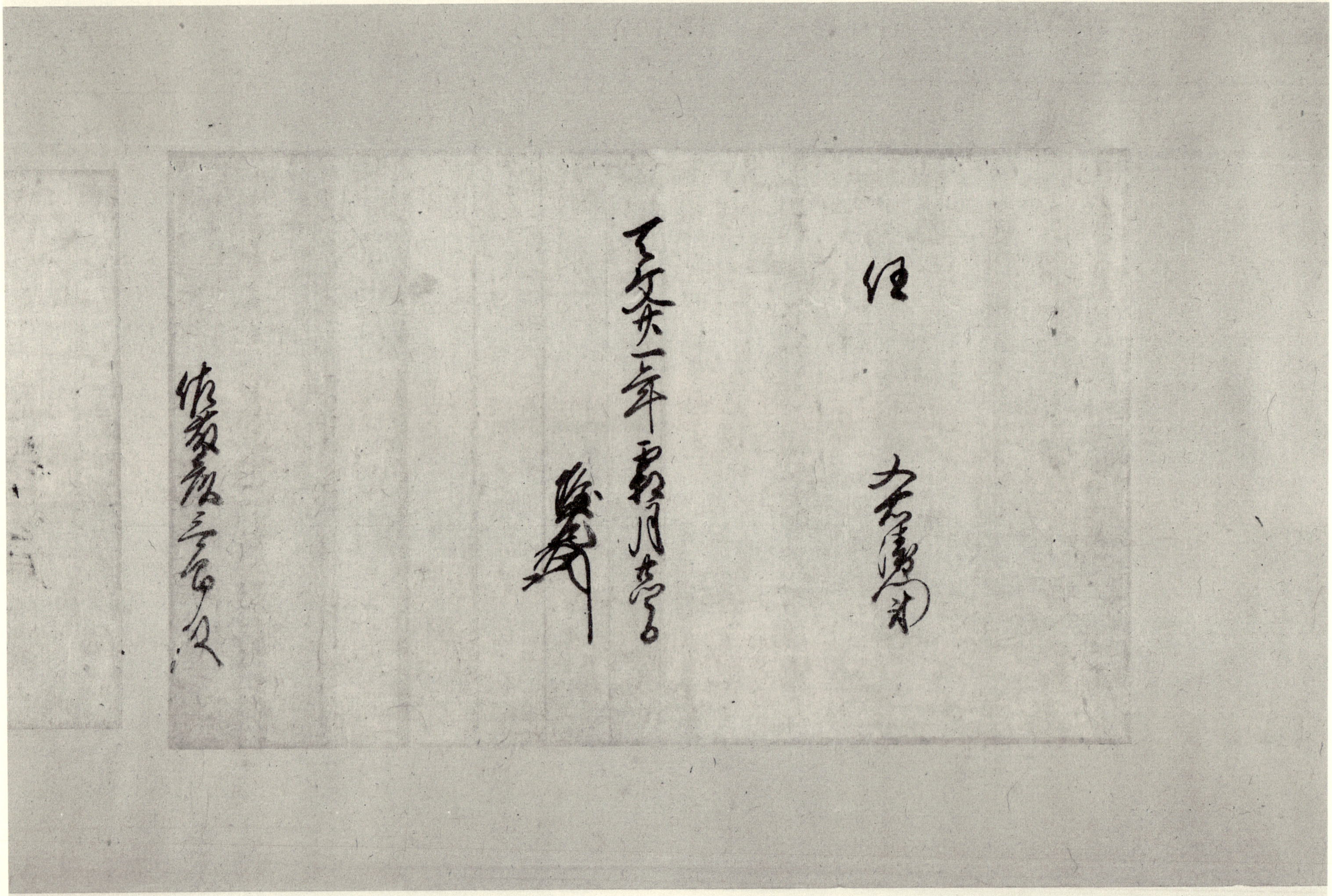

加冠

元

元亀元年拾貳月晦日

輝元（花押）

佐殿三太郎殿

佐殿三太郎殿

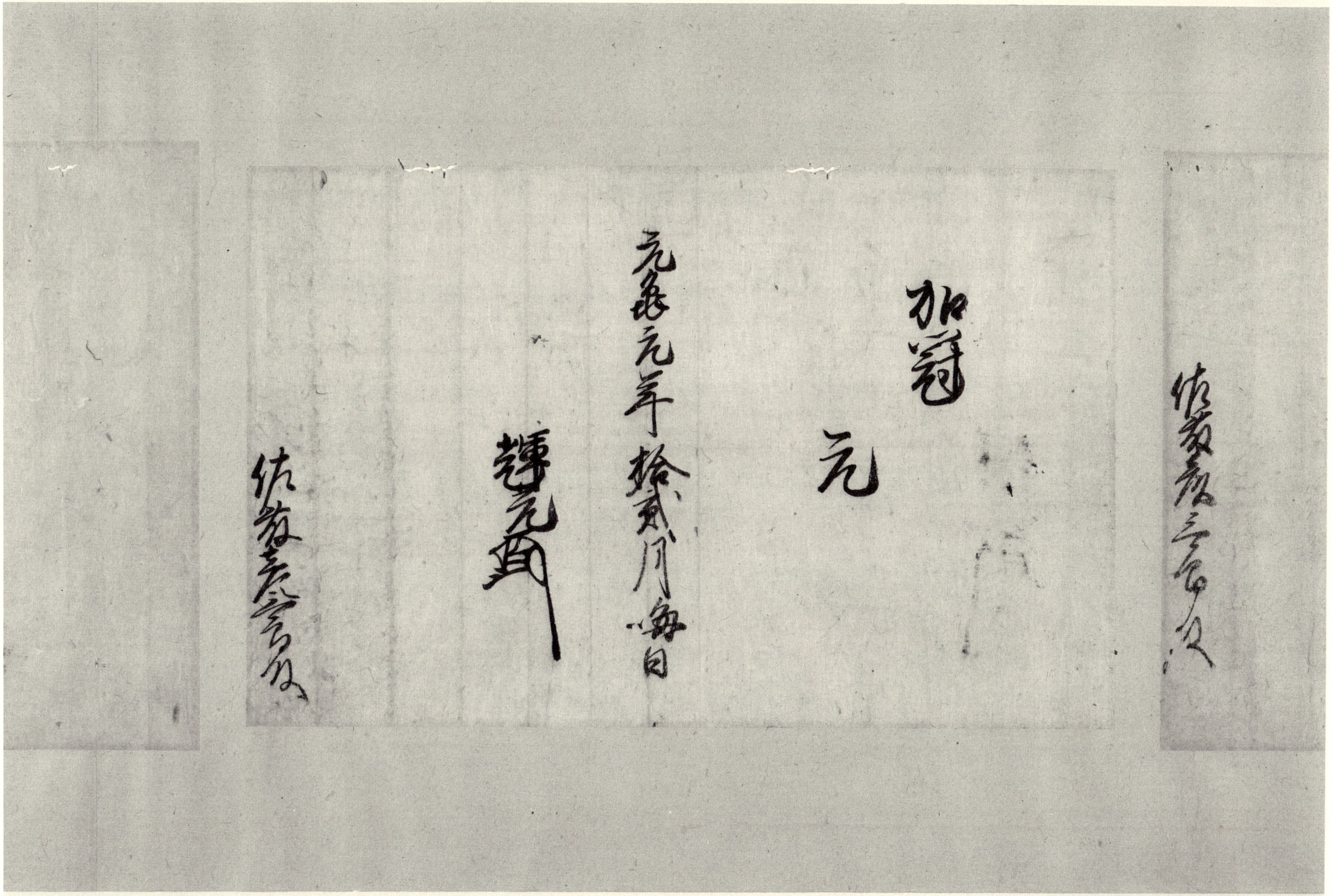

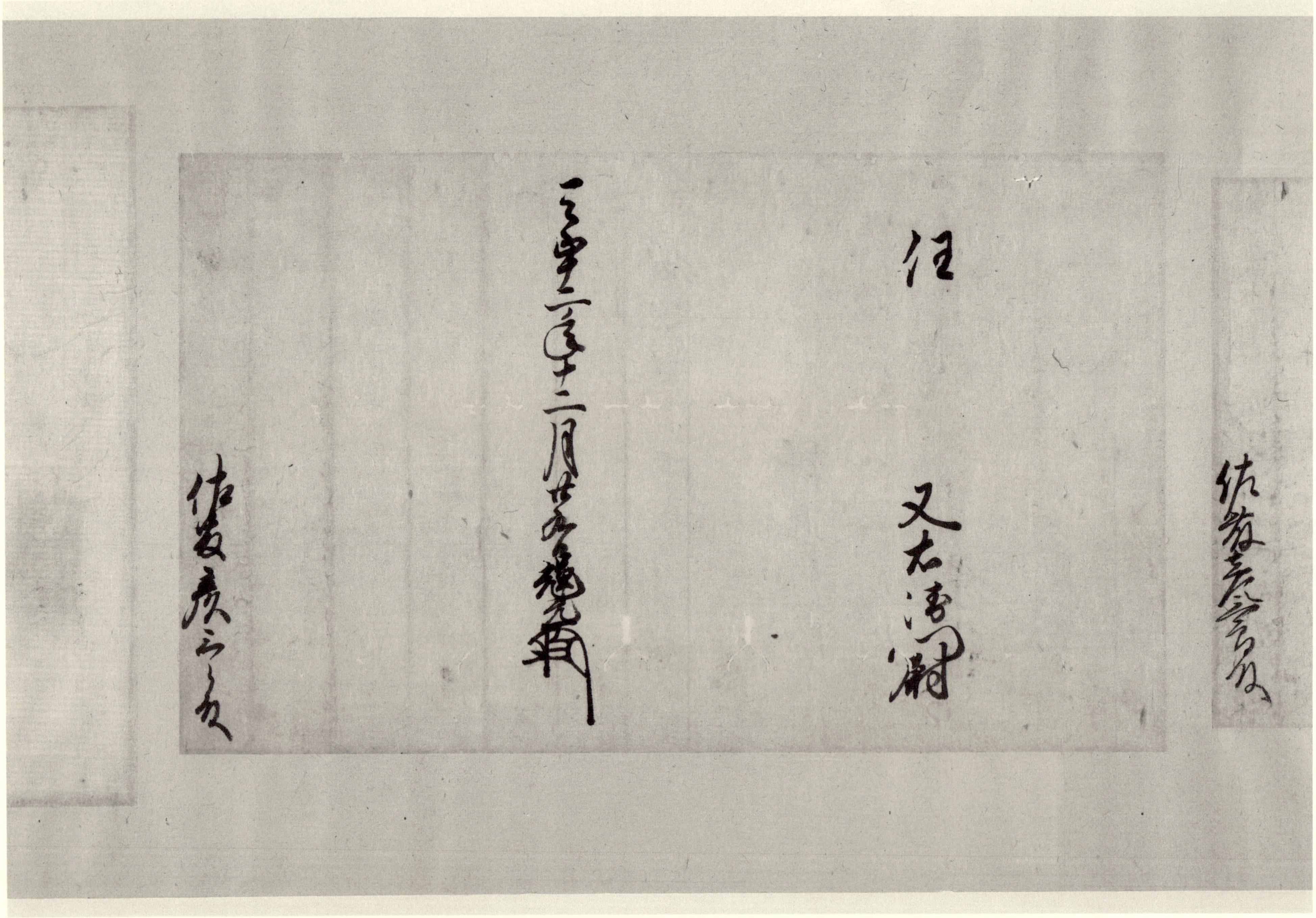
任
又右衛門尉
天正十二年十二月廿九日　輝元（花押）
佐藤彦六とのへ

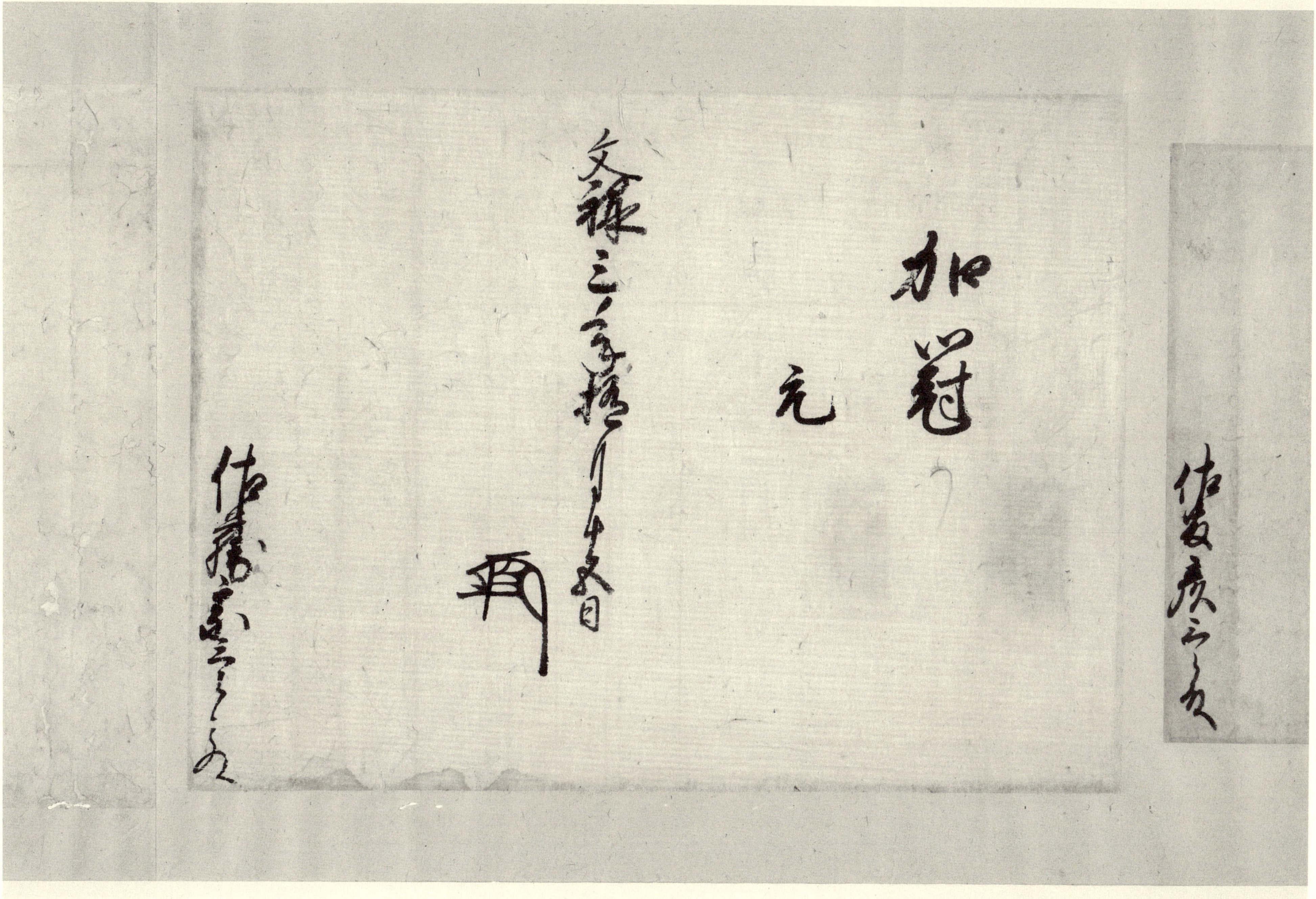

加冠
元
文禄三年極月十五日

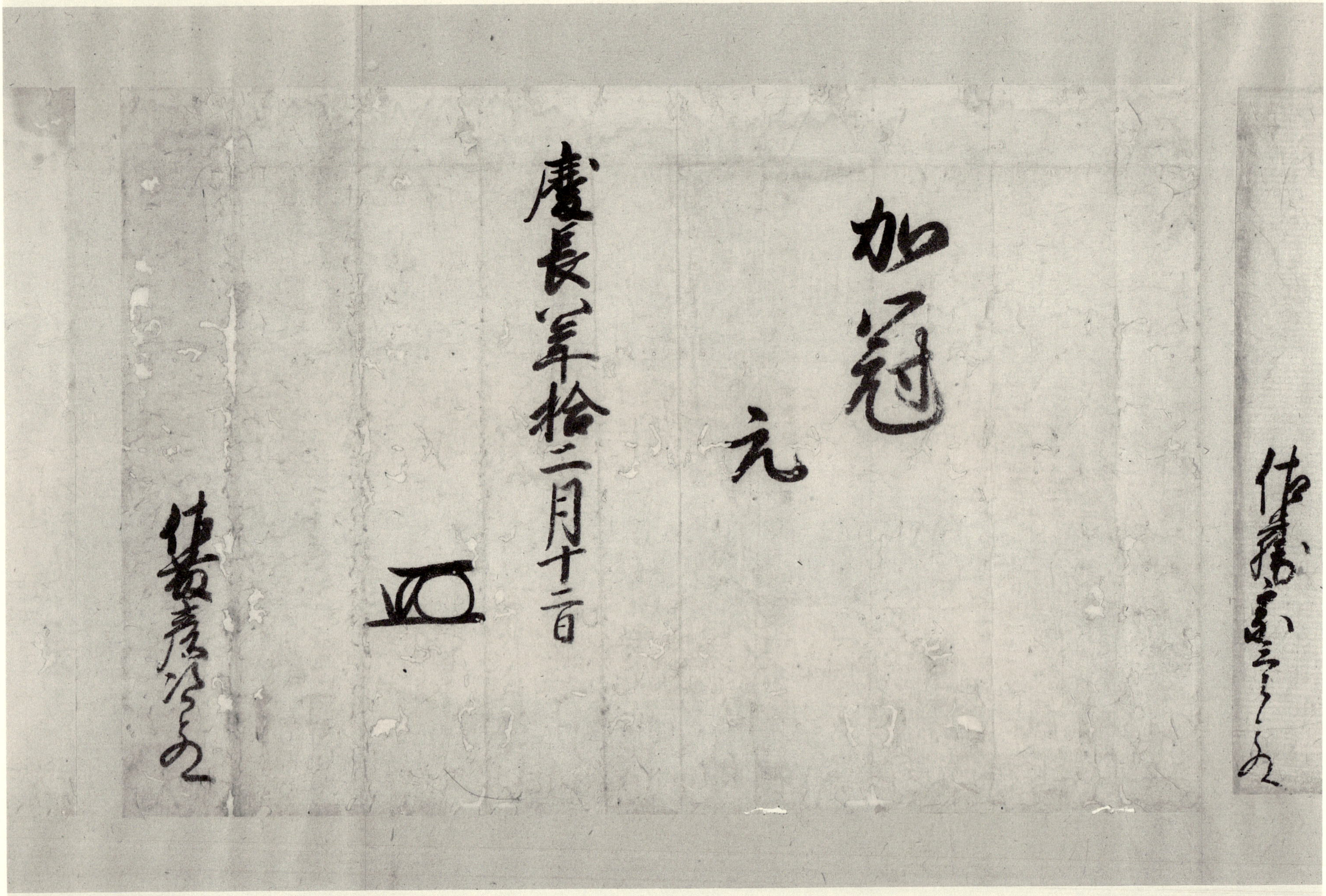
佐藤彦次とのへ

加冠

元

慶長八年拾二月十二日（花押）

佐藤彦次とのへ

佐藤文書　巻五　5毛利秀元加冠状　慶長八年十二月十二日

任
又兵衛尉
慶長弐拾年二月十八日
佐藤又兵衛とのへ

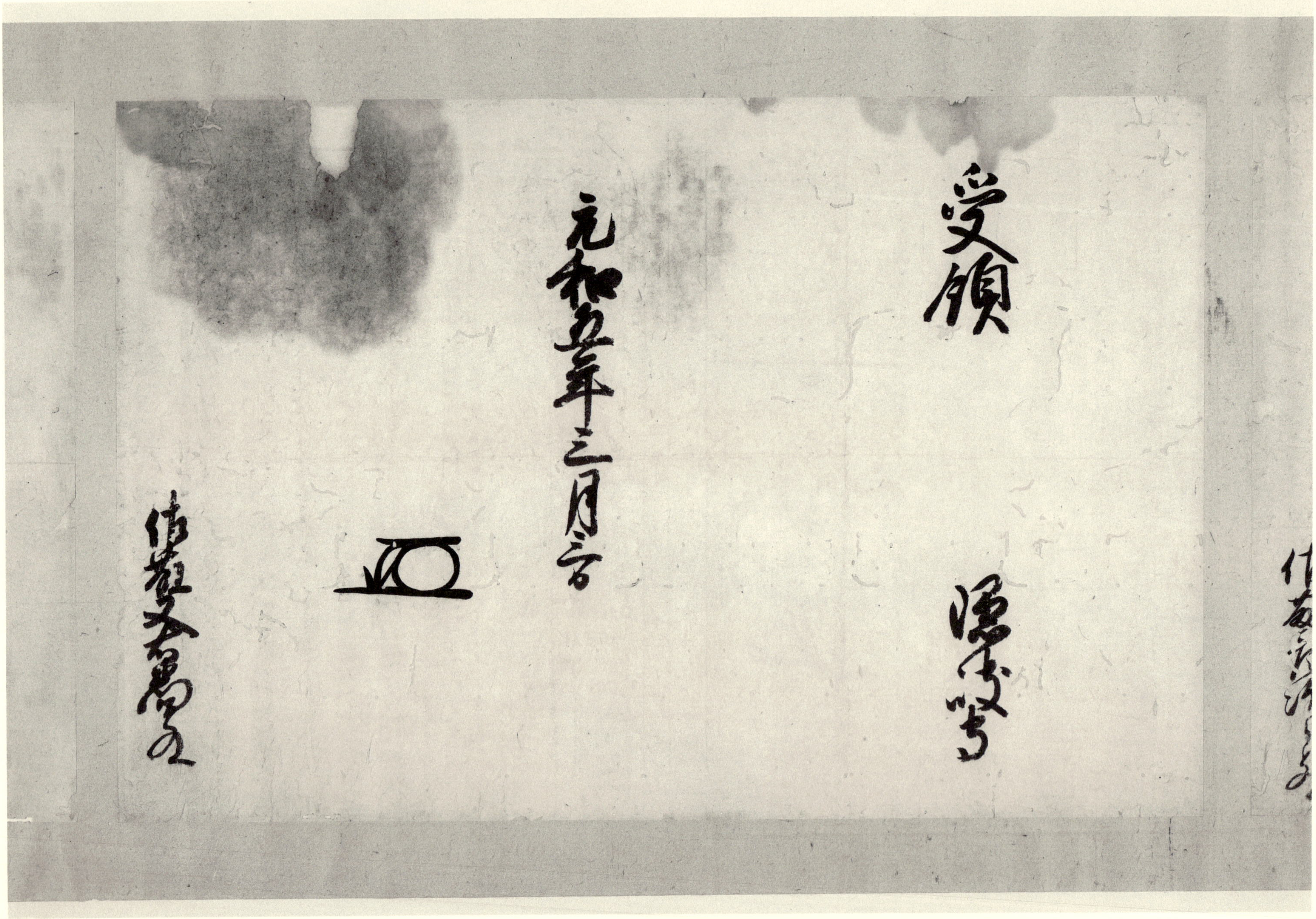
受領
隠岐守
元和五年三月三日

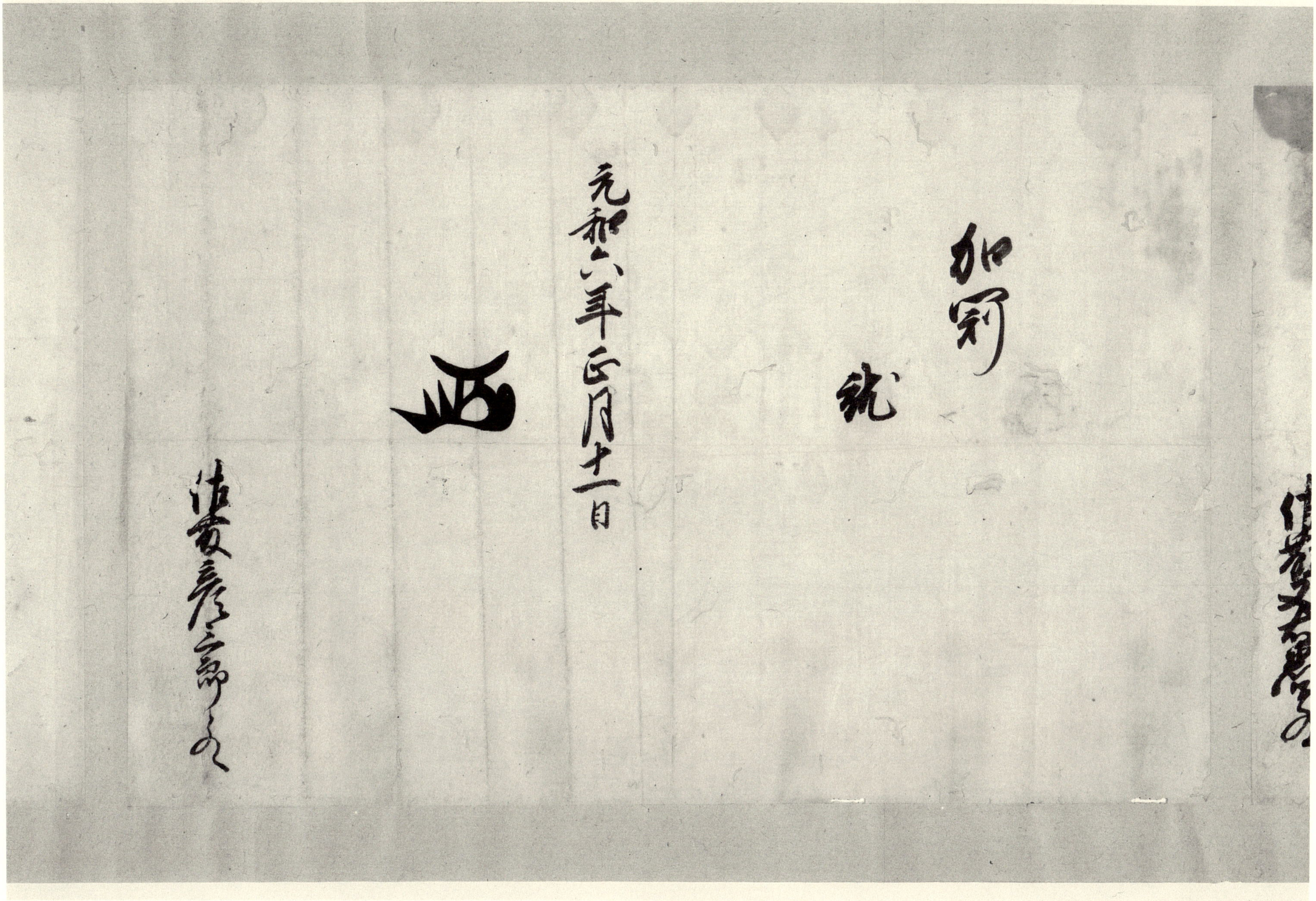
加冠
就
元和六年正月十一日（花押）
佐藤彦六郎とのへ

任
文右衛門
元和七年正月五日
佐藤文右衛門とのへ

任
長左衛門

寛永六年五月五日

佐藤長三郎とのへ

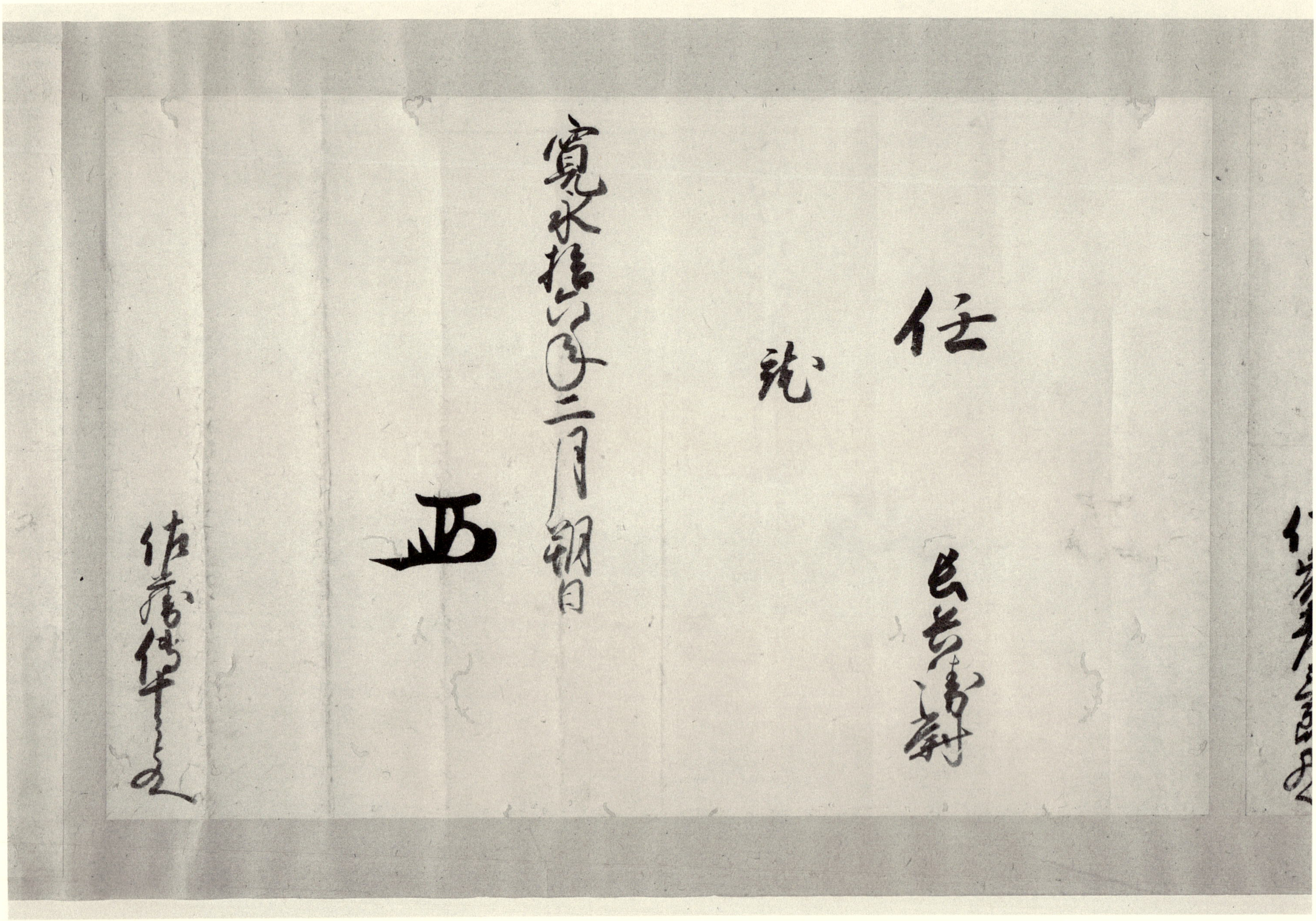
任
就
寛永拾六年二月朔日

加冠

就

正保元年十二月朔日　（花押）

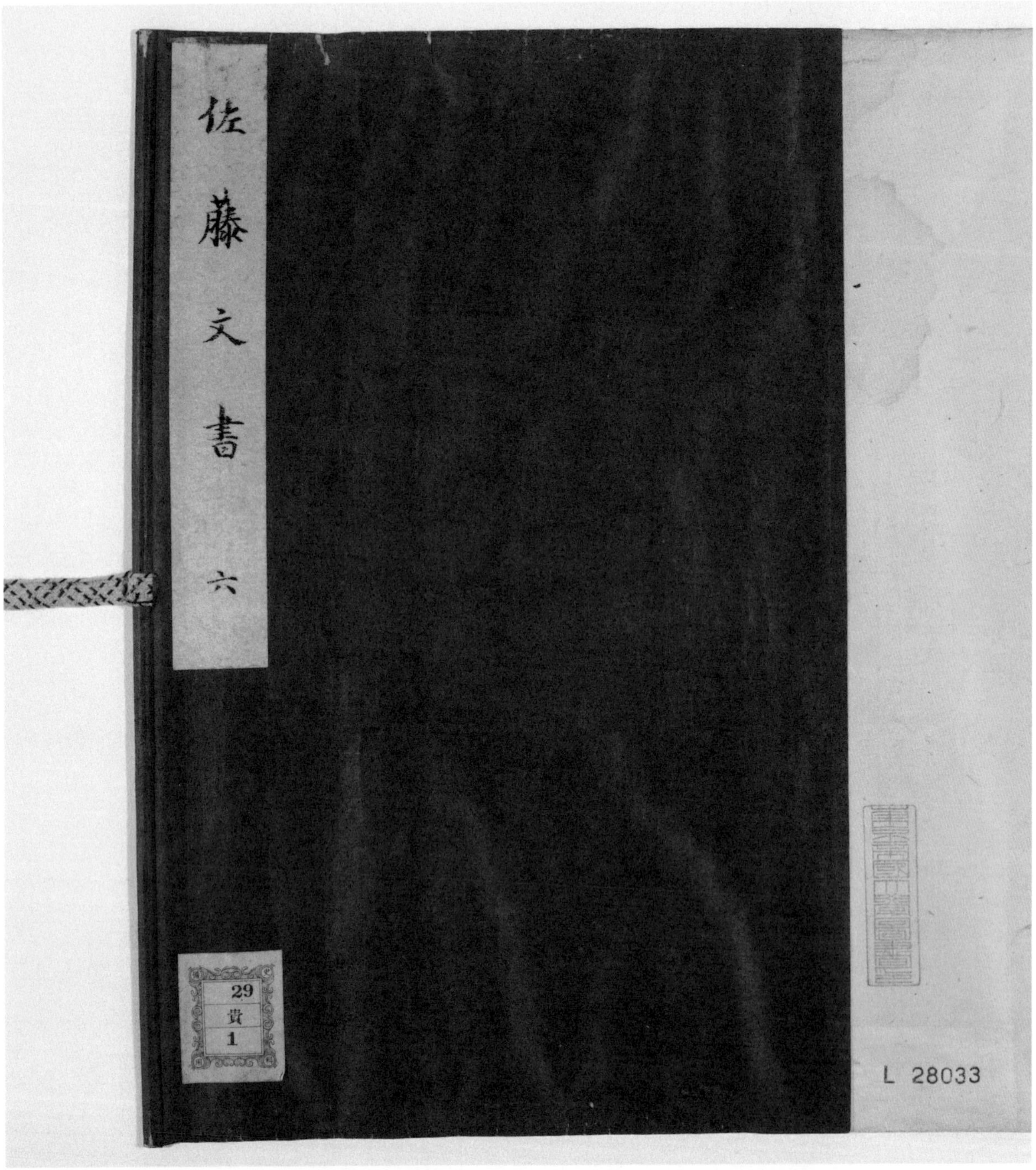
佐藤文書
六
29
貴
1
L 28033

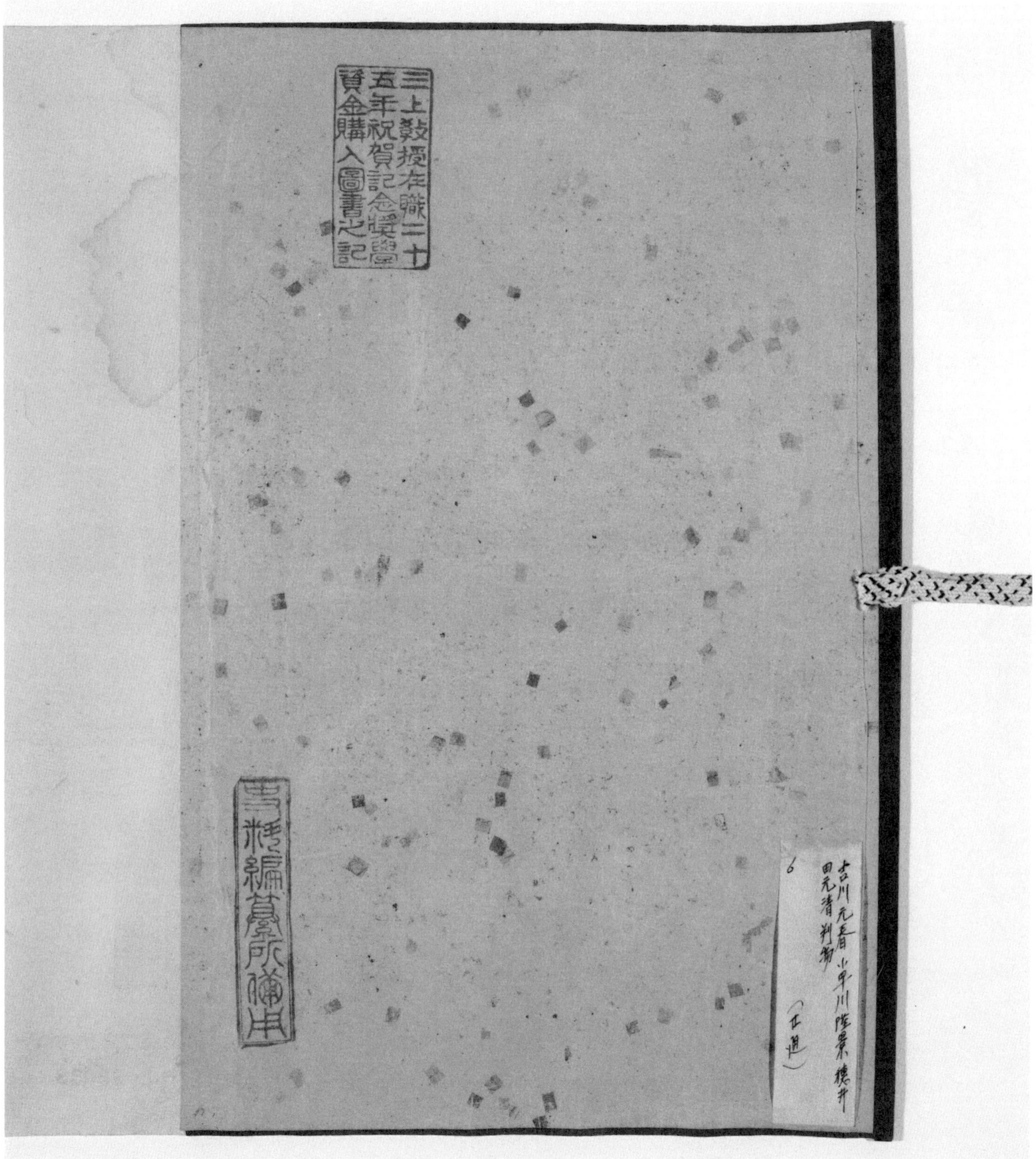
三上敎授在職二十五年祝賀記念奨學資金購入圖書之記
史料編纂所備用
6
吉川元春小早川隆景穂井田元清判物
(正道)

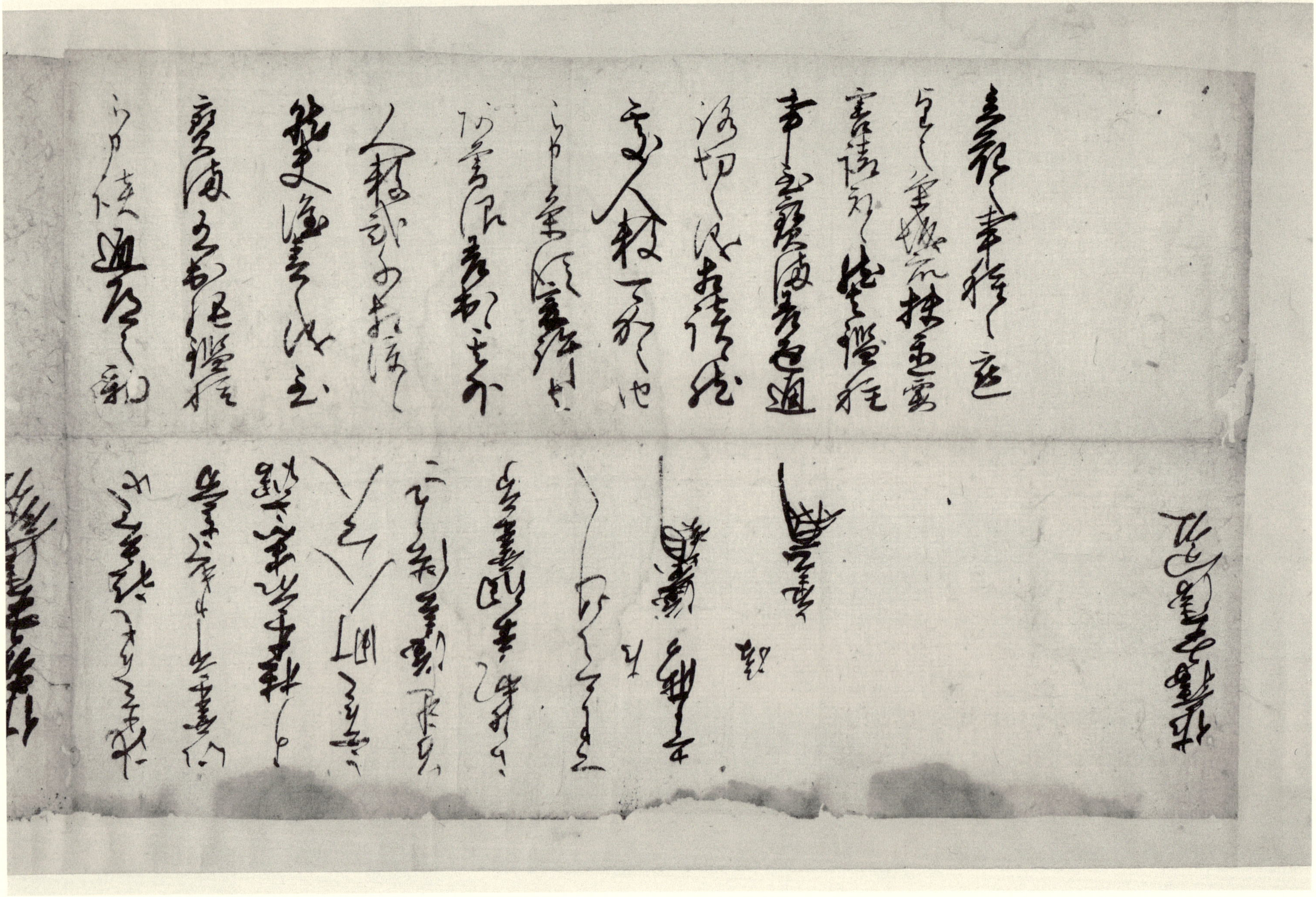

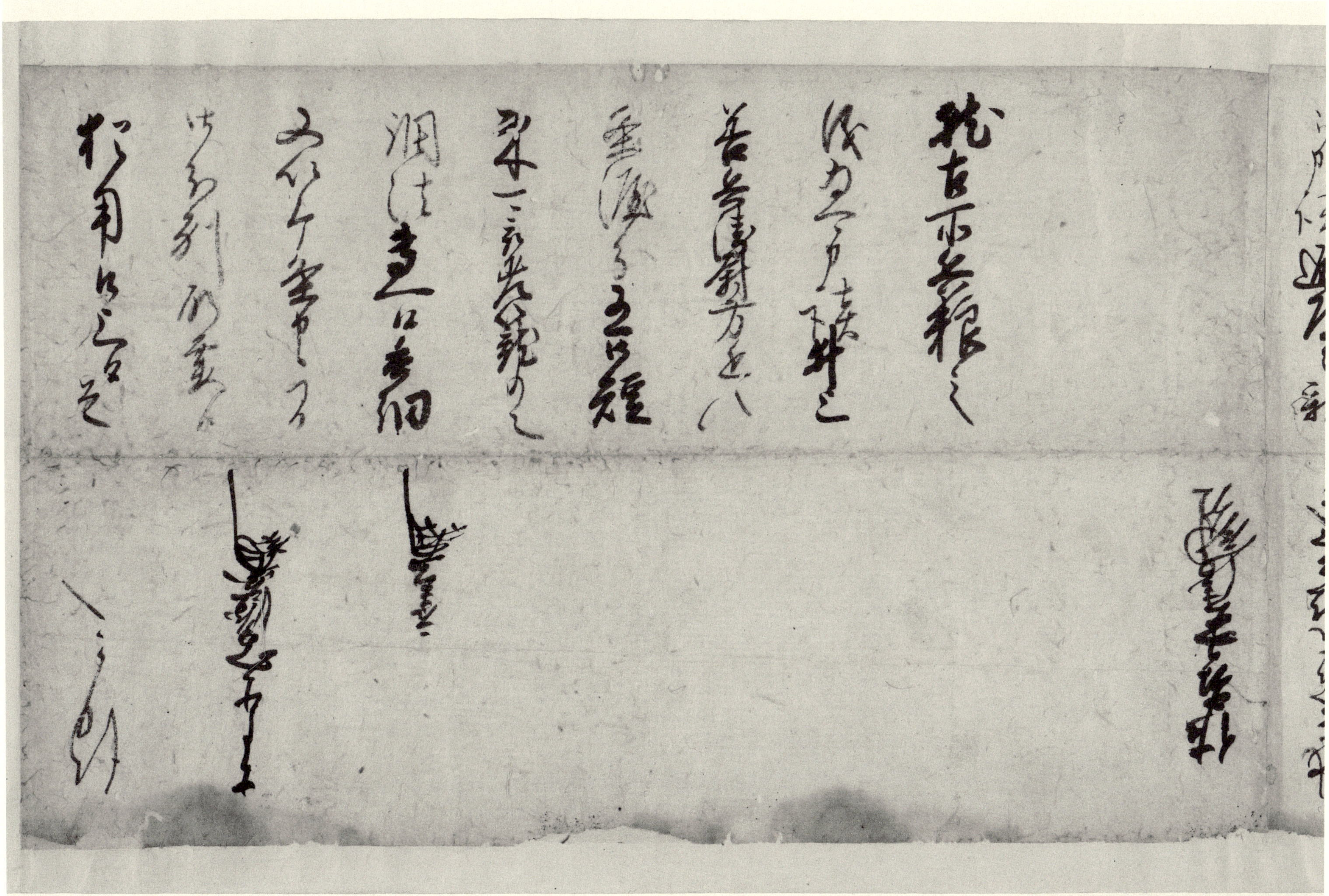

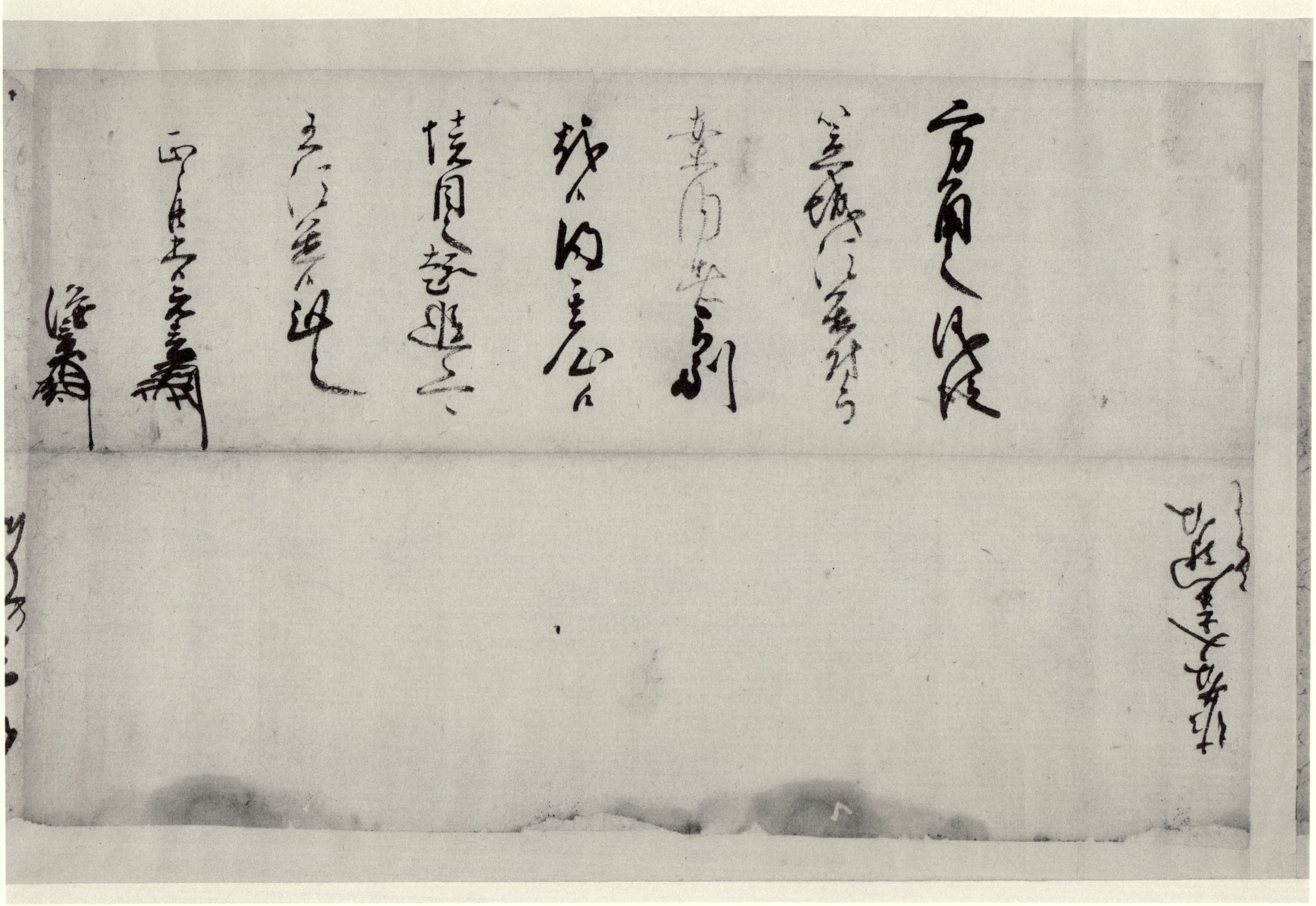

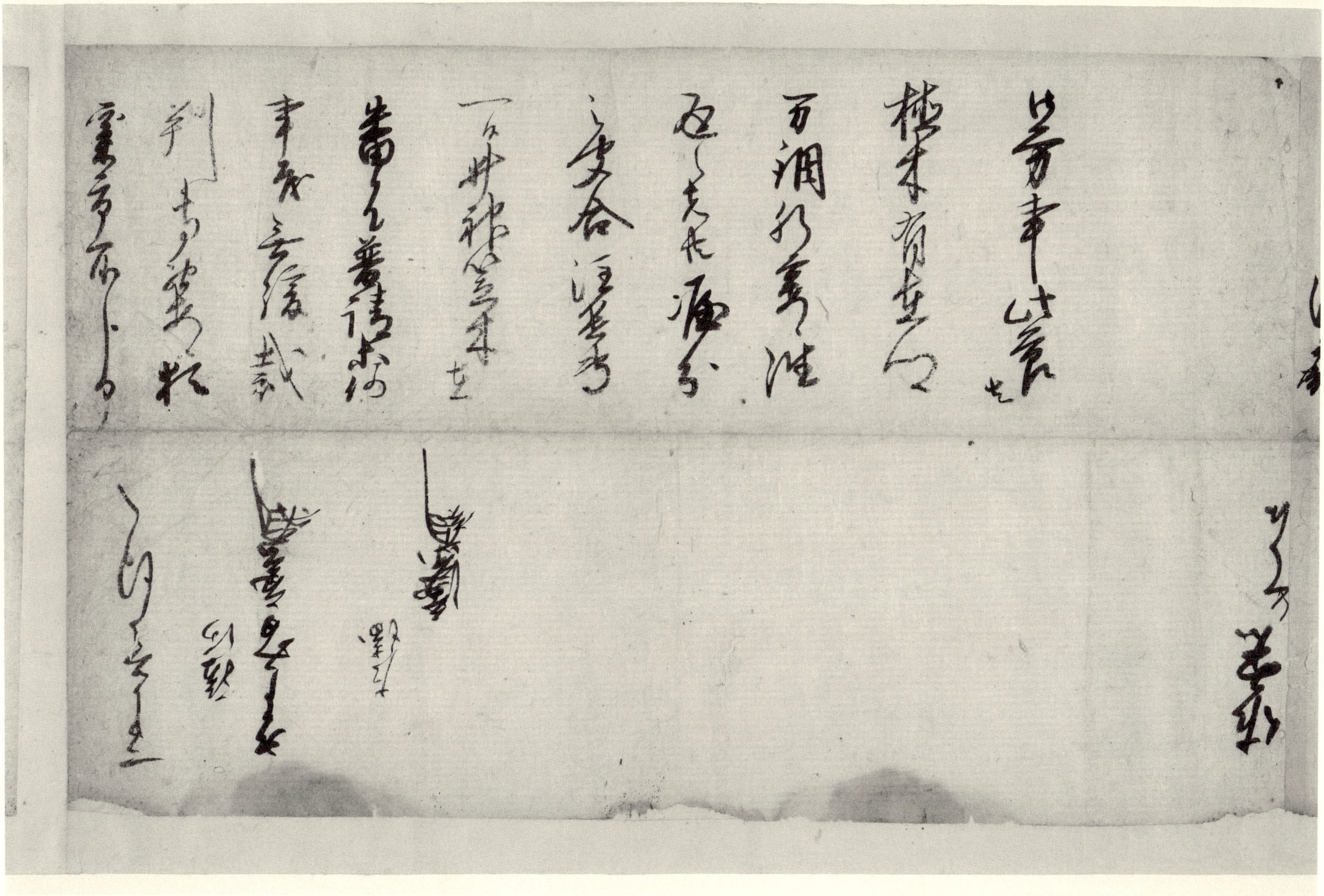

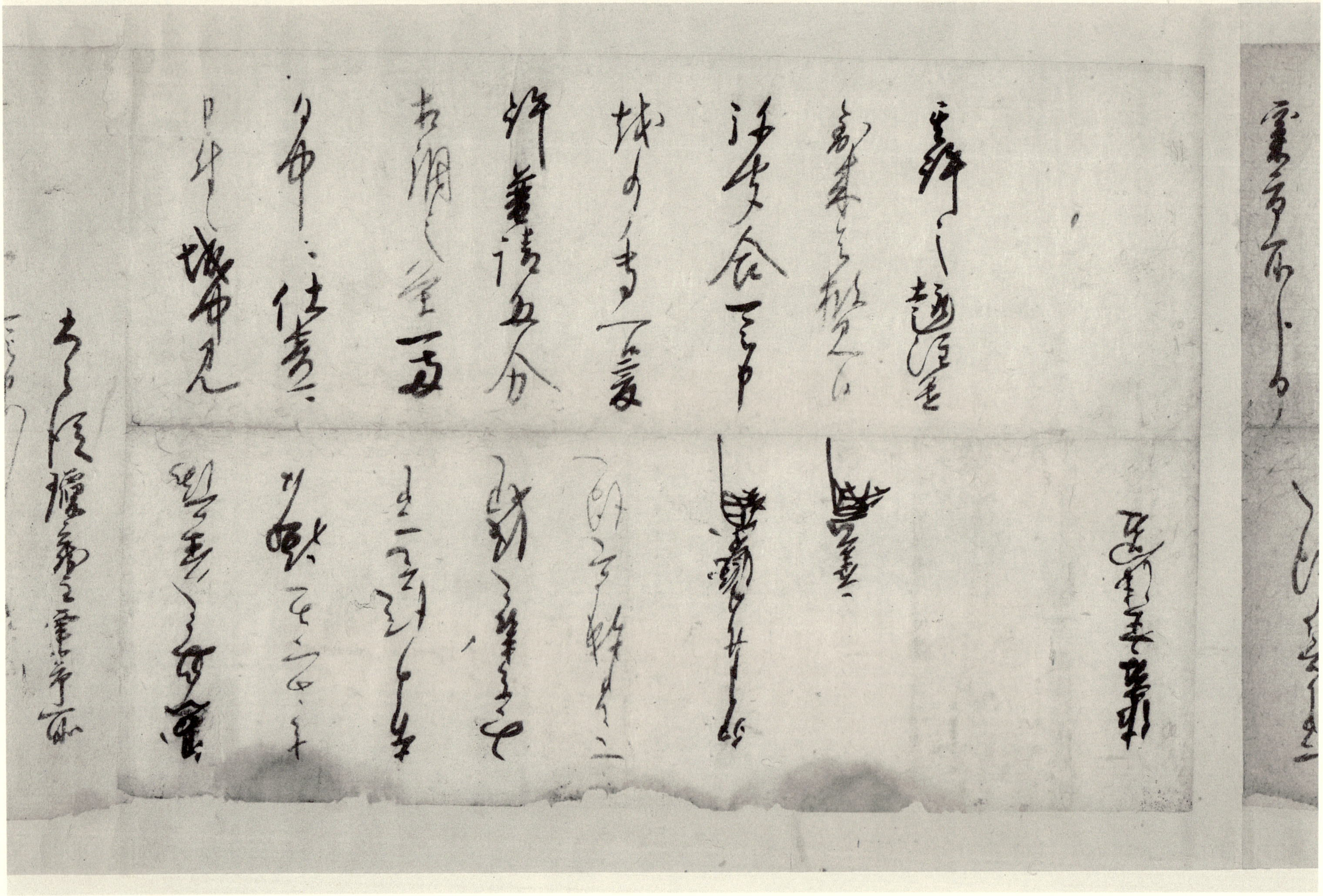

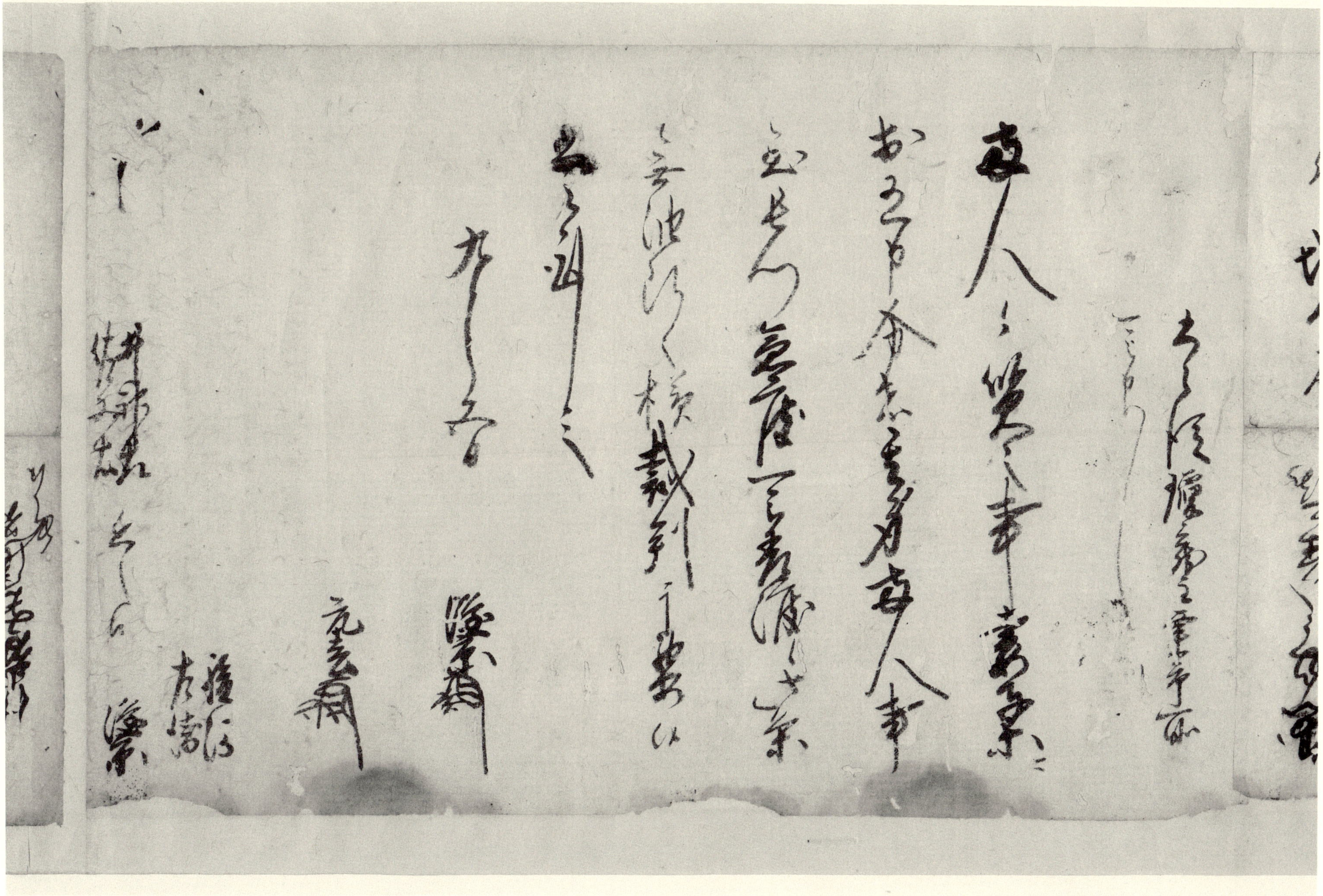

6吉川元春・小早川隆景連署書状　（永禄十二年）九月五日

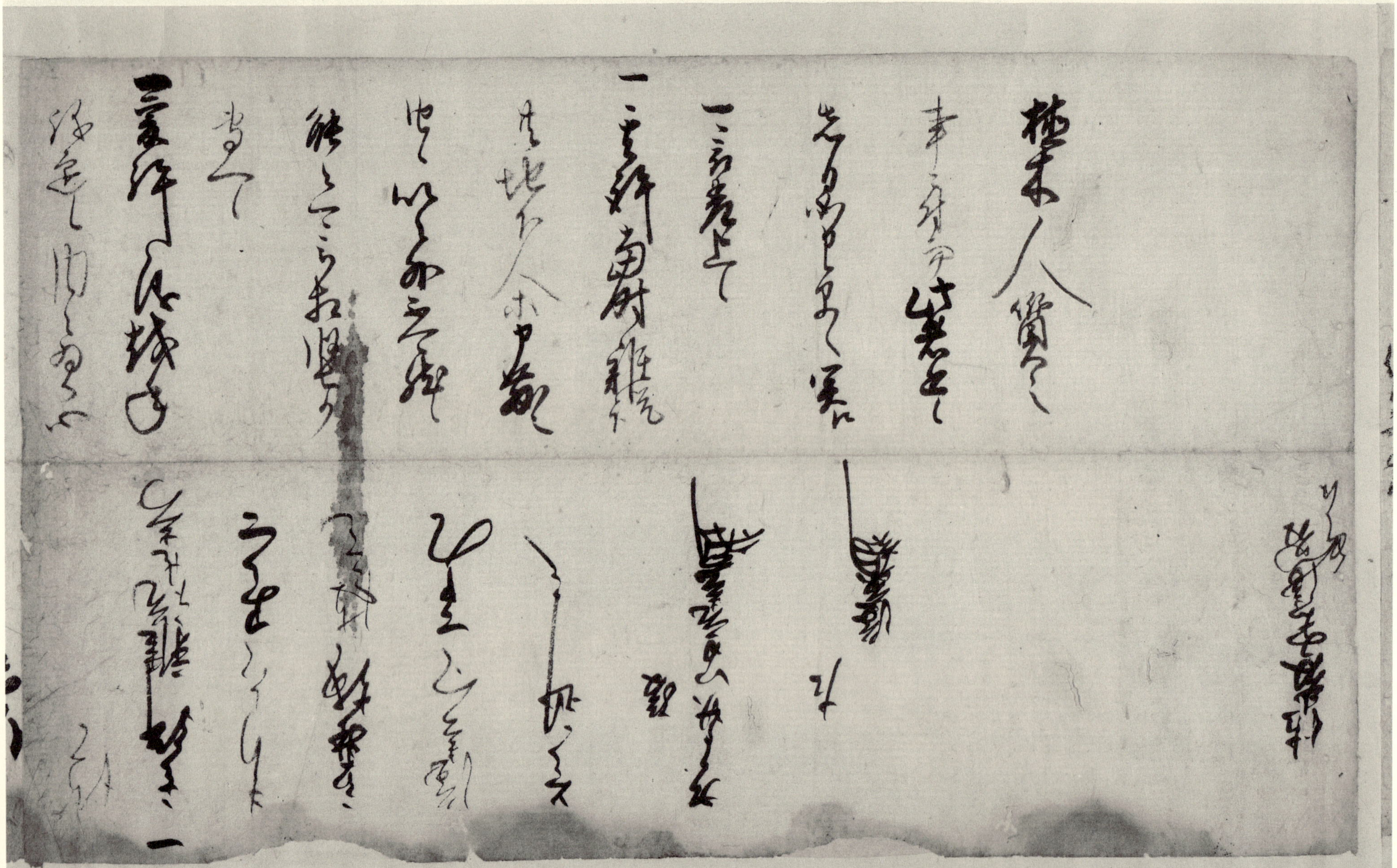

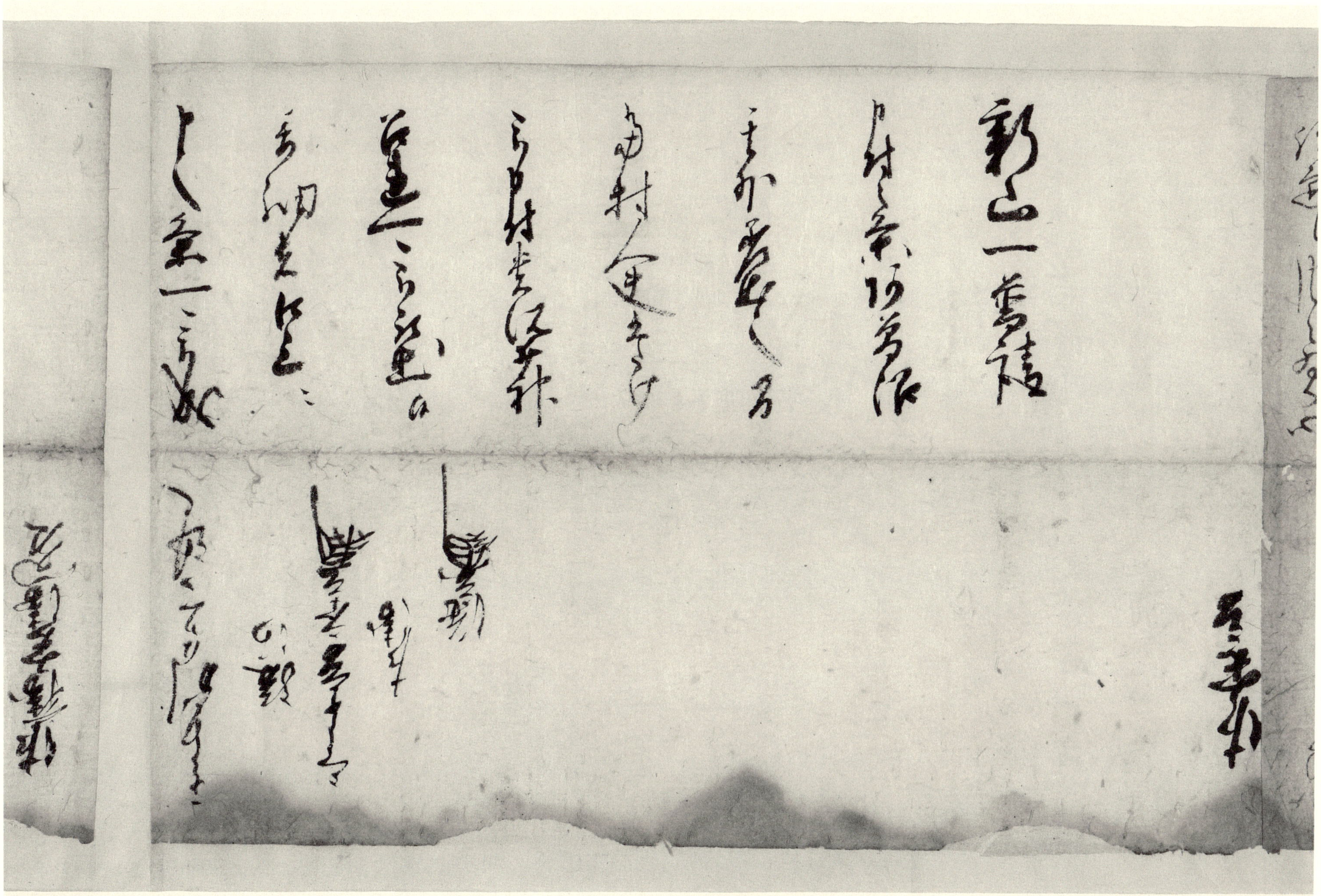

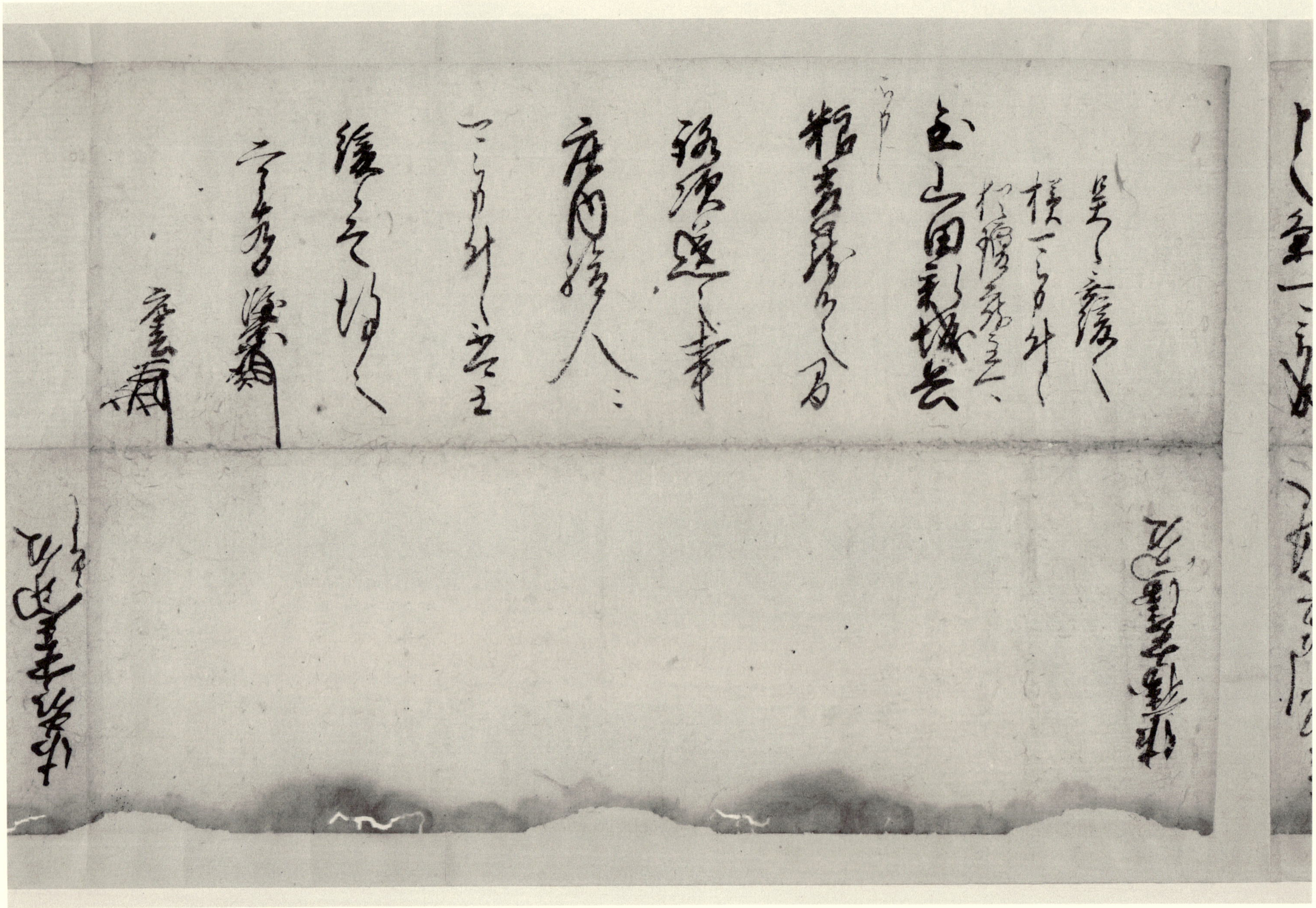

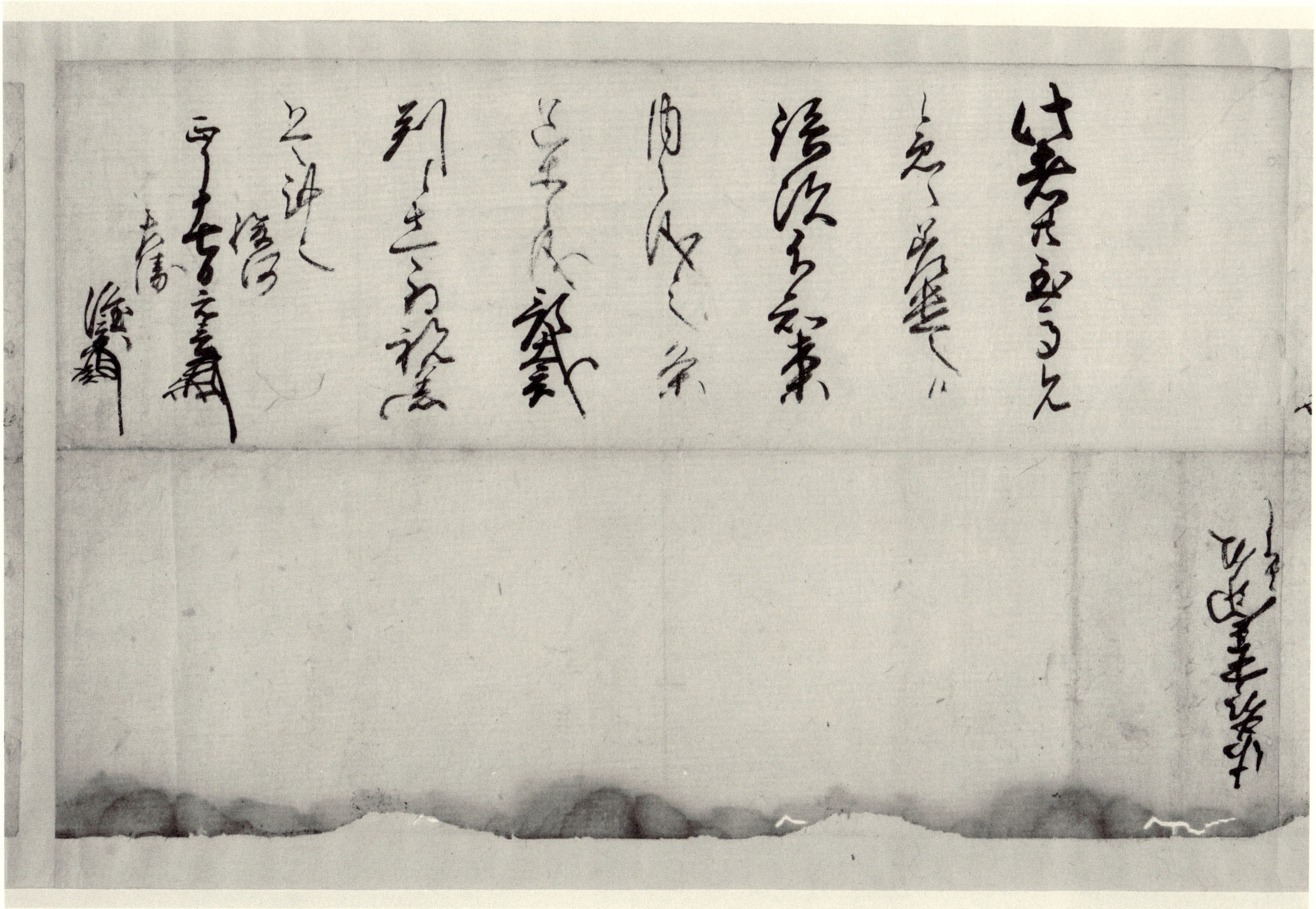

10小早川隆景・吉川元春連署書状　（永禄十二年）正月十七日

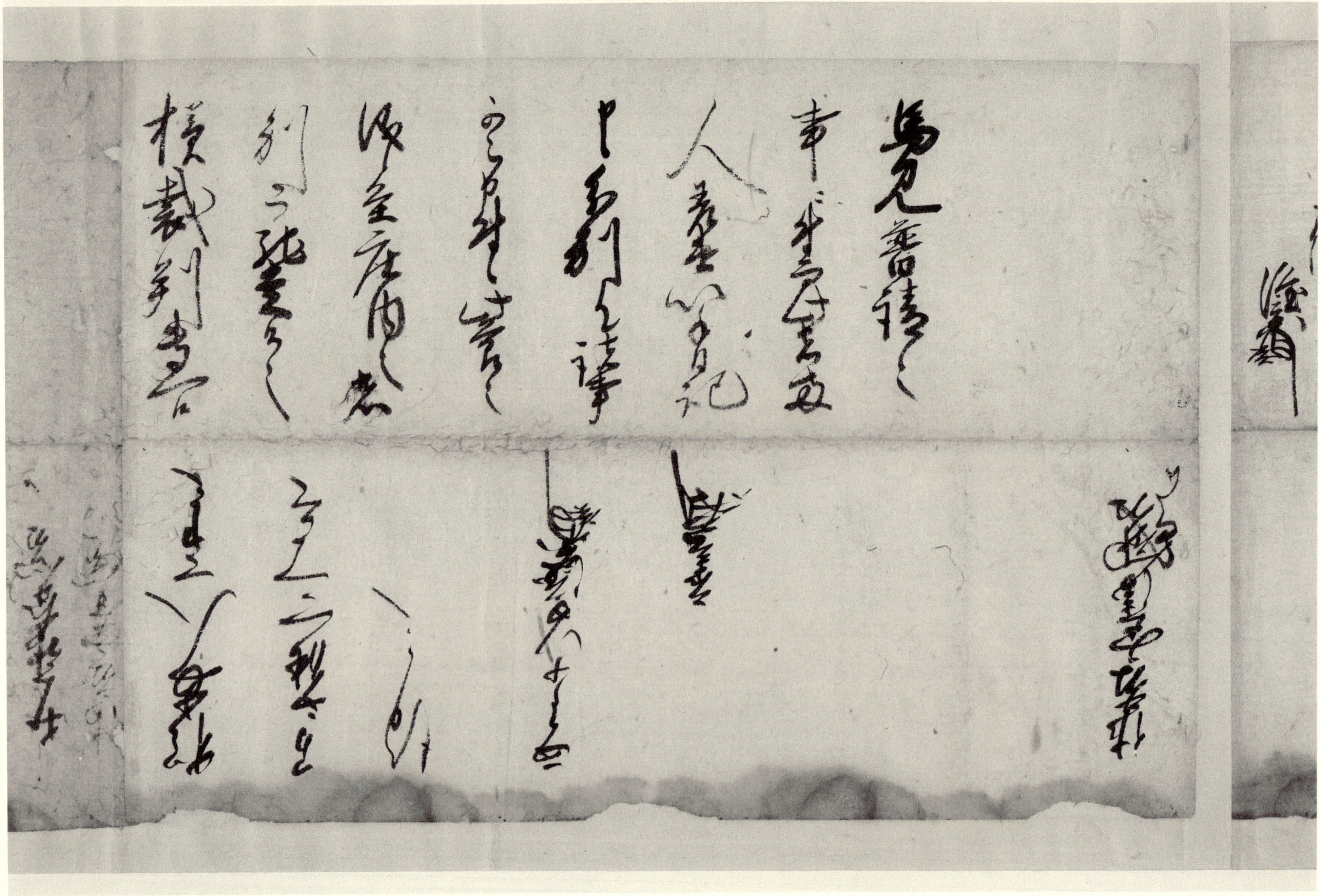

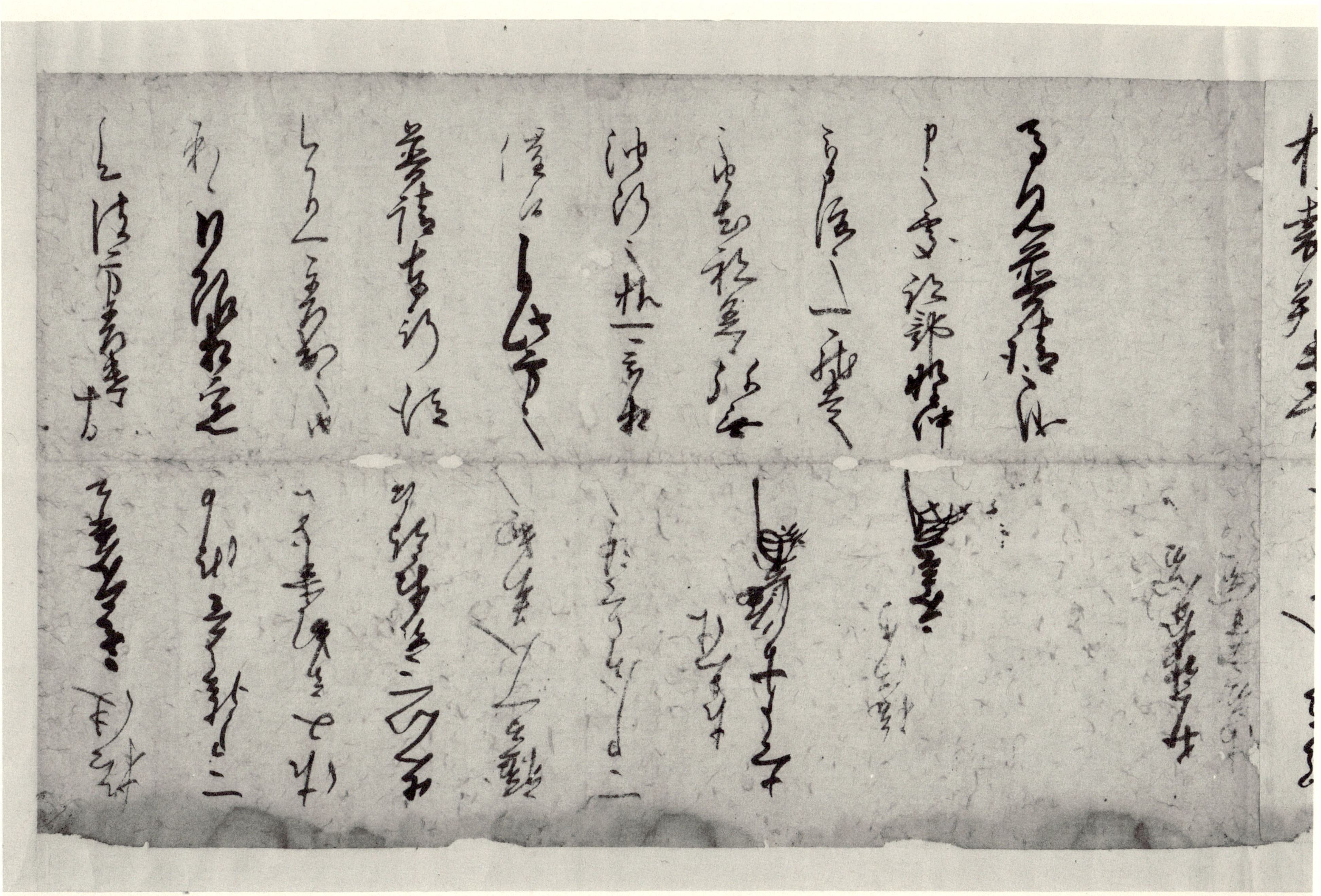

13小早川隆景・吉川元春連署書状　（永禄十二年）十一月六日

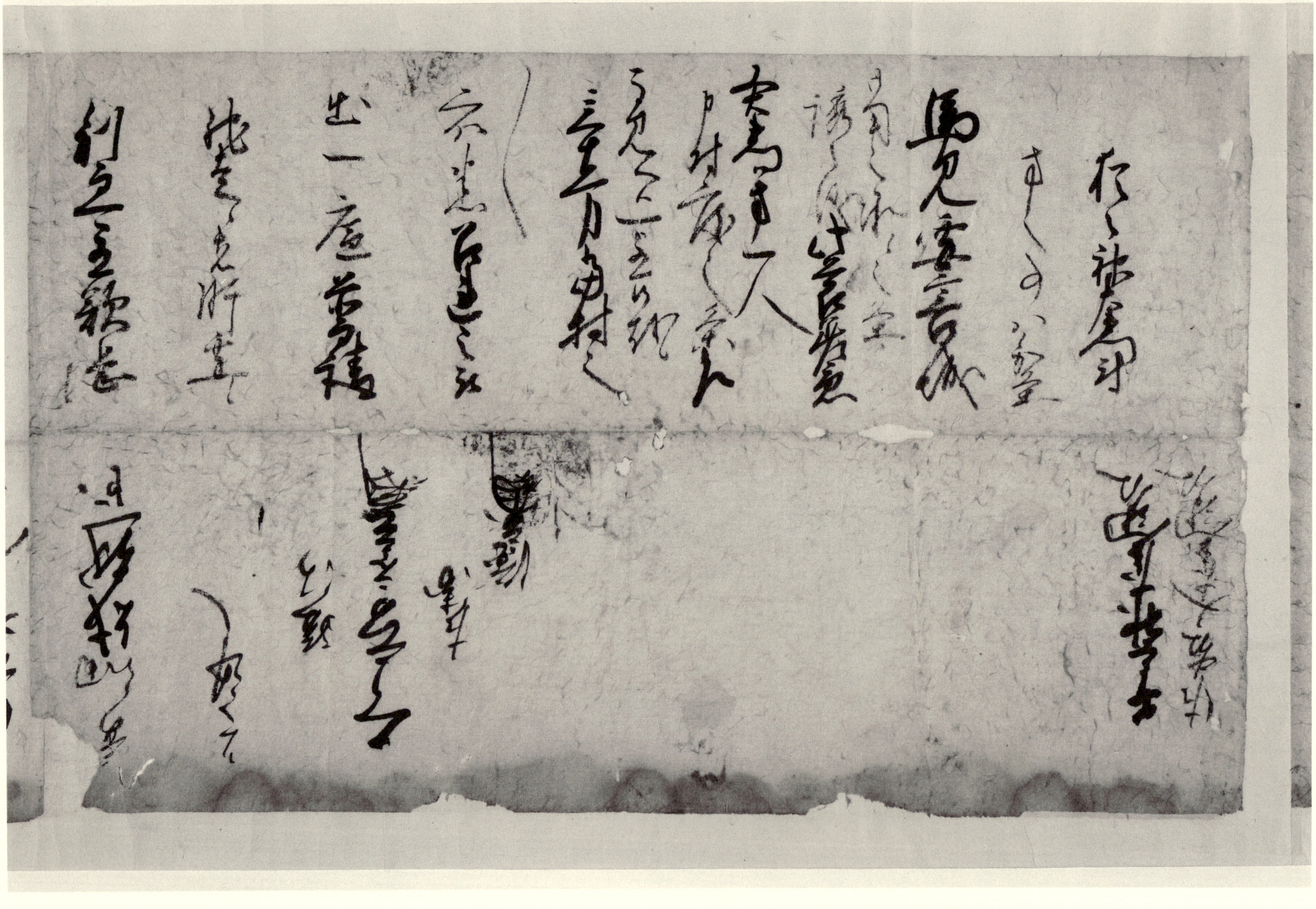

14小早川隆景・吉川元春連署書状　（永禄十二年）正月二十日

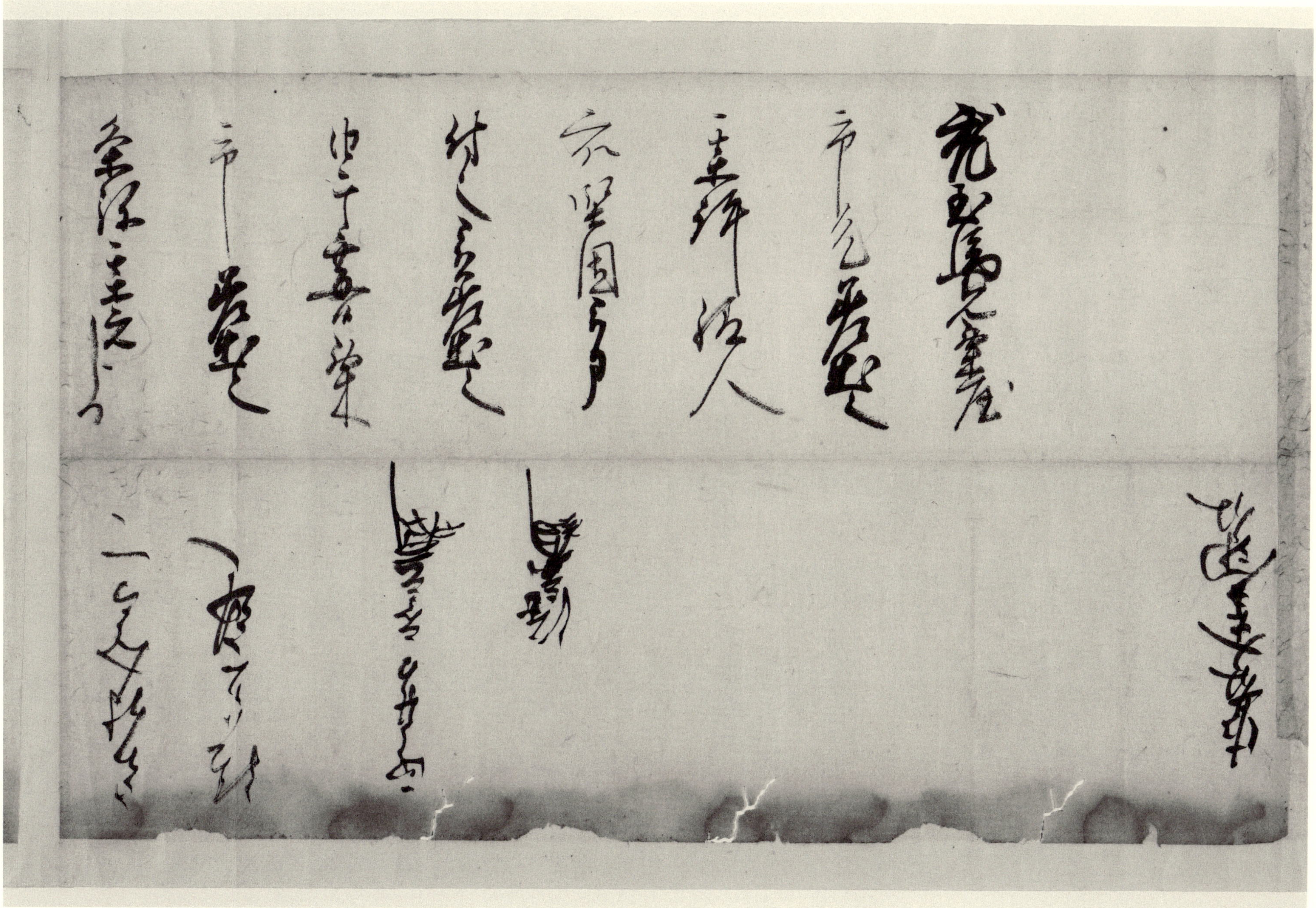

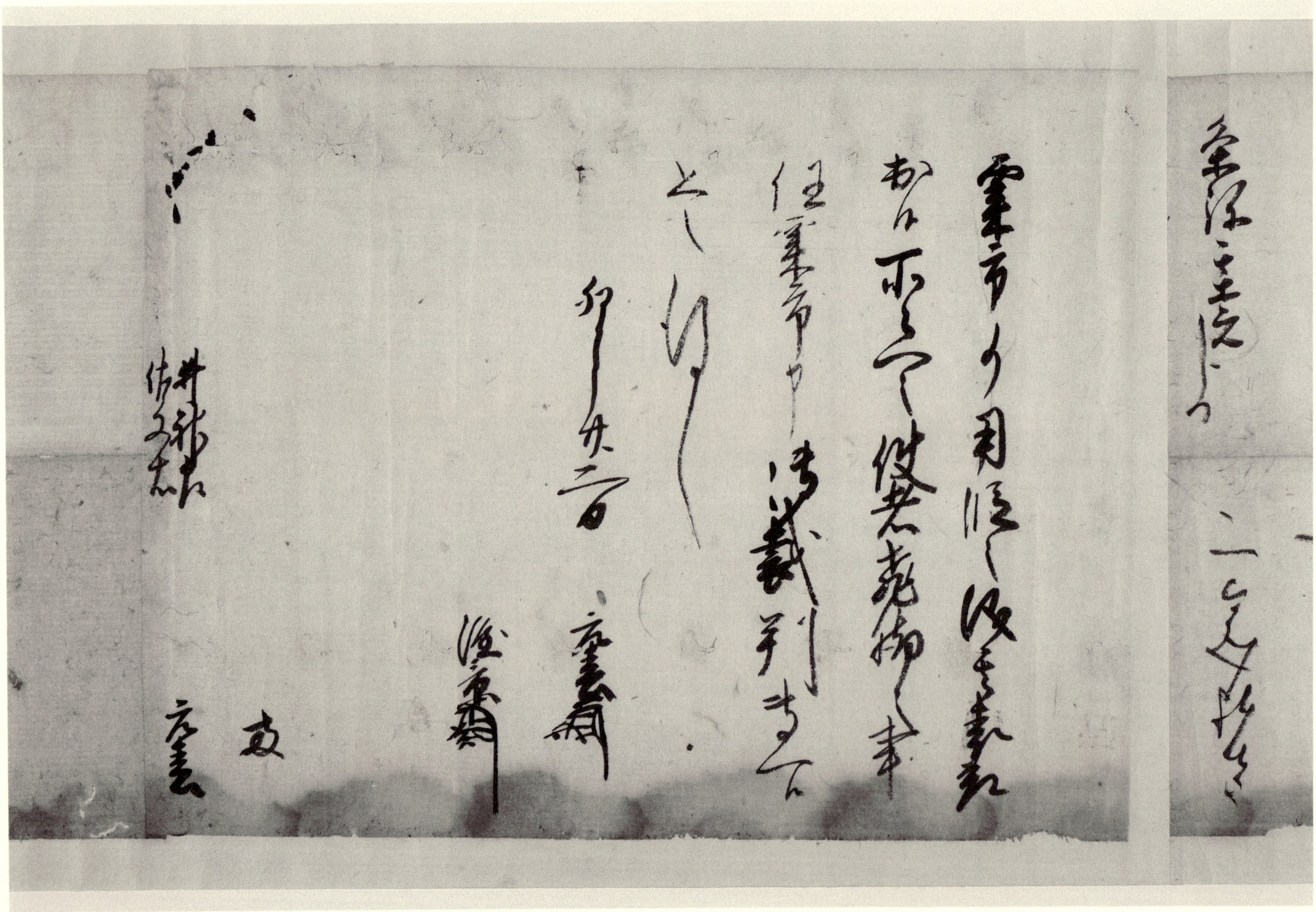

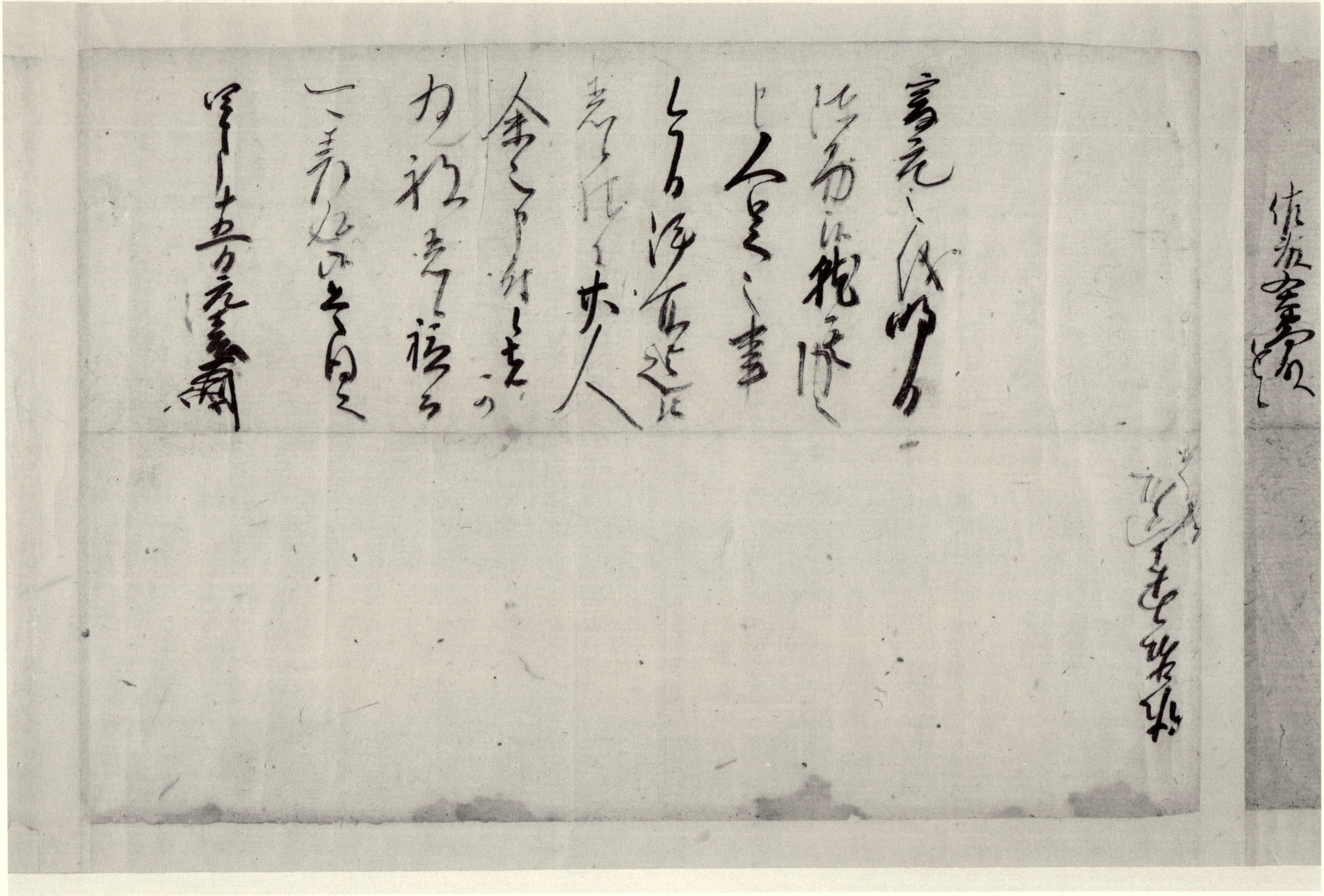

佐藤文書　巻六　17吉川元春書状　（年未詳）四月十五日

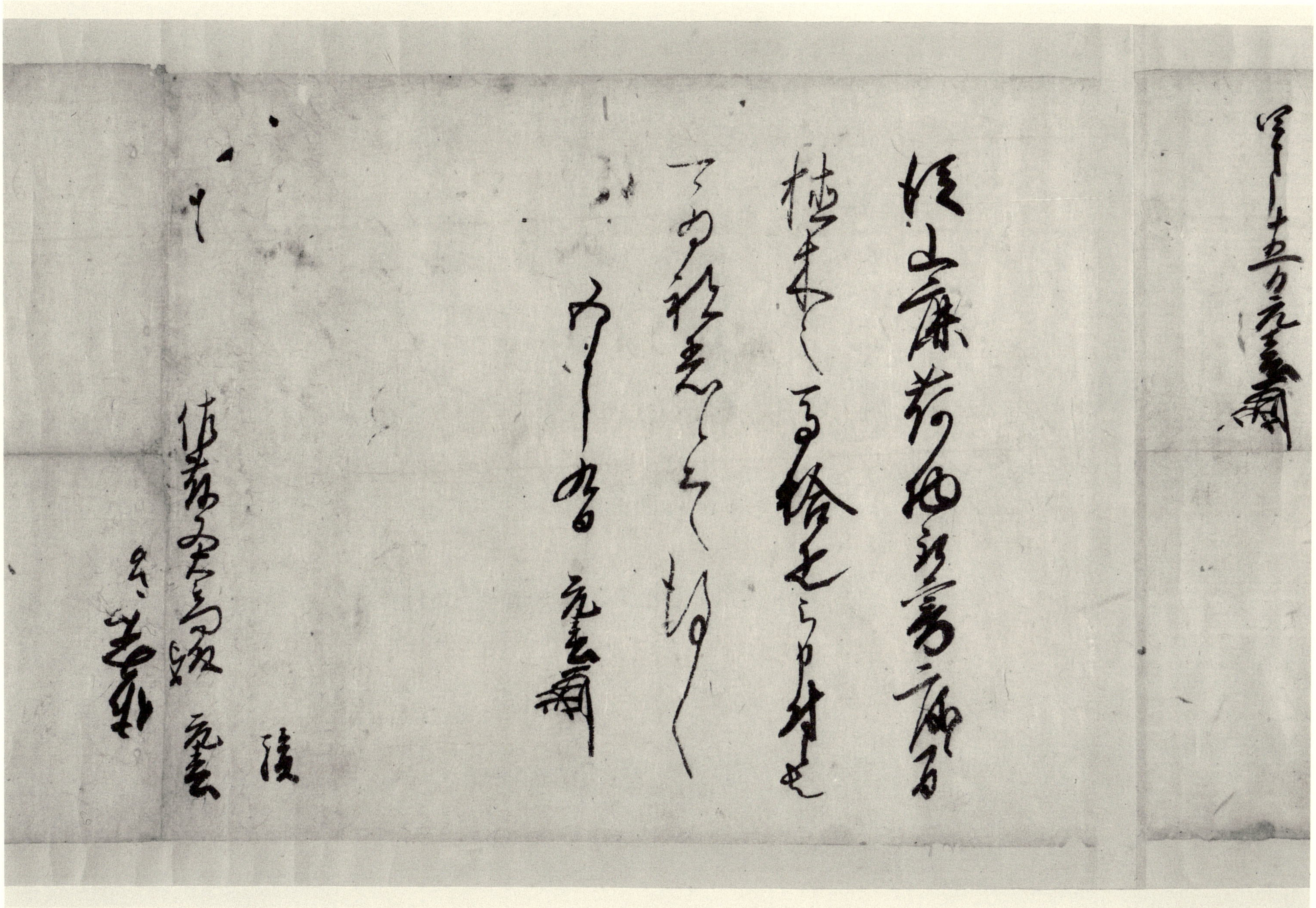

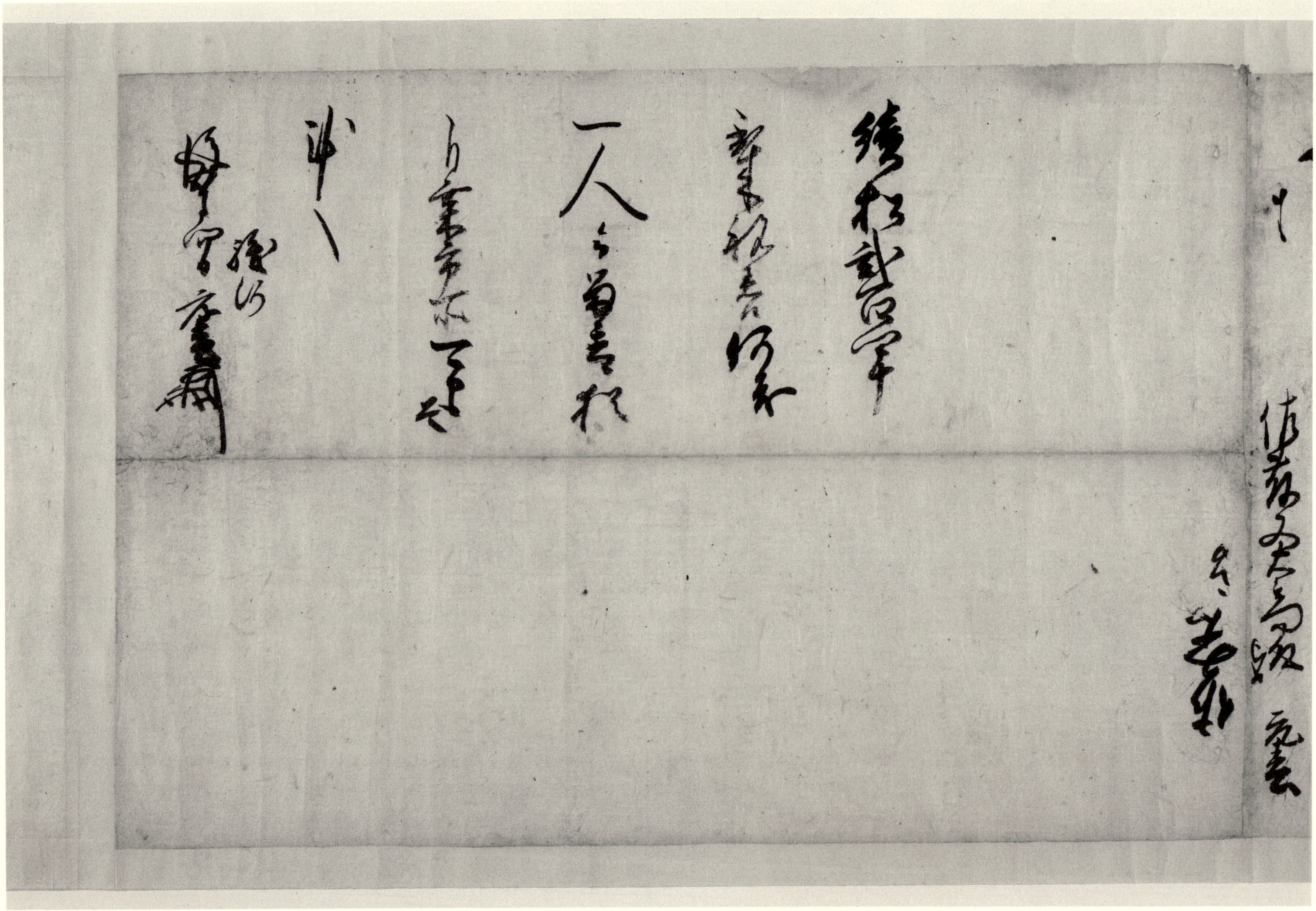

佐藤文書　巻六　19吉川元春書状（永禄十二年）閏五月四日

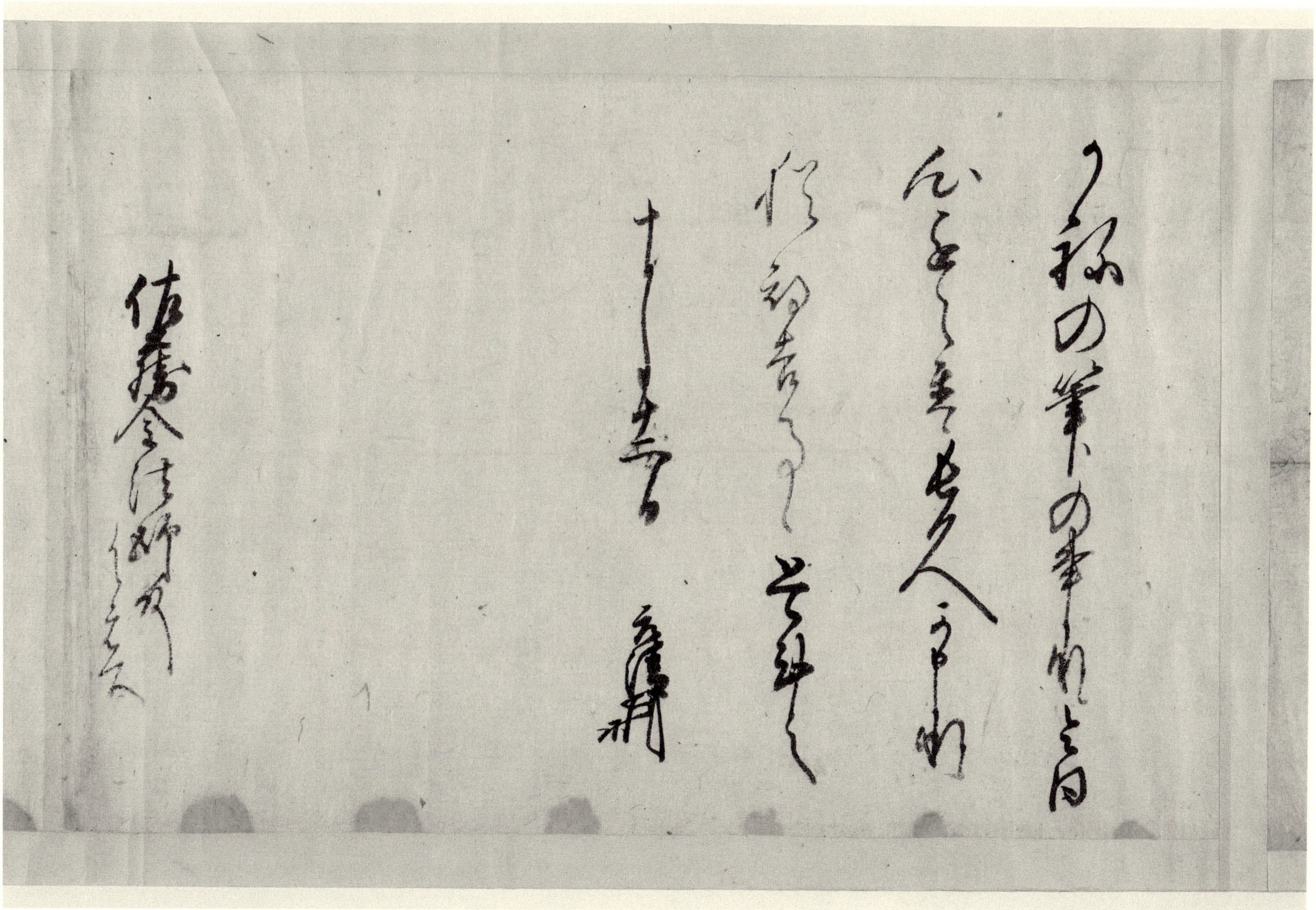

（1）

（2）

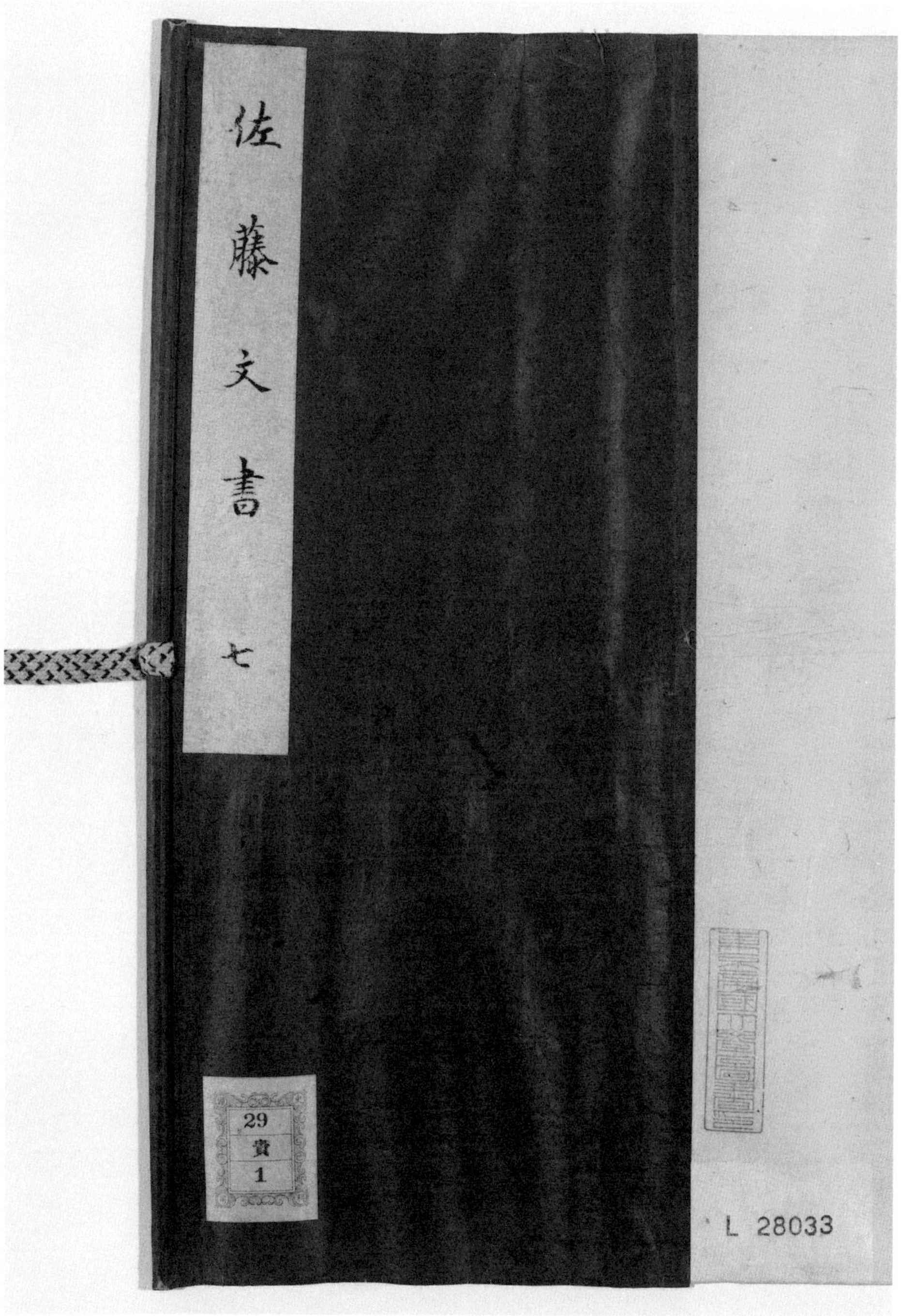
佐藤文書
七
29
貴
1
L 28033

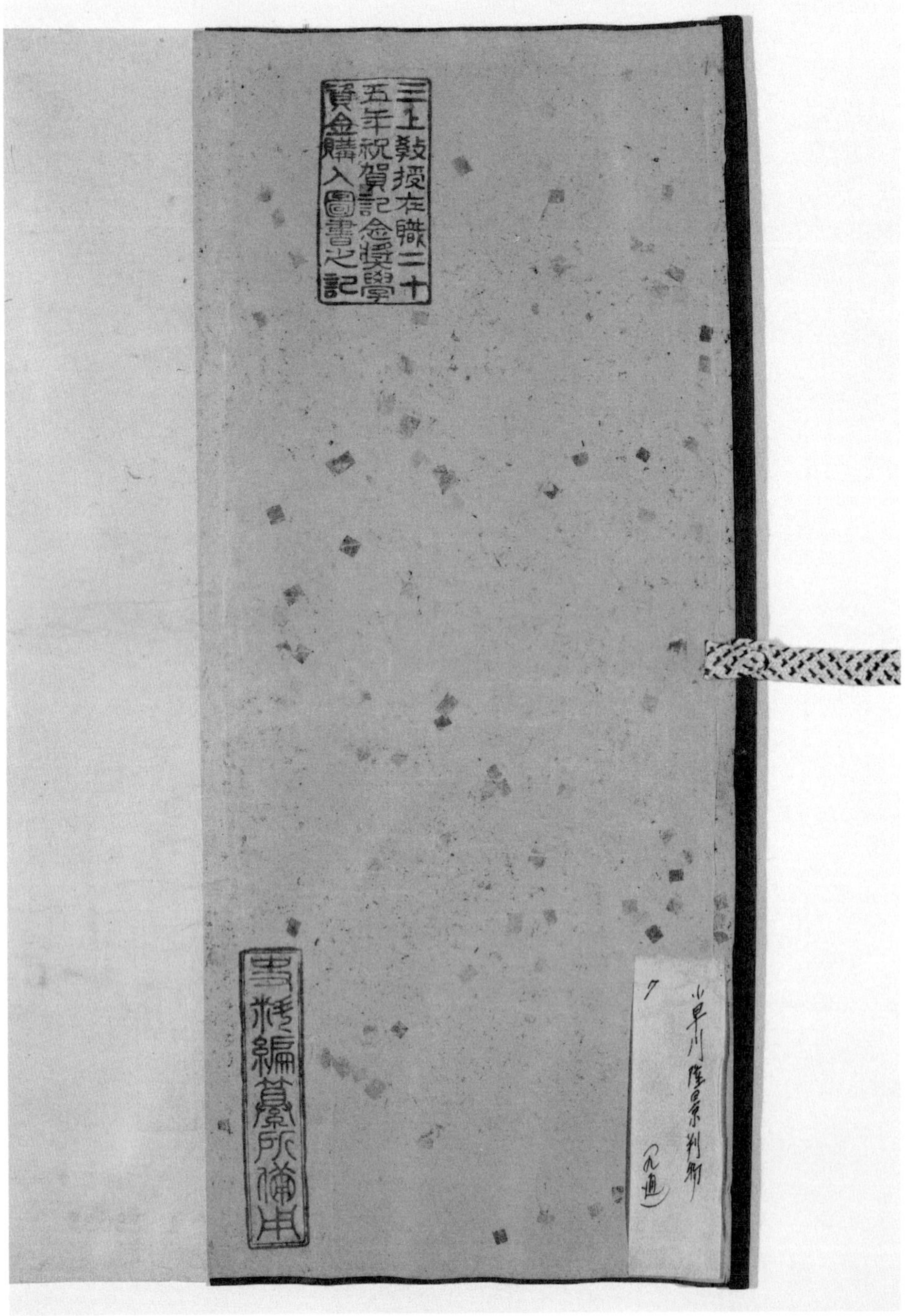
三上教授在職二十五年祝賀記念奨學資金購入圖書之記
史料編纂所備用
7
小早川隆景判物
(九通)

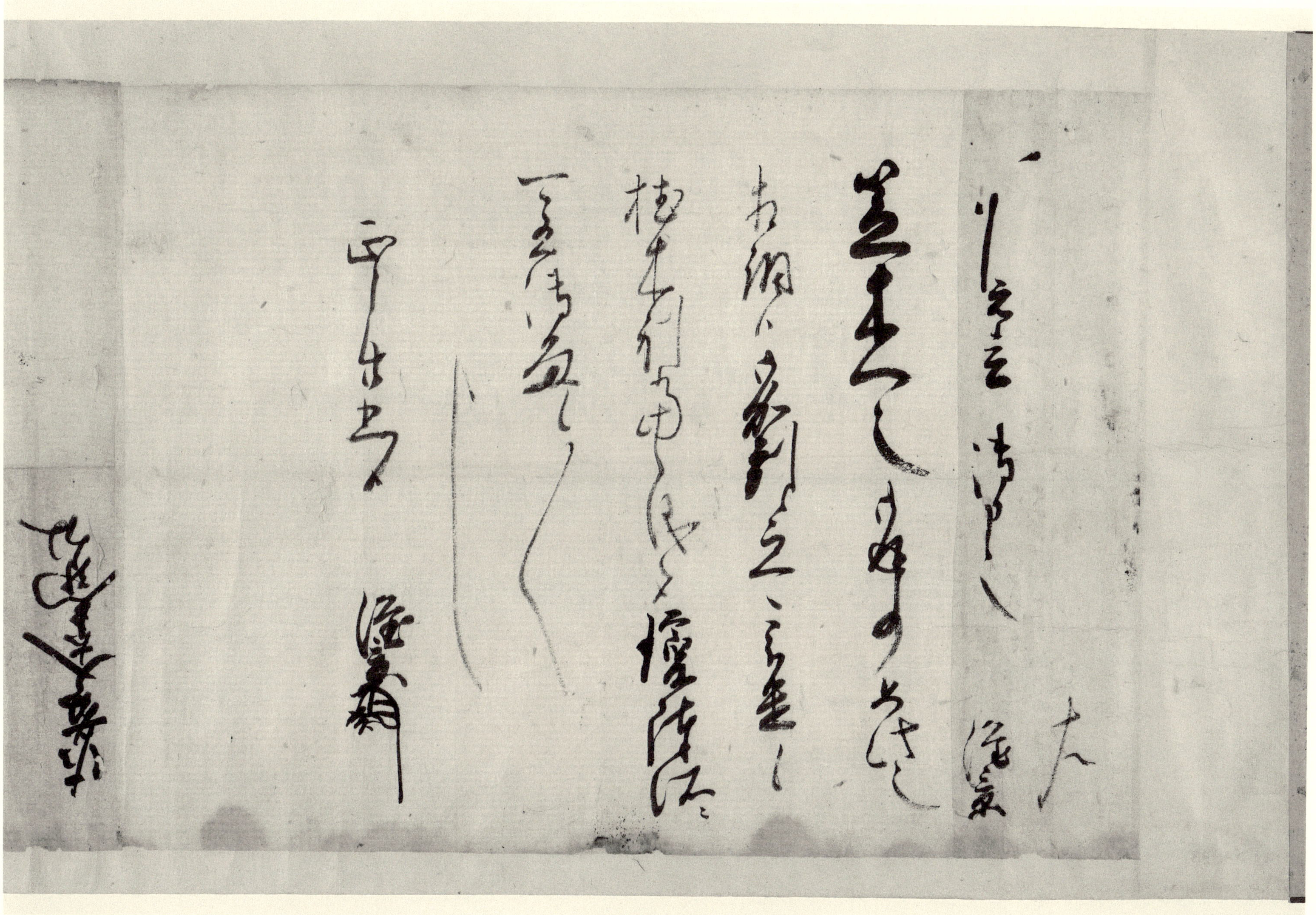

（2）　（1）

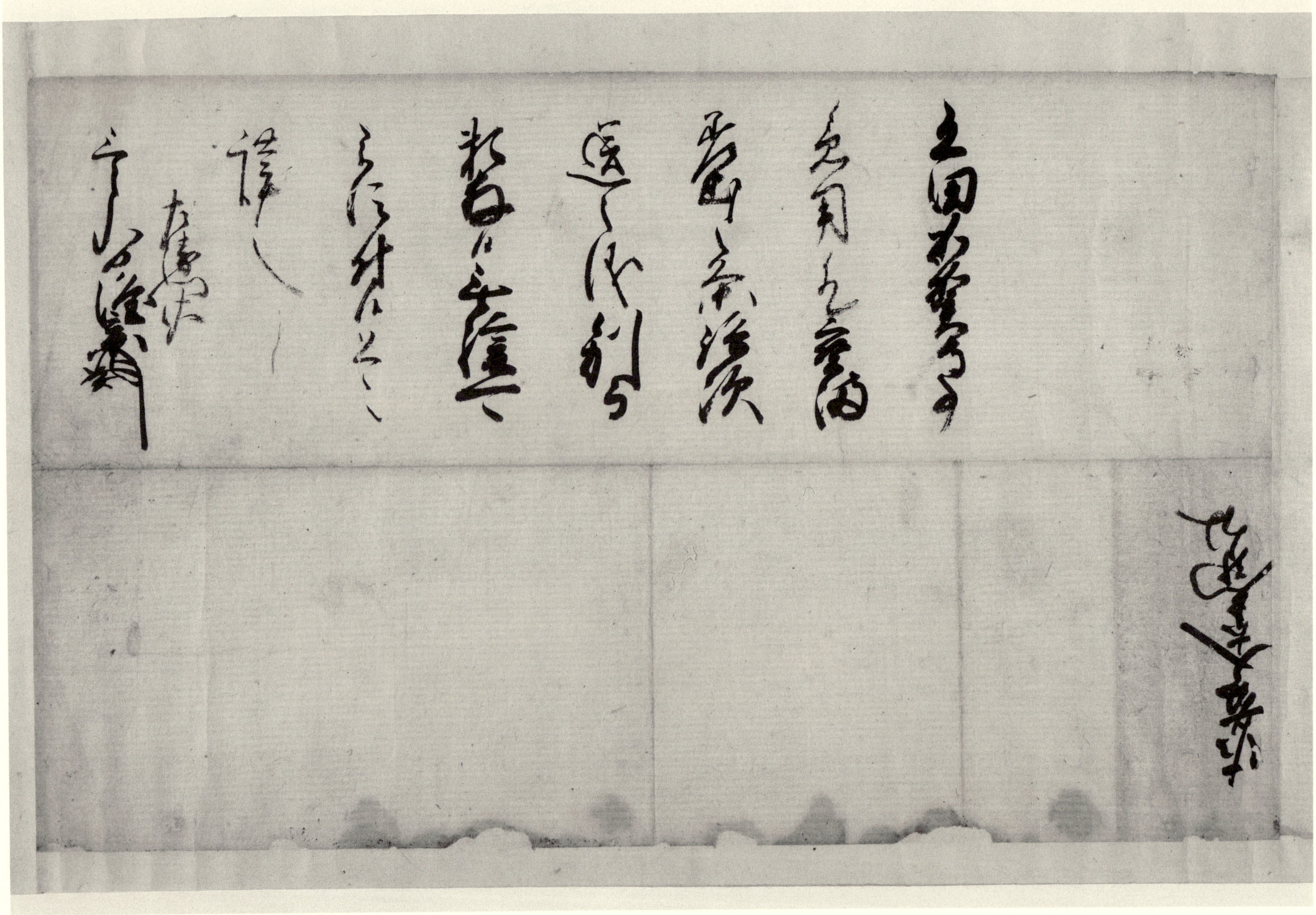

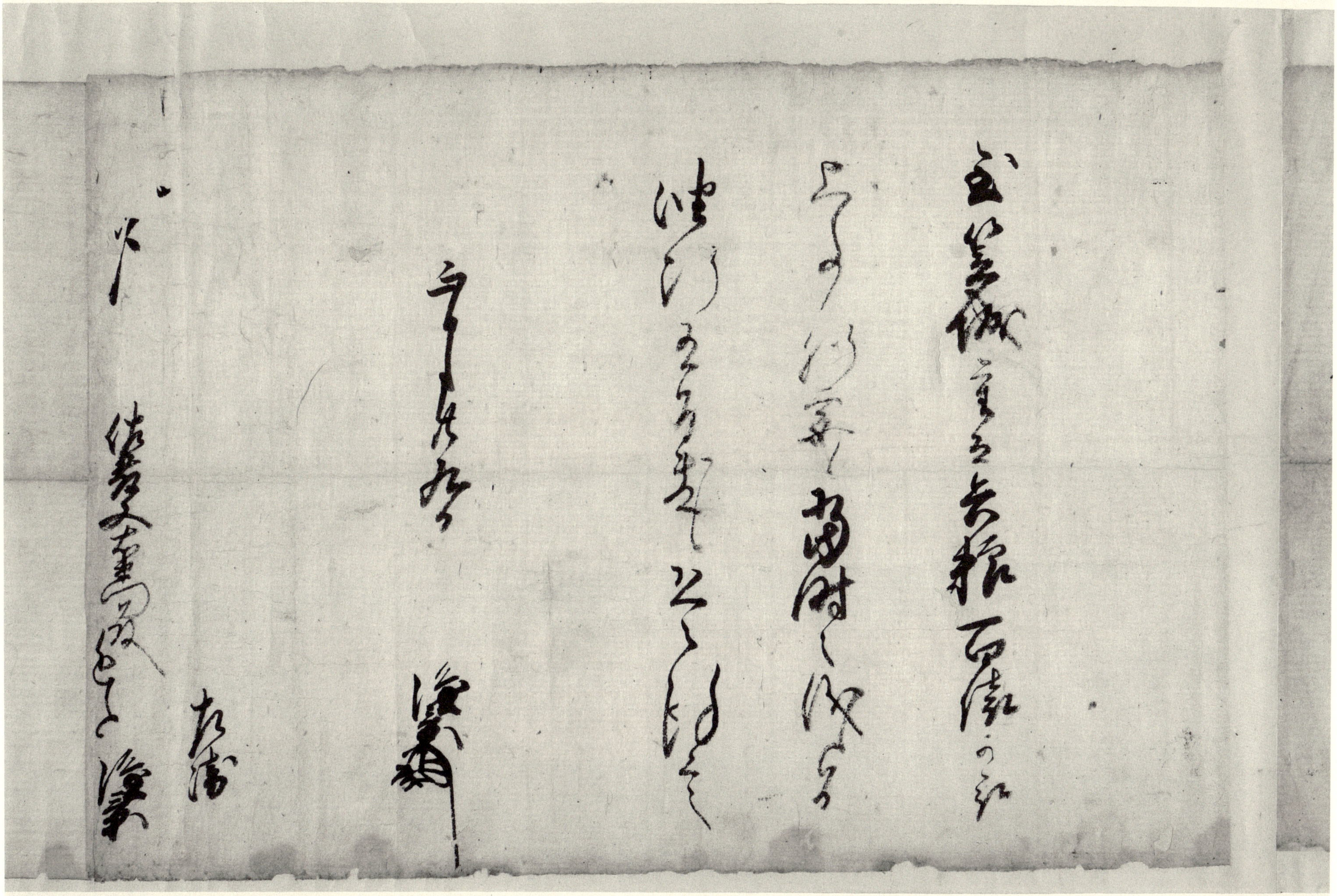

佐藤文書　巻七　3小早川隆景書状（年未詳）正月二十九日

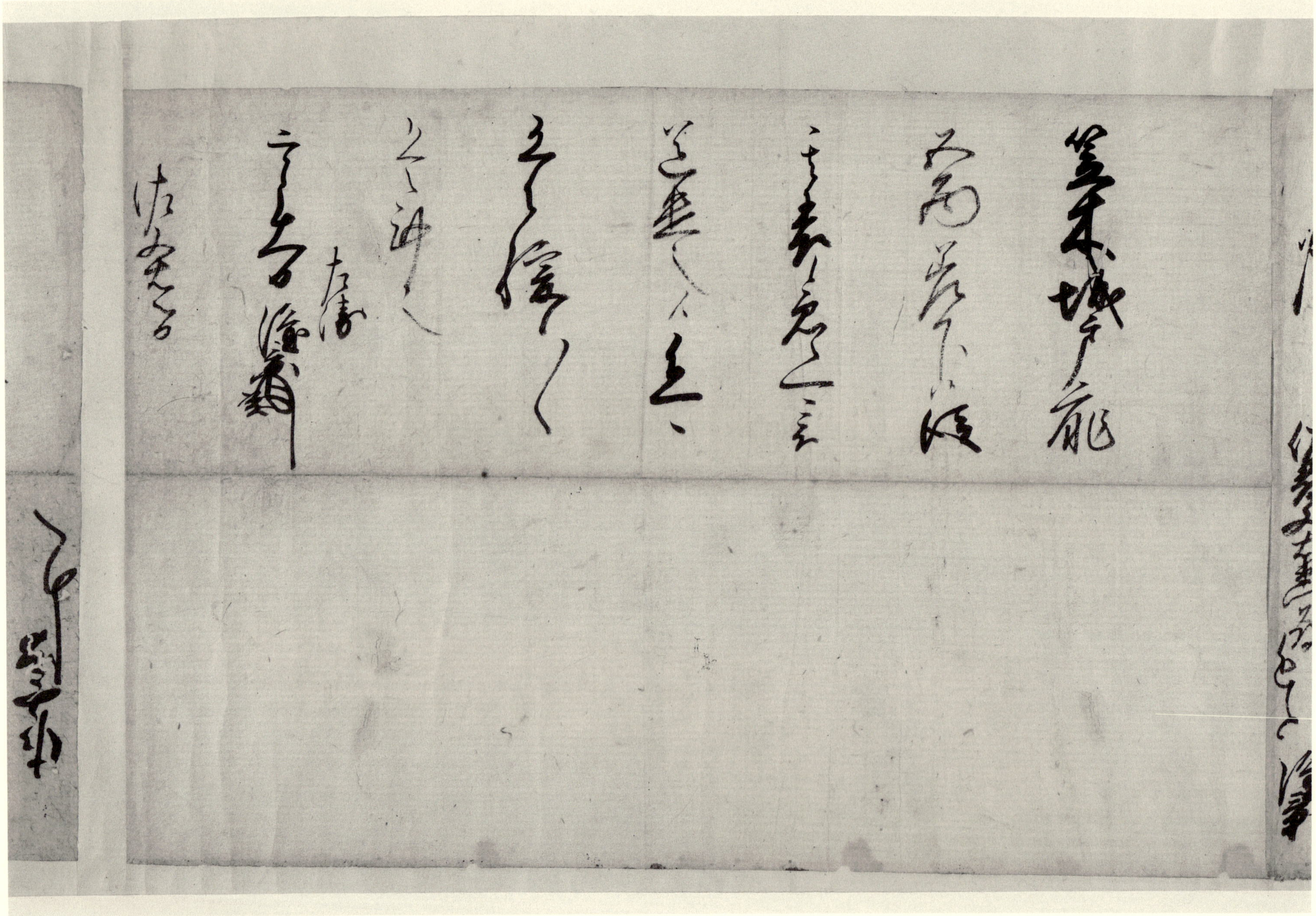

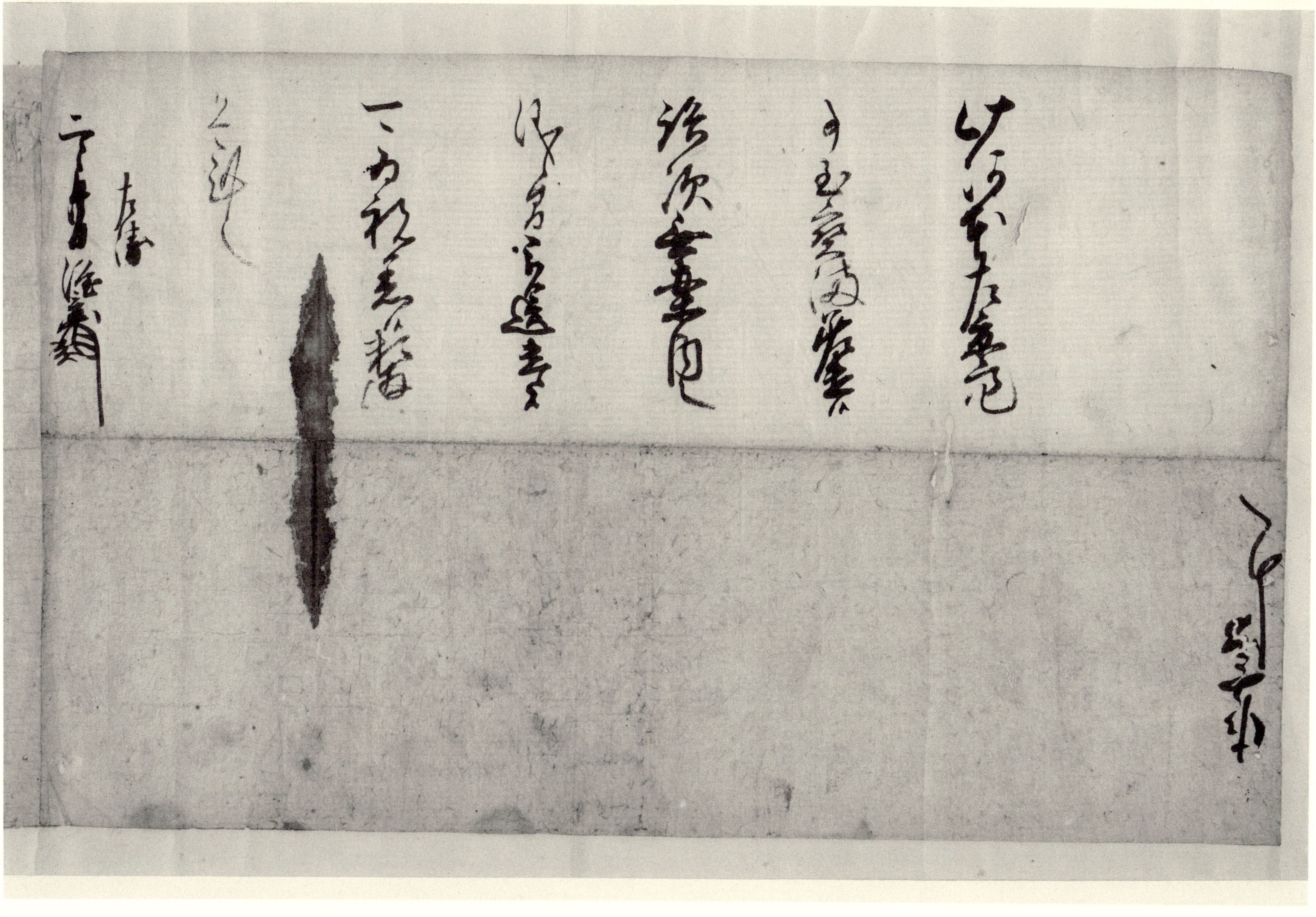

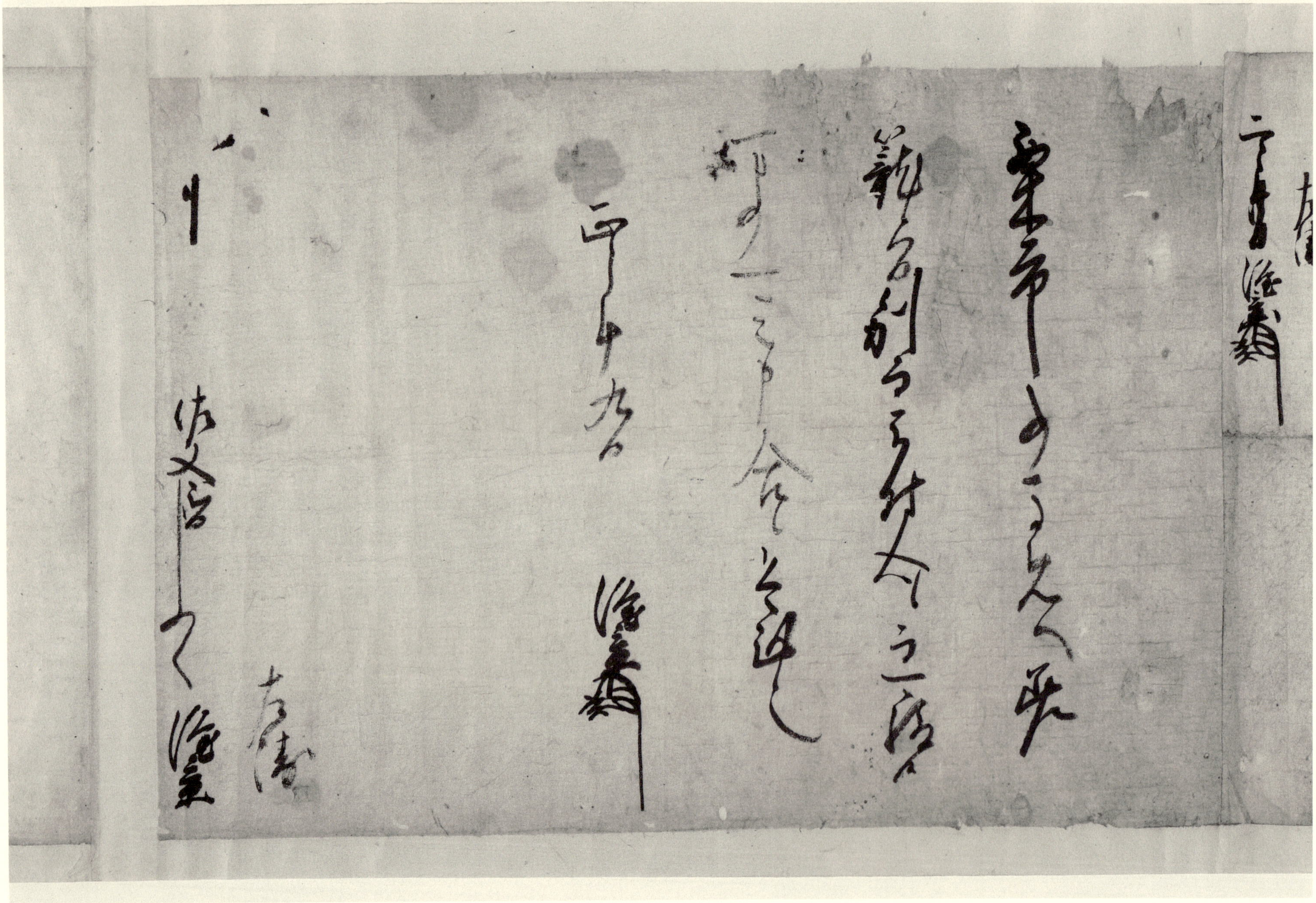

6小早川隆景書状（年未詳）正月十九日

以上
、　　　　　　　　　　　　　　　　　　
佐　　　　　　　　　　　　　　　　　　　　いよ/\秋月へ走廻之段
太　　　　　　　　　　　　　　　　　　　　祝着之至ニ存候、然
夫　　　　　　　　　　　　　　　　　　　　而具ハ从是可申達候、
殿　　　　　　　　　　　　　　　　　　　　於様躰者
　　　　　　　　　　　　　　三月十日　隆景（花押）
　　　　　　　　　　　　　　　　　　　　　　　一書にて候、

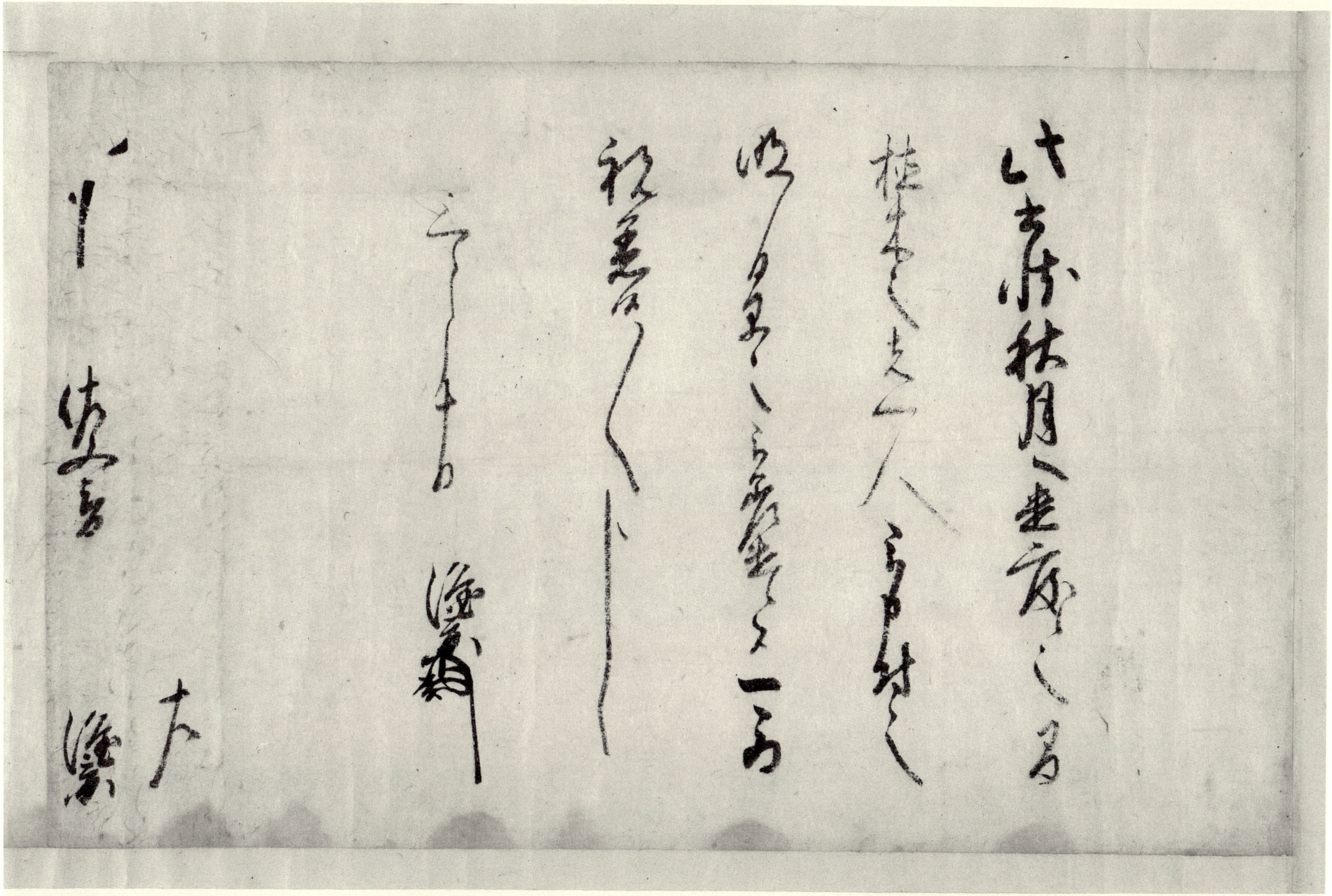

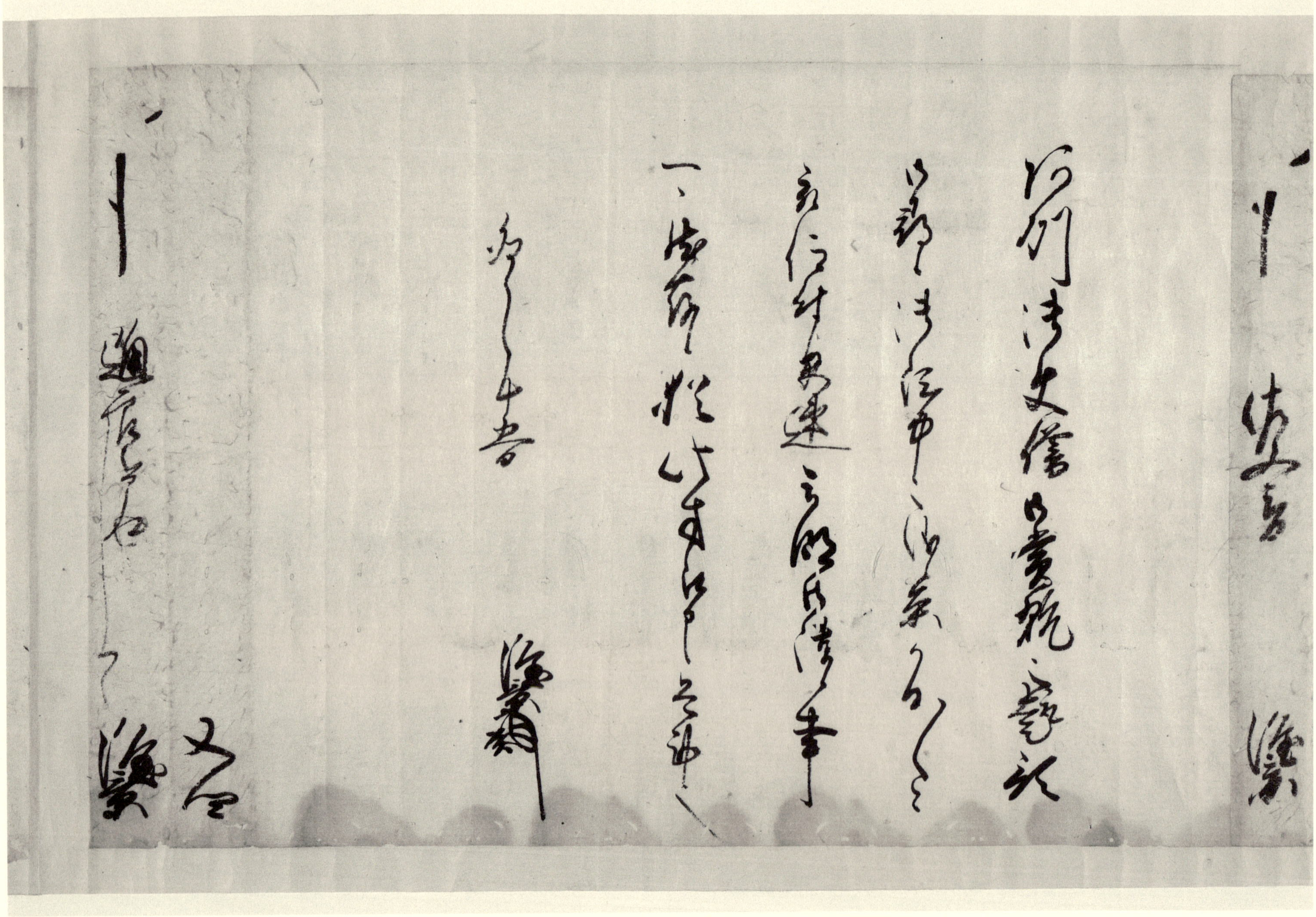

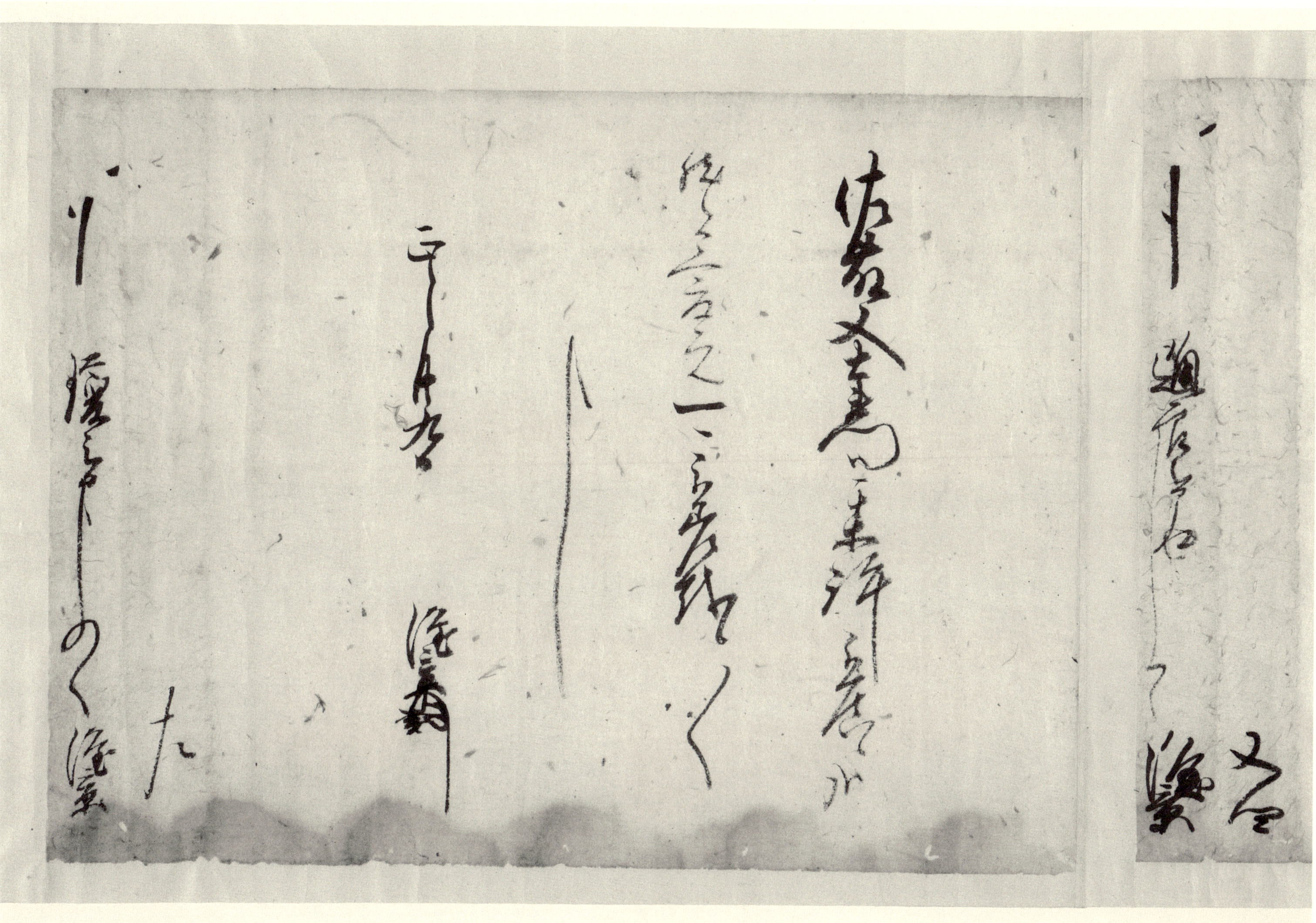

佐藤文書　巻七　9小早川隆景書状（年未詳）正月二十九日

附録

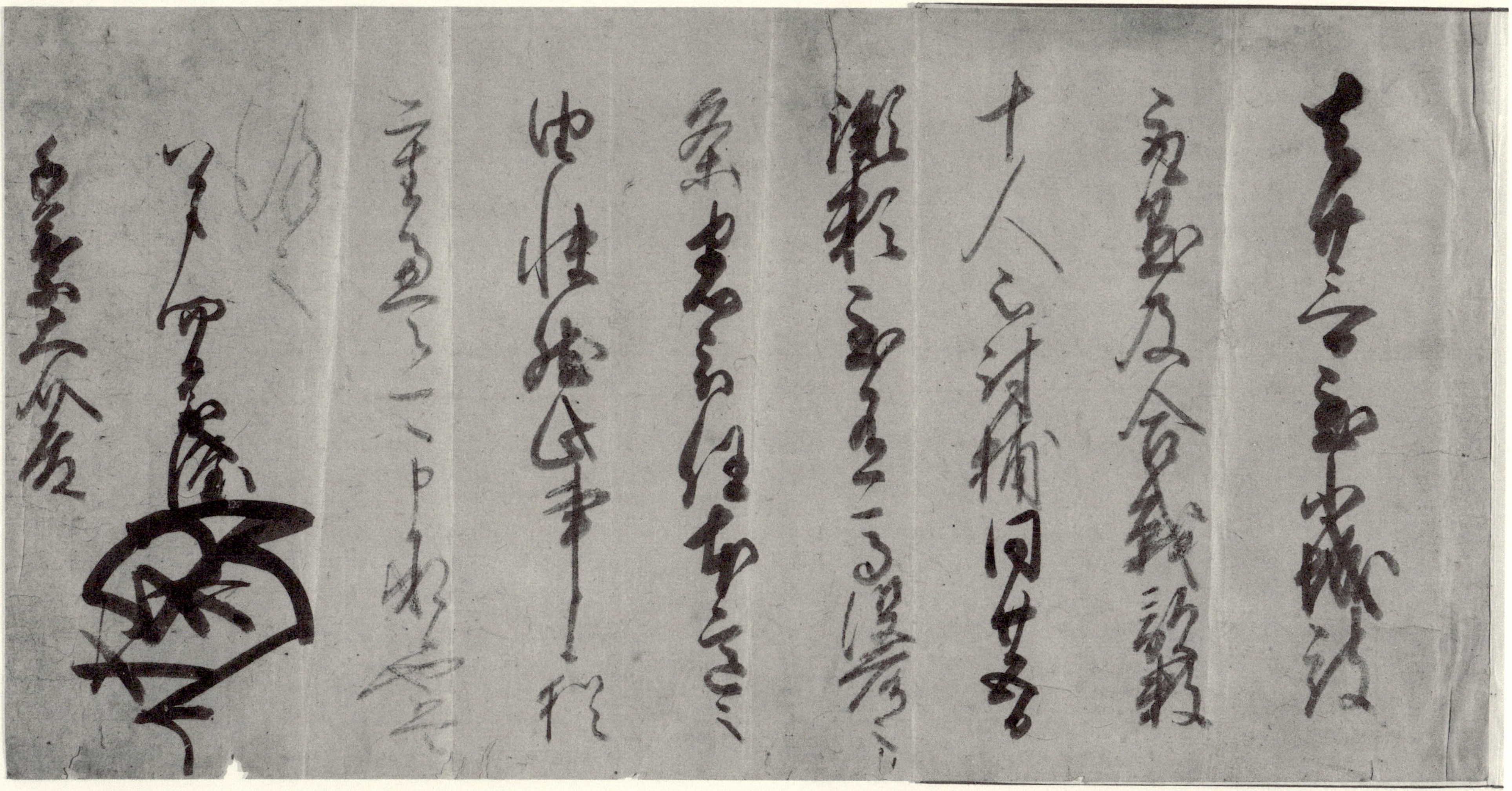

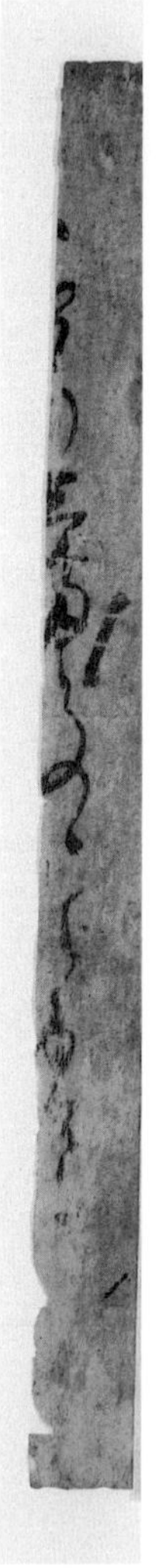

端裏書

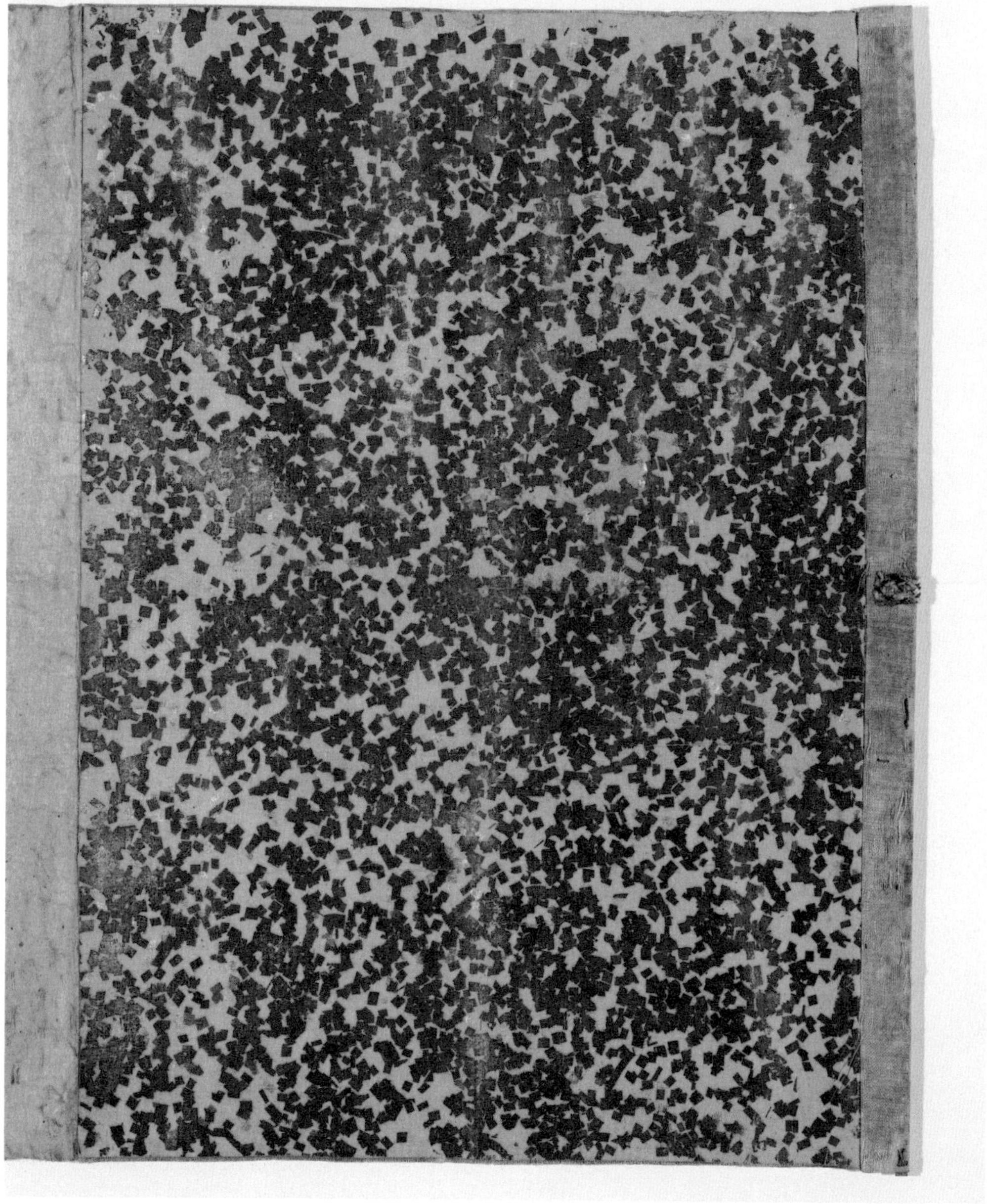

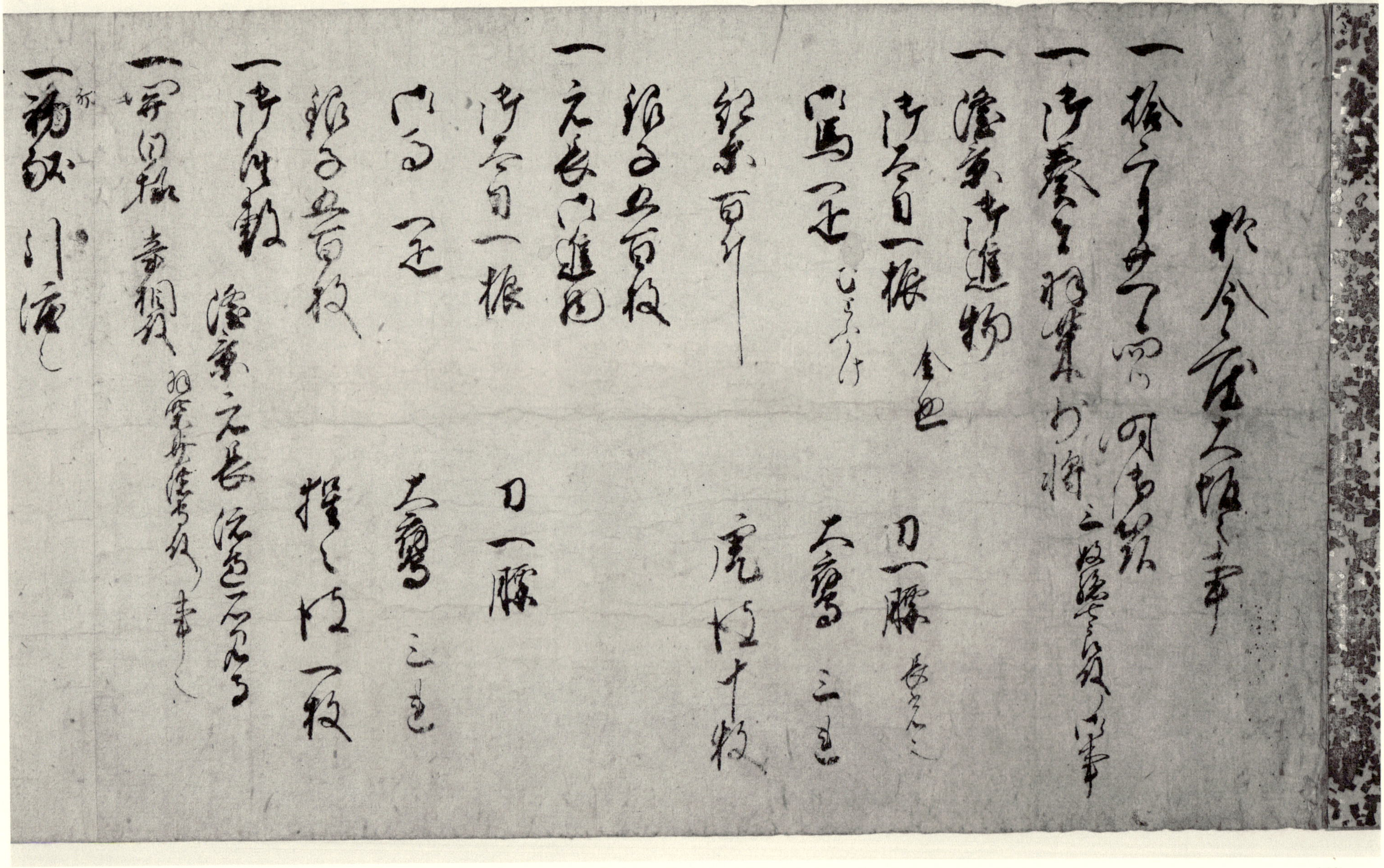

(1)

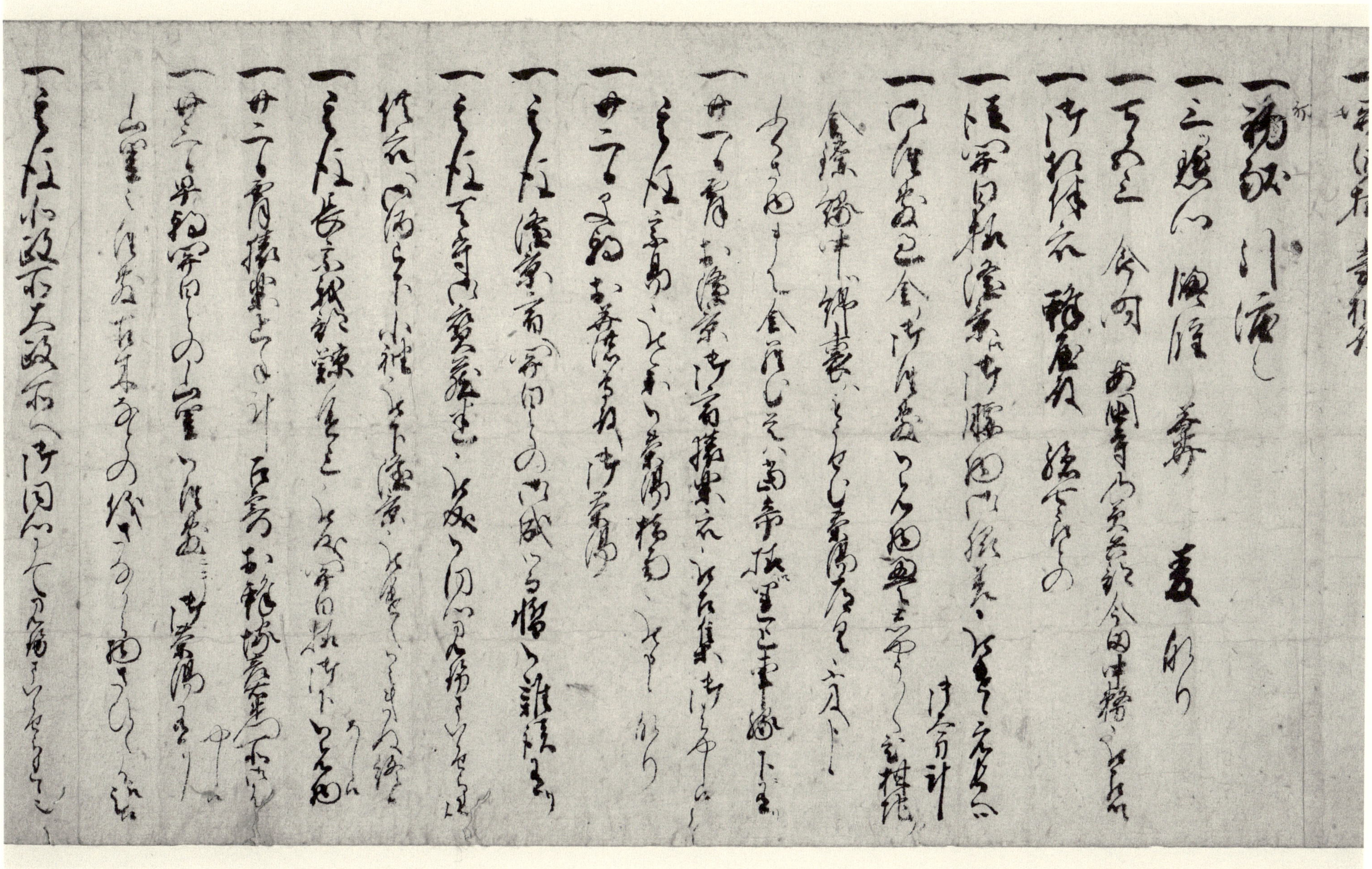

（2）

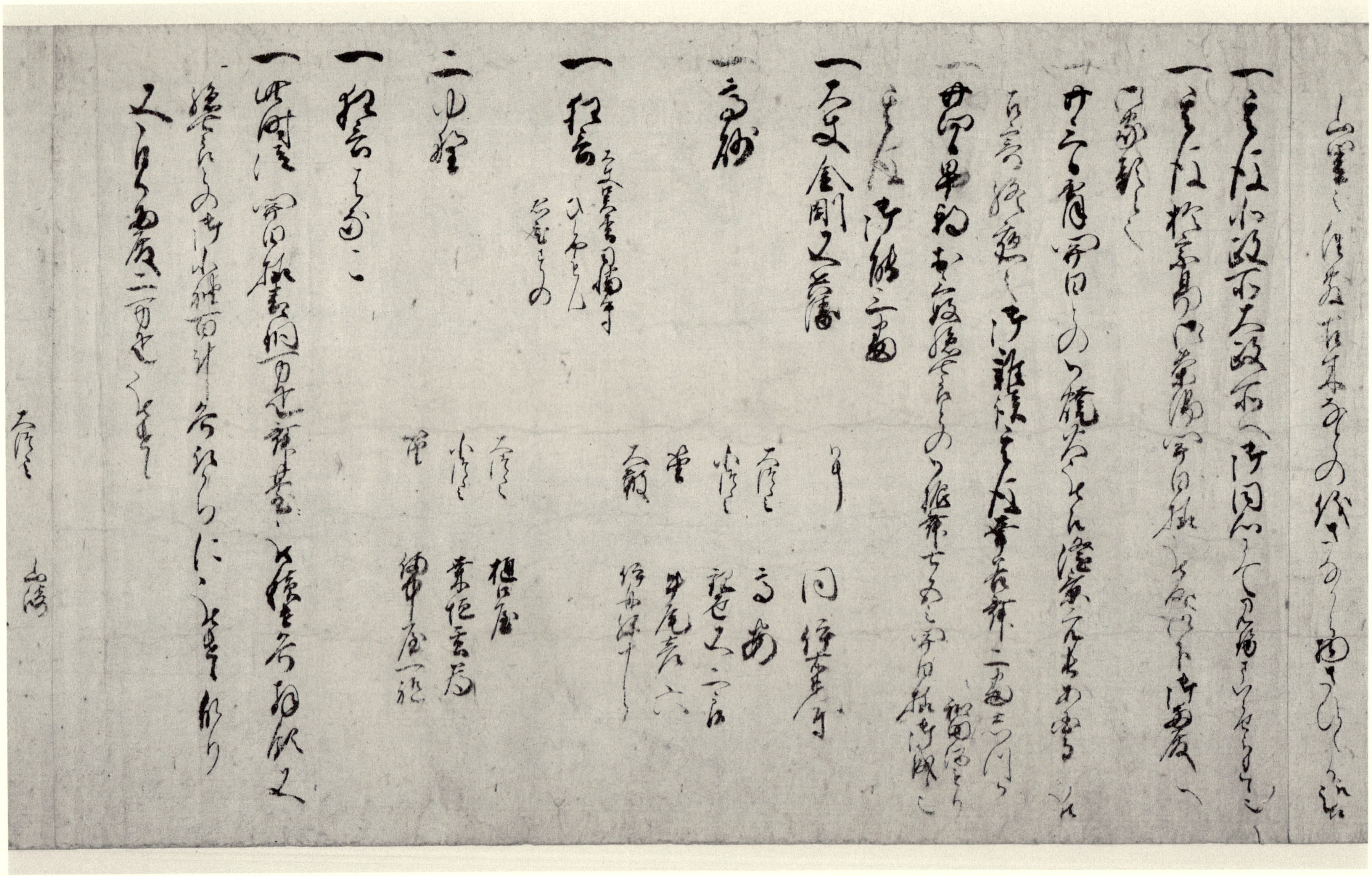

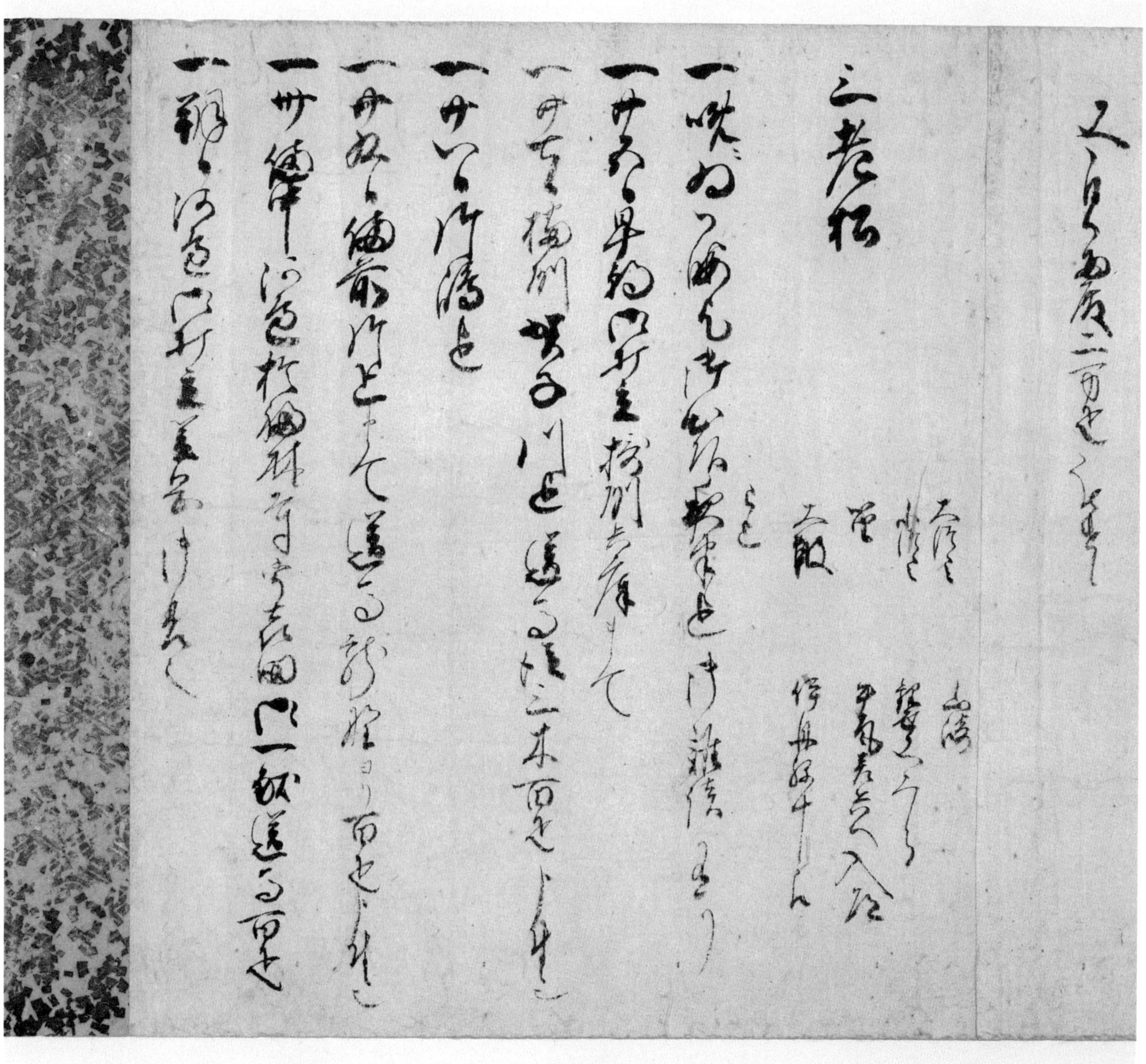

（4）

解説

久芳（くば）文書　請求番号　〇六七一―一二

本文書は、安芸国豊田郡久芳（広島県東広島市福富町）を本貫とする武士、久芳氏に伝わった文書である。久芳氏は、十五世紀の応仁・文明ごろは大内氏に、十六世紀に入って天文から天正にかけては毛利氏に従い、中堅どころの家臣として活動した。関ケ原合戦後も引き続き毛利氏に仕え、本貫を離れて萩藩士となった。そのため、本文書のかなりの部分が、『萩藩閥閲録』に記録されている。

『閥閲録』以後の経緯は明らかではないが、昭和四十二年（一九六七）に史料編纂所が購入した。購入当時は、巻子十二巻から成っていたが、傷みが激しかったため、その後大がかりな修理が行なわれた。巻子装を解体して文書一点ごとに裏打を施し、そのまま専用の紙箱に収めて保存することになったのである。第七～十二巻の表紙も、同様にして保存されている（第一～六巻にはもともと表紙がない）。また、各文書には、本来の巻数・配列をふまえた整理番号が与えられている。

文書の総数は、百二十六点におよぶ。ほとんどが正文であるが、写しも若干含まれている。各文書の法量は、別掲の一覧表の通りである。

＊

『萩藩閥閲録』によれば、江戸時代中期の同書編纂の時点で、久芳氏には次のような諸家があった。

久芳小兵衛家（巻八十九、文書八点）
久芳五郎右衛門家（巻百十七、文書六十六点）
久芳庄右衛門家（巻百四十五、文書三十点）
久芳清兵衛家（巻百六十、文書一点）

上記の百二十六点を、これらと照合してみると、次のようになる。

小兵衛家（巻八十九）に見えるもの　六点（すべて写し）
五郎右衛門家（巻百十七）に見えるもの　六十三点（すべて正文）
庄右衛門家（巻百四十五）に見えるもの　一点（写し）
『閥閲録』に見えないもの　五十六点（うち正文四十七点）

つまり、百二十六点の文書は、五郎右衛門家に伝わった文書を中心に、他家に伝わった文書の写しを加えて成り立っているのである。なお、『閥閲録』に見えない五十六点は、①毛利氏家臣の発給文書である、②毛利氏当主の文書であっても内容軽微である、③久芳氏以外の文書が混入したものである、などの理由で除外されたようだ。逆に、『閥閲録』に記録されていながら、百二十六点の中に見出すことができない文書が、五点ほどある。

＊

文書の内容について概説する。

まず、文書の発給者によって分類すると、次のようになる。

ア　大内氏発給文書（政弘ほか）
イ　毛利氏発給文書（元就・隆元・輝元・吉川元春・小早川隆景ほか）
ウ　陶氏家臣・毛利氏家臣発給文書
エ　因幡山名豊弘・同武田高信・備前宇喜多直家発給文書
オ　その他

量的には、やはりイ・ウが大半を占める。なお、第七巻以下の各巻は、おおむね発給者ごとに編成されている。

第七巻　大内
第八巻　元就
第九巻　輝元
第十巻　隆元
第十一巻　元春・隆景
第十二巻　山名・武田・宇喜多

次に、文書の年代によって分類すると、次のようになる。

A　応仁・文明年間
B　天文末年～天正初年
C　江戸時代

おおむね前項のアはAに、イ・ウ・エはBに、ウの一部およびオはCに、それぞれ対応する。若干の例外はあるものの、このように画然と三分されることが、大きな特徴である。これは、久芳氏の勢力の消長を反映しているのか、伝来の過程で手が加えられた結果なのか、興味深いところである。

各文書の具体的な内容については、ア（つまりA）は応仁文明の乱への参戦、特に摂津での戦闘にかかわるものが目立つ。イ・ウ・エ（つまりB）の内容は多彩だが、強いて言えば、

①安芸・周防の所領にかかわる文書
②因幡への出征にかかわる文書

に大別される。後者は、戦国期の久芳氏の活動として、特筆すべきものである。関係文書を総合すると、久芳賢直・元和父子は、因幡鳥取城主武田高信のもとにしばしば派遣され、長期にわたって滞在することもあったようだ。具体的には、永禄七年（一五六四）前後、永禄末年～元亀初年（一五七〇年前後）、元亀三年（一五七二）、天正元年（一五七三）などに、この種の活動が見られる。これらは、因幡の政治情勢や、毛利氏の中級家臣のはたらきを考える上で、重要な材料となろう。

＊

冒頭で述べた解体修理について、若干補足しておく。

修理の際に、貼られていた付箋を取り外した例が三件あり、それらは図1のように新しい台紙に貼り込んで保存されている。解体前の巻子装は、厳密に言えば、文書ごとの裏打紙を継いで巻子状にしたもので、継目ごとに黒印が捺されていたが、その一例が図2のようにして保存されている。これ以外の裏打紙は、原則として保存されていない。ただし、文書のいわゆる裏紙を流用したと思われる例が一件あり、これは通常の文書に準じて保存されている（図3）。

＊

なお、本文書百二十六点のうち八十五点については、「毛利家臣安芸国久芳氏の文書」（『古文書研究』四四・四五、一九九七年）として翻刻されている。参照されたい。

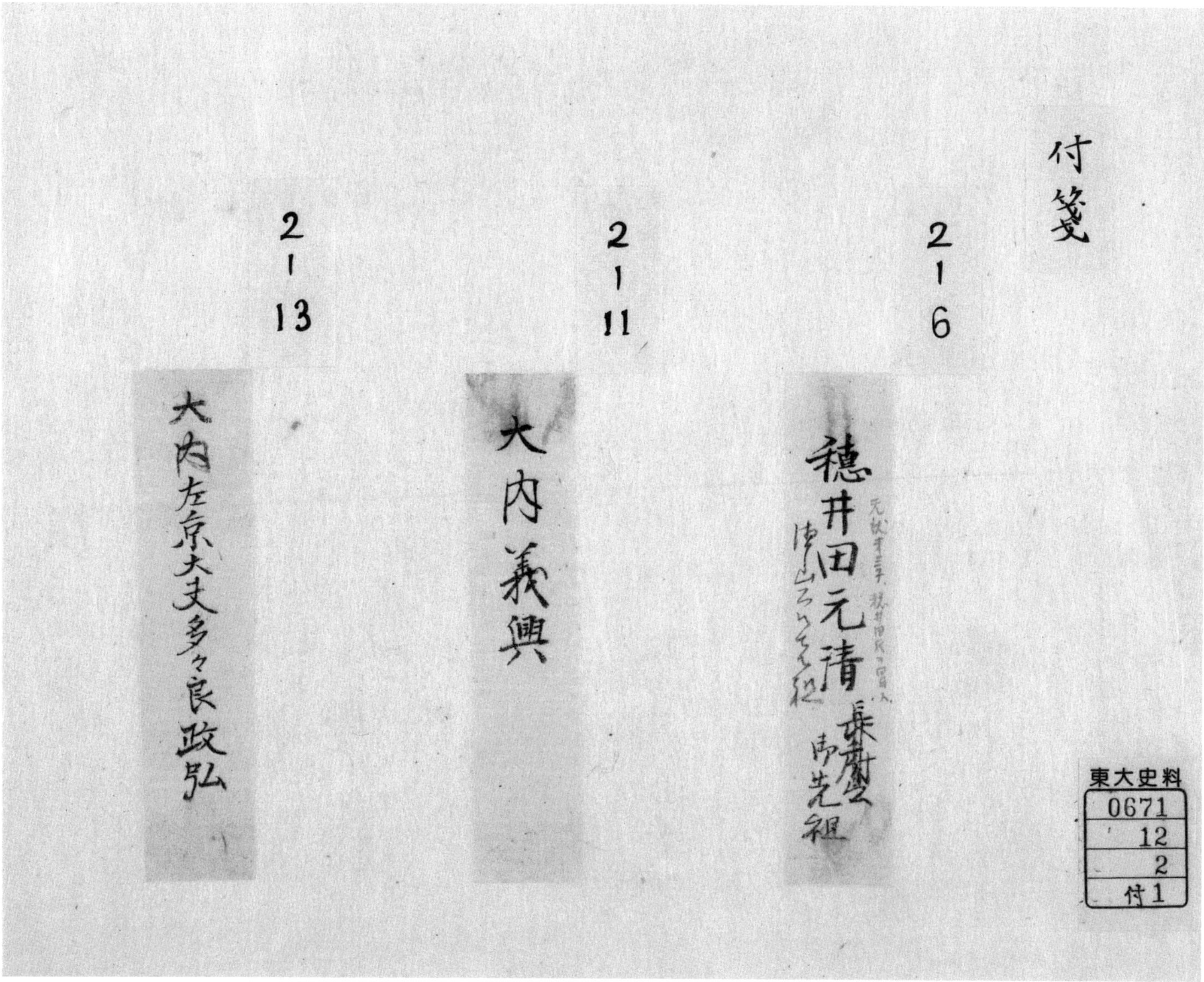
付箋
2-13
大内左京大夫多々良政弘
2-11
大内義興
2-6
穂井田元清
東大史料
0671
12
2
付1

図1

図2

旧裏打継目印見本
東大史料
0671
12
12
付2

図3

久芳文書法量表（単位＝糎）

巻	番号	縦	横	備考
巻一	1	一九・二	四五・七	
	2	一七・七	四二・三	
	3	一六・五	四六・三	
	4	二八・一	六九・三	継紙
	5	二六・七	三八・四	
	6	二九・〇	四五・七	
	7	二八・三	四三・二	
	8	二八・二	四三・〇	
	9	二五・四	三六・九	
巻二	1	三二・二	四九・五	
	2	三〇・二	四二・七	
	3	三三・七	四八・七	
	4	三三・八	四二・七	
	5	三〇・一	四五・七	
	6	二九・三	四六・四	
	7	二八・〇	四五・〇	
	8	二七・四	四〇・一	
	9	二七・八	二二・八	
	10	二七・六	三二・一	
	11	三三・三	四九・三	
	12	二八・九	四二・四	
	13	二七・五	四六・二	
	14	二七・二	四六・二	
	15	三二・二	四六・九	
巻三	1	三二・五	四六・一	
	2	二八・二	四五・七	
	3	三二・一	五〇・四	
	4	三四・〇	五二・三	
	5	三三・三	五一・八	
	6	三三・五	五一・五	
	7	三三・八	五一・九	
	8	三四・一	五二・二	
巻四	1	二六・九	四二・九	
	2	三〇・〇	四五・〇	
	3	二八・七	(1)四四・〇 (2)九・九	
	4	二五・八	四二・五	
	5	二七・六	四三・〇	
	6	二七・〇	四三・五	
	7	二四・九	三六・四	
	8	二五・二	四三・一	
	9	二六・九	四三・四	
巻五	1	一七・八	二三・五	
	2	(1)一四・六 (2)二四・〇	(1)四五・六 (2)一四・九	
	3	二五・〇	三四・〇	
	4	二三・五	三四・一	
	5	二四・三	二六・四	
	6	二四・六	三四・七	
	7	二四・二	三四・一	
	8	二四・二	六三・一	継紙
	9	二七・七	七七・七	継紙
巻六	1	二八・〇	(1)三四・三 (2)九・九	
	2	二六・四	四三・四	
	3	二五・九	三六・三	
	4	二七・七	四三・〇	
	5	二七・五	四五・一	
巻七	1	一五・二	二〇・八	
	2	一五・八	三九・七	
	3	一六・一	三五・三	
	4	一五・七	一九・七	
	5	一六・〇	二一・八	
	6	一六・四	三九・三	
	7	二六・三	三九・五	

巻	番号	縦	横	備考
	8	二六・五	三七・五	
巻八	1	一六・六	三四・八	
	2	一七・二	三六・八	
	3	二六・一	(1)三八・八 (2)四一・〇	
	4	一八・六	三九・三	
	5	二五・四	三九・一	
	6	二七・二	三九・一	
	7	二七・〇	三八・九	
	8	二七・二	三九・三	
	9	一五・三	三五・一	
	10	一三・二	一五・六	
	11	一二・九	一七・七	
	12	一八・三	三八・九	
	13	二六・九	四一・一	
	14	二四・六	三九・四	
巻九	1	二六・九	三八・三	
	2	二六・八	(1)三八・四 (2)三九・四	
	3	二六・九	三八・六	
	4	二六・七	四三・八	
	5	二六・九	三八・三	
	6	二六・九	三八・三	
	7	二六・七	三九・四	
	8	二六・九	三八・二	
	9	二六・九	四三・七	
	10	二五・八	三九・五	
	11	二六・七	四八・二	
巻十	1	二六・四	(1)三三・七 (2)三・〇	
	2	二七・二	四五・〇	
	3	二七・〇	四三・五	
	4	二六・六	三七・八	
	5	二七・三	四三・一	
	6	二五・九	三九・〇	

巻	番号	縦	横	備考
	7	二七・二	三九・〇	
	8	二七・一	四〇・一	
	9	二六・七	三八・七	
	10	二六・五	三九・一	
	11	二六・五	三九・四	
	12	二六・五	三八・四	
	13	二六・八	三九・九	
	14	二六・五	三八・三	
	15	二六・六	三四・四	
巻十一	1	一八・三	三九・三	
	2	二七・一	三八・七	
	3	二七・一	(1)四一・三 (2)四六・三	
	4	二七・三	四四・五	
	5	二七・二	四六・三	
	6	二七・三	四四・五	
	7	二七・二	四六・〇	
	8	一七・三	四三・九	
	9	二七・三	四六・〇	
	10	二七・二	四六・九	
	11	二七・一	四六・八	
	12	二七・三	四五・七	
	13	二七・一	(1)三九・四 (2)四五・九	
	14	二七・四	四五・〇	
巻十二	1	二一・八	四一・〇	
	2	二三・一	四六・〇	
	3	二二・七	三八・〇	
	4	二六・三	三八・九	
	5	一七・四	三九・〇	
	6	二六・四	三九・三	
	7	二六・三	三八・八	
	8	一七・七	三八・八	
	9	一七・七	三七・七	

佐藤文書

請求番号　貴二九—一

本文書は、戦国大名毛利氏の家臣であった佐藤氏に関する文書で、元就・隆元など毛利氏の当主から受け取った書状類が多く見られる。年代の点では永禄年間（一五五八～七〇）のもの、また内容の点では、当時佐藤氏が、毛利氏の九州経営の一翼を担っていたことを示すものが目立つ。

本文書は、『萩藩閥閲録』に収録されているほか、史料編纂所には昭和四年（一九二九）作成の影写本があり、有川宜博氏がこの影写本収録分を紹介・翻刻されている（北九州市立歴史博物館『研究紀要』七、一九九九年）。しかし、有川氏は、文書原本の所在は不明とされており、本文書が史料編纂所の所蔵となっていることは、あまり知られていなかったようだ。なお、文書原本には、『閥閲録』にも影写本にも含まれない文書が若干あり、これを含めて総数は百十一点におよぶ。各文書の法量は、別掲の一覧表の通りである。

基礎的な解説は、有川氏の紹介に譲る。ただし、『閥閲録』所収の本文書については、有川氏が指摘される巻百八（赤川官兵衛）のほか、巻九十七（佐藤又右衛門）も本文書の一部であり、両者を併せて取り扱う必要がある。

前記影写本の奥書によれば、同本作成当時の所蔵者は佐藤保介氏となっており、つまり昭和初年まで佐藤家に伝わっていた。その後、昭和七年十月に史料編纂所が購入し、現在に至っている。現状は巻子七巻で、うち一巻は大倉粂資金、六巻は三上参次資金で購入されたようだが、全ての巻子の見返し部分に「三上教授在職二十五年祝賀奨学資金購入図書之記」との朱印が捺されており、どの巻が大倉粂資金で購入したものであるかは不明である。

なお、百十一点の全部が、「東京大学史料編纂所所蔵佐藤文書」（『東京大学史料編纂所研究紀要』一三、二〇〇三年）として翻刻されている。参照されたい。

佐藤文書法量表（単位＝糎）

巻	番号	縦	横	備考
巻一	1	二三・五	二一・〇	
	2	二二・九	三二・一	
	3	二三・〇	三四・〇	
	4	一四・四	二二・五	
	5	二六・一	四二・〇	
	6	(1)二六・五 (2)二六・六	(1)三六・七 (2)三七・七	
	7	二六・二	(1)三七・〇 (2)三七・七	
	8	二六・二	(1)四一・四 (2)四一・〇	
	9	二七・六	三九・〇	
	10	二六・六	四〇・四	
	11	二五・四	四一・六	
	12	二六・二	四一・〇	
	13	二五・二	四〇・四	
	14	二九・〇	(1)四五・六 (2)四六・〇	二紙の紙質相違
	15	二四・〇	四〇・〇	
	16	二七・六	三九・四	
	17	二七・六	四一・四	
	18	二九・〇	(1)四五・八 (2)四五・六	
	19	二七・〇	(1)四一・二 (2)四一・二	
	20	二六・八	四〇・二	
	21	二五・四	三七・八	
	22	二九・四	四六・四	
	23	(1)二五・八 (2)二六・〇 (3)二六・〇	(1)三九・八 (2)三九・〇 (3)二一・四	
巻二	1	二六・八	(1)四〇・二 (2)四二・六	
	2	二四・六	(1)四〇・四 (2)四一・六	
	3	二八・八	四五・六	
	4	二六・二	三七・二	
	5	二八・六	四三・四	
	6	二八・六	三二・六	
	7	(1)二七・〇 (2)二六・八	(1)五・〇 (2)三六・八	
	8	二六・〇	四〇・八	
	9	二八・六	四四・六	
	10	二七・二	三九・二	
	11	二七・六	三九・二	
巻三	1	二四・八	(1)四〇・〇 (2)四一・〇	
	2	(1)二九・〇 (2)二八・八	(1)四三・二 (2)四〇・六	
	3	(1)二七・〇 (2)二七・二	(1)四・五 (2)三五・〇	
	4	(1)二六・〇 (2)二六・二	(1)三七・六 (2)三九・八	
	5	二八・二	三六・八	
	6	二五・八	(1)四一・二 (2)三〇・四 (3)五・七	
	7	二五・六	三六・〇	
	8	二七・八	三五・四	
	9	(1)二四・六 (2)二七・四	(1)二一・三 (2)二二・〇	
	10	二六・六	三五・六	
	11	二三・四	三八・〇	
	12	二七・六	三七・六	
	13	二六・八	三六・六	
	14	二七・二	四二・六	
	15	二五・〇	四〇・〇	
	16	二四・六	四〇・四	
	17	(1)二六・四 (2)二七・四	(1)五・五 (2)三二・〇	
	18	二八・二	四一・六	
	19	二六・二	四三・六	
巻四	1	(1)二六・〇 (2)二五・九	(1)三九・一 (2)三九・七	
	2	二六・〇	三七・三	
	3	二九・六	三九・一	
	4	二八・一	四一・八	
	5	三〇・〇	四一・八	
	6	二七・四	三九・〇	
	7	二七・三	三八・七	

巻	番号	縦	横	備考
	8	二六・八	三八・四	
	9	二八・八	四五・八	
	10	二五・四	四二・二	
	11	二五・六	四〇・一	
	12	二七・九	三三・七	
	13	二七・六	三九・一	
	14	二九・〇	四〇・二	
	15	二八・九	四二・〇	
	16	二八・七	四一・八	
	17	二九・九	三七・七	
巻五	1	二六・五	四四・〇	
	2	二四・八	三九・六	
	3	二六・九	四五・五	
	4	三一・四	四三・〇	
	5	三二・五	四九・四	
	6	三二・四	五〇・一	
	7	三二・三	五〇・二	
	8	三二・三	五〇・〇	
	9	三二・三	四九・五	
	10	三二・二	五〇・二	
	11	三二・三	五一・〇	
	12	三七・四	五四・一	
巻六	1	二七・六	四三・九	
	2	二七・九	四六・二	
	3	二七・四	四五・五	
	4	二七・七	四五・九	
	5	二七・〇	三九・七	
	6	二七・七	四三・〇	
	7	二七・八	四七・五	
	8	二八・〇	四一・六	
	9	二七・九	四二・〇	
	10	二八・〇	四五・八	

巻	番号	縦	横	備考
	11	二七・四	三九・五	
	12	二七・八	四五・六	
	13	二七・四	四五・三	
	14	二七・七	四五・七	
	15	二七・八	三六・六	
	16	二七・五	四四・六	
	17	二七・八	四一・二	
	18	二七・七	三四・六	
	19	二八・〇	四二・二	
	20	(1)二七・五 (2)二七・四	(1)四二・七 (2)四三・二	
巻七	1	二七・四	(1)七・〇 (2)三一・〇	
	2	二七・六	四五・八	
	3	二八・五	四一・四	
	4	二七・九	四二・四	
	5	二七・七	四六・〇	
	6	二七・一	三九・二	
	7	二七・七	四五・三	
	8	二七・九	四二・五	
	9	二七・五	三八・四	

附録

大内義隆書状（年未詳）八月四日　請求番号　貴二二―一

大内義隆が肥前の千葉胤連に書き送った書状で、天文十六年（一五四七）のものかと思われる。胤連が小城（佐賀県小城市）に攻め込み、同族の千葉胤頼を没落させたことについて、義隆が満足の意を伝えたものである。

肥前では、天文十六年閏七月以降、龍造寺胤栄が大内義隆と結んで少弐冬尚を圧迫し、千葉胤連は龍造寺方に、胤頼は少弐方についたとされている（『佐賀市史』一）。本文書の内容は、以上の勢力関係に合致している。なお、本文書が書かれた翌日の八月五日には、米田原（目達原、佐賀県吉野ケ里町）で龍造寺方が少弐方を破っている。

昭和三年（一九二八）五月、辻善之助氏の寄贈により、史料編纂所の所蔵となった。かつて台紙に貼り込まれていたらしく、裏面の四辺にはがした形跡が認められる。

［法量］縦二一・六糎、横四三・〇糎

［翻刻］

去廿三日至小城被」取懸及合戦、敵数」十人被討捕、同廿五日」胤頼至有馬没落之」条、悉被任本意之」由、快然此事候、猶」重畳可申承候也、恐々」謹言、

八月四日　　義隆（花押）

千葉大介殿

大内義隆書状（年未詳）二月二十八日　請求番号　貴三五―八

大内義隆が毛利元就宛に認めた書状で、天文十年代前半（一五四〇年代前半）のものと思われる。元就の工作のおかげで備後国内は各方面とも安泰であると述べているが、それ以上の詳しい状況が判然としないため、年次を特定するには至らない。

本文書でもっとも目をひくのは、義隆の花押の形状であろう。天文十年代前半の義隆の花押と、基本的には一致するものの、中心部を縦に貫く太い線は、管見の限り他に例を見ない。花押をほぼ書き終えたところで、みずから太い線で取り消したようにも見える。仮にこの見方にしたがえば、本文書は差し出されずに終ったものということになる。

昭和九年（一九三四）十二月、佐藤文書と同じく三上参次資金により購入された。ただし、佐藤文書に見られる「三上……資金購入図書之記」の朱印は見当たらず、代わりに「東京帝国大学図書印」の朱印が捺されている。

［法量］縦二一・六糎、横四一・四糎

［翻刻］

進観音寺之条、染」筆候、備州表事、依賢」略諸口堅固候、祝着候、」弥代官御相談肝要候、」存分之通、勝西堂可」有演説候、仍豹皮一枚」進之候、恐々謹言、

二月廿八日　　義隆（花押）

毛利右馬頭殿

毛利元就・輝元連署書状　（年未詳）卯月三日　請求番号　貴三五―九

輝元の花押の形状および元就の没年月により、永禄十一年（一五六八）から元亀二年（一五七一）の間のものと判断される。文中の「世上余繁多」に注目すれば、毛利氏が九州に派兵していた永禄十二年かとも思われる。

充所の岡伯耆守は毛利氏の家臣で、実名は永政ともいわれる。『萩藩閥閲録』巻八十二に見える岡六兵衛は伯耆守の子孫で、文書十八点を書き上げているが、本文書は含まれていない。

内容は確実にはわからないが、伯耆守が何らかの申請をしたのに対し、「世上余繁多」のために対応できずにいることを、元就・輝元の連名でわびたものと思われる。『閥閲録』所収の八月十一日付口羽通良書状によれば、伯耆守は備後国三郎坂（広島県三次市三良坂町）に給地を与えられながら、正規の充行状を持たない時期があったようだ。本文書に見える申請は、充行状の発給を求めたものではなかっただろうか。

前出の二月二十八日付大内義隆書状と同じく、昭和九年（一九三四）十二月、三上参次資金により購入された。

【法量】縦二七・八糎、横三九・四糎

【翻刻】

御方之儀、連々御入魂更不」相紛事に候条、何と様にも無」疎略之儀候、然共只今世上余」
繁多候て、此等之裁判等不得」隙候間、延引心外候、何も相届」可申候、猶桂左衛門大夫可
申□、恐々謹言、

卯月三日　　輝元（花押）
　　　　　　元就（花押）

岡伯嗜守殿
　　進之候

小早川隆景吉川元長上坂記　請求番号　〇〇七一―六五

天正十三年（一五八五）十二月、小早川隆景・吉川元長が毛利氏を代表して大坂を訪れ、豊臣秀吉と対面した際の一部始終を記した書付。早稲田大学図書館長などを務めた市島春城（謙吉）の所蔵であったが、昭和三十四年（一九五九）、古書店を経て史料編纂所が購入した。現在は巻子装であるが、昭和七年作成の影写本『市島謙吉氏所蔵文書』に収められた本史料を見ると、当時は帖装であったようだ。

記事は、十二月二十一日、隆景・元長が大坂城に出頭する場面から始まっており、城内の模様や、秀吉の饗応の様子などが、詳細に描かれている。二十五日に大坂を出発し、翌天正十四年正月一日、備中国笠岡（岡山県笠岡市）に帰着したところまでで擱筆されている。多岐にわたる記事の中で特に興味深いのは、有名な「黄金の茶室」が描写されている部分である。

金ノ御座敷御見物、畳しやう〳〵ひ、柑〔紺〕地金襴縁、中ハ綿、裏ハもうせむ、茶湯道具不及申
ふくさ物まて金らむ、是ハ当帝様江運上、車縁下ニ有り、

これにより、室内が金色に満ちていたことが裏付けられると同時に、「車、縁の下にあり」とあることから、茶室が移動式であったことも判明する。

なお、全文の翻刻および関係史料が、『大日本史料』第十一編之二十四、八十三頁以下に収録さ

れている。参照されたい。

［法量］

縦二七・四糎

横第一紙四三・七糎、第二紙四三・六糎、第三紙四四・〇糎、第四紙四二・八糎

解説執筆　鴨川達夫
撮影　谷昭佳　中村尚暁
修補　高島晶彦　中藤靖之　山口悟史

東京大学史料編纂所影印叢書 6　久芳文書・佐藤文書

2009（平成21）年11月25日　初版発行

定価26,250円（本体25,000円＋税5%）

編纂者　東京大学史料編纂所
〒113-0033 東京都文京区本郷7-3-1

発行者　株式会社　八木書店
代表　八木壮一
〒101-0052 東京都千代田区神田小川町3-8
電話 03-3291-2961〔営業〕・2969〔編集〕
Fax 03-3291-6300
Web http://www.books-yagi.co.jp/pub

製版・印刷　天理時報社
製本　博勝堂
用紙(特漉中性紙)　三菱製紙

ISBN978-4-8406-2506-7